# DIREITO ELEITORAL

LOURIVAL SEREJO

# DIREITO ELEITORAL

ATUALIZADO

Lei nº 13.165/2015
Código de Processo Civil
Jurisprudência eleitoral

Del Rey
EDITORA

Belo Horizonte I 2016

Impresso no Brasil | *Printed in Brazil*

---

**EDITORA DEL REY LTDA.**
**www.livrariadelrey.com.br**

**Editor:** Arnaldo Oliveira

**Editor Adjunto:** Ricardo A. Malheiros Fiuza

**Editora Assistente:** Waneska Diniz

**Coordenação Editorial:** Wendell Campos Borges

**Projeto gráfico:** Alexandre Cardoso

**Diagramação:** Lucila Pangracio Azevedo

**Revisão:** Responsabilidade dos autores

**Capa:** C&B Comunicação

**Editora / MG**
Rua dos Goitacazes, 71 – Sala 709-C – Centro
Belo Horizonte – MG – CEP 30190-050
Tel: (31) 3284-5845
editora@delreyonline.com.br



S483d Serejo, Lourival
Direito Eleitoral. Atualizado. Lei nº 13.165/2015. Código de Processo Civil. Jurisprudência eleitoral. / Lourival Serejo. Belo Horizonte: Del Rey, 2016.
320 p.
ISBN: 978-85-384-0453-8
1. Brasil. [Código eleitoral (1965)]. 2. Direito eleitoral, Brasil. 3. Legislação eleitoral, Brasil. 4. Brasil. Tribunal Superior Eleitoral (TSE). 5. Direito eleitoral, jurisprudência, Brasil. 6. Brasil. Tribunal Superior Eleitoral (TSE), jurisprudência. I. Título.

CDU: 342.8

*Aos que contribuíram para o aprimoramento*
*desta obra e, em especial, para*

*Ana Maria Gomes Serejo Sousa,*
*Ferdinando Marco Gomes Serejo Sousa,*
*Jacqueline Gomes Serejo Sousa.*

# Sumário

*Dizem que os que governam são espelhos da república: não é assim, senão o contrário. A república é o espelho dos que a governam. Porque, assim como o espelho tem ação própria, e não é mais que uma indiferença de vidro, que está sempre exposta a retratar em si os movimentos de quem tem diante, assim o povo, ou república sujeita, se se move, ou não se move, é pelo movimento ou sossego de quem a governa.*

(Pe. Antônio Vieira, Sermão de Epifania, Lisboa)

# INTRODUÇÃO

O lançamento de uma obra de Direito Eleitoral, após uma grande reforma na legislação eleitoral, como a que acabou de acontecer, com a publicação da Lei nº 13.165, de 29 de setembro de 2015, é sempre esperado com redobrada expectativa, devido às dúvidas que pairam nos círculos das discussões entre os eleitoralistas. Destaca-se, ainda, que essa reforma eleitoral abrange a Lei nº 12.891, de 11 de dezembro de 2013, a qual não teve aplicação nas eleições de 2014 por força do princípio da anualidade.

O que pretende este manual de Direito Eleitoral é fornecer elementos que auxiliem os estudiosos dessa matéria a conhecer seus institutos e a dinâmica de sua aplicação.

Dois enfoques são dignos de atenção nesta obra: a vertente constitucional dada às matérias e o chamamento à importância da hermenêutica no deslinde das questões eleitorais submetidas aos tribunais. Ainda, buscou-se incentivar uma postura que eleva o espírito crítico do leitor para além da primeira impressão.

Enfim, é importante assinalar a coincidência da vigência da Lei 13.165/2015 com a entrada em vigor da Lei nº 13.105, de 16 de março de 2015, que instituiu o novo Código de Processo Civil. São duas leis distintas, mas que, em certo ponto, dialogam nas dobras processuais, principalmente pela elevada consideração que o novo Código dá aos precedentes judiciais. Como sabemos, em matéria eleitoral, os precedentes formam a sua coluna vertebral.

Todos os capítulos são precedidos de citações colhidas nos sermões do padre Antônio Vieira, em temas pertinentes à ética dos mandatos e dos governantes. Esse grande pregador da Igreja costumava fazer contundentes críticas àqueles que desprezavam a ética da governança. Mesmo distante do tempo, essas invocações continuam atuais.

*O autor*

# I
# DIREITO ELEITORAL



> A imagem de César não só estava estampada na moeda, senão também, e muito mais, em quem governava a república. Na moeda, era imagem morta; em quem governava, imagem viva: na moeda, dava-lhe o cunho o valor; em quem governava, davam-lhe as provisões o poder. *(Pe. Antônio Vieira, Sermão da Dominga Vigésima Segunda post pentecosten, São Luís/MA)*

## 1 O DIREITO ELEITORAL E A DEMOCRACIA

O Direito Eleitoral é o ramo do direito público que tem a função de disciplinar as regras das eleições e do processo eleitoral, em seu sentido mais amplo. É um direito autônomo, que firma sua base na Constituição Federal, onde estão gizados seus princípios e suas regras estruturais.

Para Fávila Ribeiro, *o direito eleitoral, precisamente, dedica-se ao estudo das normas e procedimentos que organizam e disciplinam o funcionamento do poder de sufrágio popular, de modo a que se estabeleça a precisa equação entre a vontade do povo e a atividade governamental.*[1]

A jurista argentina Pedicone de Valls conceitua o Direito Eleitoral como *el conjunto de normas reguladoras de la titularidad y del ejercicio del derecho al sufragio, activo y passivo; de la organización de la elección; del sistema electoral; de las instituciones y los organismos que tienen a su cargo el desarrollo del proceso electoral, y del control de la regularidad de ese proceso y la veracidad de sus resultados.*[2]

Torquato Jardim distingue três conceitos na construção do Direito Eleitoral: democracia, representação e estado de direito. Esses conceitos estão diretamente ligados à ideia de eleições e, na verdade, representam a pilastra central do Direito Eleitoral, pois democracia, estado de direito e representação estão umbilicalmente

1 RIBEIRO, Fávila. *Direito eleitoral.* Rio de Janeiro: Forense, 1991, p. 4.
2 PEDICONE DE VALLS, María G. *Derecho electoral.* Buenos Aires: La Rocca, 2001, p. 94-95.

unidos pela prática de eleições.[3] Talvez, por isso, só em ano eleitoral é percebida a importância desse ramo do Direito, como se ele fosse um direito sazonal. Mas essa ideia é equivocada, pois o Direito Eleitoral é mais abrangente e tem uma importância que vai além das lides eleitorais, para assegurar toda a engrenagem de efetivação da democracia e do sistema representativo.

Democracia e eleições caminham sempre juntas, numa simbiose intrínseca, como causa e efeito. Sem democracia, não há eleições; e sem eleições não há democracia. Com um aparente jogo de palavras, diz Bobbio, pode-se definir o governo da democracia como o governo do poder público em público.[4] Nesse ponto o cientista italiano pugna pela visibilidade do governo como característica da democracia. Ao final de sua obra *O futuro da democracia*, afirma Bobbio: *Posso concluir tranquilamente que a democracia é o governo das leis por excelência.*[5]

Entretanto, apesar de concordar-se com Bobbio, não se pode, sem invocar o conceito de legitimidade, acatar a ideia de leis como sustentáculo da democracia. Sem leis oriundas de um processo legítimo, não podemos falar em democracia. Afinal, as ditaduras são firmadas também em leis e em arremedos de eleições. A diferença está na legitimidade.

Michelangelo Bovero, discípulo de Bobbio, em livro de sua autoria, *Contra o governo dos piores*, sistematiza uma verdadeira gramática da democracia e enumera os seguintes verbos desse sistema de governo: eleger, representar, deliberar e decidir. Para o autor, o jogo democrático se inicia com o ato de eleger. Mas, adverte Bovero que *os cidadãos não devem se transformar, de eleitores por um dia, em sujeitos passivos durante anos, simples espectadores mais ou menos alheios ou, pior, súditos ignaros; mas devem conservar um papel ativo, assumindo a figura da opinião crítica.*[6]

Pugnando pelo voto universal, secreto e igual para todos, como expressão da democracia, esse cientista italiano vê na representação uma espécie de autorização que o eleitor confere ao candidato para agir em seu nome. No exercício de representar o eleitor, o eleito delibera com seus pares, em discussões sobre os variados pontos de vista e argumentos diversos, para depois decidir.

Ao concluir a referida obra, Bovero destaca: *Mas, repito com Rousseau, se os cidadãos dizem 'e o que eu tenho a ver com tudo isso?', a democracia está acabada.*[7]

Nosso mestre Pontes de Miranda conceitua a democracia como *a participação do povo na ordem estatal: na escolha dos chefes, na escolha dos legisladores, na escolha direta ou indireta dos outros encarregados do poder público.*[8]

A participação política dos cidadãos é imprescindível para efetivar a democracia como forma de governo. A falta dessa consciência política gera as abstenções e os

---

3 JARDIM, Torquato. *Direito eleitoral positivo.* Brasília: Brasília Jurídica, 1996, p.37.

4 BOBBIO, Norberto. *O futuro da democracia.* Rio de Janeiro: Paz e Terra, 1986, p. 84.

5 *Id. ib.*, p. 84.

6 BOVERO, Michelangelo. *Contra o governo dos piore: uma gramática da democracia.* Rio de Janeiro: Campus, 2002, p. 59.

7 *Op.cit.*, p. 170.

8 PONTES DE MIRANDA. *Democracia, liberdade: igualdade, os três caminhos. São Paulo: Saraiva, 1979,* p. 136.

votos em branco, que atestam a indiferença dos eleitores quanto à eleição dos dirigentes municipais, estaduais e, mesmo, do seu próprio país. A abstenção, o voto em branco e a indiferença são atitudes do analfabeto político de que fala Brecht, pessoas que ainda não têm consciência da importância do voto.

Destaca-se, assim, o Direito Eleitoral como o ramo do Direito que contribui decisivamente para tornar realidade a democracia. Daí, com certeza, a precisão da sentença de Ortega y Gasset, tantas vezes citada: *A saúde das democracias, quaisquer que sejam o seu tipo e seu grau, depende de um mísero detalhe técnico: o procedimento eleitoral. Tudo o mais é secundário.*[9]

Na América Latina, em especial, onde o instituto da reeleição está se propagando abusivamente como uma nova forma de legitimar a perpetuação no poder, impõe-se a necessidade de fortalecer os institutos da democracia representativa para que se tenha efetivamente uma democracia permanente a serviço do povo.

A democracia, fortalecida por eleições livres e periódicas, afirma-se em todo o mundo como o único meio de assegurar o exercício da cidadania. Daí o crescente interesse despertado pelo Direito Eleitoral como assegurador das melhores práticas para escolha de representantes do povo nos órgãos de direção e deliberação de um país. Por essa importância já se admite sua inclusão na esfera dos direitos humanos.

## 2 FONTES DO DIREITO ELEITORAL

Para efeito de melhor fixação deste tema, elegem-se duas espécies de fontes do Direito Eleitoral: as fontes específicas e as subsidiárias.

a) Fontes específicas:

– Constituição Federal;
– Leis Complementares. Ex.: Lei das Inelegibilidades – LC nº 64/1990; Lei da Ficha Limpa – LC nº 135/2010.
– Leis Ordinárias. Ex.: Código Eleitoral – Lei nº 4.373/1965; Lei das Eleições – Lei nº 9.504/1997; e Lei dos Partidos Políticos – Lei nº 9.096/1995;
– Instruções do TSE – Resoluções – Consultas (art. 23, IX e XII do CE).

b) Fontes subsidiárias:

– Código Civil;
– Código de Processo Civil;
– Código Penal;
– Código de Processo Penal;
– Estatutos dos Partidos Políticos;

9 ORTEGA Y GASSET, José. *A rebelião das massas.* Rio de Janeiro: Ibero-Americana, 1959, p. 206.

– Jurisprudência;
– Doutrina

Dentre as fontes específicas, ressaltamos as Instruções do TSE, em sentido lato, que se expressam em Resoluções e Consultas (art. 23, IX, do CE). As Resoluções do TSE decorrem do poder normativo que detém a Justiça Eleitoral, pois a maioria dessas instruções são verdadeiras regulamentações de leis. O TSE, por força de Lei (CE, art. 1º, parágrafo único e 23, IX) detém esse poder regulamentador, exercido nos períodos eleitorais.

As resoluções do TSE contêm indiscutível força normativa, capaz, inclusive de suscitar ações diretas de inconstitucionalidade. Por ocasião do julgamento da ADI nº 3.345/DF, proposta por diversos partidos políticos contra a Resolução nº 21.702/2004, do TSE, firmou-se, no Supremo Tribunal Federal, o entendimento de que:

> Resolução do Tribunal Superior Eleitoral, que, impugnada na presente ação direta, encerra, em seu conteúdo material, clara "norma de decisão", impregnada de autonomia jurídica e revestida de suficiente densidade normativa: fatores que bastam para o reconhecimento de que o ato estatal em questão possui o necessário coeficiente de normatividade qualificada, apto a torná-lo suscetível de impugnação em sede de fiscalização abstrata.[10]

Sobre as Consultas, muito usadas no período eleitoral, impõe-se esclarecer que "a resposta dada a consulta em matéria eleitoral não tem natureza jurisdicional, mas, no caso, é ato normativo em tese, sem efeitos concretos, por se tratar de orientação sem força executiva com referência a situação jurídica de qualquer pessoa em particular." (Agr.Reg.MS nº 3.710/DF, Rel. Min. Caputo Bastos. DJ de 16.6.2008. Informativo TSE nº 20/2008, p. 7).

As fontes subsidiárias têm suas relevâncias vistas sob a perspectiva do chamado diálogo das fontes – esse intercâmbio vital entre as diversas áreas do conhecimento pelo engrandecimento do resultado da interpretação.

O novo Código de Processo Civil (Lei nº 13.105, de 16 de março de 2015), por exemplo, dispõe, em seu artigo 15: *Na ausência de normas que regulem processos eleitorais, trabalhistas e administrativos, as disposições deste Código lhes serão aplicadas supletiva e subsidiariamente.*

A jurisprudência destaca-se como importante fonte do Direito Eleitoral pela constante evolução que a caracteriza. Talvez seja nesse ramo do direito que o peso da jurisprudência desponta com mais força vinculante. Daí a equiparação que se faz do Direito Eleitoral ao sistema da *common law*.[11]

---

10 RTJ 217/163. Trecho da ementa do julgamento da ADI 3.345/DF. Rel. Min. Celso de Mello.

11 PINTO, Djalma. *Direito eleitoral:* improbidade administrativa e responsabilidade fiscal - noções gerais. São Paulo: Atlas, 2003, p. 33.

Ainda sobre a jurisprudência como fonte do Direito Eleitoral convém alertar sobre a utilização de ementas, sem qualquer critério crítico e avaliativo, sem atentar para sua *ratio essendi*. Pode ocorrer de a ementa não reproduzir a síntese correta do conteúdo da discussão e da causa de decidir.

A respeito desse fenômeno, colhe-se a seguinte informação em voto proferido por Torquato Jardim, quando era membro do TSE:

> Sabidamente, o Ministro Vilas Boas não redigia as ementas dos seus acórdãos. De sorte que à ementa foram trazidas expressões e qualificações jurídicas que não constam do voto de S. Exa. E, a partir daí, surgiu, na jurisprudência da Casa, esta referência à "*jurisprudência de ementa*" e não à "*jurisprudência de corpo de acórdão*."[12]

Deve haver, portanto, cuidado ao invocar-se ementas, em matéria eleitoral, sem ler a íntegra do acórdão. O Código de Processo Civil de 2015 traz inovações positivas sobre o uso dos precedentes, as quais poderão ser aplicadas neste ramo do direito.

Por fim, cumpre assinalar que a doutrina eleitoralista tem se expandido consideravelmente nas últimas eleições, a partir de 2004. Vários lançamentos trouxeram à lume autores desconhecidos, mas competentes, que vêm contribuindo para a expansão do Direito Eleitoral.

## 3 OBJETO DO DIREITO ELEITORAL

O objeto do Direito Eleitoral, segundo Djalma Pinto, é disciplinar a escolha, pelo povo, dos ocupantes dos cargos eletivos.[13]

Para alcançar esse objetivo, cabe ao Direito Eleitoral:

– cuidar do disciplinamento das medidas tendentes à distribuição do corpo eleitoral;
– ditar as normas que devem ser cumpridas quanto à forma do voto;
– prescrever as normas que permitirão a aplicação dos sistemas eleitorais;
– tratar das prescrições sobre a aquisição e perda da capacidade política ativa e passiva;
– cuidar do processo eleitoral propriamente dito;
– prever os crimes eleitorais;
– cuidar da propaganda eleitoral e do financiamento das campanhas;
– estabelecer regras sobre prestação de contas dos partidos políticos.

12 JTSE 2/96/110.
13 *Op. cit.*, p. 37.

A competência para legislar sobre Direito Eleitoral é da União, conforme dispõe o art. 22, I, da CF/1988.

O Tribunal Superior Eleitoral tem competência legiferante supletiva, exercida através de resoluções (art. 1º, parágrafo único e art. 23, IX, do CE). O alcance dessas resoluções tem despertado críticas no sentido de que elas pretendem ter a força de leis. Exemplo: as resoluções que fixaram a verticalização das coligações, o número de vereadores, a fidelidade partidária.

## 4 PRINCÍPIOS INFORMADORES DO DIREITO ELEITORAL

Para Canaris, o ordenamento jurídico, como sistema, deixa-se definir como uma ordem axiológica ou teleológica de princípios gerais de Direito.[14]

Além dos princípios gerais do Direito, cada ramo da ciência jurídica é regido por princípios específicos que servem de orientação e assinalam o rumo hermenêutico para a aplicação dos seus institutos.

Os princípios que orientam a aplicação e a interpretação das normas eleitorais são os seguintes:

- princípio da universalidade e igualdade do sufrágio;
- princípio republicano;
- princípio do voto secreto;
- princípio da igualdade de oportunidade para todos os candidatos;
- princípio da isonomia partidária;
- princípio da lisura e transparência do processo eleitoral;
- princípio da moralidade;
- princípio da eliminação do abuso do poder econômico e da captação ilícita de sufrágio;
- princípio da anterioridade da lei eleitoral.

Em sua obra *Princípios constitucionais eleitorais,* Eneida Desiree Salgado enumera os seguintes princípios eleitorais, sob a perspectiva da Constituição:

1. Princípio constitucional da autenticidade eleitoral;
2. Princípio constitucional da liberdade para o exercício do mandato;
3. Princípio constitucional da necessária participação das minorias no debate público e nas instituições políticas;
4. Princípio constitucional da máxima igualdade na disputa eleitoral;
5. Princípio constitucional da legalidade específica em matéria eleitoral.[15]

---

14 CANARIS, Claus Wilhelm. *Pensamento sistemático e conceito de sistema na ciência do Direito.* Lisboa: Fundação Calouste Gulbenkian, 1989, p. 77.

15 SALGADO, Eneida Desiree. *Princípios constitucionais eleitorais.* Belo Horizonte: Fórum, 2010.

Todos esses princípios são inerentes ao Estado Democrático de Direito e à ideia de República. Sem a observância deles, o Direito Eleitoral seria incapaz de viabilizar a expressão maior de todas as democracias: as eleições.

Não obstante o peso igual de todos esses princípios, abordar-se-á, a seguir, apenas o princípio republicano e o da anterioridade da lei eleitoral, pela pertinência de ambos na vida política nacional.

Sobre o princípio republicano e sua importância, invoca-se lição de Geraldo Ataliba, respeitável estudioso do tema:

> Como princípio fundamental e básico, informador de todo o nosso sistema jurídico, a idéia de *república* domina não só a legislação, como o próprio Texto Magno, inteiramente, de modo inexorável, penetrando todos os seus institutos e esparramando seus efeitos sobre seus mais modestos escaninhos ou recônditos meandros.
>
> Tal é sua importância no contexto do nosso sistema, tão dominadora sua força, que influi, de modo decisivo, na interpretação dos demais princípios constitucionais e, com maior razão, de todas as regras constitucionais.[16]

É preciso lembrar a força ética que contém o princípio republicano. Se todos os militantes da política considerassem a etimologia da palavra república (*res+publica* = coisa pública), saberiam que os interesses coletivos, o bem público, deveriam sempre estar acima dos interesses privados.

A despeito dessa invocação etimológica, calha lembrar a crítica feita pelo historiador frei Vicente do Salvador, invocada por Fábio Konder Comparato, em prefácio à obra de Raimundo Faoro, *A República inacabada*: “Nenhum homem nesta terra é repúblico, nem zela ou trata do bem comum, senão cada um do bem particular”.[17]

Se houvesse esse sentimento republicano, em nossa classe política, não teríamos escândalos como o *Mensalão* e *Petrolão.*

O princípio da anterioridade da lei eleitoral, ao ser inscrito na Carta da República (art.16), significou um avanço em nosso sistema eleitoral. Diz o referido artigo: “A lei que alterar o processo eleitoral entrará em vigor na data de sua publicação, não se aplicando à eleição que ocorra até um ano da data de sua vigência.”[18]

Por ocasião do julgamento do RE nº 633703-MG, que tratava da aplicabilidade da LC nº 135/2010 às eleições de 2010, o relator, Ministro Gilmar Mendes, traçou as seguintes “regras-parâmetro para interpretação do artigo 16 da Constituição Federal”:

> 1. O vocábulo “lei” contido no texto do art. 16 da Constituição deve ser interpretado de forma ampla, para abranger a lei ordinária, a lei complementar,

16 TALIBA, Geraldo. *República e constituição*. São Paulo: Malheiros, 2004, p. 32.

17 FAORO, Raimundo. *A Rep*ública inacabada. São Paulo: Globo, 2007, p.12.

18 Redação dada pela EC nº 4/93.

> a emenda constitucional e qualquer espécie normativa de caráter autônomo, geral e abstrato, emanada do Congresso Nacional no exercício da competência privativa da União para legislar sobre direito eleitoral, prevista no art. 22, I, do texto constitucional;
> 2. A interpretação do art. 16 da Constituição deve levar em conta o significado da expressão "processo eleitoral" e a *teleologia* constitucional.
> 2.1 O processo eleitoral consiste num complexo de atos que visa a receber e a transmitir a vontade do povo e que pode ser subdividido em três fases: a) a fase pré-eleitoral, que vai desde a escolha e apresentação das candidaturas até a realização da propaganda eleitoral; b) a fase eleitoral propriamente dita, que compreende o início, a realização e o encerramento da votação; c) a fase pós-eleitoral, que se inicia com a apuração e a contagem de votos e finaliza com a diplomação dos candidatos.
> 2.2 A teleologia da norma constitucional do art. 16 é a de impedir a deformação do processo eleitoral mediante alterações nele inseridas de forma casuística e que interfiram na igualdade de participação dos partidos políticos e de seus candidatos.
> 3. O princípio da anterioridade eleitoral, positivado no art. 16 da Constituição, constitui uma *garantia fundamental* do cidadão-eleitor, do cidadão-candidato e dos partidos políticos, que qualificada como *cláusula pétrea,* compõe o plexo de garantias do *devido processo legal eleitoral* e, dessa forma, é oponível ao exercício do poder constituinte derivado.[19]

Quem sofreu as consequências das leis casuísticas, promulgadas em cada ano eleitoral, pode avaliar, com mais precisão, a importância de consolidar-se o princípio da anterioridade da lei eleitoral em nosso sistema jurídico.

## 5 HERMENÊUTICA ELEITORAL

Os manuais de Direito Eleitoral ainda não dedicaram a importância merecida ao estudo da hermenêutica eleitoral.

Até o momento, a principal e, talvez, a única obra que trata desse tema é da autoria de Erick Wilson Pereira, com o título *Direito Eleitoral: interpretação e aplicação das normas constitucionais-eleitorais.*

Para tratar de uma matéria tão relevante e profunda, precisaria mesmo de um livro inteiro. A análise de cada método, cada critério, os princípios, tudo exigiria uma digressão exaustiva. Longe desse propósito, trata-se aqui apenas de despertar a atenção para a importância que a hermenêutica tem para a aplicação das leis eleitorais.

A função precípua da hermenêutica eleitoral é conciliar a segurança jurídica com a mutação jurisprudencial; é justificar a opção entre o certo e o certo; é superar a tensão entre o possível e o possível; é assegurar um julgamento de acordo com as

19 RTJ nº 221/11-238.

ondas do momento político-social e a certeza do Direito. Nessa dialética é que está o desafio da hermenêutica eleitoral.

Em trecho do seu voto, no julgamento da ADI 1.351/DF, que considerou insconstitucional a cláusula de barreira, o Ministro Ayres Britto esclareceu:

> Como a nossa Constituição consagra muitos valores, alguns deles se antagonizam, na prática, levando-nos a um tipo difícil de opção – já tenho falado sobre isso –: se optamos de um jeito, prestigiamos a Constituição; se optamos de outro, prestigiamos igualmente a Constituição. E fica uma estranha opção interpretativa entre o certo e o certo, já que todas as opções têm lastro constitucional.[20]

Santiago Nieto, doutrinador mexicano, que tem uma obra importante nessa área, atrela a interpretação eleitoral ao compromisso constitucional com a democracia. Ao tratar da interpretação evolutiva, na seara eleitoral, ele lembra do ajustamento aos valores ético-políticos da comunidade num momento determinado. Para ele, a interpretação eleitoral parte da premissa de fazer efetivo o texto constitucional.[21]

Sobre sua proposta de interpretação aberta com preocupação garantista dos direitos fundamentais, diz o autor mexicano:

> La interpretación para la democracia reúne varios factores: es una interpretación abierta del texto constitucional. En al ámbito procedimental deja de lado el silogismo y la subsunción y utiliza otro tipo de herramientas jurídicas: la ponderación, la tópica, la saturación. En el cámbio sustancial, es una interpretación que permite el desarrollo a partir de la ductibilidade, de la posibilidad de moldear el derecho para que éste cumpla con su función de mediación social. Es una interpretación que opera con un control difuso de la constitucionalidad que reclama una actividad vanguardista por parte de los aplicadores jurídicos y, por supuesto, se trata de un modelo de interpretación garantista que maximice el ejercicio de los derechos fundamentales.[22]

Da citada obra de Erick Wilson Pereira, extraem-se as seguintes lições de hermenêutica eleitoral:

> A imprevisibilidade das decisões que emanam da Justiça Eleitoral não destrói a natureza da segurança jurídica e nem sua axiologia, pois é inerente a ela esta expectativa de alguma evolução na interpretação de determinada matéria.[23]

20 RTJ 207/153.

21 NIETO, Santiago. *Interpretación y argumentación jurídica en materia electoral*: una propuesta garantista. México: Universidade Nacional Autónoma de México, 2005.

22 *Op. cit.* p. 320.

23 PEREIRA, Erick Wilson. *Direito eleitoral:* interpretação e aplicação das normas constitucionais-eleitorais. São Paulo: Saraiva, 2010, p. 96.

> A constante imprevisibilidade das decisões judiciais eleitorais fortalece o Estado Democrático de Direito na medida em que acompanha os constantes casuísmos eleitorais que incidem sempre que se precisa revelar direitos localizados de determinados grupos políticos dominadores.
> Essa intranquilidade gerada pela ausência de estabilidade das decisões judiciais, invariavelmente, só atinge o grupo político com interesses pontuais. Não há aumento de conflitos senão entre grupos que disputam o poder e almejam sua manutenção.[24]
> Na esfera do Direito Eleitoral, por conseguinte, a segurança jurídica não pode ser tratada como garantia de previsibilidade das decisões judiciais ou em obstáculos ao avanço no pensar dos magistrados, nem muito menos como fortalecimento da jurisprudência uniforme.[25]

Como se percebe das lições do mestre potiguar, está dentro da razoabilidade o que se tem por imprevisibilidade das decisões eleitorais. Outro fator que não se pode deixar de considerar são as variações nas composições das cortes eleitorais, com repercussão na alteração de entendimentos. A cada mudança na composição de um tribunal regional, reavaliam-se os julgamentos anteriores. O mesmo acontece – até com mais frequência – no TSE.

No art. 219 do Código Eleitoral, o legislador elegeu o método teleológico para interpretação daquela lei eleitoral. Partindo dessa busca do fim, do objetivo da lei, o intérprete, de fato, está assumindo uma postura eficiente na busca de uma decisão justa. Ao longo dessa obra, destacam-se algumas passagens em que se invoca a teleologia das respectivas normas.

As vibrações da sociedade, de ordem político-social, influenciam decididamente as decisões em matéria eleitoral, as quais devem sempre levar em consideração a primazia do interesse público e dos postulados éticos, afastando dogmas ultrapassados e trazendo novos paradigmas inspirados nos princípios constitucionais.

A ductibilidade constitucional, tão bem estudada por Zagrebelsky, aplica-se bem à maleabilidade da jurisprudência eleitoral, mantendo-a renovada e sem perder, entretanto, a essência do seu núcleo.

Por fim, cumpre lembrar que, em caso de antinomias, utilizam-se os conhecidos critérios de Bobbio: especialidade, hierarquia e temporalidade. Se a antinomia for entre princípio e regra, opta-se pelos princípios. Em se tratando de conflito entre princípios, a opção deve acercar-se daquele que assegure melhor o exercício dos direitos políticos.

---

24 *Op. cit.* p. 97.
25 *Op. cit.* p. 99.

# II
# JUSTIÇA ELEITORAL

Sumário



Em nenhuma coisa se vê tanto o acerto da eleição como naquilo que, acertado uma vez, não pode ter mudança ou, errado uma vez, não pode ter emenda. *(Pe. Antônio Vieira, Sermão as exéquias de S. D. Maria de Ataíde).*

## 1 HISTÓRICO. A REVOLUÇÃO DE 1930 E A CRIAÇÃO DA JUSTIÇA ELEITORAL

A Revolução de 1930 teve como uma de suas metas a moralização do sistema político-eleitoral brasileiro, viciado por práticas que comprometiam a autenticidade dos resultados das urnas.

Até então, as eleições eram marcadas pela fraude, que se manifestava sob várias modalidades, com o fim de alterar os resultados eleitorais, praticadas, geralmente, na intimidade dos próprios locais de votação ou nas assembleias, por ocasião da verificação dos poderes.

A melhor descrição desse período, anterior a 1930, encontra-se na obra de Victor Nunes Leal, *Coronelismo, enxada e voto.* Em certa passagem desse livro, o autor cita Assis Brasil que, de maneira contundente, descreve o realismo da fraude: "No regime que botamos abaixo com a Revolução, ninguém tinha a certeza de se fazer qualificar, como a de votar... Votando, ninguém tinha a certeza de que lhe fosse contado o voto... Uma vez contado o voto, ninguém tinha a segurança de que seu eleito havia de ser reconhecido através de uma apuração feita dentro desta Casa e por ordem, muitas vezes, superior."[26]

Para combater esses vícios e cumprir com a promessa de recuperar o prestígio e a seriedade das eleições, os líderes da Revolução cuidaram, em 1932, de elaborar nos-

26 LEAL, Vitor Nunes. *Coronelismo, enxada e voto*: o município e o regime representativo no Brasil. Rio de Janeiro: IUPERJ, 1991, p. 230.

so primeiro Código Eleitoral, instituído pelo Decreto nº 21.076, de 24 de fevereiro de 1932. O ponto mais importante desse decreto foi a criação da Justiça Eleitoral, com o propósito de oferecer a certeza quanto às regras das eleições.[27]

Ainda como consequência das medidas saneadoras e revolucionárias desse período, tivemos:

– adoção do voto secreto;
– instituição do voto feminino;
– sistema de representação proporcional.

Posteriormente, a Constituição de 1934 ratificou a criação da Justiça Eleitoral, inserindo-a entre os órgãos constitutivos do Poder Judiciário (art. 63, letra *d*).

Com respaldo constitucional, a Justiça Eleitoral consolidou-se. Durante o Estado Novo foi extinta, voltando a vigorar com a promulgação da Constituição de 1946, afirmando-se, até hoje, como uma instituição intocável do nosso sistema jurídico-constitucional.

Acertada análise faz a professora Teresa Cristina de Souza Cardozo Vale, a respeito da Justiça Eleitoral:

> A Justiça Eleitoral vem exercendo um papel fundamental, sobrevivendo e se fortalecendo ao longo de um período que teve quatro mudanças de marco constitucional e se tornando um dos principais instrumentos de manutenção da ordem democrática. Essa sua importância pôde ser observada mesmo durante o regime autoritário, quando funcionou como elemento regulador de pleitos municipais, estaduais e federais, ainda que com restrições.[28]

## 2 ESTRUTURA DA JUSTIÇA ELEITORAL

A estrutura da Justiça Eleitoral é determinada pela Carta Máxima da República que, em seu artigo 118, relaciona os órgãos que a integram. São eles:

I – o Tribunal Superior Eleitoral;
II – os Tribunais Regionais Eleitorais;
III – os Juízes Eleitorais;
IV – as Juntas Eleitorais.

Temos, assim, a Justiça Eleitoral hoje, no Brasil, formada pelo Tribunal Superior Eleitoral (TSE), sediado em Brasília; por 27 Tribunais Regionais Eleitorais,

27 "É instituída a Justiça Eleitoral, com funções contenciosas e administrativas" (art. 5º do Decreto nº 21.076, de 24 de fevereiro de 1932).

28 AVRITZER, Leonardo [et al...]. *Dimensões políticas da justiça*. Vale, Teresa Cristina de Souza. Justiça Eleitoral. p. 315. Rio de Janeiro: Civilização Brasileira, 2013.

cada um com sede em cada Unidade da Federação e no Distrito Federal; e pelos juízes eleitorais. Somam-se a esses órgãos permanentes, as Juntas Eleitorais, que são constituídas para a apuração e a totalização dos votos e para a diplomação dos eleitos, nas eleições municipais.

O TRIBUNAL SUPERIOR ELEITORAL é o mais alto órgão da Justiça Eleitoral, composto por sete membros, sendo três juízes, dentre os ministros do STF, dois juízes dentre os ministros do STJ e dois juízes escolhidos entre advogados com notável saber jurídico e idoneidade moral. Funciona em plenário e tem suas atribuições definidas nos arts. 16 a 23 do CE e art. 119 da CF/1988.

OS TRIBUNAIS REGIONAIS ELEITORAIS funcionam em cada Estado da Federação e no Distrito Federal; também são compostos por sete membros, sendo dois desembargadores do Tribunal de Justiça estadual, dois juízes estaduais, um juiz do Tribunal Regional Federal, ou, não havendo, um juiz federal e dois advogados de notável saber jurídico. A estrutura e a competência de cada TRE estão previstas nos arts. 25 a 31 do CE e art. 120 da CF/1988.

OS JUÍZES ELEITORAIS são órgãos do primeiro grau da Justiça Eleitoral, com jurisdição nas respectivas zonas eleitorais. Na expressão de Fávila Ribeiro, os juízes eleitorais funcionam "como órgão judiciário singular em primeira instância."[29] As atribuições dos juízes eleitorais vêm previstas no art. 32 do CE.

AS JUNTAS ELEITORAIS são órgãos colegiados e temporários da Justiça Eleitoral, instituídas, com antecedência de sessenta dias, para a apuração das eleições e a proclamação dos eleitos. Em caso de eleições municipais, acrescenta-se a diplomação dos candidatos eleitos. São compostas por um Juiz de Direito e dois ou quatro cidadãos de notória idoneidade. A competência e organização das Juntas Eleitorais vêm previstas nos arts. 36 a 41 do Código Eleitoral. Após o encerramento da apuração e apreciação dos recursos havidos, cessam as atividades das Juntas, que só voltarão a reunir-se quando da expedição dos diplomas, nas eleições municipais. Essa diplomação é feita pelo juiz eleitoral que presidiu a Junta.

Ao lado de cada órgão dessa estrutura, atua um membro do Ministério Público Eleitoral, representado pelo Procurador-Geral da República, junto do Tribunal Superior Eleitoral. Nos estados, cabe a um Procurador da República o desempenho da função eleitoral, nos tribunais regionais eleitorais. E nas zonas eleitorais, a um promotor da justiça estadual é conferida a função eleitoral.

Pela importância de sua atuação na Justiça Eleitoral, o Ministério Público Eleitoral será tratado adiante, em capítulo especial.

## 3 CARACTERÍSTICAS DA JUSTIÇA ELEITORAL

A Justiça Eleitoral caracteriza-se principalmente por dois aspectos fundamentais: a temporariedade das investiduras dos seus membros e a ausência de quadro próprio de juízes.

---

29 *Op. cit.*, p. 135.

Não há um quadro autônomo de juízes eleitorais. Os juízes estaduais e federais são investidos na função eleitoral por tempo determinado, a qual não é exercida com exclusividade, mas concomitante com sua atividade original.

No TSE e nos TREs, os mandatos são bienais, prorrogáveis uma única vez, por igual período. Entre os juízes eleitorais, atualmente, a investidura se faz por rodízio bienal, em zonas onde funcionam mais de um juiz de direito. Para dar oportunidade a maior número de desembargadores e juízes, muitos tribunais tem evitado a recondução de membros da Justiça Eleitoral, tanto do primeiro como do segundo grau.

Essa renovação constante dos membros dos tribunais eleitorais possui dois aspectos que merecem ser apreciados:

a) a*specto positivo*: a mudança de juízes, depois de dois ou quatro anos, permite uma reavaliação permanente de entendimentos e interpretações, o que impede o esclerosamento dos conceitos e favorece uma jurisprudência sempre renovada. O novo traz sempre uma carga de expectativa de que seja melhor.

b) a*specto negativo*: essa alteração cíclica do quadro de membros dos tribunais pode prejudicar a coerência dos julgamentos e o aperfeiçoamento da Justiça Eleitoral, dos seus conceitos e fundamentos, retirando-lhe o mínimo de certeza que se deve assegurar a qualquer ramo do Direito. Quando o juiz, depois de dois ou quatro anos de dedicação à Justiça Eleitoral, começa a aprofundar-se em seus temas e discussões, é substituído por outro que vai começar tudo de novo, com outra visão, às vezes, sem qualquer familiaridade com a matéria. Cinde-se, portanto, uma evolução, bruscamente, com as substituições efetuadas a cada biênio.

## 4 COMPETÊNCIA DA JUSTIÇA ELEITORAL

A competência da Justiça Eleitoral é predominantemente fixada em razão da matéria (*ratione materiae*). Como justiça especializada que é, cabe-lhe conhecer e julgar todas as questões que digam respeito ao Direito Eleitoral. Na prática, essa competência abrange quatro atribuições: a) jurisdicional; b) adminstrativa; c) consultiva; e d) regulamentar. Esse feixe de competências confere-lhe acentuado poder: organizar, administrar, fiscalizar e julgar.

O artigo 121 da Constituição Federal remete para lei complementar dispor sobre a organização e competência dos tribunais, dos juízes de direito e das Juntas eleitorais.

Por falta dessa lei, é o Código Eleitoral – recepcionado, em parte, pela Constituição como lei complementar – que disciplina a estrutura e a competência da Justiça Eleitoral (Resolução TSE nº 14.150, de 23/8/94).

A competência originária da Justiça Eleitoral, judiciária ou administrativa, abrange várias atribuições, como, por exemplo, as diversas fases do processo eleitoral:

– alistamento eleitoral, cancelamento, inscrição, segunda via e transferência;

– revisão do eleitorado;
– registro de candidatos;
– impugnação de mandato eletivo;
– julgamento dos crimes eleitorais;
– fiscalização das prestações de contas de campanha dos candidatos e das contas anuais dos partidos.

No exercício de sua função normativa, à Justiça Eleitoral compete, também, expedir instruções, resoluções e responder consultas.[30]

As resoluções decorrem do poder regulamentar conferido aos tribunais eleitorais (art.23, XVIII, do CE).

As consultas referem-se a dúvidas suscitadas, em tese, perante os tribunais regionais (art.30, VIII, do CE) e ao TSE (art.23, XIII, do CE).

No período que antecede às eleições as consultas são usadas com muita frequência, principalmente em decorrência de novas leis ou casos polêmicos e inéditos. São orientações pedagógicas utilizadas com indiscutível força argumentativa. As respostas a essas consultas não têm, entretanto, eficácia vinculante nem conteúdo normativo.

Finalmente, cabe reconhecer a competência da Justiça Eleitoral para conhecer de *habeas corpus* e mandado de segurança em matéria eleitoral. Nessas ocasiões, deve-se observar a jurisdição da autoridade eleitoral competente para decidir sobre os pedidos, pois é muito comum, em se tratando de atuação no primeiro grau, confundirem a autoridade a quem é dirigido o pedido (ao juiz eleitoral ou ao juiz titular da comarca?).

### 4.1 Distribuição das competências pelo Código Eleitoral

O Código Eleitoral ocupa-se detalhadamente da distribuição da competência da Justiça Eleitoral pelos órgãos que a compõem, de forma verticalizada, assim distribuída:

TRIBUNAL SUPERIOR ELEITORAL

Art. 22 Compete ao Tribunal Superior:

I - Processar e julgar originariamente:

a) o registro e a cassação de registro de partidos políticos, dos seus diretórios nacionais e de candidatos à Presidência e vice-presidência da República;

30 LACERDA, Paulo José M.; CARNEIRO, Renato César; SILVA, Valter Félix da Silva. *O poder normativo da Justiça Eleitoral.* João Pessoa: Sal da Terra, 2004.

b) os conflitos de jurisdição entre Tribunais Regionais e juízes eleitorais de Estados diferentes;

c) a suspeição ou impedimento aos seus membros, ao Procurador Geral e aos funcionários da sua Secretaria;

d) os crimes eleitorais e os comuns que lhes forem conexos cometidos pelos seus próprios juízes e pelos juízes dos Tribunais Regionais;

e) o habeas corpus ou mandado de segurança, em matéria eleitoral, relativos a atos do Presidente da República, dos Ministros de Estado e dos Tribunais Regionais; ou, ainda, o habeas corpus, quando houver perigo de se consumar a violência antes que o juiz competente possa prover sobre a impetração;

f) as reclamações relativas a obrigações impostas por lei aos partidos políticos, quanto à sua contabilidade e à apuração da origem dos seus recursos;

g) as impugnações à apuração do resultado geral, proclamação dos eleitos e expedição de diploma na eleição de Presidente e Vice-Presidente da República;

h) os pedidos de desaforamento dos feitos não decididos nos Tribunais Regionais dentro de trinta dias da conclusão ao relator, formulados por partido, candidato, Ministério Público ou parte legitimamente interessada;

i) as reclamações contra os seus próprios juízes que, no prazo de trinta dias a contar da conclusão, não houverem julgado os feitos a eles distribuídos;

j) a ação rescisória, nos casos de inelegibilidade, desde que intentada dentro de cento e vinte dias de decisão irrecorrível, possibilitando-se o exercício do mandato eletivo até o seu trânsito em julgado;

II - julgar os recursos interpostos das decisões dos Tribunais Regionais nos termos do art. 276 inclusive os que versarem matéria administrativa.

Parágrafo único. As decisões do Tribunal Superior são irrecorríveis, salvo nos casos do Art. 281.

Art. 23 Compete, ainda, privativamente, ao Tribunal Superior:

I - elaborar o seu regimento interno;

II - organizar a sua Secretaria e a Corregedoria Geral, propondo ao Congresso Nacional a criação ou extinção dos cargos administrativos e a fixação dos respectivos vencimentos, provendo-os na forma da lei;

III - conceder aos seus membros licença e férias assim como afastamento do exercício dos cargos efetivos;

IV - aprovar o afastamento do exercício dos cargos efetivos dos juízes dos Tribunais Regionais Eleitorais;

V - propor a criação de Tribunal Regional na sede de qualquer dos Territórios;

VI - propor ao Poder Legislativo o aumento do número dos juízes de qualquer Tribunal Eleitoral, indicando a forma desse aumento;

VII - fixar as datas para as eleições de Presidente e Vice-Presidente da República, senadores e deputados federais, quando não o tiverem sido por lei:

VIII - aprovar a divisão dos Estados em zonas eleitorais ou a criação de novas zonas;

IX - expedir as instruções que julgar convenientes à execução deste Código;

X - fixar a diária do Corregedor Geral, dos Corregedores Regionais e auxiliares em diligência fora da sede;

XI - enviar ao Presidente da República a lista tríplice organizada pelos Tribunais de Justiça nos termos do art. 25;

XII - responder, sobre matéria eleitoral, às consultas que lhe forem feitas em tese por autoridade com jurisdição, federal ou órgão nacional de partido político;

XIII - autorizar a contagem dos votos pelas mesas receptoras nos Estados em que essa providência for solicitada pelo Tribunal Regional respectivo;

XIV - requisitar a força federal necessária ao cumprimento da lei, de suas próprias decisões ou das decisões dos Tribunais Regionais que o solicitarem, e para garantir a votação e a apuração;

XV - organizar e divulgar a Súmula de sua jurisprudência;

XVI - requisitar funcionários da União e do Distrito Federal quando o exigir o acúmulo ocasional do serviço de sua Secretaria;

XVII - publicar um boletim eleitoral;

XVIII - tomar quaisquer outras providências que julgar convenientes à execução da legislação eleitoral.

## TRIBUNAIS REGIONAIS ELEITORAIS

Art. 29 Compete aos Tribunais Regionais:

I - processar e julgar originariamente:

a) o registro e o cancelamento do registro dos diretórios estaduais e municipais de partidos políticos, bem como de candidatos a Governador, Vice-Governadores, e membro do Congresso Nacional e das Assembléias Legislativas;

b) os conflitos de jurisdição entre juízes eleitorais do respectivo Estado;

c) a suspeição ou impedimentos aos seus membros ao Procurador Regional e aos funcionários da sua Secretaria assim como aos juízes e escrivães eleitorais;

d) os crimes eleitorais cometidos pelos juízes eleitorais;

e) o habeas corpus ou mandado de segurança, em matéria eleitoral, contra ato de autoridades que respondam perante os Tribunais de Justiça por crime de responsabilidade e, em grau de recurso, os denegados ou concedidos pelos juízes eleitorais; ou, ainda, o habeas corpus quando houver perigo de se consumar a violência antes que o juiz competente possa prover sobre a impetração;

f) as reclamações relativas a obrigações impostas por lei aos partidos políticos, quanto a sua contabilidade e à apuração da origem dos seus recursos;

g) os pedidos de desaforamento dos feitos não decididos pelos juízes eleitorais em trinta dias da sua conclusão para julgamento, formulados por partido, candidato,

Ministério Público ou parte legitimamente interessada, sem prejuízo das sanções decorrentes do excesso de prazo.

II - julgar os recursos interpostos:

a) dos atos e das decisões proferidas pelos juízes e juntas eleitorais.
b) das decisões dos juízes eleitorais que concederem ou denegarem habeas corpus ou mandado de segurança.
Parágrafo único. As decisões dos Tribunais Regionais são irrecorríveis, salvo nos casos do Art. 276.

Art. 30. Compete, ainda, privativamente, aos Tribunais Regionais:

I - elaborar o seu regimento interno;
II - organizar a sua Secretaria e a Corregedoria Regional provendo-lhes os cargos na forma da lei, e propor ao Congresso Nacional, por intermédio do Tribunal Superior a criação ou supressão de cargos e a fixação dos respectivos vencimentos;
III - conceder aos seus membros e aos juízes eleitorais licença e férias, assim como afastamento do exercício dos cargos efetivos submetendo, quanto aqueles, a decisão à aprovação do Tribunal Superior Eleitoral;
IV - fixar a data das eleições de Governador e Vice-Governador, deputados estaduais, prefeitos, vice-prefeitos , vereadores e juízes de paz, quando não determinada por disposição constitucional ou legal;
V - constituir as juntas eleitorais e designar a respectiva sede e jurisdição;
VI - indicar ao Tribunal Superior as zonas eleitorais ou seções em que a contagem dos votos deva ser feita pela mesa receptora;
VII - apurar com os resultados parciais enviados pelas juntas eleitorais, os resultados finais das eleições de Governador e Vice-Governador de membros do Congresso Nacional e expedir os respectivos diplomas, remetendo dentro do prazo de 10 (dez) dias após a diplomação, ao Tribunal Superior, cópia das atas de seus trabalhos;
VIII - responder, sobre matéria eleitoral, às consultas que lhe forem feitas, em tese, por autoridade pública ou partido político;
IX - dividir a respectiva circunscrição em zonas eleitorais, submetendo essa divisão, assim como a criação de novas zonas, à aprovação do Tribunal Superior;
X - aprovar a designação do Ofício de Justiça que deva responder pela escrivania eleitoral durante o biênio;
XI – (*Revogado pela Lei nº 8.868, de 14.04.94*);[31]
XII - requisitar a força necessária ao cumprimento de suas decisões e solicitar ao Tribunal Superior a requisição de força federal;
XIII - autorizar, no Distrito Federal e nas capitais dos Estados, ao seu presidente e, no interior, aos juízes eleitorais, a requisição de funcionários federais, esta-

31 Redação anterior: XI - Nomear preparadores, unicamente dentre nomes indicados pelos juízes eleitorais, para auxiliarem o alistamento eleitoral;

duais ou municipais para auxiliarem os escrivães eleitorais, quando o exigir o acúmulo ocasional do serviço;

XIV - requisitar funcionários da União e, ainda, no Distrito Federal e em cada Estado ou Território, funcionários dos respectivos quadros administrativos, no caso de acúmulo ocasional de serviço de suas Secretarias;

XV - aplicar as penas disciplinares de advertência e de suspensão até 30 (trinta) dias aos juízes eleitorais;

XVI - cumprir e fazer cumprir as decisões e instruções do Tribunal Superior;

XVII - determinar, em caso de urgência, providências para a execução da lei na respectiva circunscrição;

XVIII - organizar o fichário dos eleitores do Estado.

XIX - suprimir os mapas parciais de apuração mandando utilizar apenas os boletins e os mapas totalizadores, desde que o menor número de candidatos às eleições proporcionais justifique a supressão, observadas as seguintes normas: [32]

a) qualquer candidato ou partido poderá requerer ao Tribunal Regional que suprima a exigência dos mapas parciais de apuração;[33]

b) da decisão do Tribunal Regional qualquer candidato ou partido poderá, no prazo de três dias, recorrer para o Tribunal Superior, que decidirá em cinco dias;[34]

c) a supressão dos mapas parciais de apuração só será admitida até seis meses antes da data da eleição;[35]

d) os boletins e mapas de apuração serão impressos pelos Tribunais Regionais, depois de aprovados pelo Tribunal Superior;[36]

e) o Tribunal Regional ouvirá os partidos na elaboração dos modelos dos boletins e mapas de apuração a fim de que estes atendam às peculiaridades locais, encaminhando os modelos que aprovar, acompanhados das sugestões ou impugnações formuladas pelos partidos, à decisão do Tribunal Superior.[37]

## JUÍZES ELEITORAIS

Art. 35 Compete aos juízes:

I - cumprir e fazer cumprir as decisões e determinações do Tribunal Superior e do Regional;

II - processar e julgar os crimes eleitorais e os comuns que lhe forem conexos, ressalvada a competência originária do Tribunal Superior e dos Tribunais Regionais;

32 Inciso XIX acrescentado pela Lei nº 4.961, de 04.05.66.
33 Acrescentada pela Lei nº 4.961, de 04.05.66.
34 Acrescentada pela Lei nº 4.961, de 04.05.66.
35 Acrescentada pela Lei nº 4.961, de 04.05.66.
36 Acrescentada pela Lei nº 4.961, de 04.05.66.
37 Acrescentada pela Lei nº 4.961, de 04.05.66.

III - decidir habeas corpus e mandado de segurança, em matéria eleitoral, desde que essa competência não esteja atribuída privativamente a instância superior.

IV - fazer as diligências que julgar necessárias a ordem e presteza do serviço eleitoral;

V - tomar conhecimento das reclamações que lhe forem feitas verbalmente ou por escrito, reduzindo-as a termo, e determinando as providências que cada caso exigir;

VI - indicar, para aprovação do Tribunal Regional, a serventia de justiça que deve ter o anexo da escrivania eleitoral;

VII – *(Revogado pela Lei nº 8.868, de 14.04.94)*[38]

VIII - dirigir os processos eleitorais e determinar a inscrição e a exclusão de eleitores;

IX- expedir títulos eleitorais e conceder transferência de eleitor;

X - dividir a zona em seções eleitorais;

XI mandar organizar, em ordem alfabética, relação dos eleitores de cada seção, para remessa a mesa receptora, juntamente com a pasta das folhas individuais de votação;

XII - ordenar o registro e cassação do registro dos candidatos aos cargos eletivos municiais e comunicá-los ao Tribunal Regional;

XIII - designar, até 60 (sessenta) dias antes das eleições os locais das seções;

XIV - nomear, 60 (sessenta) dias antes da eleição, em audiência pública anunciada com pelo menos 5 (cinco) dias de antecedência, os membros das mesas receptoras;

XV - instruir os membros das mesas receptoras sobre as suas funções;

XVI - providenciar para a solução das ocorrências para a solução das ocorrências que se verificarem nas mesas receptoras;

XVII - tomar todas as providências ao seu alcance para evitar os atos viciosos das eleições;

XVIII -fornecer aos que não votaram por motivo justificado e aos não alistados, por dispensados do alistamento, um certificado que os isente das sanções legais;

XIX - comunicar, até às 12 horas do dia seguinte a realização da eleição, ao Tribunal Regional e aos delegados de partidos credenciados, o número de eleitores que votarem em cada uma das seções da zona sob sua jurisdição, bem como o total de votantes da zona.

## JUNTAS ELEITORAIS

Art. 40 Compete à Junta Eleitoral:

I - apurar, no prazo de 10 (dez) dias, as eleições realizadas nas zonas eleitorais sob a sua jurisdição;

---

38 Redação anterior: VII - representar sobre a necessidade de nomeação dos preparadores para auxiliarem o alistamento eleitoral, indicando os nomes dos cidadãos que devem ser nomeados;

II - resolver as impugnações e demais incidentes verificados durante os trabalhos da contagem e da apuração;

III - expedir os boletins de apuração mencionados no Art. 178;

IV - expedir diploma aos eleitos para cargos municipais.

Parágrafo único. Nos municípios onde houver mais de uma junta eleitoral a expedição dos diplomas será feita pelo que for presidida pelo juiz eleitoral mais antigo, à qual as demais enviarão os documentos da eleição.

O mais detalhado estudo sobre a competência da Justiça Eleitoral é feito por Suzana de Camargo Gomes. Para essa autora, a competência da Justiça Eleitoral está assim distribuída:

a) competência especial, em razão da matéria (*ratione materiae*);
b) competência funcional;
c) competência em razão da pessoa (*ratione personae).*

A competência quanto à matéria vem delimitada pela Constituição Federal, pelo Código Eleitoral e pelas leis extravagantes que formam o catálogo de normas eleitorais. Trata-se, portanto, diz Suzana de Camargo, de competência determinada pelo interesse público, razão pela qual é de se destacar que a competência da Justiça Eleitoral *ratione materiae* é de natureza absoluta, não podendo, por conseguinte, as partes ou os interessados dela dispor."[39]

A competência em razão da função, segundo a autora, é aquela que decorre das atribuições que o órgão desempenha em cada processo judicial ou administrativo, bem como em suas respectivas fases, distribuídas entre juízes eleitorais, Juntas Eleitorais, Tribunais Regionais Eleitorais e Tribunal Superior Eleitoral.[40]

Sobre a competência *ratione personae,* elucida, ainda, Suzana de Camargo:

> Os Tribunais Regionais Eleitorais têm competência originária para processar e julgar os crimes eleitorais cometidos por juízes eleitorais, bem como aqueles praticados por autoridades estaduais que, em crimes comuns, teriam como foro de prerrogativa de função o Tribunal de Justiça. De sorte que, neste ponto, a competência dos Tribunais Regionais Eleitorais é *ratione personae*, ou seja, decorre da prerrogativa de função.[41]

Nesse rol de favorecidos pela prerrogativa de função estão os prefeitos, os juízes eleitorais e os promotores de justiça com funções eleitorais.

Curiosa observação, digna de destaque, é quanto ao julgamento do governador por crime eleitoral. Ao contrário do que se pode imaginar, a competência para seu

39 GOMES, Suzana de Camargo. *A justiça eleitoral e sua competência,* p. 89.
40 *Id., ib.*, p. 187.
41 *Op .cit.*, p. 127.

julgamento não é de nenhum dos órgãos da Justiça Eleitoral. É que o crime eleitoral é considerado crime comum e, por esse motivo, a competência é do Superior Tribunal de Justiça, *ex vi* do art. 105, I, letra *a*, da Constituição Federal.

Essa conclusão não é pacífica na doutrina, que, em grande parte, defende a prevalência da competência em razão da matéria sobre a competência em razão da pessoa. Tratando-se a Justiça Eleitoral de uma justiça especializada, o autor desta obra comunga desse entendimento. Não parece razoável ter-se um governador acusado de crime eleitoral sendo submetido a julgamento pelo STJ, quando o mais esperado e lógico seria ser julgado pelo TSE.

Entretanto, fica claro que o entendimento, até o momento, tanto do TSE quanto do STF, é considerar o crime eleitoral como crime comum, conferindo ao STJ o julgamento do governador de estado por crime eleitoral.[42]

### 4.2 Plebiscito

A inclusão deste tema no item da competência da Justiça Eleitoral tem sua justificativa pela frequência com que ocorrem dúvidas quanto à competência para apreciar questões envolvendo plebiscitos para a criação de novos municípios.

Sabe-se que o plebiscito e o referendo são formas de consulta feitas aos eleitores, previstas na Constituição Federal (art.14, I e II) como expressão da soberania popular.

Em caso de plebiscito, compete à Justiça Eleitoral apenas encaminhar a consulta, verificar o eleitorado, fiscalizar a votação e apurar os votos. Para tanto, deve expedir resolução que discipline a consulta plebiscitária.

Para julgar questões relativas ao processo efetivo de criação, desmembramento, anexação e fusão de municípios, a competência é da Justiça comum. A esse respeito, o Superior Tribunal de Justiça assentou o seguinte entendimento:

> *Conflito de competência. Tribunal de Justiça do Estado e Tribunal Regional Eleitoral. Mandado de Segurança. Ato do plenário da Assembléia Legislativa. Plebiscito.*
> *I – A competência da justiça eleitoral, no processo emancipacionista, restringe-se a prestar informações sobre o eleitorado da área que se emancipa e a proceder a realização e a apuração do plebiscito.*
> *II – Compete à Justiça comum processar e julgar mandado de segurança contra ato do plenário da Assembléia Legislativa que, cumpridos os requisitos legais, determina a realização de plebiscito objetivando a emancipação do distrito.*
> *III – Conflito conhecido para declarar a competência do Tribunal de Justiça do Estado de Minas Gerais, o suscitado, tornando-se sem efeito a medida acautelatória anteriormente concedida. (Conflito de competência nº 0023421-4, rel. Min. César Rocha, j. 25.8.1992. In: RSTJ 37/52).*

42 STF – Conflito de jurisdição nº 6.971-5 – DF. Rel. Min. Paulo Brossard.
TSE – Resolução nº 17.688-A. Rel. Min. Pedro Acioli (*In* JTSE 2/93/269).

Quando do julgamento do Recurso Especial nº 28.560/RO, o colendo TSE foi mais didático ao esclarecer:

> *1. O tema consulta plebiscitária, visando a emancipação de município, em princípio, versa sobre matéria administrativa, sem embargo de haver o Tribunal Superior Eleitoral, em alguns casos, conhecido e provido recurso especial manejado pelo Ministério Público Federal. Na hipótese há arguição de contrariedade a disposição expressa da Constituição Federal e, também, nas ocorrências de dissenso pretoriano, levando ao conhecimento do apelo nobre. Precedentes.*
> *2. Ao Tribunal Superior Eleitoral, segundo decidiu no julgamento do PA 18.399/PA, não compete decidir sobre a criação de município, ocupando-se, então, unicamente, no tema consistente à consulta plebiscitária, com aquele objetivo.*
> *3. Estabelecidos os requisitos, consistentes na viabilidade econômica e legislação estadual e não havendo obstáculo jurídico diante dos termos da Emenda Constitucional 57, de 18 de dezembro de 2008, a realização da consulta plebiscitária não agride o art. 18, § 4º, da Constituição Federal, com a redação da Emenda 15/96. Há, na verdade, harmonia das normas constitucionais.( REspe nº 28.560/PA, rel. Min. Fernando Gonçalves.* Informativo TSE *nº 32/2009, p.12.)*

Desse modo, é preciso distinguir bem as atribuições da Justiça comum daquelas conferidas à Justiça Eleitoral.

## 5 ADMINISTRAÇÃO DA JUSTIÇA ELEITORAL

Para efeito de administração da Justiça Eleitoral, o território nacional é dividido em circunscrições eleitorais e estas, em zonas eleitorais. Por sua vez, cada zona eleitoral é dividida em seções eleitorais. Não se deve confundir a expressão «circunscrição eleitoral» com competência jurisdicional. Ao falar em circunscrição, estamos nos referindo a espaço geográfico.

Temos, então, a seguinte estrutura territorial (art. 86, do CE):

a) circunscrição nacional, que abrange todo o país, como nas eleições presidenciais, em que o TSE administra todo o território brasileiro;
b) circunscrição estadual, com abrangência em todo o território do Estado, nas eleições federais e estaduais;
c) circunscrição municipal, evidenciada no período das eleições municipais.

A cada nível dessa estrutura corresponde um órgão da Justiça Eleitoral: o Tribunal Superior Eleitoral, com circunscrição em todo o território nacional, é competente para administrar as eleições para a escolha do presidente e do vice-presidente da República; o Tribunal Regional Eleitoral, com circunscrição em cada Estado da Federação, com competência para administrar as eleições para governador, deputados estaduais, deputados federais e senadores; os juízes eleitorais, competentes para administrarem suas respectivas zonas eleitorais e presidirem as eleições para prefeitos e vereadores.

As zonas eleitorais constituem a menor circunscrição eleitoral. Nem sempre uma zona eleitoral se confunde com um município ou com uma comarca. Uma zona eleitoral pode abranger mais de um município e mais de uma comarca, assim como um só município pode conter mais de uma zona, a exemplo do que ocorre em todas as capitais e cidades mais populosas dos Estados. Os limites territoriais de cada zona são definidos no ato de sua criação. Para cada zona corresponde um cartório eleitoral, com a incumbência de gerenciar os trabalhos ali desenvolvidos. Da eficiência desse trabalho, depende o êxito de uma eleição.

Depois da zona eleitoral, vem a seção eleitoral, como uma espécie de subdivisão daquela. É o microespaço de realização do pleito, local em que são colhidos os votos.

## 6 A JUSTIÇA ELEITORAL E A JUDICIALIZAÇÃO DOS CONFLITOS POLÍTICOS

Não é novidade para a Justiça Eleitoral os encargos que lhe são atribuídos hoje, ainda que pareçam inovadores.

Desde sua criação, em 1932, com a publicação do primeiro Código Eleitoral, a Justiça Eleitoral adquiriu autonomia como integrante do Poder Judiciário, passando a atuar com independência e imparcialidade diante das lides políticas. Acabara-se o controle legislativo do processo eleitoral e, com ele, o sistema de verificação de poderes.

Desde então, a Justiça Eleitoral só tem evoluído para garantir, a cada eleição, a legitimidade e a expressão real da vontade do eleitor.

Nos últimos anos, por omissão do Congresso, muitos temas políticos têm chegado ao Tribunal Superior Eleitoral, levando-o a assumir posições vanguardistas como aplicador de um Direito Eleitoral voltado para a efetivação da Constituição. Exemplo marcante dessa evolução foi o reconhecimento da fidelidade partidária.

Sobre esse tema, o juiz Osvaldo Canela Junior publicou, na revista Paraná Eleitoral, um trabalho sobre *O controle jurisdicional do processo político,* no qual faz esta acurada observação:

> Mais do que mero controle formal de constitucionalidade, exerce o Poder Judiciário, no âmbito do processo político, função nitidamente ética, porquanto participa da afirmação dos valores supremos da nação no campo dos conflitos de interesse, consubstanciados pelos direitos políticos.[43]

O poder normativo das resoluções do TSE tem suprido o vácuo legislativo para estabelecer regras compatíveis com o nosso ordenamento constitucional.

Ao contrário dos que acusam de intromissão legislativa, as decisões do TSE apenas contribuem para o aperfeiçoamento ético do processo eleitoral brasileiro.

---

43 CANELA JUNIOR, Osvaldo. O controle jurisdicional do processo político no Brasil. In: Paraná Eleitoral: revista brasileira de direito eleitoral e ciência política. Curitiba: TRE, 2012. v. 1, n. 2 (2012), p. 192.

# III
# ALISTAMENTO, TRANSFERÊNCIA E DOMICÍLIO ELEITORAL

Sumário



> Também é heresia política a de alguns príncipes, os quais tanto se deixam levar dessas aparências exteriores, que por elas fazem a eleição das suas imagens. Tão pouco importa para o governo da república a estatura ou gentileza dos corpos – diz Sêneca – como para o governo da nau ser o piloto formoso. *(Pe. Antônio Vieira, Sermão da Dominga Vigésima Segunda post pentesconten, São Luís-MA).*

## 1 ALISTAMENTO ELEITORAL

Na lição de Alexandre de Moraes, o alistamento eleitoral consiste em procedimento administrativo, instaurado perante os órgãos competentes da Justiça Eleitoral, visando à verificação do cumprimento dos requisitos constitucionais e das condições legais necessárias à inscrição como eleitor.[44] É de suma importância, para toda a credibilidade do resultado das eleições, que esse momento seja resguardado de todos os vícios que maculavam a Justiça Eleitoral na chamada República Velha.

Nos tempos da votação tradicional, o alistamento era um momento decisivo do processo eleitoral, devido às manobras escusas feitas pelos escrivães, em favor ou contra determinado candidato. A fraude começava nessa fase, com o arrebanhamento de "eleitores de cabresto", que chegavam ao cartório em cambadas. Media-se o prestígio dos chefes políticos pelo número de "qualificações" que ele fazia.

Ali, o escrivão manipulava as inscrições para os locais e seções de acordo com seus interesses políticos, pois todo escrivão era um agente partidário dentro do cartório.

44 MORAES, Alexandre de. *Constituição do Brasil interpretada e legislação constitucional.* 3. ed. São Paulo: Atlas, 2003, p.540.

Outra evolução do atual sistema é ter eliminado a duplicidade de inscrição, que permitia a um eleitor possuir títulos de várias zonas limítrofes. Pelo batimento nacional, essa duplicidade tornou-se impossível, pois do Rio Grande do Sul ao Amapá todo eleitor é rigorosamente cadastrado em um mesmo banco de dados. Hoje, até o velho escrivão eleitoral não existe mais. Suas atribuições são exercidas atualmente pelo Chefe de Cartório, função de confiança do juiz eleitoral.

Com a implantação do cadastro biométrico, essa segurança tornou-se mais afirmativa, garantindo-se a verdade na apuração da vontade do eleitor.

### 1.1 Previsão legal

A normatização do alistamento encontra-se no art. 14, §§ 1º e 2º, da Constituição Federal, no art. 42 e seguintes do Código Eleitoral, na Resolução TSE nº 21.538/2003 e na Resolução TSE nº 23.061/2009.

### 1.2 Conceito

O alistamento é o procedimento a partir do qual o cidadão passa a fazer parte do corpo de eleitores do país, adquirindo seu título eleitoral, principal instrumento da cidadania.

Para Decomain, "o alistamento eleitoral é o ato pelo qual a pessoa, em regra maior de dezesseis anos, requer sua inclusão no rol dos eleitores de um determinado município."[45]

O alistamento pressupõe a qualificação e a inscrição eleitoral, conforme dispõe o Código Eleitoral, em seu artigo 42: *O alistamento se faz mediante a qualificação e inscrição do eleitor.*

Pela qualificação, o cidadão se habilita documentalmente a pedir sua inscrição no cadastro eleitoral. Para tanto, deve o requerente dirigir-se à secretaria de uma zona eleitoral ou a postos de atendimento, para ali preencher o Requerimento de Alistamento Eleitoral – RAE, no qual constarão seus dados pessoais. Nos postos de biometria, o procedimento é diferente.

### 1.3 Pressupostos da alistabilidade

As condições básicas de alistabilidade estão expressas na Constituição Federal (art. 14, § § 1º e 2º), da qual se extraem os seguintes preceitos:

– o alistamento é obrigatório para maiores de 18 anos;

– o alistamento é facultativo para os analfabetos, os maiores de 70 anos e os maiores de 16 anos e menores de 18 anos;

45 DECOMAIN, Pedro Roberto; PRADE, Péricles. *Comentários ao Código Eleitoral.* São Paulo: Dialética, 2004, p. 61.

– não podem alistar-se os estrangeiros, os conscritos, os incapazes absolutos e os menores de 16 anos.

A idade mínima para alistar-se é 16 anos, completáveis até o dia da eleição, conforme dispõe o art.14 da Resolução TSE nº 21.538/2003. Diferente, como se trata adiante (5.2), é a idade mínima como condição de elegibilidade. Esta é aferida, tomando-se por base a data da posse (art. 11 § 2º, da Lei nº 9.504/97). Entretanto, com a reforma desse parágrafo, pela Lei nº 13.165, de 29 de setembro de 2015, no caso de candidato a vereador, cuja idade mínima é dezoito anos, a data-limite será aferida no dia do pedido de registro da candidatura.

O problema do alistamento de índios foi enfrentado pelo TSE, do que resultou a Resolução nº 20.806/2001, com a seguinte ementa: "São aplicáveis aos indígenas integrados, reconhecidos no pleno exercício dos direitos civis, nos termos da legislação especial (Estatuto do Índio), as exigências impostas para o alistamento eleitoral, inclusive de comprovação de quitação do serviço militar ou de cumprimento de prestação alternativa."[46]

Estão, portanto, isentos dessa exigência, os silvícolas *isolados* e os *em vias de integração,* segundo a terminologia adotada pelo Estatuto do Índio.[47]

Essa matéria veio deslindada com clareza no Processo Administrativo nº 1806-81/PR, com a seguinte ementa:

> Processo administrativo. Alistamento. Voto. Indígena. Categorização estabelecida em lei especial. "Isolado". "Em vias de integração". Inexistência. Óbice legal. Caráter facultativo. Possibilidade. Exibição. Documento. Registro civil de nascimento ou administrativo da funai.
>
> *1. A atual ordem constitucional, ao ampliar o direito à participação política dos cidadãos, restringindo o alistamento somente aos estrangeiros e aos conscritos, enquanto no serviço militar obrigatório, e o exercício do voto àqueles que tenham suspensos seus direitos políticos, assegurou-os, em caráter facultativo, a todos os indígenas, independentemente da categorização estabelecida na legislação especial infraconstitucional anterior, observadas as exigências de natureza constitucional e eleitoral pertinentes à matéria, como a nacionalidade brasileira e a idade mínima.*
>
> *2. Os índios que venham a se alfabetizar, devem se inscrever como eleitores, não estando sujeitos ao pagamento de multa pelo alistamento extemporâneo, de acordo com a orientação prevista no art. 16, parágrafo único, da Res.-TSE 21.538, de 2003.*
>
> *3. Para o ato de alistamento, faculta-se aos indígenas que não disponham de registro civil de nascimento a presença do congênere administrativo expedido pela Fundação Nacional do Índio (FUNAI). (Relatora: Ministra Nancy Andrighi. Infomativo TSE nº 5/2012, p.7).*

---

46 JTSE 1/2002/283.

47 O artigo 4º da Lei nº 6.001/73 (Estatuto do Índio) faz a distinção entre índios isolados, em vias de integração e integrados.

Importante, também, é considerar-se que a Resolução TSE nº 21.920/2004, tendo como relator o Ministro Gilmar Mendes, relativizou a obrigatoriedade do voto às pessoas deficientes, ao prescrever: "Não estará sujeita à sanção a pessoa portadora de deficiência que torne impossível ou demasiadamente oneroso o cumprimento das obrigações eleitorais, relativas ao alistamento e ao exercício do voto" (art. 1º, parágrafo único).

Essa prescrição normativa está superada pela Lei nº 13.146, de 6 de julho de 2015, também chamada de Estatuto da Pessoa com Deficiência, ao prescrever:

> Art. 76. O poder público deve garantir à pessoa com deficiência todos os direitos políticos e a oportunidade de exercê-los em igualdade de condições com as demais pessoas.
> § 1º À pessoa com deficiência será assegurado o direito de votar e de ser votada, inclusive por meio das seguintes ações:
> I - garantia de que os procedimentos, as instalações, os materiais e os equipamentos para votação sejam apropriados, acessíveis a todas as pessoas e de fácil compreensão e uso, sendo vedada a instalação de seções eleitorais exclusivas para a pessoa com deficiência;
> II - incentivo à pessoa com deficiência a candidatar-se e a desempenhar quaisquer funções públicas em todos os níveis de governo, inclusive por meio do uso de novas tecnologias assistivas, quando apropriado;
> III - garantia de que os pronunciamentos oficiais, a propaganda eleitoral obrigatória e os debates transmitidos pelas emissoras de televisão possuam, pelo menos, os recursos elencados no art. 67 desta Lei;
> IV - garantia do livre exercício do direito ao voto e, para tanto, sempre que necessário e a seu pedido, permissão para que a pessoa com deficiência seja auxiliada na votação por pessoa de sua escolha.
> § 2º O poder público promoverá a participação da pessoa com deficiência, inclusive quando institucionalizada, na condução das questões públicas, sem discriminação e em igualdade de oportunidades, observado o seguinte:
> I - participação em organizações não governamentais relacionadas à vida pública e à política do País e em atividades e administração de partidos políticos;
> II - formação de organizações para representar a pessoa com deficiência em todos os níveis;
> III - participação da pessoa com deficiência em organizações que a representem.

E mais adiante:

> Art. 85 [...]
> § 1º A definição da curatela não alcança o direito ao próprio corpo, à sexualidade, ao matrimônio, à privacidade, à educação, à saúde, ao trabalho e ao voto.

Para a citada Lei Brasileira de Inclusão da Pessoa com Deficiência, "considera-se pessoa com deficiência aquele que tem impedimento de longo prazo de natureza física, mental, intelectual ou sensorial, o qual, em interação com uma ou mais barreiras, pode obstruir sua participação plena e efetiva na sociedade em igualdade de condições com as demais pessoas". Apenas os menores de dezesseis anos são considerados, hoje, como absolutamente incapazes.

### 1.4 Efeitos do alistamento

O primeiro resultado do alistamento é tornar o indivíduo um cidadão ativo, com direito a participar da vida política do seu município, do seu estado e do seu país, tanto pelo exercício do direito de votar (*ius singuli*) como do direito de ser votado (*ius honorum*).

Só com a posse de um título eleitoral está assegurado o efetivo exercício da cidadania, inclusive podendo o cidadão filiar-se a um partido político. Cite-se, ainda, como exemplo, a legitimidade ativa para propor ação popular, cuja prova de cidadania exigida por lei é o título eleitoral.[48]

A participação ativa na vida política do país é imprescindível para o fortalecimento da democracia. O título eleitoral permite ao indivíduo tornar-se um agente de transformação da sua realidade política, com o poder de escolher seus representantes, tanto no Poder Executivo como no Legislativo.

### 1.5 Procedimento

A partir da Lei nº 6.996/1982 e da Lei nº 7.444/1985, que instituíram o processamento eletrônico de dados, a dinâmica do alistamento prescrita no Código Eleitoral foi totalmente alterada.

Atualmente, o alistamento eleitoral vem disciplinado pela Resolução TSE nº 21.538/2003.

As inscrições são feitas *on line*, pelo sistema ELO. O eleitor é atendido no balcão e suas informações são inseridas diretamente no sistema. Depois de preenchido, é impresso o RAE, que, no mesmo momento, e assinado pelo eleitor. O título já vem com a chancela do presidente do respectivo TRE, podendo ser logo entregue ao eleitor.

Para evitar duplicidade de inscrições, esses dados passam por dois batimentos: um batimento prévio, de abrangência estadual, feito no momento do preenchimento do pedido, quando, então, verifica-se se há homonímia, a data de nascimento e o nome da mãe do requerente; depois, faz-se outro batimento, este mais rigoroso, na-

---

48 Lei 4.717, de 29/6/1965.
Art. 1º [...]
§ 3º. A prova da cidadania, para ingresso em juízo, será feita com o título eleitoral, ou com documento que a ele corresponda.

cional, quando são detectadas as coincidências. Uma vez verificadas, elas são encaminhadas ao juiz eleitoral da zona respectiva para a solução do caso. Essas coincidências ocorrem, dentre outras situações: a) porque o alistando já era eleitor; b) com pessoas diferentes, mas com dados iguais; c) entre gêmeos.

Resultado desse processamento eletrônico de votação é a eliminação de duplicidade de inscrição, que permitia o eleitor possuir vários títulos, em regiões com municípios limítrofes e de fácil acesso. Pelo batimento nacional, é mais difícil ocorrer a duplicidade, pois todo eleitor é rigorosamente cadastrado e tem seus dados comparados, em todo o país. Com a biometria, não será mais possível ocorrer a duplicidade, devido à individualidade das impressões digitais, as quais são irrepetíveis.

Essa dinâmica do alistamento é desconhecida de grande parte dos manuais eleitorais, encontrando-se, até em publicações conceituadas, informações equivocadas sobre alistamento, com base exclusivamente no Código Eleitoral.

A Resolução TSE nº 21.538/2003, traz o seguinte roteiro do alistamento:

> Art. 9º. No cartório eleitoral ou no posto de alistamento, o servidor da Justiça Eleitoral preencherá o RAE ou digitará as informações no sistema de acordo com os dados constantes do documento apresentado pelo eleitor, complementados com suas informações pessoais, de conformidade com as exigências do processamento de dados, destas instruções e das orientações específicas.
> § 1º O RAE deverá ser preenchido ou digitado e impresso na presença do requerente.
> § 2º No momento da formalização do pedido, o requerente manifestará sua preferência sobre o local de votação, entre os estabelecidos para a zona eleitoral.
> § 3º Para os fins do § 2º deste artigo, será colocada à disposição, no cartório ou posto de alistamento, a relação de todos os locais de votação da zona, com os respectivos endereços.
> § 4º A assinatura do requerimento ou a aposição da impressão digital do polegar será feita na presença do servidor da Justiça Eleitoral, que deverá atestar, de imediato, a satisfação dessa exigência.
> Art. 10. Antes de submeter o pedido a despacho do juiz eleitoral, o servidor providenciará o preenchimento ou a digitação no sistema dos espaços que lhe são reservados no RAE.
> Parágrafo único. Para efeito de preenchimento do requerimento ou de digitação no sistema, será mantida em cada zona eleitoral relação de servidores, identificados pelo número do título eleitoral, habilitados a praticar os atos reservados ao cartório.
> Art. 11. Atribuído número de inscrição, o servidor, após assinar o formulário, destacará o protocolo de solicitação, numerado de idêntica forma, e o entregará ao requerente, caso a emissão do título não seja imediata.

Sobre os documentos necessários para o alistamento, dispõe a mesma Resolução:

> Art. 13. Para o alistamento, o requerente apresentará um dos seguintes documentos do qual se infira a nacionalidade brasileira (Lei n.º 7.444/85, art. 5º, § 2º):
> a) carteira de identidade ou carteira emitida pelos órgãos criados por lei federal, controladores do exercício profissional;
> b) certificado de quitação do serviço militar;
> c) certidão de nascimento ou casamento, extraída do Registro Civil;
> d) instrumento público do qual se infira, por direito, ter o requerente a idade mínima de 16 anos e do qual constem, também, os demais elementos necessários à sua qualificação.
> Parágrafo único. A apresentação do documento a que se refere a alínea *b* é obrigatória para maiores de 18 anos, do sexo masculino.

O prazo final para o alistamento é cento e cinquenta dias anteriores à data da eleição, conforme dispõe o artigo 91 da Lei das Eleições.

Inovadora decisão do Tribunal Superior Eleitoral veio com a Resolução nº 23.088, de 30 de junho de 2009, que autorizou a ampliação do Projeto "Título Net" para permitir o pré-atendimento, pela *internet*, de pessoas interessadas em requerer alistamento, transferência e revisão perante a Justiça Eleitoral.

## 1.6 Alistamento e cadastro biométrico

O título eleitoral sem foto permitiu o uso de reiteradas fraudes nas eleições, pela facilidade de alguém votar pelo verdadeiro eleitor. Essa vulnerabilidade levou a Justiça Eleitoral a exigir a identificação do eleitor por meio de um documento, o que provocou protestos e transtornos em vários locais, principalmente nas áreas do Nordeste.

Consciente dessa problemática, a Justiça Eleitoral criou uma nova sistemática de identificação do eleitor, mediante a incorporação de dados biométricos e fotografia.

A utilização da biometria no processo eleitoral permite a identificação do eleitor no ato de votar, tanto pelas suas impressões digitais como por sua fotografia, que é reproduzida na folha de votação. Outro objetivo desse novo sistema é evitar que eleitores de um Estado da Federação se cadastrem em outro, com documentos falsos de identificação. A Justiça Eleitoral pretende fazer a implantação gradual desse sistema até alcançar a totalidade das zonas eleitorais do país.

O amparo legal para a introdução dessa novidade no sistema eleitoral veio com a Lei nº 12.034/2009 e pela Resolução TSE nº 23.061/2009.

Diz o artigo 5º, § 5º, da Lei nº 12.034/2009: "É permitido o uso de identificação do eleitor por sua biometria ou pela digitação do seu nome ou número de eleitor, desde que a máquina não tenha nenhuma conexão com a urna eletrônica."

Por sua vez, dispõe a Resolução TSE nº 23.061/2009:

> Art. 3º Serão objeto de registro, no cadastro eleitoral, o número e a origem do documento de identificação do eleitor e, quando disponível, seu Cadastro

> de Pessoa Física (CPF), mediante apresentação da respectiva documentação comprobatória.
> Art. 4º A Justiça Eleitoral, no momento da atualização dos dados de que cuida esta resolução, colherá fotografia do eleitor e, por meio de leitor óptico, suas impressões digitais.

Segundo o *Manual: cadastramento biométrico do eleitor brasileiro,* do Tribunal Superior Eleitoral:

> Um sistema biométrico requer o cadastramento prévio das características fisiológicas ou comportamentais de um sujeito para que, em um momento posterior, a entrada do sujeito no sistema seja autorizada (ou não). Normalmente estas características biométricas ficam armazenadas em uma tabela que contém a identificação do sujeito, o número de identificação pessoal (cuja sigla em inglês é PIN) associado a sua característica biométrica.[49]

E mais adiante:

> Ao início da votação, o eleitor que estiver cadastrado biometricamente terá sua identidade verificada antes de poder registrar seu voto. No entanto, este processo se inicia na preparação da Urna Eletrônica, pois na carga da memória *flash,* onde normalmente ficam as informações do eleitor na urna, serão também carregadas as *minúcias* de quatro dedos (polegares e indicadores das duas mãos) do eleitor.[50]

Com essa iniciativa, espera a Justiça Eleitoral ter eliminado, definitivamente, o fantasma da fraude no processo eleitoral brasileiro.

### 1.7 Inalistáveis

A existência de elementos impeditivos do alistamento gera a situação de inalistabilidade de quem pretende obter o título eleitoral. Como se trata de uma exceção, só é admissível nos casos expressos na Constituição ou no Código Eleitoral.

O artigo 14, § 2º, da Constituição Federal preceitua: "Não podem alistar-se como eleitores os estrangeiros e, durante o período do serviço militar obrigatório, os conscritos."

Os estrangeiros só podem alistar-se após o processo de naturalização. Os conscritos são os jovens que estão prestando o serviço militar obrigatório. Não há proibição para o alistamento de militares, sejam integrantes das Forças Armadas, sejam os policiais militares e os bombeiros. A exceção é exclusiva quanto aos conscritos.

---

49 *Manual:* cadastramento biométrico do eleitor brasileiro. Brasília: TSE, 2009, p.12.
50 *Id.* p.38.

O artigo 5º do Código Eleitoral estende a proibição de alistamento para os que não sabem exprimir-se na língua nacional e os que estejam privados, temporária ou definitivamente, dos direitos políticos.

Há divergência na doutrina quanto ao artigo em referência. Alguns, como Decomain, entendem que a restrição do inciso II (os que não sabem exprimir-se em língua nacional) foi revogada pela Constituição Federal.

Quanto ao inciso III, que trata da suspensão dos direitos políticos, não há divergência, pois tal efeito se encontra expresso no artigo 15 da Constituição.

A análise atenta à proibição do inciso II do artigo 5º não deixa dúvida sobre a sua aplicação. A proibição refere-se ao indígena isolado ou em vias de integração e ao estrangeiro não naturalizado. Segundo o Estatuto do Estrangeiro (art.112, IV), para ser naturalizado, o estrangeiro precisa ler e escrever em português, consideradas as condições do naturalizando.

## 2 TRANSFERÊNCIA DE ELEITORES

Sobre a importância da transferência, invoca-se aqui, preliminarmente, tudo o que pode ser dito a respeito do domicílio eleitoral, pois a fiscalização nesta fase é de suma importância para evitar as costumeiras fraudes e, por consequência, o comprometimento da legitimidade da disputa eleitoral. As fraudes, aqui referidas, são aquelas produzidas pela transferência de eleitores de cidades vizinhas, inclusive de estados diferentes, quando há proximidade de zonas eleitorais. Tem-se notícia de que, às vezes, esses eleitores são pagos para fazer suas transferências.

O Código Eleitoral traz a seguinte previsão sobre transferência:

> Art. 55. Em caso de mudança de domicílio, cabe ao eleitor requerer ao Juiz do novo domicílio sua transferência, juntando o título anterior.
>
> § 1º A transferência só será admitida satisfeitas as seguintes exigências:
>
> I – entrada do requerimento no Cartório Eleitoral do novo domicílio até 100 (cem) dias antes da eleição;
>
> II – decorrência de pelo menos 1 (um) ano da inscrição primitiva;
>
> III – residência mínima de 3 (três) meses no novo domicílio, atestada pela autoridade policial ou provada por outros meios convincentes.
>
> § 2º O disposto nos incisos II e III do parágrafo anterior não se aplica quando se tratar de transferência de título eleitoral de servidor público civil, militar, autárquico, ou de membro de sua família, por motivo de remoção ou transferência.

A polêmica da transferência, como já analisada acima, gira, principalmente, em torno do inciso III do citado artigo. Para o TSE, entretanto, essa exigência deve ser vista sem muita rigidez, como veremos adiante.

Segundo a Resolução TSE nº 21.538/2003, a transferência de domicílio eleitoral processa-se da seguinte forma:

Art. 18. A transferência do eleitor só será admitida se satisfeitas as seguintes exigências:
I – recebimento do pedido no cartório eleitoral do novo domicílio no prazo estabelecido pela legislação vigente;
II – transcurso de, pelo menos, um ano do alistamento ou da última transferência;
III – residência mínima de três meses no novo domicílio, declarada, sob as penas da lei, pelo próprio eleitor (Lei nº 6.996/82, art. 8º);
IV – prova de quitação com a Justiça Eleitoral.
§ 1º O disposto nos incisos II e III não se aplica à transferência de título eleitoral de servidor público civil, militar, autárquico, ou de membro de sua família, por motivo de remoção ou transferência (Lei nº 6.996/82, art. 8º, parágrafo único).
O prazo final para a transferência de eleitores é cento e cinquenta dias anteriores à data da eleição (art. 91, da Lei das Eleições).

## 3 DOMICÍLIO ELEITORAL

Pela sua importância e pelas discussões provocadas em cada pleito, destaca-se o presente tema para um exame mais aprofundado, em itens a seguir expostos.

### 3.1 Domicílio eleitoral no Código Civil

Sempre que se fala em domicílio, surge a ideia de casa, residência fixa, moradia permanente. Para Zeno Veloso, o domicílio *representa uma projeção da personalidade humana, um fator de identificação, de individualização da pessoa.*[51]

Segundo o nosso Código Civil, *o domicílio da pessoa natural é o lugar onde ela estabelece a sua residência com ânimo definitivo* (art. 70).

O conceito básico do domicílio civil é a permanência, tanto que o Código Civil suíço, dispõe em seu artigo 23: *O domicílio de uma pessoa se acha no lugar onde ela reside com a intenção de aí ficar duradouramente. Ninguém pode, em vários lugares, ter, ao mesmo tempo, o seu domicílio.*[52]

Como anota Zeno Veloso, o direito francês não admite o domicílio plúrimo; cada pessoa deve ter um só domicílio. É o que se conclui do artigo 102 do bicentenário Código de Napoleão: *O domicílio de todo francês, quanto ao exercício dos seus direitos civis, é o lugar onde está principalmente estabelecido*[53].

Atento ao fato de que a ideia de domicílio implica a configuração de dois elementos, César Fiúza, em seu *Curso completo de Direito Civil,* faz a seguinte distinção

51 VELOSO, Zeno. O Domicílio. In: *Revista de Direito Civil, imobiliário, agrário e empresaria.* São Paulo: ERT, v. 20, n. 75. p. 23-47.
52 *CÓDIGO CIVIL SUÍÇO.* Rio de Janeiro: Record, 1961.
53 *CÓDIGO NAPOLEÃO OU CIVIL DOS FRANCESES.* Rio de Janeiro: Record, 1962.

entre residência e domicílio: *Residência é o lugar em que a pessoa se fixa, ainda que temporariamente. Domicílio é o lugar em que a pessoa se fixa, com vontade de aí permanecer em definitivo.*[54]

A distinção entre esses dois elementos está, segundo o autor citado, nos aspectos objetivo e subjetivo: na residência, o elemento objetivo é o lugar em que a pessoa se fixa, enquanto no domicílio é o lugar, acrescentado da vontade de ali permanecer, em definitivo (*animus manendi*).

O Código Civil de 2002 trata do domicílio em seus artigos 70 a 78, repetindo os conceitos do Código de 1916. Entretanto, admitiu a existência de domicílio profissional, em seu artigo 72:

> Art. 72. É também domicílio da pessoa natural, quanto às relações concernentes à profissão, o lugar onde esta é exercida.
> Parágrafo único. Se a pessoa exercitar profissão em lugares diversos, cada um deles constituirá domicílio para as relações que lhe corresponderem.

Da leitura desse artigo do Código Civil, conclui-se como admissível a ideia de pluralidade de domicílio, considerando-se o aspecto do exercício de uma atividade profissional, sem contradição com o conceito clássico do artigo 70 (*O domicílio da pessoa natural é o lugar onde ela estabelece a sua residência com ânimo definitivo*).

### 3.2 Domicílio eleitoral e sua previsão legal

Todo o debate sobre o domicílio eleitoral ou político gira em torno de sua desvinculação do conceito do domicílio civil, expresso no artigo 70 do Código Civil, ou seja, do lugar onde a pessoa natural estabelece a sua residência com ânimo definitivo.

O domicílio eleitoral não abriga o conceito civil de residência fixa. O Direito Eleitoral adota um conceito mais flexível de domicílio, agora expresso no já citado artigo 72 do Código Civil.

Entretanto, ao contrário do que ali se prevê, o Direito Eleitoral não admite a pluralidade de domicílio. Só há um domicílio eleitoral, expresso documentalmente pelo título eleitoral. Dos seus domicílios civil e profissional, o cidadão elege um para tornar-se o seu domicílio eleitoral. Essa escolha é que a jurisprudência eleitoral flexibilizou, desvinculando-a da ideia de residência, da casa da família.

Nosso primeiro Código Eleitoral (Decreto nº 21.076, de 24/2/1932) trouxe a seguinte definição sobre domicílio eleitoral:

> Art. 46. Ao cidadão é permitida, para o exercício do voto, a escolha de domicílio diferente de seu domicílio civil.
> Parágrafo único. Domicílio eleitoral é o lugar onde o cidadão comparece para inscrever-se.

54 FIÚZA, César. *Direito civil. Curso completo.* 2. ed. Belo Horizonte: Del Rey, 1.999, p. 84.

Como se constata, além de destacar a distinção com o domicílio civil, elegeu-se, aqui, a vontade do eleitor como fator determinante para a fixação do seu domicílio eleitoral.

No caso de transferência, o legislador de 1932 considerou também a vontade do eleitor como fator essencial, ao usar o verbo "preferir", no artigo 47, assim expresso: *O eleitor que preferir outro domicílio deverá promover sua transferência no respectivo registro.*

O Decreto-Lei nº 9.258, de 14 de maio de 1946, assim definiu o domicílio eleitoral:

> Art. 9º [...]
> [...]
> *§ 3º* Para efeito de qualificação e inscrição é domicílio eleitoral o lugar de residência ou moradia do requerente; e, verificando ter o eleitor mais de uma, considerar-se-á domicílio qualquer delas.

O Código Eleitoral de 1950 (Lei nº 1.164, de 24/7/1950) conceituou:

> Art. 33 [...]
> [...]
> § 3º Para o efeito da inscrição, é domicílio eleitoral o lugar de residência ou moradia do requerente; e, verificado ter o alistando mais de uma, considerar-se-á domicílio qualquer delas.

O atual Código Eleitoral (Lei nº 4.737, de 15/7/65) segue essa mesma orientação:

> Art. 42 [...]
> Parágrafo único. Para efeito da inscrição, é domicílio eleitoral o lugar de residência ou moradia do requerente, e, verificado ter o alistando mais de uma, considerar-se-á domicílio qualquer delas.

A Resolução TSE nº 21.538/2003, que dispõe sobre o alistamento, transferência e revisão do eleitorado, não faz exigências específicas da prova de domicílio, no ato de alistamento e de transferência. Entretanto, em caso de revisão, se esta tiver sido autorizada por denúncia fundamentada de fraude, recomenda maior atenção do juiz, inclusive determinando diligências para apresentação de comprovante do domicílio alegado, como contas de água, luz, telefone, nota fiscal ou envelope de correspondência (art. 65, § 1º ).

### 3.3 O conceito de domicílio eleitoral na jurisprudência do TSE

Atenta às exigências da sociedade atual e da mobilidade das atividades funcionais dos cidadãos, a jurisprudência fixou um novo entendimento sobre o conceito de domicílio eleitoral, tornando-o flexível, adotando o parâmetro da vinculação patrimonial, profissional, comunitária e afetiva.

Atualmente, a jurisprudência do TSE vem abrigando esse conceito mais amplo, como se vê nestes julgados:

> *Domicílio Eleitoral. O domicílio eleitoral não se confunde, necessariamente, com o domicílio civil.*
> *A circunstância de o eleitor residir em determinado município não constitui obstáculo a que se candidate em outra localidade onde é inscrito e com a qual mantém vínculos (negócios, propriedades, atividades políticas). (Ac. nº 18.124, de 16.11.2000, rel. Min. Garcia Vieira. Rel. designado, Min. Fernando Neves. In: JTSE 3/2001/285).*
> *Direito Eleitoral. Contraditório. Devido processo legal. Inobservância. Domicílio eleitoral. Conceituação e enquadramento. Matéria de direito. Má-fé não caracterizada. Recurso conhecido e provido.*
> *I – O conceito de domicílio eleitoral não se confunde com o de domicílio do direito comum, regido pelo Direito Civil. Mais flexível e elástico, identifica-se com a residência e o lugar onde o interessado tem vínculos sociais.*
> *II – Não se pode negar tais vínculos políticos, sociais e afetivos do candidato com o município no qual, nas eleições imediatamente anteriores, teve ele mais da metade dos votos para o posto pelo qual disputava.*
> *III – O conceito de domicílio eleitoral, quando incontroversos os fatos, importa em matéria de direito, não de fato.*
> *IV – O contraditório, um dos pilares do due process of law, ao lado dos princípios do juiz natural e do procedimento regular, é essencial a todo e qualquer tipo de processo, inclusive ao eleitoral.*
> *V– Como é cediço, a má-fé não se presume.*
> *(Ac. nº 16.397, de 29.8.2000, rel. Min. Garcia Vieira. Rel. designado, Min. Sálvio de Figueiredo. In: JTSE 3/2001/153).*

> *Domicílio Eleitoral. Transferência. Residência. Antecedência (CE, art. 55). Vínculos patrimoniais e empresariais.*
> *Para o Código Eleitoral, domicílio é o lugar em que a pessoa mantém vínculos políticos, sociais e econômicos. A residência é a materialização desses atributos. Em tal circunstância, constatada a antiguidade desses vínculos, quebra-se a rigidez da exigência contida no art. 55, III.*
> *(Ac. nº 4.769, 2.10.2004, rel. Min.Humberto Gomes de Barros. In: JTSE 3/2004/264).*

Esta última decisão, considerada paradigma do entendimento do TSE, tem provocado perplexidade em muitas pessoas, por facilitar a transferência de domicílio eleitoral de políticos para as localidades onde nunca tiveram qualquer tipo de residência, a não ser suas atividades políticas confirmadas pelos votos obtidos nas eleições que concorreram, por exemplo, como candidatos a deputado estadual.

É correto esse entendimento? Evidente que sim. Estar ligado a uma comunidade pelo desempenho de atividades político-eleitorais é suficiente para demonstrar um liame notório que justifica a opção de domicílio eleitoral.

### 3.4 As revisões eleitorais e o domicílio eleitoral

As revisões eleitorais surgiram com a necessidade de combater a fraude no alistamento e nas transferências (art. 71§ 4º, do CE). A esse propósito, a Lei nº 9.504/1997 acrescentou fatores estatísticos que denotam objetivamente irregularidades no eleitorado (art. 92).[55] A Resolução TSE nº 21.538/2003 também trata dessa matéria, conforme já se assinalou anteriormente.

As revisões têm feito constantes depurações de excesso de eleitores em determinadas regiões do país, algumas até em proporção escandalosa, com índices que ultrapassam 100% da população.

Esse fato é apontado por muitos como conduta fraudulenta do eleitor, pois, se seu nome foi cancelado na revisão, ele não deveria voltar a inscrever-se eleitor na mesma circunscrição. Parte-se do raciocínio de que o eleitor que não compareceu à revisão é porque não tinha domicílio eleitoral.

Entretanto, não vemos por que se considerar fraudulenta essa atitude do eleitor que volta a se inscrever na mesma zona em que teve seu título cancelado em uma revisão. A persistência de alguém em querer ser eleitor daquela localidade é uma prova do seu interesse político por aquele município e de sua ligação afetiva. Pode haver casos isolados de eleitores volúveis que se prestem a esse papel. Mas hoje cremos que se trata de exceção.

Também, pode ter ocorrido que, por diversos fatores, o eleitor não tenha podido comparecer ao local determinado, para revisar seu título. Aproximando-se o período eleitoral, seu interesse recrudesce, e o cidadão quer voltar a inscrever-se eleitor daquele município. É uma questão complexa, que não pode ser deslindada com medidas muito rigorosas.

O Direito Eleitoral, como o Direito de Família, é sensível às mudanças e às exigências do tempo presente. Não pode, assim, criar obstáculos ao direito de votar e ser votado.

Em se tratando de transferência de candidatos para o exercício do seu direito de ser votado (*ius honorum*), é o eleitor, por seu voto, quem vai julgar a viabilidade da opção do candidato em ter escolhido aquele domicílio para candidatar-se. Se pre-

---

55 Art. 92. O Tribunal Superior Eleitoral, ao conduzir o processamento dos títulos eleitorais, determinará de ofício a revisão ou correição das Zonas Eleitorais sempre que:

I - o total de transferências de eleitores ocorridas no ano em curso seja dez por cento superior ao do ano anterior;

II - o eleitorado for superior ao dobro da população entre dez e quinze anos, somada à de idade superior a setenta anos do território daquele Município;

III - o eleitorado for superior a sessenta e cinco por cento da população projetada para aquele ano pelo Instituto Brasileiro de Geografia e Estatística - IBGE.

tende apenas ser eleitor, o seu interesse não pode ser relegado, ser desconhecido, a pretexto de ele não ter residência fixa em determinado local. Basta que sejam notórias suas ligações profissionais, políticas ou afetivas com o lugar onde deseja ser eleitor.

Não é razoável negar-se a alguém que tem raízes familiares em determinado município o direito de ter ali seu domicílio eleitoral, sendo evidente seu interesse nos destinos políticos daquela comunidade. Alguns até invocam, em atitude memorialista, o fato de querer ser eleitor onde têm seu umbigo enterrado.

É certo que se devem coibir as transferências criminosas, principalmente de municípios limítrofes, feitas com o único propósito de influir no resultado eleitoral do outro município, mais por vontade de outrem, candidato ou não, que negociou o voto do eleitor incauto, do que do próprio alistando. Nesses casos, havendo denúncia ou forte suspeita de fraude, a vigilância deve ser rigorosa.

A prática de forjar contratos de aluguéis fictícios, fraudulentos, deve ser afastada diante da nova idéia de domicílio eleitoral, que se preocupa, dentre outros requisitos, com a aferição do relacionamento do pretendente com aquela comunidade, seja por expressiva votação, seja por desenvolver atividades profissionais, culturais ou ter um braço de sua árvore genealógica estendida até ali.

# IV
# ELEGIBILIDADE

Sumário



Não só devem eleger-se os melhores, mas ainda entre os melhores, que se elegem, os melhores dos melhores devem sair primeiros. *(Pe. Antônio Vieira, Sermão de São Bartolomeu, Roma).*

## 1 CONCEITO

Para candidatar-se a um cargo eletivo, o cidadão deve atender determinadas exigências legais que, uma vez satisfeitas, conferem-lhe a condição de elegível. Elegibilidade é, portanto, o direito conferido ao cidadão de candidatar-se ao exercício de um mandato eletivo. Em suma, é o direito de ser votado (*ius honorum).* Em termos bem claros, José Jairo Gomes conceitua a elegibilidade como "o direito público subjetivo atribuído ao cidadão de disputar cargos público-eletivos".[56]

Para Djalma Pinto, a elegibilidade "é o credenciamento do cidadão para postulação do registro de candidatura a cargo eletivo.".[57]A elegibilidade se concretiza no momento do seu reconhecimento judicial, pelo deferimento da candidatura de alguém que postula um mandato.

## 2 CONDIÇÕES DE ELEGIBILIDADE

Elegível é o cidadão apto a ser eleito. Do registro de sua candidatura, nasce para o indivíduo o direito de ser votado ou a capacidade eleitoral passiva. Portanto, é nesse momento que se exige a demonstração das condições de elegibilidade, expressamente previstas no texto constitucional. Segundo o *Glossário eleitoral brasileiro,* do TSE, condição de elegibilidade é o conjunto de condições pessoais e constitucionais necessárias à habilitação do cidadão para pleitear determinados mandatos políticos, mediante eleição popular.[58]

56 GOMES, José Jairo. *Direito eleitoral.* 10. ed. São Paulo: Atlas, 2014, p. 152.
57 PINTO, Djalma. *Elegibilidade no direito brasileiro.* São Paulo: Atlas, 2008, p. 5.
58 *In*: Informativo TSE nº33/2013, p. 3.

Para o constitucionalista Dirley da Cunha Júnior, só atendendo às condições de elegibilidade que o cidadão pode exercer seus direitos políticos passivos, adquirindo a capacidade eleitoral de ser votado e ser eleito.[59]

Se o candidato não atender às condições de elegibilidade será considerado inelegível. Daí a distinção que Alberto Rollo faz com precisão:

> Podemos dizer, então, que as condições de elegibilidade são pressupostos positivos, ou seja, condições que devem estar presentes para tornar viável a candidatura, e as inelegibilidades são pressupostos negativos, situações que não podem estar presentes, sob pena de obstar a candidatura.[60]

As condições de elegibilidade traçadas pela Constituição Federal (Art. 14, § 3º ) estão assim enumeradas:

I – a nacionalidade brasileira;
II – o pleno exercício dos direitos políticos;
III – o alistamento eleitoral;
IV – o domicílio eleitoral na circunscrição;
V – a filiação partidária;
VI – a idade mínima de:
a) trinta e cinco anos para Presidente e Vice-Presidente da República e Senador;
b) trinta anos para Governador e Vice-Governador de Estado e do Distrito Federal;
c)vinte e um anos para Deputado Federal, Deputado Estadual ou Distrital, Prefeito, Vice-Prefeito e juiz de paz;
d) dezoito anos para Vereador.

**Nacionalidade brasileira.** Os brasileiros natos não sofrem qualquer restrição à capacidade eleitoral ativa ou passiva fora dos casos previstos na Constituição Federal e nas Leis Complementares nº 64/1990 e 135/2010. Preenchidas as condições de elegibilidade, o brasileiro nato pode ser eleito para qualquer cargo eletivo.

Ao brasileiro naturalizado a única vedação à capacidade eleitoral passiva refere-se ao cargo de Presidente e Vice-Presidente da República (art. 12 da CF/88). Assim, os brasileiros naturalizados podem candidatar-se aos cargos de Vereador, Prefeito e Vice-Prefeito, Deputado Estadual, Deputado Federal, Senador, Governador e Vice-Governador (cf. art.12, § 3º da CF/88).

**O pleno exercício dos direitos políticos.** Este requisito assegura ao cidadão o exercício da capacidade eleitoral ativa (direito de votar) e da capacidade eleitoral

59 CUNHA JÚNIOR, Dirley. *Curso de direito constitucional.* Salvador: Podivm, 2010, p.768.

60 ROLLO, Alberto. *Elegibilidade e inelegibilidade:* visão doutrinária e jurisprudencial atualizada. Caxias do Sul: Plenum, 2008, p. 44.

passiva (o direito de ser votado). Percebe-se, então, que a plenitude de direitos está ligada à ideia de cidadania. Esta matéria deve ser estudada à luz do art. 15 da Constituição Federal, assim enunciado:

> Art. 15. É vedada a cassação de direitos políticos, cuja perda ou suspensão só se dará nos casos de:
> I – cancelamento da naturalização por sentença transitada em julgado;
> II – incapacidade civil absoluta;
> III – condenação criminal transitada em julgado, enquanto durarem seus efeitos;
> IV – recusa de cumprir obrigação a todos imposta ou prestação alternativa, nos termos do art. 5º, VIII;
> V – improbidade administrativa, nos termos do art. 37, § 4º.

O inciso I trata da perda dos direitos políticos e os demais incisos sobre a sua suspensão.

Na lição de Alexandre de Moraes, direitos políticos "são direitos públicos subjetivos que investem o indivíduo no *status activae civitatis*, permitindo-lhe o exercício concreto da liberdade de participação nos negócios políticos do Estado, de maneira a conferir os atributos da cidadania".[61]

A lei nº 8.429, de 2 de junho de 1992 (Lei da Improbidade Administrativa) também prevê a suspensão dos direitos políticos, nas hipóteses previstas nos arts. 9º, 10 e 11, c/c o art.12), cujo tempo vai de três a dez anos.

**Alistamento eleitoral.** O alistamento eleitoral é o primeiro momento de ingresso no rol dos cidadãos elegíveis. Sem alistar-se, ninguém pode votar nem ser candidato a qualquer cargo político.

**Domicílio eleitoral.** O domicílio eleitoral na circunscrição é outra condição para deferir-se uma candidatura a qualquer posto eletivo, pois é imprescindível a comprovação, pelo candidato, de domicílio eleitoral na respectiva circunscrição, pelo prazo de, pelo menos, um ano antes do pleito (art. 9º, da Lei nº 9.504/97).

Sobre o domicílio eleitoral como condição de elegibilidade, o Ministro Nelson Jobim faz este importante esclarecimento histórico:

> Uma das condições de elegibilidade, no Brasil, é o domicílio eleitoral, que hoje todos defendem. Sua origem é, no mínimo curiosa, pois está ligada a interesses militares: foi o marechal Castelo Branco que alterou o sistema eleitoral brasileiro, em 1965, a fim de impedir as candidaturas dos generais Teixeira Lott, Amauri Kruel, Justino Alves Bastos e Jair Dantas Ribeiro aos governos da Guanabara, de São Paulo, de Pernambuco e do Rio Grande do Sul, respectivamente.[62]

61 MORAES, Alexandre de. *Direito constitucional.* 17. ed. São Paulo: Atlas, 2005, p. 207.

62 JOBIM, Nelson. Origem e atuação da Justiça Eleitoral. In: PASSARELLI, Eliana (Coord.). *Justiça Eleitoral.* São Paulo: Imprensa Oficial, 2005, p. 17-24.

Provavelmente o Ministro está se referindo à Lei nº 4.738, de 15 de julho de 1965, que determinou, em seu artigo 4º: *São inelegíveis para Governador, Vice-Governador, Senador, Deputado Federal e Deputado Estadual aqueles que não tiverem domicílio eleitoral no Estado ou Território durante 4 (quatro) anos.*

**Filiação partidária.** A filiação partidária deve estar definida seis meses antes das eleições, para o cidadão considerar-se habilitado a pleitear sua candidatura (nova redação do art. 9º, dado pela Lei nº 13.165/2015). Como não temos, em nosso sistema eleitoral, a figura do candidato avulso, a filiação partidária, em tempo hábil, é indispensável para o deferimento do registro de qualquer candidatura. A única exceção a essa regra ocorre no caso da candidatura do militar da ativa, para a qual basta a indicação em convenção, seguindo-se o pedido de registro. Tal exceção é semelhante à prerrogativa concedida aos magistrados e membros do Ministério Público e do Tribunal de Contas, com a diferença de que, nestes últimos casos, há a filiação, após a desincompatibilização, enquanto, no caso dos militares, não há filiação, apenas indicação da candidatura pela convenção. Na prática, essa desincompatibilização importa em exoneração, pois o magistrado que deixa a magistratura para candidatar-se a um cargo eletivo, não volta mais a ser juiz. Assim tem decidido o TSE a respeito:

> *Magistrados e membros do Tribunal de Contas. Elegibilidade. Desincompatibilização e filiação partidária.*
> *1. Para concorrer às eleições, o membro do Tribunal de Contas terá de estar afastado de forma definitiva do seu cargo pelo menos por 6 (seis) meses (LC nº 64/90, art. 1º, II, a, 14), devendo satisfazer a exigência constitucional de filiação partidária nesse mesmo prazo.*
> *2. Precedentes.*
> *(Acórdão nº 20.539, de 16.12.99, rel. Min. Edson Vidigal.* In: Jurisprudência do TSE. Temas selecionados. *Julho de 2004, p. 41).*

**Idade mínima.** Quanto à idade mínima exigida para o cargo pleiteado, cumpre lembrar a alteração do disposto no artigo 11, § 2º, da Lei nº. 9.504/1997, pela Lei da Reforma Eleitoral 2015, ficando com a seguinte redação: *A idade mínima constitucionalmente estabelecida como condição de elegibilidade é verificada tendo por referência a data da posse, salvo quando fixada em dezoito anos, hipótese em que será aferida na data-limite para o pedido de registro.*

## 3 MOMENTO DE AFERIÇÃO DA ELEGIBILIDADE

O momento de aferição das condições de elegibilidade é por ocasião do pedido de registro de candidatura. Assim determina o art.11,§ 10, da Lei nº 9.504/97, com a redação que lhe foi dada pela Lei nº 12.034/2009: *As condições de elegibilidade e as causas de inelegibilidade devem ser aferidas no momento da formalização do pedido de registro da candidatura, ressalvadas as alterações, fáticas ou jurídicas, supervenientes ao registro que afastem a inelegibilidade.*

A jurisprudência, antes, já havia se posicionado no mesmo sentido: "As condições de elegibilidade são aferidas por ocasião do pedido de registro da candidatura." (Respe nº 26.401/PA. Rel. Min. Marcelo Ribeiro. JTSE 1/2007/260)

Além das condições expressas no art. 14, § 3º, da Constituição Federal, a recente Lei Complementar nº 135/2010, em extensão ao disposto no art. 14, § 9º, fixou rigorosos pressupostos de moralidade para o exercício do cargo, em busca de um mínimo de ética no exercício desse *munus* público.

José Armando Ponte Dias Júnior, em substancioso estudo sobre *Elegibilidade e moralidade*, em suas considerações finais, assevera com precisão:

> O direito fundamental à moralidade das candidaturas, no entanto mais não significa do que o direito do povo a uma representação política digna, à moralidade para o exercício do mandato eletivo, ou, ainda, o direito do povo de escolher representantes dentre candidaturas moralmente respaldadas,
> É, pois, direito político positivo ativo, que tem por titular o povo, e, mais especificamente, o povo ativo, aquele a quem se permite o exercício do direito de sufrágio, ao qual é outorgada nítida posição jurídica subjetiva.[63]

A Lei da Ficha Limpa, como ficou conhecida, aliou, com mais rigor, o Direito Eleitoral à ética, trazendo a moralidade e a vida pregressa do candidato como novos pressupsotos de elegibilidade.

Com essa lei, a figura do candidato recuperou o significado original do termo, conforme concebido na antiga Roma: candidato = *candidatus* = *candidus* = alvo, puro, aquele que usava vestes brancas para expor sua integridade pessoal e conquistar os eleitores para o exercício de um cargo público, para o qual estava moralmente apto.

Preenchidos os pressupostos de elegibilidade, o candidato passa à fase da registrabilidade, atendendo ao que alguns autores destacam como *condições de registrabilidade*, que são aquelas do artigo 11 da Lei das Eleições.

Aplica-se, no que couber, à reelegibilidade os mesmos parâmetros da elegibilidade.

## 4 ELEGIBILIDADE DOS MILITARES

### 4.1 Os militares e a filiação partidária

O sistema eleitoral brasileiro não permite candidatos avulsos, desvinculados de um partido político. Os partidos, no sistema democrático, expressam a organização de forças ideológicas que buscam o poder.

63 DIAS JÚNIOR, José Armando Ponte. *Elegibilidade e moralidade*: o direito fundamental à moralidade das candidaturas. Curitiba: Juruá,m 2010, p. 247.

Com a necessidade de o candidato a qualquer cargo eletivo filiar-se a um partido político, surge a filiação partidária como uma das condições de elegibilidade, de acordo com expressa disposição constitucional, inscrita no art. 14, § 3º, V.

Tão importante se afirma essa exigência que, a cada eleição, desencadeiam-se discussões e problemas relativos à filiação partidária, para deslinde nos juízos eleitorais, do primeiro e do segundo graus. Ao tempo das fichas, quando as filiações eram feitas de forma padronizada, com visto do juiz eleitoral, essas questões eram mais acirradas, inclusive pela falta de autonomia de os partidos resolverem os impasses internos.

Sobre a elegibilidade dos militares, dispõe a Constituição de 1988:

> Art. 14. [...]
> [...]
> § 8º. O militar alistável é elegível, atendidas as seguintes condições:
> I – se contar menos de dez anos de serviço, deverá afastar-se da atividade;
> II – se contar mais de dez anos de serviço, será agregado pela autoridade superior e, se eleito, passará automaticamente, no ato da diplomação, para a inatividade.

Ocorre que, segundo o disposto no artigo 142, inciso V, da Constituição Federal, "o militar, enquanto em serviço ativo, não pode estar filiado a partidos políticos". Como resolver essa antinomia entre duas normas constitucionais, uma que proíbe o militar, na ativa, de filiar-se a partidos políticos e outra que diz que o militar alistável é elegível? Surge, portanto, a questão: sem poder filiar-se, é possível ao militar candidatar-se a cargo eletivo? Aqui desponta um dos pontos mais curiosos do nosso processo eleitoral. Elege-se, então, a norma específica do artigo 14, § 8º, da Constituição para dirimir a controvérsia. Esse raciocínio foi feito pelo juiz Paulo Tadeu Haendchen, do Tribunal Regional Eleitoral do Mato Grosso do Sul, em voto vencido, que se tornou vencedor no Tribunal Superior Eleitoral e serviu de paradigma para essa matéria, tendo como relator o Min. Octávio Gallotti. Disse, naquela oportunidade, o juiz citado:

> Indiscutivelmente a existência dentro da norma geral de uma regra específica, conferindo tratamento diferenciado para uma determinada situação, impõe de forma objetiva a aplicação exclusiva da norma especial, face ao princípio de que a norma especial derroga a geral.[64]

E mais adiante, no teor do seu voto, disse o Ministro Gallotti:

> Se a Constituição de 1988, como visto, considerou elegíveis os militares alistáveis e, ao mesmo tempo privou-os do direito à filiação partidária quando em

64 REspe nº 8.963, in JTSE 3/91/61.

> efetivo serviço, impõe-se, ao intérprete, uma construção que permita a dispensa do pressuposto da filiação – como exceção imposta pelo sistema da própria lei fundamental – enquanto não se verificar a agregação, a qual só pode decorrer do registro de candidatura e não de simples filiação.[65]

Na prática, então, abre-se exceção para o militar candidatar-se mediante uma filiação *sui generis*. A convenção partidária indica o nome do militar como candidato, evidentemente que com sua prévia aquiescência. Após essa indicação, o militar pede o registro de sua candidatura ao órgão da Justiça Eleitoral competente. Com esse simples requerimento, supre-se a exigência de filiação. É o que dispõe a Resolução TSE nº 22.156/2006:

> Art.12. [...]
> [...]
> § 1º A condição de elegibilidade relativa à filiação partidária não é exigível ao militar da ativa que pretenda concorrer a cargo eletivo, bastando o pedido de registro de candidatura, após prévia escolha em convenção partidária.
> § 2º O militar da reserva remunerada deve ter filiação partidária deferida um ano antes do pleito.

Passa, então, o militar candidato, dentro de sua corporação, à categoria de agregado, conforme disciplina o Estatuto dos Militares (Lei nº 6.880, de 9/12/80), que prescreve:

> Art. 82. O militar será agregado quando for afastado temporariamente do serviço militar, por motivo de:
> [...]
> XIV – ter se candidatado a cargo eletivo, desde que conte 5 (cinco) ou mais anos de serviço.
> [...]
> § 4º A agregação militar, no caso do item XIV, é contada a partir da data do registro como candidato até sua diplomação ou seu regresso à Força Armada a que pertence, se não houver sido eleito.

Impõe-se consignar, ainda, que a Constituição de 1967, com a Emenda nº 1, de 1969, continha previsão mais detalhada para o caso, nos seguintes termos:

> Art. 150. São inelegíveis os inalistáveis.
> § 1º Os militares alistáveis são elegíveis, atendidas as seguintes condições:
> a) o militar que tiver menos de cinco anos de serviço será, ao candidatar-se a cargo eletivo, excluído do serviço ativo;

65 *Id. ib.*, p. 64.

> b) o militar em atividade, com cinco ou mais anos de serviço, ao candidatar-se a cargo eletivo será afastado, temporariamente, do serviço ativo e agregado para tratar de interesse particular; e
> c) o militar não excluído, se eleito, será, no ato da diplomação, transferido para a inatividade, nos termos da lei.
> § 2º a elegibilidade, a que se referem as alíneas a e b do parágrafo anterior, não depende, para o militar da ativa, de filiação político-partidária que seja ou venha a ser exigida por lei (grifo nosso).

Comentando tal dispositivo constitucional, Pontes de Miranda enfatizou:

> A Emenda Constitucional n. 1, de 1969, acrescentou ao texto originário do artigo 150 o § 2º: "A elegibilidade, a que se referem as alíneas a) e b) do parágrafo anterior, não depende, para o militar da ativa, de filiação político-partidária que seja ou venha ser exigida por lei". O acréscimo abre exceção ao *princípio da isonomia* (art.153, § 1º): a lei pode exigir que somente concorra a eleição quem esteja vinculado a algum partido político, porém tal pressuposto para a elegibilidade não pode ser estendido aos militares. Esses podem candidatar-se sem estarem vinculados a algum partido. Estão dispensados da prévia filiação político-partidária.[66]

Pelas referências legais citadas, pode-se sentir o quanto o tema mereceu a atenção dos legisladores e doutrinadores, até chegar-se, hoje, a uma posição mais clara e favorável aos militares que pretendem candidatar-se a cargos eletivos.

Celso Bastos, em seus comentários à atual Constituição, ao abordar este tema leciona:

> Todos os militares são elegíveis desde que alistáveis. E divide-se a carreira em duas metades, segundo a antiguidade. Para os mais velhos estatui-se que serão agregados pela autoridade superior assim que se candidatarem. Para os mais novos exige-se que, de pronto, para que se tornem elegíveis, se afastem.
> No caso de eleitos, os mais velhos passam automaticamente para a inatividade no momento da diplomação.[67]

Adriano Soares da Costa traz esta importante contribuição, ao tratar das "condições especiais para militares":

> A condição de elegibilidade especial para militar, estatuída no § 8º do art. 14, é espécie de desincompatibilização, devendo ser aferida no momento do registro

66 *Op. cit.*, p. 595.

67 BASTOS, Celso R. e MARTINS, Ives Gandra. *Comentários à Constituição do Brasil.* São Paulo: Saraiva: 1989, p. 588, v. 2.

de candidatura. Assim, se o militar pede o registro de sua candidatura, deve imediatamente ser agregado ou afastado do serviço, sob pena de ser incompatibilizado.[68]

## 4.2 Sinopse jurisprudencial

### TRIBUNAL SUPERIOR ELEITORAL – TSE:

*Consulta. Militar da ativa. Concorrência. Cargo eletivo. Filiação partidária. Inexigibilidade. Res. TSE nº 21.608/2004, art. 14, § 1º.*

*1. A filiação partidária contida no art. 14, § 3º, V, da Constituição Federal não é exigível ao militar da ativa que pretenda concorrer a cargo eletivo, bastando o pedido de registro de candidatura após prévia escolha em convenção partidária (Res.-TSE nº 21.608/2004, art. 14, § 1º).*

*(Res. nº 22.914, de 27.9.2004, rel. Min. Carlos Velloso. In: Jurisprudência do TSE. Temas selecionados. Filiação Partidária. Brasília: TSE, 2008, v. 2, p. 43.*

*Recursos ordinários recebidos como especiais. Registros de candidaturas. Complementação de documentação. Inércia dos candidatos. Militar da reserva não remunerada. Filiação partidária. Exigibilidade.*

*1. Nos termos da Lei nº 9.504/97, art. 11, e da Resolução TSE nº 20.100/1998, facultou-se aos candidatos a complementação dos documentos necessários à concessão dos registros, havendo transcorrido in albis o prazo fixado. Inaplicabilidade da Súmula-TSE nº 3.*

*2. Militar da reserva não remunerada. Filiação Partidária. Exigibilidade.*

*Recursos não conhecidos.*

*(Acórdão nº 301–TSE. Recurso Ordinário 301/RJ, rel. Min. Maurício Corrêa. In: JTSE 4/99/191).*

### SUPREMO TRIBUNAL FEDERAL:

*Constitucional. Eleitoral. Militar da ativa. Sargento com mais de dez anos de serviço, elegibilidade, filiação partidária, CF, art. 14 § 8º, II; art. 42 § 6º. Código Eleitoral, art. 5º, parágrafo único. Lei nº 6.880/80, art. 82, XIV, § 4º.*

*I – Se o militar é alistável, é ele elegível (CF, art. 14, § 8º.) Porque não pode ele filiar-se a partido político (CF, art. 42, § 6º), a filiação partidária não lhe é exigível como condição de elegibilidade, certo que somente a partir do registro da candidatura é que será agregado (CF, art. 14, § 8º, II). Cód. Eleitoral, art. 5º, parág. único; Lei nº 6.880, art. 82, XIV, § 4º.*

*II – Recurso Extraordinário conhecido e provido.*[69]

---

68 COSTA, Adriano Soares da. *Teoria da inelegibilidade e o direito processual eleitoral.* Belo Horizonte: Del Rey, 2004, p. 115.

69 Agravo de Instrumento nº 135.452-6/DF, rel. Min. Carlos Velloso. *In* DJ 14 jun. 1991.

# V
# INELEGIBILIDADE

Sumário



> Exclue aqueles de quem se espera menos, ainda que bons, e eleja os que prometem de si mais, que são os melhores. Este é o único respeito que faz as eleições justas, e não respectivas. *(Pe. Antônio Vieira, Sermão de São Bartolomeu, Roma).*

## 1 COMENTÁRIO INICIAL

Não basta satisfazer as condições de elegibilidade para ter sua candidatura assegurada. O reconhecimento da capacidade eleitoral passiva pressupõe o atendimento pelo candidato dos pressupostos garantidores de que não incide nenhuma causa de inelegibilidade capaz de impedir a candidatura pleiteada.

O momento próprio para apontar a inelegibilidade de um candidato é na fase de registro de candidatura, em que os legitimados (candidato, partido político, coligação e o Ministério Público) poderão deflagrar o processo de impugnação do registro de candidatura, sob pena de preclusão, salvo, por óbvio, venha a tratar-se de inelegibilidade superveniente ao pedido de registro ou relativa a matéria constitucional não albergada pela coisa julgada, quando então poderá ser agitada em recurso contra expedição de diploma (art. 262 *caput*, do CE), cujo prazo, de 15 dias ininterruptos, começa a fluir a partir da diplomação dos eleitos.

Rompendo com a linha ética da Lei das Eleições, que pretendeu garantir pleitos legítimos e candidatos probos, foi aprovada a Lei nº 12.034/2009, inserindo o § 10 ao artigo 11 da referida Lei, o que permitiu que candidato inelegível obtenha, na fase de registro de candidatura, provimento jurisdicional favorável que afaste a mácula da inelegibilidade, permitindo-lhe disputar a eleição e, até mesmo, vir a ser eleito.

## 2 CONCEITO

A inelegibilidade consiste na ausência de capacidade eleitoral passiva. O candidato inelegível é impedido de concorrer ao mandato pleiteado. Verificando-se qualquer dos casos de inelegibilidade, estanca-se a pretensão do candidato. Trata-se de situação transitória que, uma vez afastada, permite ao candidato o direito de ser votado.

Para Antônio Carlos Mendes, *a inelegibilidade configura a existência de proibição que impossibilita a candidatura. A inelegibilidade visa à garantia da liberdade de voto.*[70]

O tema das inelegibilidades é, talvez, o ponto mais debatido do processo eleitoral, notadamente pelas inconformações que provoca em decisões submetidas à Justiça Eleitoral.

A liberdade do voto a que alude Antônio Carlos Mendes, como objetivo da teoria da inelegibilidade, leva-nos a preocupações presentes em toda a história da Justiça Eleitoral: o combate aos abusos de toda espécie; a perpetuação de famílias no poder; o mandonismo dos que desejam manipular a lei a seu bel-prazer; as fraudes eleitorais; a ganância de conquistar o poder a todo custo, usando métodos escusos de captação de votos e de recursos ilícitos.

O voto livre do cidadão é aquele que não sofre a influência de nenhum expediente ilícito para enganar a vontade do eleitor. O candidato deve apresentar-se ao eleitorado sem mácula, para ter aptidão de ser votado. É essa a preocupação da teoria das inelegibilidades, assim como o espírito do artigo 41-A, da Lei nº 9.504/1997 e, mais recentemente, da Lei da Ficha Limpa.

## 3 PREVISÃO LEGAL

As inelegibilidades são subordinadas ao princípio da legalidade. Não há inelegibilidade sem previsão legal.

Essa exigência decorre do fato de as inelegibilidades serem exceções ao direito de todo cidadão votar e ser votado. Como restrição ao direito de ser votado (*ius honorum*), suas hipóteses devem estar contidas na lei.

Nessa linha de entendimento, tem-se como primeira previsão legal a própria Constituição Federal, seguindo-se as Leis Complementares nº 64/1990 e nº 135/2010, que são os diplomas especiais que disciplinam os casos de inelegibilidades.

## 4 ESPÉCIES DE INELEGIBILIDADE

A doutrina costuma dividir as inelegibilidades em várias modalidades.

Optou-se pela divisão mais clara, que elege duas espécies de inelegibilidades: as absolutas e as relativas.

As inelegibilidades absolutas são impedimentos para concorrer a qualquer cargo e têm sua previsão constitucional gizada no art. 14, §§ 2º, 4º e 7º da CF/88, referindo-se:

70 MENDES, Antônio Carlos. *Introdução à teoria das inelegibilidades*. São Paulo: Malheiros, 1994, p. 108.

– aos inalistáveis;
– aos analfabetos;
– ao grau de parentesco; e
– à conjugalidade.

Os inalistáveis já foram objeto de análise quando se tratou de alistamento eleitoral, lembrando ali o disposto no art, 14. § 2º, da Constituição Federal: *Não podem alistar-se como eleitores os estrangeiros e, durante o período do serviço militar obrigatório, os conscritos.*

Os analfabetos encontram óbice à pretensão de elegibilidade também no texto constitucional ao prescrever: *São inelegíveis os inalistáveis e os analfabetos* (art. 14, § 4º).

Quanto aos parentes e cônjuges, dispõe o art. 14, § 7º, da Constituição Federal:

> São inelegíveis, no território de jurisdição do titular, o cônjuge e os parentes consanguíneos ou afins, até o segundo grau ou por adoção, do Presidente da República, de Governador de Estado ou Território, do Distrito Federal, de Prefeito ou de quem os haja substituído dentro dos seis meses anteriores ao pleito, salvo se já titular de mandato eletivo e candidato à reeleição.

As inelegibilidades relacionadas ao parentesco, também chamadas reflexas, estendem-se aos companheiros e seus parentes, até o segundo grau, em caso de união estável e união homoafetiva. Nesse mesmo círculo, encontra-se a inelegibilidade socioafetiva, que será analisada adiante.

Sobre os efeitos da conjugalidade como fator de inelegibilidade, o STF editou recentemente a súmula vinculante nº 36, com o seguinte teor: *A dissolução da sociedade ou do vínculo conjugal, no curso do mandato, não afasta a inelegibilidade prevista no § 7º do art. 14 da Constituição Federal.*"

As inelegibilidades relativas, por sua vez, são impedimentos para cargos específicos e estão previstas na LC nº 64/1990 e LC nº 135/2010. São motivos funcionais e motivos genéricos, sendo que alguns podem ser afastados com a desincompatibilização.

Por falar em desincompatibilização, impõe-se fazer esta distinção didática: a inelegibilidade impede alguém de ser candidato, enquanto a incompatibilidade consiste na acumulação de função ou emprego incompatível com a candidatura. A desincompatibilização em tempo hábil garante a elegibilidade do candidato, caso não haja outro impedimento. Contudo, diz Olivar Coneglian, se não for observado o prazo mínimo estipulado para a desimcompatibilização, o sujeito tornar-se-á inelegível para o pleito que se aproxima.[71]

71 CONEGLIAN, Olivar A. R. *Inelegibilidade*: inelegibilidade e proporcionalidade; Inelegibilidade e abuso de poder. Curitiba: Juruá, 2008, p. 97.

## 5 MOMENTO DE ARGUIÇÃO DA INELEGIBILIDADE

O processo eleitoral caracteriza-se pelas seguintes peculiaridades: a) exiguidade dos prazos (arts. 259/149/171, CE); b) celeridade dos procedimentos; c) publicidade acentuada dos atos; d) efeito devolutivo dos recursos (art. 257, CE); e) ocorrência da preclusão em cada fase (art. 259, CE).

No caso específico das inelegibilidades, é preciso atentar para o momento próprio da arguição, que é a fase de registro da candidatura. Com frequência, repete-se que, no Direito Eleitoral, vigora, com mais rigor, o axioma "o direito não socorre aqueles que dormem."

O artigo 11, § 10, da Lei nº 9.504/1997, alterado pela Lei nº 12.034/2009, fixou, com precisão, esse momento de aferição da inelegibilidade, nestes termos:

> Art. 11. [...[
> § 10. As condições de elegibilidade e as causas de inelegibilidade devem ser aferidas no momento da formalização do pedido de registro da candidatura, ressalvadas as alterações, fáticas ou jurídicas, supervenientes ao registro que afastem a inelegibilidade.

Essas ressalvas podem provocar sérias consequências no pedido de registro de candidatura, pois até a data da eleição, muitas alterações fáticas ou jurídicas podem acontecer, provocando instabilidade no processo eleitoral.

O TSE, a respeito das inelegibilidades supervenientes, tem seguido sua orientação nesta direção:

> *Os fatos supervenientes que atraiam ou restabeleçam a inelegibilidade, se verificados durante o curso do requerimento de registro de candidatura perante as instâncias extraordinárias ou após o seu trânsito em julgado, somente poderão ser arguidos em Recurso contra a Expedição de Diploma, na forma do art. 262 do Código Eleitoral. (REsp nº 383-75.2014/MT. Rel. ministra Luciana Lóssio)*

Mais recentemente:

> *Eleições 2012. Recurso especial. Recurso Contra Expedição de Diploma (RCED). Rejeição de contas. Inelegibilidade superveniente. Ocorrência. Liminar. Suspensão dos efeitos. Decisão. TCM/CE. Revogação posterior ao pleito. Desprovimento.*
> *1. O RCED, fundado no inciso I do art. 262 do CE, é cabível em face da inelegibilidade superveniente, a qual surge após o registro de candidatura, mas antes do pleito.*
> *2. A inelegibilidade decorrente de renovação de liminar que a suspendia pode ser arguida em RCED como superveniente, desde que tal revoção ocorra entre a data do registro e a da eleição.*
> *(REsp. 13-71/CE. Relatora: ministra. Luciana Lóssio, j. em 10.11.2015).*

Convém observar que, nesse mesmo sentido, é a redação do atual art. 262 do Código Eleitoral, com a redação que lhe foi dada pela Lei nº 12.891/2013.

As características do processo eleitoral, propriamente dito, se acentuam, com muita precisão, na fase de impugnação de candidaturas. Alguns candidatos negligenciam essas regras e, depois de derrotados, querem ressuscitar inelegibilidades na fase de recurso contra diplomação ou nas ações de impugnação de mandato eletivo.

## 6 LEGITIMIDADE PARA ARGUIÇÃO

Têm legitimidade reconhecida para a arguição de inelegibilidade: a) o candidato; b) o partido político ou coligação; e c) o Ministério Público.

O eleitor não tem legitimidade para arguição de inelegibilidade. Entretanto, pode apresentar à autoridade eleitoral notícia de inelegibilidade, no prazo de cinco dias, a contar da publicação da lista de candidatos, que será encaminhada ao Ministério Público Eleitoral.

## 7 INELEGIBILIDADE SOCIOAFETIVA

Ocorre essa espécie de inelegibilidade quando um prefeito (é o caso mais frequente), em seu segundo mandato, deseja continuar no poder e escolhe, como seu candidato, alguém que mora em sua residência, foi criado por ele desde criança e é considerado como seu filho adotivo em toda a comunidade, apesar de não ter havido uma declaração judicial reconhecendo essa situação de fato. Nesse caso, por não haver um liame jurídico unindo o pretenso candidato ao atual titular do cargo, os tribunais entendiam que não ocorria a inelegibilidade, pois esta decorria exclusivamente de uma situação legal. Desconsiderava-se toda a socioafetividade existente há anos, pela simples ausência do reconhecimento judicial do estado de filho. O mesmo fenômeno ocorria em caso de irmãos de criação.

Hoje, a inelegibilidade socioafetiva já é uma realidade na jurisprudência eleitoral brasileira. Seu apoio legal encontra-se no art. 14, § 7º, da Constituição Federal, aplicado por analogia e pela teleologia da referida norma. Há, também, a considerar-se o princípio da moralidade e a interpretação do artigo 1.593 do Código Civil, ao referir-se a "outra origem" de parentesco que não seja o natural ou civil (*art.1.593. O parentesco é natural ou civil, conforme resulte de consanguinidade ou outra origem*).

O Tribunal Regional Eleitoral do Piauí foi o primeiro nesse entendimento, cuja ementa do julgamento ficou assim assentada:

> Recurso contra expedição de diploma. Relação socioafetiva comprovada. Filho de criação. Incidência do art. 14, § 7º CF/88. Inelegibilidade constitucional comprovada.
>
> *1. Abuso do poder econômico e político não provado.*
>
> *2. Comprovada a relação socioafetiva de filho de criação do prefeito eleito em relação do seu antecessor, impõe-se a aplicação da inelegibilidade prevista no art. 14, § 7º,*

> *da Constituição Federal c/c o art. 262, inciso I, do Código Eleitoral, com a desconstituição dos mandatos dos prefeitos e do vice-prefeito.*
> *3. Recuso provido.*
> *(TRE/PI – RCED. Acórdão nº 10, de 10.11.2009, rel. juiz Des. Antônio Peres Parente. Rel. designado para lavrar acórdão: juiz Oton Mário José L. Torres, publicado em 18.11.2009, Diário de Justiça Eletrônico nº 210, p.516)*

O Tribunal Superior Eleitoral, ao receber e julgar recurso dessa decisão, confirmou-a, em julgamento do REspe nº 54101-03/PI, que teve como relator o MinistroArnaldo Versiani. O julgamento expressou-se por esta ementa:

> Recurso contra expedição de diploma. Adoção de fato. Inelegiblidade.
> *1. Para afastar a conclusão do TRE/PI, de que ficou comprovada a relação socioafetiva de filho de criação de antecessor ex-prefeito, seria necessário o revolvimento do acervo probatório, inviável em sede de recurso especial, a teor da Súmula nº 279 do Supremo Tribunal Federal.*
> *2. O vínculo de relações socioafetivas, em razão de sua influência na realidade social, gera direitos e deveres inerentes ao parentesco, inclusive para fins da inelegibilidade prevista no § 7º do art. 14, da Constituição Federal.*
> *3. A inelegibilidade fundada no art. 14, § 7º, da Constituição Federal pode ser arguida em recurso contra a expedição de diploma, por se tratar de inelegibilidade de natureza constitucional, razão pela qual não há falar em preclusão.*
> *Recurso não provido.*
> *(Respe. Nº 54101-03/PI, rel. Min. Arnaldo Versiani. Julgado em 15.2.2011. In: Informativo TSE nº 7/2011, p.5)*

Não é mais admissível afrontar-se a proibição de perpetuidade de uma família no poder, permitindo que um filho ou irmão de criação de um prefeito, em seu segundo mandato, venha a sucedê-lo só porque uma jurisprudência ultrapassada não admite a "adoção de fato" como causa de inelegibilidade. Todo o Direito de Família, hoje, se baseia na força do afeto, muitas vezes mais forte do que a própria consanguinidade.

## 8 HERMENÊUTICA DAS INELEGIBILIDADES E O DEVER DE FUNDAMENTAÇÃO

A hermenêutica eleitoral é o ponto mais desafiador desse ramo do Direito, caracterizado pela constante mutação de sua jurisprudência. É escassa a doutrina a respeito dos ensinamentos hermenêuticos específicos à matéria, o que contribui para desmerecer a atenção dos aplicadores das leis eleitorais.

Em seu estudo sobre a teoria das inelegibilidades, Antônio Carlos Mendes chama a atenção para um aspecto de suprema relevância na aferição desse instituto, que é a interpretação das inelegibilidades. Afinal, são os efeitos da interpretação que provocam toda a dinâmica da inelegibilidade.

No Direito Eleitoral, o juiz é desafiado a interpretar constantemente. Antes, quando a apuração era feita manualmente, essa tarefa era cumprida, em poucos minutos, sob pressão e expectativa, no alvoroço de um salão lotado de pessoas nervosas, defendendo seus interesses a todo custo.

Segundo o autor ora citado, os parâmetros da interpretação das inelegibilidades são a tipicidade, a interpretação estrita e o uso do método teleológico. Aliás, este último vem recomendado expressamente pelo artigo 219 do Código Eleitoral.[72]Não pode o intérprete esquecer que o Direito Eleitoral é um direito umbilicalmente atrelado à Constituição Federal, o que reclama um tropismo constitucional positivo, em todo processo interpretativo nessa área especializada.

Lembra, com precisão, Antônio Carlos Mendes: "O princípio da interpretação ´secundum legem` na acepção adotada por Engisch, afeiçoa-se às *inelegibilidades* porque não permite sequer arranhar o ´ius honorum` e propicia assegurar a *liberdade do voto (*grifos do autor*)."*[73]

Os métodos tradicionais de interpretação mostraram-se insuficientes para uma interpretação constitucional mais construtiva. Daí o surgimento de outros métodos, como o hermenêutico-concretizador, o tópico problemático etc. Mas é nos princípios constitucionais que se encerram, hoje, os condicionantes de toda interpretação constitucional, como lembra Barroso.[74]

Sem ofender o *ius honorum* e sem atentar contra o texto constitucional, a interpretação das inelegibilidades previstas na Lei Maior tem evoluído por conta do fenômeno da mutação constitucional. Pugna-se, hoje, pela interpretação que confira mais efetividade à Constituição, que atente para uma visão sistêmica do seu conteúdo, pela concretização da norma constitucional, em proveito dos fins a que se propõe a ética das eleições: evitar o continuísmo familiar e o uso da máquina administrativa em proveito de um candidato, em ofensa ao princípio da isonomia na disputa eleitoral.

A Lei da Ficha Limpa trouxe uma contribuição louvável a essa cruzada ética pela moralização das eleições no Brasil. Os escândalos da operação *Lava Jato* puseram a nu os meandros das campanhas eleitorais, em detrimento da isonomia nas disputas e contra o próprio Estado Democrático de Direito.

Exemplo do alcance da interpretação conforme é o resultado do julgamento pelo Supremo Tribunal Federal da ADI 4.277, que concluiu por inserir a união estável no espírito do § 7º do artigo 14 da Constituição Federal e, com mais amplitude, a relação homoafetiva no próprio conceito de união estável, com reflexo na teoria da inelegibilidade, como se deu no caso de Viseu (PA).[75] A ementa desse acórdão traz o seguinte teor:

---

72 Art. 219. Na aplicação da lei eleitoral, o Juiz atenderá sempre aos fins e resultados a que ela se dirige, abstendo-se de pronunciar nulidades sem demonstração de prejuízo.

73 *Op.cit.*, p. 142.

74 BARROSO, Luís Roberto. *Interpretação e aplicação da constituição.* São Paulo: Saraiva, 1996, p. 141.

75 TSE. REspe nº 24.564 – PA. *In*: JTSE 1/2006/235.

> Registro de candidato. Candidato ao cargo de prefeito. Relação estável homossexual com a prefeita reeleita do município. Inelegibilidade. Art. 14 § 7º, da Constituição Federal.
> *Os sujeitos de uma relação estável homossexual, à semelhança do que ocorre com os de relação estável, de concubinato e de casamento, submetem-se à regra de inelegibilidade prevista no art. 14 § 7º, da Constituição Federal.*
> *Recurso a que se dá provimento.*
> *(REspe nº 24.564/PA, rel. Min. Gilmar Mendes).*

Como segunda fase desse processo, surge o dever de fundamentação das decisões judiciais.

Próprios de um Estado Constitucional, a fundamentação e a justificação das decisões judiciais são garantias de todo cidadão, além de demonstrar o compromisso ético do julgador.

Essas exigências têm, hoje, no ordenamento jurídico brasileiro, amparo no art. 93, IX, da Constituição Federal.

No caso das inelegibilidades, que é uma exceção ao direito de ser votado, essa exigência torna-se mais emblemática. O juiz deve apontar e convencer com argumentos plausíveis os motivos do seu convencimento. Não há inelegibilidade fora da previsão legal.

Em todas ações eleitorais que impliquem em perda de mandato e decreto de inelegibilidade o dever de fundamentação impõe-se como condição indispensável de validade e legitimidade da decisão.

É nulo todo decreto de inelegibilidade que padeça do vício da falta de fundamentação. Em um Estado Democrático de Direito só é possível afastar o exercício dos direitos políticos em caráter excepcional, com a máxima atenção à lei e aos princípios constitucionais.

## 9 LEI DA FICHA LIMPA

A Lei Complementar nº 135, de 4 de junho de 2010, conhecida como Lei da Ficha Limpa, alterou profundamente a Lei Complementar nº 64, de 18 de maio de 1990, para incluir, dentre as hipóteses de inelegibilidade tratadas por esta última, outras que visem a proteger a probidade administrativa e a moralidade para o exercício do mandato.

Ambas as leis complemetares aqui referidas, atendem ao disposto no art.14, § 9º, da Constituição Federal, que assim determina:

> Lei complementar estabelecerá outros casos de inelegiblidade e os prazos de sua cessação, a fim de proteger a probidade administrativa, a moralidade para o exercício do mandato, considerada a vida pregressa do candidato, e a normalidade e legitimidade das eleições contra a influência do poder econômico ou o abuso do exercício de função, cargo ou emprego na administração direta ou indireta.

Aos crimes já contemplados pela Lei Complementar nº 64/1990, a nova lei acrescentou outros como capazes de provocar a inelegibilidade dos seus autores. São eles: crimes contra o patrimônio privado, o sistema financeiro e os previstos na lei de falências; crimes contra o meio ambiente; crimes contra a saúde pública; crimes de abuso de autoridade; crimes de lavagem de dinheiro; crimes de racismo, tortura, terrorismo; crimes hediondos; ocultação de bens, direitos e valores; crime de redução à condição análoga à de escravo; crime de tráfico de entorpecentes e drogas afins, e crimes contra a vida e a dignidade sexual.

Sobre os crimes eleitorais, a nova lei reduziu a incidência da inelegibilidade para apenas aqueles aos quais a lei não comine pena privativa de liberdade, não alcançando os crimes culposos, os de ação penal privada e os de menor potencial ofensivo.

O prazo de duração da inelegibilidade foi alterado de três para oito anos, contados das seguintes formas: a) dos oito anos seguintes à data da eleição: b) nos oito anos subsequentes ao término da legislatura: c) nos oito anos após o cumprimento da pena; d) nos oito anos a contar da decisão.

Como se vê, a punição mais severa é aquela que começa a contar os oito anos de inelegibilidade só após o cumprimento da pena. Estão nesse rol os atos de improbidade administrativa que importem em lesão ao patrimônio público e o enriquecimento ilícito. Se o candidato foi condenado em 2010 a uma pena de suspensão dos seus direitos políticos por oito anos, ele permanecerá inelegível pelo tempo da condenação, até ser extinta a punibilidade, contando-se, a partir dessa data, o prazo de oito anos, findo o qual poderá voltar a candidatar-se.

O Tribunal Superior Eleitoral fixou esse cálculo, nos seguintes limites:

> O prazo de inelegibilidade de 8 (oito) anos previsto na alínea *d* do inciso I do art. 1º da LC nº 64/90 deve ter início na data da eleição do ano da condenação por abuso de poder, expirando no dia de igual número de início do oitavo ano subsequente, como disciplina o art. 132, § 3º, do Código Civil, seguindo a mesma regra estabelecida para a alínea *j* do mesmo dispositivo legal, nos moldes do que decidido no julgamento do REspe nº 74-27 (Fênix/PR) e do REspe nº 93-08 (Manacapuru/AM). (Consulta nº 433-44/DF. Relatora: Min. Luciana Lóssio. DJE de 1º.7.2014. In Informativo TSE nº 10/2014, p. 5).

Provavelmente, nesse período, o seu eleitorado já o esqueceu. A pena é, portanto, definitiva para pôr fim à carreira política do indigitado gestor ímprobo.

A Lei da Ficha Limpa veio para atender reivindicação da sociedade que clamava por uma revisão ética da classe política do país, proibindo que candidatos com a vida pregressa desabonadora conquistassem cargos representativos no Poder Legislativo e no Poder Executivo.

A preservação da moralidade e da probidade administrativa, inscrita na Constituição Federal (art. 14 § 9º), foi a principal preocupação do legislador que atendeu ao clamor social por representantes políticos comprometidos com a ética e o bem comum.

O eleitoralista Carlos Eduardo de Oliveira Lula, em sua obra *Direito eleitoral*, analisa com acerto o alcance desse propósito, ao dizer:

> Em vez de conteúdo "vazio", portanto, o princípio da moralidade deve ser conjugado aos demais princípios do ordenamento, a fim de se retirar um mínimo de conteúdo objetivo, expurgando-se a falsa ideia de que este princípio não pode ser aplicado por faltar-lhe objetividade.
> Desse modo, a supremacia do interesse público somado à boa-fé norteia o conteúdo deste princípio, afastando todo ato da administração pública corrupto, fraudulento, parcial ou antidemocrático. Assim, pode-se afirmar que o binômio boa-fé/interesse público compõe o núcleo desse princípio.[76]

Apesar da quase unanimidade desse posicionamento, apenas com o propósito de informar ao leitor, há fortes opositores na doutrina quanto ao alcance da Lei da Ficha Limpa. Dentre esses, destacam-se Eneida Desiree Salgado, Adriano Soares da Costa e Marcelo Ramos Peregrino Ferreira. Este último, em sua obra *O controle de convencionalidade da Lei da Ficha Limpa,* traça profundas críticas ao que ele entende por violações que essa lei cometeu contra as convenções internacionais que tratam dos direitos humanos. Em certo momento da sua tese, pontua:

> Como visto, o Supremo Tribunal Federal, ao realizar o controle concentrado de constitucionalidade da Lei Complementar nº 135/10, afastou as objeções constitucionais, mas, olvidou a necessidade da "dupla compatibilidade vertical material/duplo controle", ou seja, da congruência daquele ato normativo com a Convenção Americana de Direitos Humanos ou qualquer outro acordo internacional do qual o Brasil é parte (bloco de constitucionalidade).[77]

76 LULA, Carlos Eduardo de Oliveira. *Direito eleitoral.* 4. ed. São Paulo: Imperium, 2014, p. 330.

77 FERREIRA, Marcelo Ramos Peregrino. *O controle de convencionalidade da Lei da Ficha Limpa:* direitos políticos e inelegibilidades. Rio de Janeiro: Lumen Juris, 2015, p. 193.

# VI
# REGISTRO DE CANDIDATURAS

Sumário



> Que razão há para se elegerem não os bons, senão os melhores; e ainda dos melhores os que forem ou o que for melhor? A razão é porque o que elege não só é obrigado a procurar o bem público, senão o maior bem. Por isso não se deve eleger nem o mau nem o bom, senão o melhor. *(Pe. Antônio Vieira, Sermão de São Bartolomeu, Roma).*

O tema de registro de candidatura vem disciplinado pelos artigos 10 a 16-B, da Lei nº 9.504/97. Este é o ponto mais ansioso do período eleitoral, pois nele centram-se as impugnações das candidaturas e, consequentemente, os recursos. Os tribunais eleitorais ficam abarrotados de recursos sobre registros de candidatos, abrangendo as diversas hipóteses de inelegibilidade e a ausência de condições de registrabilidade.

O pedido de registro deverá ser apresentado obrigatoriamente em meio magnético gerado pelo Sistema de Candidaturas – Módulo Externo (CANDex), desenvolvido pelo Tribunal Superior Eleitoral, acompanhado das vias impressas dos formulários Demonstrativo de Regularidade de Atos Partidários (DRAP) e Requerimento de Registro de Candidatura (RRC), emitidos pelo sistema e assinados pelos requerentes (arts. 21 e 23, da Resolução TSE nº 23.455, de 15 de dezembro de 2015, que dispõe sobre a escolha e o registro dos candidatos nas eleições de 2016).

Por seu alcance prático, destacam-se, a seguir, os tópicos importantes, na ordem do referido artigo 11 e seus parágrafos, da Lei das Eleições.

## 1 DATA-LIMITE PARA O REGISTRO DE CANDIDATURAS

A lei eleitoral permite a protocolização do pedido de registro das candidaturas escolhidas em convenção partidária, até o dia 15 de agosto do ano eleitoral. Precisamente, até às 19 horas do dia 15 de agosto (art. 11 da Lei nº 9.504/1997, com a alteração da Lei nº 13.165/2015). É preciso estar atento para a fatalidade desse prazo, pois os protocolos dos tribunais e das zonas eleitorais encerram no horário legal. No interior dos estados, os fiscais devem ficar alerta, marcando presença nos cartórios para evitar a violação desse prazo. A fiscalização eficiente evita reclamações atrasadas.

## 2 OS DOCUMENTOS NECESSÁRIOS

A documentação é o embasamento de qualquer pedido de registro de candidatura, pois são esses documentos que vão garantir a condição para o exercício do *ius honorum,* isto é, o direito de ser votado.

Pela Lei das Eleições, segundo o preceito do seu artigo 11, complementado pela resolução que o TSE edita a cada ano eleitoral, os pedidos de registro dos candidatos devem ser instruídos com os seguintes documentos:

a) *cópia da ata da convenção que fez a escolha dos candidatos;*

A ata deve ser lavrada em livro aberto e rubricada pela Justiça Eleitoral, nos termos do art. 8º da Lei nº 9.504/1997. O texto da ata deve vir datilografado ou digitado. Não se recomenda mais a xerocópia tirada diretamente do livro.

O candidato deve observar bem a grafia correta do seu nome na ata, fiscalizando essa atividade do secretário. Aliás, aqui começa o verdadeiro trabalho da fiscalização, pois é muito comum a Justiça Eleitoral deparar-se com reclamações de que o nome de um candidato foi omitido na ata. Há omissões e há intenções.

A jurisprudência assim se manifesta sobre o tema:

> *Convenção partidária. Escolha de candidatos. Erro da ata. Possibilidade de suprir-se, demonstrado o equívoco em sua lavratura, por faltar menção ao nome de candidato, cuja indicação se evidenciou haver sido feita. (JTSE 2/97/349 ).*

A exigência da Lei das Eleições (art. 8º) de que o livro de ata seja aberto e rubricado pela Justiça Eleitoral afronta, a nosso ver, a autonomia partidária já conquistada, tanto que a Lei nº 9.096/1995 não prevê essa possibilidade. Entretanto, as resoluções do TSE vêm mantendo essa exigência (Art. 8º, da Resolução TSE nº 23.455/2015), indo mais além, ao prescrever em seu § 2º: "O livro de que trata o caput poderá ser requerido pelo Juiz Eleitoral para conferência da veracidade das atas apresentadas". Portanto, a ata da convenção deve ser autenticada pela secretaria do TRE, nas eleições estaduais, e pelo cartório eleitoral, em caso de eleições municipais.

A convenção a que se refere o presente dispositivo legal deverá ser realizada entre os dias 20 de julho a 5 de agosto do ano eleitoral.

b) *autorização do candidato, por escrito;*

Admite-se que esta autorização possa servir como prova de escolaridade, se vier escrita do próprio punho do candidato não portador de certificado escolar. O art. 27, § 11, da Resolução nº 23.455/2015, abrigou esse entendimento, ao prescrever: "A ausência do comprovante de escolaridade a que se refere o inciso IV do *caput* poderá ser suprida por declaração de próprio punho, podendo a exigência de alfabetização do candidato ser comprovada por outros meios, desde que individual e reservadamente".

A aferição da escolaridade pelo juiz eleitoral é permitida, desde que não exagere a ponto de elaborar uma verdadeira prova de concurso. A respeito desse teste, decidiu o TSE:

> *Recurso especial. Analfabetismo. Teste de verificação.*
> *Inexiste ilegalidade no fato de juiz eleitoral que, diante de dúvida acerca da condição de alfabetizado, aplica pessoalmente teste de escolaridade. (TSE, Respe nº 13.185 – TO, Ac. nº 13. 185, de 23. 9.96. Rel. Min. Ilmar Galvão).*

Essa matéria traz à lembrança as dificuldades passadas pelo artista circense Tiririca, contemplado com expressiva votação nas eleições de 2010 e 2014, em São Paulo, quando solicitou seu registro de candidatura, tendo em vista o nível da sua alfabetização.

c) *prova da filiação partidária;*

Atualmente, a prova da filiação se dá conforme a Lei dos Partidos Políticos (Lei nº 9.096/1995).

Prova-se essa filiação com a certidão fornecida pelo cartório eleitoral da respectiva zona em que o candidato está inscrito como eleitor, com base na última relação de filiados conferida e arquivada, mas sem esquecer que sua filiação deve ter ocorrido em, pelo menos, seis meses antes do pleito, conforme o disposto no art. 9º da Lei nº 9.504/1997, alterado pela Lei nº 13.165/2015.

Esse é um ponto que suscita reclamações e recursos em todo o processo eleitoral. Apesar da sua aparente clareza, sempre surgem situações que desencadeiam a busca da solução judicial. Em casos tais, o Tribunal Superior Eleitoral já teve oportunidade de firmar este entendimento:

> *Registro de Candidato. Filiação partidária. Nome de candidato que não consta da relação de filiados enviada à Justiça Eleitoral. Comprovação da filiação por certidão do Cartório Eleitoral. Recurso não conhecido. (In JTSE 2/97/229).*

Para reforçar esse entendimento, o TSE emitiu a Súmula nº 20, que assim dispõe: *A falta do nome do filiado ao partido na lista por este encaminhada à Justiça Eleitoral, nos termos do art. 19 da Lei nº 9.096, de 19.9.95, pode ser suprida por outros elementos de prova de oportuna filiação.*

Nessa hipótese, o equívoco do partido consistiu em mandar a lista apenas com os nomes dos últimos filiados e não com a relação completa.

Como exceção, só os candidatos militares estão isentos da exigência de filiação partidária no ato de registro de suas candidaturas.

Com a Lei 13.165/2015, o prazo de filiação passou a ser igual ao que antes era conferido só aos magistrados, e aos membros do Ministério Público e dos tribunais de contas: seis meses antes das eleições. Resta saber se essa alteração não vai entrar em colisão com as normas dos estatutos dos partidos políticos que ainda mantêm a exigência de um ano para filiação do pretensos candidatos.

d) *declaração de bens, assinada pelo candidato;*

O pleiteante a candidato deve fazer uma declaração atualizada de bens com clareza, declinando os seus respectivos valores.

A jurisprudência assim se posiciona sobre o assunto:

> *(...) Registro de candidato. Documentação: ausência. Indefere-se o registro se o pedido não está regularmente instruído com a documentação necessária (...) NE: "Na falta de bens deve o candidato declarar que não possui nada, não se podendo, todavia, considerá-lo dispensado de declarar." (Ac. nº 13.536, de 1º.10.96, rel. Min. Francisco Rezek).*[78]

Essa declaração de bens não se confunde necessariamente com a última declaração prestada à Receita Federal, que só será válida, para efeitos eleitorais, se após a sua entrega não houve alteração no acervo de bens do candidato.

e) *cópia do título eleitoral;*

Havendo título eleitoral, não há qualquer atenção a recomendar, principalmente no estágio em que se encontra a Justiça Eleitoral, quando todos os títulos são emitidos *on line*, no momento de inscrição.

Ressalte-se que essa exigência tem seu fundamento no art. 9º da Lei das Eleições, para aquilatar-se o prazo de um ano de domicílio eleitoral.

Eventualmente, o título eleitoral pode ser substituído por certidão, fornecida pelo cartório eleitoral, de que o candidato é eleitor no município ou requereu sua inscrição ou sua transferência de domicílio um ano anterior ao pleito.

Ademais, o § 13, do art.11, acrescido pela Lei nº 12.891/2013, dispensou a apresentação de documentos produzidos a partir de informaçoes detidas pela Justiça Eleitoral, a exemplo do título eleitoral, da prova de filiação e da certidão de quitação eleitoral.

f) *certidão de quitação eleitoral;*

Quitação eleitoral é a prova de que o candidato está em dia com suas obrigações eleitorais e em pleno gozo de seus direitos políticos. Essa situação é expressa por certidão fornecida pelo cartório eleitoral de qualquer zona eleitoral (art.82, da Resolução TSE nº 21.538/2003). A partir das últimas eleições, o conceito de quita-

---

78 In: *Jurisprudência do TSE*: temas selecionados. Registro de candidato. Brasília, 2002, p. 33.

ção eleitoral sofreu considerável ampliação, para abranger as multas pendentes e as prestações de contas de campanha pretéritas, caso se trate de candidatos.

O novo conceito de quitação eleitoral foi firmado pelo TSE desde o acórdão nº 19.205, de 15.6.2004 (Resolução TSE nº 21.823/2004), da relatoria do Min. Peçanha Martins, nestes termos:

> [...]
> *O conceito de quitação eleitoral reúne a plenitude do gozo dos direitos políticos, o regular exercício do voto, salvo quando facultativo, o atendimento a convocações da Justiça Eleitoral para auxiliar os trabalhos relativos ao pleito, a inexistência de multas aplicadas, em caráter definitivo, pela Justiça Eleitoral e não remitidas, excetuadas as anistias legais e a regular prestação de contas de campanha eleitoral, quando se tratar de candidatos.*

Para ficar mais clara a posição do Tribunal Superior Eleitoral, invocamos outros precedentes:

> *1. Agravo regimental. Recurso especial eleitoral. Registro de candidatura. Eleições 2006. Quitação eleitoral. Condições de elegibilidade e inelegibilidade. Aferição no momento da apresentação do pedido de registro de candidatura.*
> *2. Para o deferimento do pedido de registro, torna-se imprescindível que o requerente esteja quite com a Justiça Eleitoral no momento do requerimento de seu registro de candidatura.*
> *3. Precedentes: REspe nº 23.851/GO, rel. para acórdão Min. Carlos Velloso, DJ de 26.8.2005; REspe nº 22.611/RS, rel. Min. Gilmar Mendes, DJ de 24.9.2004; REspe nº 22.676/GO, rel. Min. Caputo Bastos, DJ de 22.9.2004 e REspe nº 18.313/CE, rel. Min. Maurício Corrêa, DJ de 5.12.2000.*
> *4. In casu, o pagamento da multa eleitoral ocorreu após o indeferimento do pedido de registro. Tal adimplemento não tem o condão de sanar a irregularidade.*
> *5. Decisão que se mantém pelos seus próprios fundamentos.*
> *6. Agravo regimental não provido.*
> *(AgRgREspe nº 26.821/ES, rel. Min. José Delgado. Publicado na sessão de 29.9.2006. In* Informativo TSE nº31/2006, p. 2).

Da relatoria do Ministro Joaquim Barbosa:

> *1. A exigência de quitação eleitoral não é uma punição, mas um requisito legal para aqueles que desejam disputar cargos públicos.*
> *2. A questão aqui analisada não se concentra no valor em si da multa, mas na inadimplência de um dever legal imposto a todos os cidadãos. Afinal, o valor ínfimo da multa não dá ensejo à conclusão de que o descumprimento da obrigação eleitoral e política que a ocasionou seja também insignificante.(Ag.Rg.REspe nº 29.803/GO, rel. Min. Joaquim Barbosa.* Informativo TSE *nº 33/2008, p.5).*

Essa exigência tem sido causa de indeferimento de muitas candidaturas pelo descaso dos candidatos e partidos com as exigências da Justiça Eleitoral. Esquecem-se de que estamos vivendo um novo tempo, tempo de moralidade, de transparência, de efetivação das normas e princípios.

A Lei nº 12.034/2009 trouxe importantes alterações quanto à quitação eleitoral, absorvendo a jurisprudência dominante para acrescentar os seguintes parágrafos ao artigo 11 da Lei 9.504/1997:

> Art. 11 [...]
> § 7º A certidão de quitação eleitoral abrangerá exclusivamente a plenitude do gozo dos direitos políticos, o regular exercício do voto, o atendimento a convocações da Justiça Eleitoral para auxiliar os trabalhos relativos ao pleito, a inexistência de multas aplicadas, em caráter definitivo, pela Justiça Eleitoral e não remitidas, e a apresentação de contas de campanha eleitoral.
> § 8º Para fins de expedição da certidão de que trata o § 7º, considerar-se-ão quites aqueles que:
> I - condenados ao pagamento de multa, tenham, até a data da formalização do seu pedido de registro de candidatura, comprovado o pagamento ou o parcelamento da dívida regularmente cumprido;
> II - pagarem a multa que lhes couber individualmente, excluindo-se qualquer modalidade de responsabilidade solidária, mesmo quando imposta concomitantemente com outros candidatos e em razão do mesmo fato.
> § 9º A Justiça Eleitoral enviará aos partidos políticos, na respectiva circunscrição, até o dia 5 de junho do ano da eleição, a relação de todos os devedores de multa eleitoral, a qual embasará a expedição das certidões de quitação eleitoral.

g) *certidões criminais fornecidas pelos órgãos de distribuição da Justiça Eleitoral, Federal e Estadual;*

A jurisprudência ratifica esta exigência:

> *(...) O pedido de registro de candidatura deve ser instruído com certidão que comprove, nesta fase, estar o candidato no gozo dos direitos políticos (Código Eleitoral, art. 94, § 1º inciso V).*
> *(Ac. nº 16.430, de 14.9.2000, rel. Min. Maurício Corrêa).*[79]

> *"1. Registro de candidato. 2. Certidão relativa a antecedentes criminais eleitorais: certidão negativa. 3. É bastante a certidão expedida pelo cartório eleitoral da zona em que tenha o candidato o registro do seu título eleitoral, embora no município existam outras zonas eleitorais. 4. Precedente do TSE (...)."*

79 *Op .cit.*, p. 31.

*(Ac. nº 164, de 4.9.98, rel. Min. Néri da Silveira; no mesmo sentido o Ac. nº 11.968, de 26.7.94, rel. Min. Edson Vidigal).*[80]

Segundo orientação do TSE, se as certidões criminais apresentadas pelo candidato, no seu pedido de registro, não preencherem os requisitos legais, deve ser-lhe dada oportunidade de sanar eventual irregularidade, no prazo de 72 horas, não se podendo, sem essa intimação prévia, indeferir o registro à falta da referida documentação. (Ag.Rg.REspe nº 34.303/RJ, rel. Min. Eros Grau. *Informativo TSE* nº 13/2009, p. 9)

h) *fotografia do candidato, nas dimensões estabelecidas em instruções da Justiça Eleitoral, para efeito do disposto no § 1º do art. 59;*

O Requerimento de Registro de Candidatura (RRC), disciplinado pela Resolução TSE nº 23.455/2015 exige, dentre outros documentos, fotografia recente do candidato e, preferencialmente, em preto e branco, com as dimensões e características traçadas no seu art. 27, inciso III.

i) *propostas defendidas pelo candidato a prefeito, a governador de estado e a presidente da República.*

Esse novo dispositivo legal tem um valor moral significativo, pois permite ao eleitorado cobrar do candidato as suas promessas de campanha; obriga o candidato a ter um projeto de governo que, durante a campanha poderá receber críticas ou adesão.

## 3 A IDADE DO CANDIDATO

É na Constituição Federal (art. 14, § 3º, VI) que se encontra a fixação das idades mínimas dos candidatos a cargo eletivo, nesta ordem:

a) trinta e cinco anos para presidente e vice-presidente da República e senador;
b) trinta anos para governador e vice-governador de Estado e do Distrito Federal;
c) vinte e um anos para deputado federal, deputado estadual ou distrital, prefeito, vice-prefeito e juiz de paz;
d) dezoito anos para vereador.

A previsão estampada no § 2º, do artigo 11, com a nova redação da Lei da Reforma Eleitoral 2015, determina que a idade mínima estabelecida como condição

80 *Id., ib.*

de elegibilidade é verificada tendo por referência a data da posse. Entretanto, em se tratando de candidato a vereador, cuja idade legal é dezoito anos, a verficação será feita na data-limite para o pedido de registro. Sendo assim, não será mais permitida a candidatura de jovens com dezessete anos, na data do registro de candidatura, mesmo que até a data da posse venha a completar dezoito anos.

## 4 REQUERIMENTO DE REGISTRO INDIVIDUAL

Pode ocorrer que o partido ou coligação, por olvido ou até por razões escusas, não requeira o registro de algum candidato, mesmo tendo sido escolhido pela convenção. Nesse caso, o próprio candidato poderá fazê-lo perante a Justiça Eleitoral, nas 48 horas seguintes à publicação da lista dos candidatos pela Justiça Eleitoral ( art. 11, § 4º, da Lei nº 9.504/97, com a redação dada pela Lei nº 12.034, de 29.9.2009).

Antes, o prazo de 48 horas contava do encerramento do prazo de registro. A nova redação é mais favorável aos candidatos que, muitas vezes, só eram surpreendidos com a exclusão do seu nome ao tomarem conhecimento da lista dos candidatos.

## 5 INDEFERIMENTO DO PEDIDO POR ERRO MATERIAL

Por fim, cabe lembrar que o candidato que tenha seu pedido de registro indeferido por erro material, constante de alguma certidão ou algum documento não apreciado, poderá valer-se, além do recurso previsto, de embargos de declaração com efeitos infringentes, pois sempre haverá um motivo para justificar o erro apontado, muitas vezes por culpa de terceiros, como uma certidão inexata.[81]

Ainda, em se tratando de falha na instrução do pedido, o erro pode ser reparado no próprio recurso, conforme dispõe a Súmula nº 3, do TSE: *No processo de registro de candidatos, não tendo o juiz aberto prazo para o suprimento de defeito na instrução do pedido, pode o documento, cuja falta houver motivado o indeferimento, ser juntado com o recurso ordinário.*

## 6 A QUESTÃO DO TESTE DE ALFABETIZAÇÃO

O requisito da alfabetização tornou-se bastante polêmico nas últimas eleições, por conta dos exageros praticados por alguns juízes eleitorais, que aplicaram testes difíceis, reclamando conhecimentos incompatíveis com o nível cultural dos nossos municípios, encravados nos locais mais distantes deste país. Além das dificuldades desses testes, alguns designaram a sua realização com a publicidade de um concurso

---

81 Agravo regimental. Recurso especial. Juntada de novo documento. Registro de candidato. 1. É possível suprir, em embargos de declaração, ausência de documento que devia acompanhar o pedido de registro de candidatura. 2. Em sede de recurso especial, a apresentação de novo documento implica reexame de prova. 3. A rigidez processual só é de ser flexibilizada para evitar perecimento de direito. 4. Agravo desprovido. (Ag. Rg.Respe nº 26.384/AP, rel. Min. Carlos Ayres Britto. *Informativo TSE* nº 38/2006, p.11).

público, levando toda a comunidade a participar do exame, torcendo a favor ou contra seus candidatos.

Verificou-se, em certa cidade do Maranhão, uma concentração de pessoas, em frente ao cartório eleitoral, que vaiavam os candidatos que saíam do recinto onde se aplicava o teste.

Em termos razoáveis, o teste é correto e apoiado pelo TSE como prática legítima de aferição da escolaridade do candidato. O que se condena é o exagero que leva à execração pública dos candidatos. Outro aspecto inadmissível é exigir que um candidato com curso superior se submeta ao teste de escolaridade. Trata-se, no mínimo, de uma falta de respeito. Por várias vezes, o TSE já decidiu que, "se o candidato apresenta comprovante de escolaridade, fica liberado da aferição da condição de alfabetizado." (Acórdão nº 21.705. In: JTSE 4/2004/35).

O propósito do TSE em assegurar a legalidade desses testes não se coaduna com esses exageros, conforme se depreende do teor deste acórdão:

> *Acórdão nº 318*
> *Reclamação nº 318 – Jaguaribe – CE*
> *Relator: Ministro Luiz Carlos Madeira*
> *Reclamação. Eleições de 2004. Prova de alfabetização. Resolução de Tribunal Regional. Caráter ampliativo a resolução do TSE. Procedimento atentatório à dignidade da pessoa humana. Suspensão definitiva.*
> *A comprovação da condição de alfabetizado, para obtenção de registro como candidato, obedece à norma do art. 28 da Res./TSE nº 21.608/2004. Faz-se pelo comprovante de escolaridade e, à falta deste, pela declaração de próprio punho do interessado.*
> *Exame elementar de alfabetização ou teste de escolaridade, em audiência pública, pode comprometer a reputação dos pré-candidatos, que acabam expostos a situação degradante.*
> *Ritual constrangedor, quando não vexatório, que afronta a dignidade dos pretendentes, o que não se coaduna com um dos fundamentos da República, como previsto no inciso III do art. 1º da Constituição Federal. Violação do inciso III do art. 5º da Carta Maior, ao art. 5º da Declaração Universal dos Direitos Humanos e ao art. 11 da Convenção Americana sobre Direitos Humanos, Pacto de São José da Costa Rica, 1969.*
> *Nas hipóteses de dúvida fundada sobre a condição de alfabetizado, a aferição se fará individualmente, caso a caso, sem constrangimentos.*
> *As resoluções dos tribunais regionais não podem estreitar resoluções do TSE que tenham caráter restritivo. (In: JTSE 3/2004/11).*

Em outra oportunidade, decidiu o TSE:

> *Registro de candidato. Analfabetismo. Ausência de comprovante de escolaridade e de declaração de próprio punho. Proibição de teste de alfabetização público e coletivo. Reexame de prova.*

> *Na ausência do comprovante de escolaridade, deve o juiz exigir declaração de próprio punho do candidato antes de buscar a aferição por outros meios. Res. TSE nº 21.608, art. 28, VII, § 4º.*
> *Não tendo o juiz exigido tal declaração, é permitido aplicar teste de alfabetização, desde que seja reservado, sem trazer constrangimento ao candidato (art.1º, III, da Constituição Federal). Precedentes.*
> *Reexame de provas inviável em sede de recursos especial (Súmula TSE nº 279).*
> *Recurso a que se nega provimento.*
> *(Acórdão nº 21.762, In: JTSE 4/2004/52).*

Para evitar esses excessos é que a Resolução TSE nº 23.455/2015 recomendou, expressamente, que esse teste seja feito individualmente: "A ausência do comprovante a que se refere o inciso IV do *caput* poderá ser suprida por declaração de próprio punho, podendo a exigência de alfabetização do candidato ser comprovada por outros meios, desde que individual e reservadamente" (art. 27, § 11).

# VII
# MINISTÉRIO PÚBLICO ELEITORAL

Sumário



Os poderosos têm ódio a quem repreende suas injustiças, e abominam a quem lhes fala verdade. *(Pe. Antônio Vieira, Sermão da Quarta Dominga da Quaresma).*

## 1 A RELEVÂNCIA CONSTITUCIONAL DO MINISTÉRIO PÚBLICO E SEU REFLEXO NO DIREITO ELEITORAL

As funções do Ministério Público alargaram-se consideravelmente nos últimos tempos, notadamente após a promulgação da Constituição Federal de 1988, que o considerou como "instituição permanente, essencial à função jurisdicional do Estado, incumbindo-lhe a defesa da ordem jurídica, do regime democrático e dos interesses sociais e individuais indisponíveis" (art. 127).

O resultado dessa valorização da instituição refletiu-se também na Justiça Eleitoral, o que se pode avaliar pelas publicações de obras sobre Direito Eleitoral de autoria de promotores da justiça estadual e procuradores regionais eleitorais, a começar pelo respeitável Fávila Ribeiro, cuja obra ainda é o ponto mais elevado da doutrina eleitoralista. Seguem-se: Joel Cândido, Pedro Henrique Távora Niess, Edson de Resende Castro, Armando Antônio Sobreiro Neto, José Jairo Gomes, Marcos Ramayana, Thales Tácito Pontes Luz de Pádua Cerqueira, Vera Lúcia Nunes Michels, Francisco Dirceu Barros, Rodrigo López Zilio, Juraci Guimarães Júnior e José Leite Filho.

## 2 A ORGANIZAÇÃO DO MINISTÉRIO PÚBLICO ELEITORAL

No âmbito da circunscrição nacional, o Ministério Público Eleitoral é representado pelo Procurador-Geral da República, que atua junto ao Tribunal Superior Eleitoral como Procurador-Geral Eleitoral (art. 24 do CE).

Sobre o Procurador-Geral Eleitoral dispõe a LC nº 75/93:

> Art. 75. Incumbe ao Procurador-Geral Eleitoral:
> I – designar o Procurador Regional Eleitoral em cada Estado e no Distrito Federal;
> II – acompanhar os procedimentos do Corregedor-Geral Eleitoral;
> III – dirimir conflitos de atribuições;
> IV – requisitar servidores da União e de suas autarquias, quando o exigir a necessidade do serviço, sem prejuízo dos direitos e vantagens inerentes ao exercício de seus cargos ou empregos.

Sobre o Procurador Regional Eleitoral, além do art. 27 do CE, preceitua a LC nº 75/93:

> Art. 76. O Procurador Regional Eleitoral, juntamente com o seu substituto, será designado pelo Procurador-Geral Eleitoral, dentre os Procuradores Regionais da República no Estado e no Distrito Federal, ou, onde não houver, dentre os Procuradores da República vitalícios, para um mandato de dois anos.

Significa dizer que, nos estados que não forem sede de Tribunal Regional Federal, essa designação recai sobre um Procurador da República vitalício. Por sua vez, o Procurador Regional Eleitoral nomeia, após indicação da Procuradoria-Geral de Justiça, os promotores que terão atuação junto às Juntas e zonas eleitorais dos respectivos Estados. Nessa investidura, é importante lembrar, como diz Edson de Resende Castro, que

> o Promotor Eleitoral, apesar de ser membro do Ministério Público Estadual, exerce funções do Ministério Público federal, por delegação legal, daí que suas atribuições são aquelas definidas na Lei Complementar nº 75/93 (Lei Orgânica do Ministério Público da União). Por conseguinte, deverá utilizar os "instrumentos de atuação" previstos nos seus arts. 6º e 7º.[82]

Por fim, sobre o promotor eleitoral dispõe a LC nº 75/1993:

> Art. 78. As funções eleitorais do Ministério Público Federal perante os Juízes e Juntas Eleitorais serão exercidas pelo promotor eleitoral.
> Art. 79. O promotor eleitoral será o membro do Ministério Público local que oficie junto ao Juízo incumbido do serviço eleitoral de cada Zona.

A Resolução nº 30, do Conselho Nacional do Ministério Público, de 27 de maio de 2008, estabeleceu parâmetros para a indicação e a designação de membros do Ministério Público para exercer função eleitoral em 1º grau.

82 CASTRO, Edson de Resende. *Curso de direito eleitoral.* 7. ed. Belo Horizonte: Del Rey, 2014, p. 59.

Nas zonas eleitorais onde funcionam mais de um promotor de justiça, as designações eleitorais serão feitas por rodízio, a exemplo da magistratura.

## 3 AS FUNÇÕES DO MINISTÉRIO PÚBLICO E O PROCESSO ELEITORAL

Durante o processo eleitoral, a participação do Ministério Público é de vital importância na fiscalização da propaganda irregular, nos pedidos de registro de candidaturas, no dia das eleições e na totalização dos resultados. Em todos esses momentos, atuando como autor ou como fiscal da lei, o Ministério Público contribui para a garantia da lisura dos pleitos e aplicação das leis eleitorais.

A atuação do Ministério Público Eleitoral manifesta-se durante todo o processo eleitoral, reconhecendo-se sua atribuição ativa para:

- impugnar candidaturas;
- propor representação pela prática de captação ilícita de sufrágio (art. 41-A, da Lei nº 9.504/97);
- propor representação por infração do art. 73 da Lei nº 9.504/97 (condutas vedadas);
- interpor recursos contra diplomação e decisões eleitorais, nos juízos de 1º e 2º graus;
- propor ação de impugnação de mandato eletivo;
- propor representação com base no artigo 96 da Lei das Eleições;
- propor abertura de investigação judicial para apurar uso indevido, desvio ou abuso de poder econômico ou do poder de autoridade, ou utilização indevida de veículos ou meios de comunicação social, em benefício de candidato ou de partido político (arts. 22 e 24 da LC nº 64/90);
- interpor e oficiar em toda espécie de recurso previsto na legislação eleitoral;
- propor denúncia pela prática de crimes eleitorais;
- assistir às perícias sobre a arguição de violação de urna;
- formular reclamações sobre a constituição das mesas receptoras;
- fiscalizar a propaganda eleitoral.

Essas atribuições aqui elencadas não são exaustivas, pois a todo momento o Ministério Público pode atuar como parte ou como *custos legis*, desde que se apresente o interesse público para garantir a lisura do pleito, a igualdade da disputa eleitoral e evitar o descumprimento da legislação eleitoral. Neste aspecto, Sobreiro Neto é bem esclarecedor:

> Nos termos da Constituição Federal, já comentada, a legitimidade do Ministério Público para intervir em sede eleitoral é PLENA, qualquer que seja a instância, fase ou procedimento. Conquanto incumbido da defesa da ordem jurídica eleitoral, entendida segundo o primado de defesa do estado democrá-

tico de direito, o Ministério Público deve estar presente, mesmo nos períodos em que não se realizem eleições.[83]

A Resolução TSE nº 23.455/2015, que dispõe sobre a escolha e o registro de candidatos nas eleições de 2016, ao tratar das impugnações de candidaturas, dispõe:

> Art. 39 [...]
> § 1º A impugnação, por parte do candidato, do partido político ou da coligação, não impede a ação do Ministério Público Eleitoral no mesmo sentido (Lei Complementar nº 64/1990, art. 3º, § 1º);
> § 2º Não poderá impugnar o registro de candidato o representante do Ministério Público Eleitoral que, nos dois anos anteriores, tenha disputado cargo eletivo, integrado o diretório de partido político ou exercido atividade político-partidária (Lei Complementar nº 64/1990, art. 3º, § 2º e Lei Complementar nº 75/1993, art. 80).

O Tribunal Superior Eleitoral editou a Resolução nº 23.396/2013 prevendo que o inquérito policial para apurar crimes eleitorais somente poderá ser instaurado se houver determinação da Justiça Eleitoral (art.8º). Assim, pelo texto dessa Resolução, o Ministério Público não poderia requisitar a instauração de inquérito policial para apurar crimes eleitorais.

O Supremo Tribunal Federal, ao apreciar medida cautelar, decidiu que esse dispositivo é inconstitucional, por dispor sobre norma de direito processual e por violar prerrogativa constitucional do Ministério Público previsto no art. 129, VIII, da CF/88.

Importante decisão também foi tomada pelo Supremo Tribunal Federal ao reconhecer a legitimidade do Ministério Público Eleitoral para recorrer do deferimento de registro de candidatura, ainda que não tenha havido impugnação anterior. Esse entendimento está em consonância com o art. 127 da Constituição Federal (STF. ARE 728.188-RG/RJ; AG.REG. no RE com Agravo 729.746/RJ, rel. Min. Luiz Fux, julgado em 18.3.2014).

Outra decisão mais recente do Supremo Tribunal Federal, por ocasião do julgamento da ADI 4.617/DF, rel.Min. Luiz Fux, na qual se questionava a legitimidade do MP para propor representação por propaganda partidária irregular, fortaleceu, ainda mais, a atuação do Ministério Público na Justiça Eleitoral, ao prescrever que:

> A legitimidade do Ministério Público para a defesa da ordem jurídica, do regime democrático e dos interesses sociais indisponíveis, não pode ser verberada, máxime diante da normativa constitucional insculpida nos artigos 127 e 129 da Constituição.

83 SOBREIRO NETO, Armando Antônio. *Direito eleitoral – teoria e prática, p.* 74.

> O dispositivo que restringe a legitimidade para a propositura de representação por propaganda partidária irregular afronta múltiplos preceitos constitucionais, todos essencialmente vinculados ao regime democrático.
> A representação de que trata o art. 45, § 3º, da Lei nº 9.096/95 pode ser ajuizada por partido político ou pelo Ministério Público, mercê da incidência do art. 22, *caput*, da Lei Complementar nº 64/90, *verbis*: "*Qualquer partido político, coligação, candidato ou Ministério Público Eleitoral poderá representar à Justiça Eleitoral, diretamente ao Corregedor-Geral ou Regional, relatando fatos e indicando provas, indícios e circunstâncias e pedir abertura de investigação judicial para apurar (...) utilização indevida de veículos ou meios de comunicação social, em benefício de candidato ou de partido político.*

Quanto à intimação das decisões aos membros do Ministério Público com função eleitoral, para todos os efeitos, firmou-se o entendimento de que estas devem ser pessoais, contando-se, a partir de então, o prazo para interposição dos eventuais recursos. No caso do Procurador-Regional Eleitoral, mesmo presente à leitura do acórdão, impõe-se a sua intimação pessoal.

## 4 O MINISTÉRIO PÚBLICO ELEITORAL E A EC Nº 45

Importante alteração quanto ao Ministério Público veio com a Emenda Constitucional nº 45, ao vedar-lhe o exercício de atividades político-partidárias (art. 128, § 5º, II, letra *e*, CF/88), pondo fim a uma controvertida questão que agitava a instituição.

A nova redação constitucional suprimiu a expressão "salvo exceções previstas na lei," que se encontrava na antiga redação do citado artigo.

A partir de então a investidura como membro do Ministério Público tornou-se incompatível com qualquer atividade político-partidária.

Respondendo a consulta que lhe foi formulada, o Tribunal Superior Eleitoral já esclareceu que, em decorrência da EC nº 45, a situação dos integrantes do Ministério Público é igual à dos magistrados e membros dos tribunais de contas, isto é, para ser candidato, agora, o promotor de justiça deve desvincular-se definitivamente de suas funções.

Mostrou-se acertada essa alteração em nossa Lei Maior, pois a função de *custos legis* atribuída ao Ministério Público não se coaduna com a possibilidade de vir a tornar-se um disputante de cargo eletivo, fora de sua associação de classe. Ainda, em consequência dessa alteração constitucional, discute-se sobre o prazo de filiação e desincompatibilização dos membros desligados do Ministério Público. Segundo a resposta emitida pelo TSE, o prazo de filiação é de seis meses antes das eleições, enquanto o prazo de desincompatibilização depende do cargo para o qual vai concorrer, submetendo-se aos prazos traçados pela LC nº 64/90.

Eis a íntegra da Resolução:

Consulta. Promotor de justiça. Exercício de atividade político-partidária. Vedação (EC nº 45).
*Os membros do Ministério Público, por estarem submetidos à vedação constitucional de filiação partidária, estão dispensados de cumprir o prazo de filiação fixado em lei ordinária, devendo satisfazer tal condição de elegibilidade até seis meses antes das eleições, de acordo com o art. 1º, inciso II, letra j, da LC nº 64/90. O prazo para desincompatibilização dependerá do cargo para o qual o candidato concorrer, prazos previstos na LC nº 64/90, asseverando ser o prazo de desincompatibilização dos membros do Ministério Público, o mesmo dos magistrados. Nesse entendimento, o Tribunal respondeu à consulta. Unânime.*
*(Consulta nº 1.143/DF, rel. Min. Luiz Carlos Madeira, em 12.4.2005, In* Informativo TSE nº 12/2005).

# VIII
# PARTIDOS POLÍTICOS

Sumário



> Nenhum negócio mais deve tiar o sono a um príncipe, nenhum o deve desvelar mais que a eleição dos grandes ministros, porque desta eleição dependem todas as eleições, todas as resoluções, todas as execuções, e todo o bom governo e felicidade da república. Aqui se faz, ou se desfaz tudo. *(Pe. Antônio Vieira. Sermão de São Bartolomeu, Roma).*

## 1 A IMPORTÂNCIA DOS PARTIDOS POLÍTICOS

As questões partidárias evoluíram a ponto de darem ensejo ao surgimento do Direito Partidário como uma área de estudo independente do Direito Eleitoral. Mais específico, ainda, é o despontar do Direito Parlamentar.

Atualmente, são escassos os manuais de Direito Eleitoral que tratam de partidos políticos. O motivo por que se trata deste tema, mesmo superficialmente, deve-se à sua importância crescente e aos aspectos polêmicos cada vez mais presentes nas discussões eleitorais, como o número de lides envolvendo manobras partidárias que se verificam em todos os pleitos e os debates sobre fidelidade partidária, funcionamento parlamentar, preenchimento de vagas, todos despertados após as decisões do Supremo Tribunal Federal sobre tais assuntos.

Os partidos políticos são considerados como essenciais ao funcionamento da democracia, a ponto de admitir-se como impossível de se conceber uma democracia sem partidos políticos. Bonifácio de Andrada observou, com muita pertinência, que "sem os partidos, como correntes de opinião, como laços políticos do povo, dificilmente o regime de liberdade e de representação política poderá prosperar"[84].

Observa-se, principalmente nos tempos modernos, a preocupação dos governos ditatoriais em manter o funcionamento de alguns partidos, mesmo limitados em

84 ANDRADA, Bonifácio de. *A crise dos partidos, do sistema eleitoral e a militância política*. 2. ed. Barbacena: Unicap, 2007, p. 51.

suas atuações, como foi o nosso caso da ARENA e do MDB, após o golpe de 1964. Em certos países – como, até pouco tempo, o México –, o monopólio do partido do governo era tão acentuado, que absorvia as atividades dos partidos menores, restando, na prática, um arremedo de sistema pluripartidário.

Ao analisar os partidos políticos sob o enfoque da Constituição de Portugal, Canotilho pontifica: "Os partidos políticos ocupam um lugar de grande relevo na configuração do sistema constitucional-democrático." E continuando sua análise, diz o autor que "o regime político português constitui uma das manifestações mais acabadas do Estado-de-partidos".[85]

O Ministro Gilmar Mendes, por ocasião da votação da ADI nº 1.351/DF, que tratou do funcionamento parlamentar, assentou, em seu voto, que:

> Os partidos políticos são importantes instituições na formação da vontade política. A ação política realiza-se de maneira formal e organizada pela atuação dos partidos políticos. Eles exercem uma função de mediação entre o povo e Estado no processo de formação da vontade política, especialmente no que concerne ao processo eleitoral.[86]

Maurice Duverger, em sua conhecida obra *Os partidos políticos,* assinala que:

> O desenvolvimento dos partidos transformou, profundamente, a estrutura dos regimes políticos. [...] as democracias modernas, baseadas em uma pluralidade de partidos organizados e disciplinados, são muito diversas dos regimes individualistas do século XIX, repousando no jogo pessoal de parlamentares muito independentes uns dos outros.[87]

No Brasil, depois de um longo período de bipartidarismo imposto pelo regime militar, a Constituição de 1988 assegurou aos partidos autonomia e facilitou o processo de criação de novos partidos para, assim, reforçar o pluripartidarismo.

Mesmo sem tradição partidária sólida, com o constante embate entre interesses nacionais e regionais, nossos partidos tendem a evoluir e aperfeiçoar suas atuações. Por enquanto, sem uma consciência partidária forte, não é recomendável falar-se em sistema de lista fechada.

## 2 CONCEITO E FUNÇÃO DOS PARTIDOS POLÍTICOS

Os partidos políticos podem ser conceituados como associações privadas que se organizam em torno de programas sociais, políticos e ideológicos, visando à conquista do poder.

---

85 CANOTILHO, J. J. Gomes; MOREIRA, Vital. *Fundamentos da Constituição.* Portugal: Coimbra Editora, 1991, p. 195.

86 RTJ 207/160.

87 DUVERGER, Maurice. *Os partidos políticos.* 2. ed. Rio de Janeiro: Zahar; Brasília: Universidade de Brasília, 1980, p. 286.

Alinham-se, a seguir, algumas conceituações de partidos políticos, começando com Fávila Ribeiro, que faz uma análise científica respeitável, em suas múltiplas facetas:

> O partido político é um grupo social de relevante amplitude destinado à arregimentação coletiva, em torno de idéias e de interesses, para levar seus membros a compartilharem do poder decisório nas instâncias governativas.[88]
> O partido político é uma associação de cidadãos que pretendem, mediante a ação concertada junto da opinião pública, obter o exercício e os benefícios do poder.[89]
> É uma forma de agremiação de um grupo social que se propõe organizar, coordenar e instrumentar a vontade popular com o fim de assumir o poder para realizar seu programa de governo.[90]

Pela análise desses conceitos, depreende-se a vocação inicial dos partidos de defender ideias, programas, ideologias, com o propósito de convencer a população das suas propostas, a fim de conquistar o poder.

A função dos partidos políticos é despertar e congregar. Despertar o povo para uma cidadania ativa, conscientizando-o dos problemas sociais e políticos; depois, congregá-lo em torno desses objetivos, para vencer as eleições. Com a vitória eleitoral, o partido político terá oportunidade de pôr em prática seu programa partidário.

A História nos aponta vários exemplos da força de um partido político para a conquista do poder. Na Alemanha, tivemos o Partido Nacional Socialista Alemão dos Trabalhadores, sob a liderança de Hitler; e, no auge da Revolução Russa, a ideia de um partido político pode ser avaliada pela expressão de Lênin: "O partido é a vanguarda organizada e disciplinada do proletariado revolucionário."

Nos Estados contemporâneos, destacamos os partidos da Inglaterra (Conservadores, Liberais e Trabalhistas) e os dos Estados Unidos da América (Democrático e Republicano), que se alternam no poder, sem qualquer ofensa ao ritmo da democracia, apesar da existência de outros quadros partidários.

## 3 A NATUREZA JURÍDICA DOS PARTIDOS POLÍTICOS

A partir de 1988, com a publicação da Constituição Federal, os partidos políticos passaram a ter personalidade jurídica de direito privado. Segundo o art. 17, § 2º, da Carta Maior, *os partidos políticos, após adquirirem personalidade jurídica, na forma da lei civil, registrarão seus estatutos no Tribunal Superior Eleitoral.* Antes, nos termos da Lei nº 5.682, de 21 de julho de 1971, os partidos políticos eram considerados como pessoa jurídica de direito público interno.

88 RIBEIRO, Fávila. *Direito eleitoral.* Rio de Janeiro: Forense, 1991, p. 267.
89 CAETANO, Marcelo. *Direito constitucional.* Rio de Janeiro: Forense, 1977, p. 447. v. 1.
90 SILVA, José Afonso da. *Comentário contextual à Constituição.* 9. ed. São Paulo: Malheiros, 2014, p. 238.

A Lei nº 9.096, de 19 de setembro de 1995 – a atual Lei dos Partidos Políticos –, logo em seu artigo 1º preceitua: "O partido político, pessoa jurídica de direito privado, destina-se a assegurar, no interesse do regime democrático, a autenticidade do sistema representativo e a defender os direitos fundamentais definidos na Constituição Federal."

A Lei nº 10.825, de 22 de fevereiro de 2003, acrescentou ao art. 44 do Código Civil o inciso V, com a seguinte redação:

> Art. 44. São pessoas jurídicas de direito privado:
> [...]
> V – os partidos políticos.

Não obstante a natureza de pessoa jurídica de direito privado, a nova Lei do mandado de segurança (Lei nº 12.016, de 7 de agosto de 2009) equipara à autoridade pública o representante ou órgão de partido político, que pode, desse modo, figurar no polo passivo do *writ*.

Ainda no art. 21, a referida lei confere ao partido político competência para figurar no polo ativo do mandado de segurança coletivo, desde que tenha representação no Congresso Nacional. A impetração deve orientar-se na defesa dos interesses legítimos relativos aos seus integrantes ou à finalidade partidária, nos termos do citado artigo. Ao comentar a presente inovação, expressa Cassio Scarpinella Bueno:

> Assim, importa interpretar de forma ampla a primeira parte do art. 21, *caput*, da Lei n. 12.016/2009: o partido político tem legitimidade ativa para a impetração do mandado de segurança coletivo tanto que o direito (interesse) a ser tutelado coincida com suas finalidades programáticas, amplamente consideradas, *independentemente* de a impetração buscar a tutela jurisdicional de seus próprios membros. Só pode ser esta e nenhuma outra, sob pena de violação do ´modelo constitucional do mandado de segurança`, a compreensão da ´pertinência temática` do mandado de segurança coletivo impetrado pelos partidos políticos.[91]

Desse modo, mesmo tendo personalidade jurídica de direito privado, os partidos políticos não perderam sua vocação publicística, como peças fundamentais para o funcionamento da democracia e afirmação da República.

## 4 A CONSTITUCIONALIZAÇÃO DOS PARTIDOS POLÍTICOS

Embora tenha dedicado apenas um capítulo aos partidos políticos, concentrado no artigo 17, a Constituição Federal traçou as regras básicas e os princípios a serem obedecidos no ato de fundação e no funcionamento das agremiações partidárias.

91 BUENO, Cassio Scarpinella. *A nova lei do mandado de segurança*. São Paulo: Saraiva, 2009, p. 124.

Cabe à jurisprudência, como o TSE e o STF têm feito, efetivar, em seus julgados, a importância que os partidos têm para a afirmação do estado de direito.

O processo de constitucionalização dos partidos políticos representou um passo muito importante para garantir a respeitabilidade de que necessitam como agentes de formação da opinião pública e eventuais detentores do poder. Busca-se, hoje, ter partidos mais autônomos, com tarefas institucionais próprias, evitando que se prestem a formar um domínio oligárquico, principalmente em regiões menos desenvolvidas. Para tanto, precisam ter compromisso com o regime democrático, estatutos registrados, disciplina e fidelidade partidárias.

Os §§ 1º, 2º e 3º, do art. 17 da Constituição Federal, dispõem sobre as garantias asseguradas aos partidos políticos, quais sejam:

a) autonomia;
b) normas de disciplina partidária;
c) fidelidade partidária;
d) estatutos, com previsão de disciplina e fidelidade partidária;
e) fundo partidário;
f) acesso gratuito ao rádio e à televisão.

O mesmo artigo abriga os princípios constitucionais norteadores dos partidos políticos, a saber:

a) liberdade de criação, fusão, incorporação e extinção;
b) obrigação de resguardar a soberania nacional, o regime democrático, o pluripartidarismo e os direitos fundamentais da pessoa humana;
c) autonomia para definir sua estrutura interna, organização e funcionamento e para adotar os critérios de escolha e o regime de suas coligações eleitorais;
d) prestação de contas à Justiça Eleitoral;
e) funcionamento parlamentar de acordo com a lei.

Para evitar a repetição de fatos nocivos que fazem parte de nossa História, como o caso do Partido Integralista, de Plínio Salgado, de ideologia nitidamente fascista, cujos partidários usavam uniforme verde, aos atuais partidos políticos é vedada a utilização de organização paramilitar (CF, art. 17, § 4º).

A regulamentação do artigo 17 da Constituição Federal veio com a Lei nº 9.096/1995.

Nos últimos anos, quatro fatos importantes aconteceram, com ampla repercussão no Direito Eleitoral e Partidário: a) o fim da cláusula de barreira; b) o reconhecimento da fidelidade partidária pelo Supremo Tribunal Federal; c) a votação da Lei da Ficha Limpa; e d) a definição de que o mandato pertence ao partido e não ao candidato eleito.

A cláusula de barreira estava disciplinada no artigo 13 da Lei dos Partidos Políticos, nestes termos:

> Art. 13. Tem direito a funcionamento parlamentar, em todas as Casas Legislativas para as quais tenha elegido representante, o partido que, em cada eleição para a Câmara dos Deputados, obtenha o apoio de, no mínimo, cinco por cento dos votos apurados, não computados os brancos e os nulos, distribuídos em, pelo menos, um terço dos Estados, com um mínimo de dois por cento do total de cada um deles.

Em sentido lato, diz Orides Mezzaroba: *pode-se definir a cláusula de barreira ou de exclusão como o mecanismo previsto em dispositivo legal que impede a existência ou a representação parlamentar da agremiação partidária que não conte com o apoio político de um determinado número ou percentual de eleitores.*[92]

Em Ação Direta de Inconstitucionalidade, proposta pelo Partido Comunista do Brasil, o STF reconheceu a inconstitucionalidade de cláusula de barreira ou cláusula de desempenho, contida no supracitado artigo 13 da Lei nº 9.096/1995, cujo julgamento firmou a seguinte conclusão:

> *Partido Político – Funcionamento Parlamentar – Propaganda Partidária Gratuita – Fundo Partidário. Surge conflitante com a Constituição Federal lei que, em face da gradação de votos obtidos por partido político, afasta o funcionamento parlamentar e reduz, substancialmente, o tempo de propaganda partidária gratuita e a participação no rateio do Fundo Partidário.*[93]

Sobre a verticalização, para acabar de vez com a possível obrigatoriedade de sua incidência, conforme orientação do TSE (Resolução TSE nº 20.993/2002), editou-se a EC nº 52, de 8 de março de 2006, a qual alterou o § 1º do art. 17 da Constituição Federal, restando a seguinte redação:

> § 1º É assegurada aos partidos políticos autonomia para definir sua estrutura interna, organização e funcionamento e para adotar os critérios de escolha e o regime de suas coligações eleitorais, sem obrigatoriedade de vinculação entre as candidaturas em âmbito nacional, estadual, distrital ou municipal, devendo seus estatutos estabelecer normas de disciplina e fidelidade partidária.[94]

Quanto à fidelidade partidária, o TSE e o STF, em consonância de entendimento, reconheceram sua incidência em nosso ordenamento jurídico e a exigência de sua aplicabilidade, inclusive com a perda de mandato pelos titulares de cargos eletivos que deixarem os partidos pelos quais foram eleitos, sem razoável justificativa.

Por uma construção hermenêutica conforme a Constituição, o TSE respondeu positivamente à consulta feita pelo Partido da Frente Liberal, afirmando que os

---

92 MEZZAROBA, Orides. *Direito partidário brasileiro.* Rio de Janeiro: Lumen Juris, 2003, p. 300.

93 RTJ 207/116.

94 Redação anterior: É assegurada aos partidos políticos autonomia para definir sua estrutura interna, organização e funcionamento, devendo seus estatutos estabelecer normas de fidelidade e disciplina partidárias.

partidos têm o direito de preservar a vaga obtida pelo sistema eleitoral proporcional, quando houver pedido de cancelamento de filiação ou de transferência do candidato eleito por um partido para outra legenda.[95] A Constituição de 1988, disse o Ministro Peluso, durante o julgamento da referida consulta, procura impedir a perda de prestígio por parte dos partidos políticos, exigindo a presença de regras atinentes à fidelidade e à disciplina partidárias nos estatutos de cada agremiação.

Em seu voto, na mesma sessão, o Ministro César Asfor Rocha foi bem claro ao dizer:

> Ora, não há dúvida nenhuma, quer no plano jurídico, quer no plano prático, que o vínculo de um candidato ao partido pelo qual se registra e disputa uma eleição é o mais forte, se não o único elemento de sua identidade política, podendo ser afirmado que o candidato não existe fora do partido político e nenhuma candidatura é possível fora de uma bandeira partidária.

## 5 FILIAÇÃO PARTIDÁRIA

A filiação partidária tornou-se, hoje, uma atividade interna dos partidos, de acordo com seus respectivos estatutos, restando à Justiça Eleitoral receber as listas dos filiados e anotá-las (art. 19, da Lei nº 9.096/1995). Entretanto, esse tema, de aparente singeleza, tem gerado muitas polêmicas e conflitos judiciais na fase de registro de candidaturas, notadamente nas hipóteses do artigo 22 da Lei dos Partidos Políticos.

A filiação partidária requer do eleitor que esteja em pleno gozo de seus direitos políticos. Para candidatar-se, o eleitor deve estar filiado seis meses antes das eleições (art. 9º da Lei nº 9.504/1997, com a alteração da Lei nº 13.165/2015).

A dinâmica das filiações partidárias vem disciplinada pelas Leis nº 9.096/95 e nº 9.504/1997, complementadas pelos respectivos estatutos partidários.

O desligamento do partido político pelo filiado segue o rito do artigo 21 da Lei dos Partidos Políticos. A alteração do parágrafo único do artigo 22 da referida Lei, pela Lei nº 12.891/2013, eliminou a ocorrência do cancelamento da filiação pela configuração da duplicidade. Pela nova redação, "havendo coexistência de filiações partidárias, prevalecerá a mais recente, devendo a Justiça Eleitoral determinar o cancelamento das demais".

## 6 REGULAMENTAÇÃO INFRACONSTITUCIONAL DOS PARTIDOS POLÍTICOS

O quadro infraconstitucional das leis que regulamentam a organização, o funcionamento e a extinção dos partidos políticos é formado pelo Código Eleitoral, pela Lei nº 9.096/1995, pela Lei nº 9.504/1997 e pelos estatutos partidários. Em

95 *Informativo TSE* nº 15/2007.

complemento a esses diplomas legais, o TSE publicou a Resolução nº 19.406/1995, contendo instruções para fundação, organização, funcionamento e extinção dos partidos políticos. A última alteração da Lei dos Partidos Políticos ocorreu pela Lei nº 13.165/2015.

Antes dessa reforma, duas leis foram publicadas com referência aos partidos políticos. A primeira, a Lei nº 12.875/2013, foi considerada inconstitucional pelo Supremo Tribunal Federal. Pretendia essa lei tratar da distribuição do Fundo Partidário e do tempo reservado à propaganda eleitoral. Em ambos os temas, com prejuízo para os chamados partidos menores, considerando a representação na Câmara dos Deputados e a votação na eleição anterior. A segunda, a Lei nº 13.107/2015, teve o objetivo de desestimular a fusão de partidos políticos. Ao julgar a Medida Cautelar na ADI 5.311/DF, o Supremo Tribunal Federal considerou tal lei como constitucional.

Por essa lei, que alterou o § 1º, do art. 7º da Lei nº 9.096/1995, as pessoas que assinarem a lista de apoiamento para a criação de novos partidos não poderão fazer parte de qualquer agremiação partidária. Também determinou que somente será admitida a fusão ou incorporação de partidos políticos que hajam obtido o registro definitivo no TSE há, pelo menos, cinco anos. A Lei nº 13.165/2005 aplicou nova redação a esse parágrafo, passando a exigir a comprovação, no período de dois anos, do apoiamento de eleitores não filiados a partidos políticos.

A ementa do julgamento da ADI 5.311/DF traz o seguinte teor:

> *Ação direta de inconstitucionalidade. Lei nacional nº 13.107, de 24 de março de 2015. Alteração da Lei dos Partidos Políticos e da lei eleitoral (Lei 9.096.1995 e 9.504/1997). Novas condições legais para criação, fusão e incorporação de partidos políticos. Apoio de eleitores não filiados e prazo mínimo de cinco anos de existência dos partidos. Fortalecimento do modelo representativo e densificação do pluripartidarismo. Fundamento do princípio democrático. Fidelidade partidária. Indeferimento cautelar.*
>
> *1. A Constituição da República assegura a livre criação, fusão e incorporação de partidos políticos. Liberdade não é absoluta, condicionando-a aos princípios do sistema democrático-representativo e do pluripartidarismo.*
>
> *2. São constitucionais as normas que fortalecem o controle quantitativo e qualitativo dos partidos, sem afronta ao princípio da igualdade ou qualquer ingerência em seu funcionamento interno.*
>
> *3. O requisito constitucional do caráter nacional dos partidos políticos objetiva impedir a proliferação de agremiações sem expressão política, que podem atuar como "legendas de aluguel", fraudando a representação, base do regime democrático.*
>
> *4. Medida cautelar indeferida.*
>
> *(Medida Cautelar na ADI 5.311/DF. Rel. ministra Cármen Lúcia, j. em 30/9/2015).*

Como se observa dos últimos julgamentos do Supremo sobre o tema partidário, aquele Tribunal Maior sempre reconhece a autonomia dos partidos e sua natureza constitucional intrínseca, o que lhes mantém imune às investidas de leis ordinárias que rompem com essa vocação. Como disse o Ministro Dias Toffoli, em trecho do seu voto, na ocasião do julgamento da ADI acima referida, "observo que qualquer limitação dos partidos políticos deve ter fundamento na matriz constitucional da matéria, que corresponde ao art. 17 da Carta Federal".

## 7 AUTONOMIA DOS PARTIDOS E AS QUESTÕES *INTERNA CORPORIS*. LIMITES

A autonomia dos partidos políticos tem limites que não ofendem suas prerrogativas. São órgãos com função pública no processo eleitoral e, portanto, sujeitos ao controle judicial.

O alcance e os limites da autonomia dos partidos políticos foram bem delineados pelo Supremo Tribunal Federal, no julgamento da ADI nº 1.407/DF, em extensa ementa, da qual se destacam os seguintes trechos:

> O postulado constitucional da autonomia partidária criou, *em favor dos Partidos Políticos* – sempre que se tratar da definição de sua estrutura, de sua organização ou de seu interno funcionamento – uma área de *reserva estatutária* absolutamente indevassável pela ação normativa do Poder Público. Há, portanto, um domínio constitucionalmente delimitado, que *pré-exclui* – por efeito de expressa cláusula constitucional (CF, art. 17, § 1º ) – qualquer possibilidade de *intervenção legislativa* em tudo o que disser respeito à intimidade estrutural, organizacional e operacional dos Partidos Políticos (*grifos originais*).

Mais adiante, sob a perspectiva do processo eleitoral:

> O princípio da autonomia partidária *não é oponível* ao Estado, que dispõe de poder constitucional para, *em sede legislativa*, estabelecer a regulação normativa concernente ao processo eleitoral.
>
> O postulado da autonomia partidária *não pode* ser invocado para excluir os Partidos Políticos – como se estes fossem entidades infensas e imunes à ação legislativa do Estado – da situação de *necessária* observância das *regras legais* que disciplinam o processo eleitoral em *todas* as suas fases.[96] (grifos originais).

## 8 PERDA DO MANDATO POR INFIDELIDADE PARTIDÁRIA

O instituto da fidelidade partidária passou a vigorar a partir da resposta do Tribunal Superior Eleitoral à Consulta nº 1.398, de 27 de março de 2007, da qual resultou a Resolução TSE nº 22.610/2007. Depois, o Supremo Tribunal Federal

96 RTJ vol.176/578.

ratificou esse entendimento para assentar que "a permanência do parlamentar no partido político pelo qual se elegeu é imprescindível para a manutenção da representatividade partidária do próprio mandato".[97]

Por ocasião do julgamento do referido mandado de segurança, o Ministro Gilmar Mendes expressou, em seu voto:

> A fidelidade partidária condiciona o próprio funcionamento da democracia, ao impor normas de preservação dos vínculos políticos e ideológicos entre eleitores, eleitos e partidos, como definidos no momento do exercício do direito fundamental do sufrágio. Trata-se, portanto, de uma garantia fundamental da vontade do eleitor.
>
> O "transfuguismo" ou, na linguagem vulgar, o "troca-troca" partidário, contamina todo o processo democrático e corrompe o funcionamento parlamentar dos partidos, com repercussões negativas sobre o exercício do direito de oposição, um direito fundamental dos partidos políticos.[98]

Segundo a Resolução TSE nº 22.610/2007, a perda do cargo eletivo dar-se-á sempre que houver desfiliação sem justa causa, sem motivo plausível que justifique o desligamento da agremiação partidária, sob cuja legenda o mandatário elegeu-se.

Para a referida resolução consideram-se justa causa as seguintes hipóteses:

I – incorporação ou fusão do partido;
II – criação de novo partido;
III – mudança substancial ou desvio reiterado do programa partidário;
IV – grave discriminação pessoal.

A Lei da Reforma Eleitoral 2015 acrescentou o art. 22-A à Lei dos Partidos Políticos, com a seguinte redação:

> Art. 22-A Perderá o mandato o detentor de cargo eletivo que se desfiliar, sem justa causa, do partido pelo qual foi eleitor.
>
> Parágrafo único. Consideram-se justa causa para a desfiliação partidária somente as seguintes hipóteses:
>
> I - mudança substancial ou desvio reiterado do programa partidário;
>
> II - grave discriminação política pessoal; e
>
> III - mudança de partido efetuada durante o período de trinta dias que antecede o prazo de filiação exigido em lei para concorrer à eleição, majoritária ou proporcional, ao término do mandato vigente.

97 RTJ nº 208/72.
98 RTJ 208/178.

As causas enumeradas são taxativas e devem ser invocadas com dados objetivos e de materialidade comprovada. Vagas alegações de perseguição política, falta de estrutura e apoio aos seus filiados, intrigas paroquianas, retaliações e discriminações internas, não servem para configurar justa causa para autorizar a migração partidária, principalmente quando fica evidente o propósito de usar e defender o mandato em benefício próprio.

A legitimidade ativa para pedir o decreto de perda de mandado é do partido político prejudicado, do Ministério Público e de quem tenha interesse jurídico imediato, ou seja, o suplente apto a assumir a eventual vaga. Note-se, ainda, que no processo de cassação por infidelidade partidária há litisconsórcio passivo necessário entre o candidato cujo cargo esteja em discussão e o respectivo partido ao qual ele é filiado.

A desfiliação espontânea pode ocorrer mediante justificação ou pedido de declaratória da ocorrência de justa causa feito pelo interessado.

A competência para julgamento ficou assim distribuída: para processar e julgar pedido relativo a mandato federal, o TSE; para processar e julgar pedidos de mandatos estaduais e municipais, o TRE.

Assim, os vereadores das câmaras municipais terão seus mandatos questionados, em caso de mudança de partido, não perante o juiz eleitoral da respectiva zona eleitoral, mas no Tribunal Regional Eleitoral do seu estado.

O procedimento do pedido vem disciplinado pela citada resolução, com preferência para julgamento no prazo de 60 dias.

A regra da fidelidade atinge apenas os titulares dos mandatos, não alcançando os suplentes, conforme decisão do TSE:

> *Consulta. Fidelidade partidária. Respe.-TSE nº 22.610/2007. Ocupantes de cargo eletivo. Mudança de partido pelo pelo qual o candidato não se elegeu. Possibilidade. Migração partidária de suplente. Matéria* interna corporis *de partido político. Incompetência da Corte Eleitoral. Precedente. (Resolução nº 23.079, de 8.6.2009. Consulta nº 1.693/DF, rel. Min. Joaquim Barbosa.* Informativo TSE *nº 29/2009, p.7).*

O julgamento da ADI 5081/DF, de relatoria do Ministro Roberto Barroso, fixou o entendimento do Supremo Tribunal Federal de que não se aplica a regra da fidelidade partidária aos candidatos eleitos pelo sistema majoritário. Seria a violação da soberania popular e das escolhas feitas pelo eleitor, uma vez que, nesse tipo de eleição, os eleitores votam nos candidatos, e não nos partidos. Expressa a ementa:

> Direito Constitucional e Eleitoral. Ação Direta de Inconstitucionalidade. Resolução nº 22.610 do TSE. Inaplicabilidade da Regra de Perda do Mandato por Infidelidade Partidária ao Sistema Eleitoral Majoritário.
> *1. Cabimento da ação. Nas ADIs 3.999/DF e 4.086/DF, discutiu-se o alcance do poder regulamentar da Justiça Eleitoral e sua competência para dispor acerca da perda de mandatos eletivos. O ponto central discutido na presente ação é totalmente*

*diverso saber se é legítima a extensão da regra da fidelidade partidária aos candidatos eleitos pelo sistema majoritário.*
*2. As decisões nos Mandados de Segurança 26.602, 26.603 e 26.604 tiveram como pano de fundo o sistema proporcional, que é adotado para a eleição de deputados federais, estaduais e vereadores. As características do sistema proporcional, com sua ênfase nos votos obtidos pelos partidos, tornam a fidelidade partidária importante para garantir que as opções políticas feitas pelo eleitor no momento da eleição sejam minimamente preservadas. Daí a legitimidade de se decretar a perda do mandato do candidato que abandona a legenda pela qual se elegeu.*
*3. O sistema majoritário, adotado para a eleição de presidente, governador, prefeito e senador, tem lógica e dinâmica diversas da do sistema proporcional. As características do sistema majoritário, com sua ênfase na figura do candidato, fazem com que a perda do mandato, no caso de mudança de partido, frustre a vontade do eleitor e vulnere a soberania popular (CF art. 1º, parágrafo único; e art. 14,* caput*).*
*4. Procedência do pedido formulado em ação direta de inconstitucionalidade.*
*(ADI nº 5.081-DF. Relator: Min. Roberto Barroso.* In: *Informativo nº 795, do STF, de 27.8.2015, p. 6).*

A EC nº 91, de 18 de fevereiro de 2016, alterou a Constituição "para estabelecer a possibilidade excepcional e em período determinado, de desfiliação partidária, sem prejuízo do mandato". Essa "janela" da largura de trinta dias, de certa forma, feriu a integridade do instituto da fidelidade partidária para acomodar situações pessoais de políticos detentores de mandatos parlamentares.

## 9 ATUAIS PARTIDOS POLÍTICOS DO BRASIL

Os atuais partidos políticos brasileiros, segundo a ordem de deferimento pelo Tribunal Superior Eleitoral, são os seguintes, com os números de legendas e suas respectivas siglas:

| ORDEM | NOME | SIGLA | NÚMERO |
|---|---|---|---|
| 1 | PARTIDO DO MOVIMENTO DEMOCRÁTICO BRASILEIRO | PMDB | 15 |
| 2 | PARTIDO TRABALHISTA BRASILEIRO | PTB | 14 |
| 3 | PARTIDO DEMOCRÁTICO TRABALHISTA | PDT | 12 |
| 4 | PARTIDO DOS TRABALHADORES | PT | 13 |
| 5 | DEMOCRATAS | DEM | 25 |
| 6 | PARTIDO COMUNISTA DO BRASIL | PC do B | 65 |
| 7 | PARTIDO SOCIALISTA BRASILEIRO | PSB | 40 |
| 8 | PARTIDO DA SOCIAL DEMOCRACIA BRASILEIRA | PSDB | 45 |
| 9 | PARTIDO TRABALHISTA CRISTÃO | PTC | 36 |
| 10 | PARTIDO SOCIAL CRISTÃO | PSC | 20 |
| 11 | PARTIDO DA MOBILIZAÇÃO NACIONAL | PMN | 33 |

| | | | |
|---|---|---|---|
| 12 | PARTIDO REPUBLICANO PROGRESSISTA | PRP | 44 |
| 13 | PARTIDO POPULAR SOCIALISTA | PPS | 23 |
| 14 | PARTIDO VERDE | PV | 43 |
| 15 | ARTIDO TRABALHISTA DO BRASIL | PT do B | 70 |
| 16 | PARTIDO PROGRESSISTA | PP | 11 |
| 17 | PARTIDO SOCIALISTA DOS TRABALHADORES UNIFICADO | PSTU | 16 |
| 18 | PARTIDO COMUNISTA BRASILEIRO | PCB | 21 |
| 19 | PARTIDO RENOVADOR TRABALHISTA BRASILEIRO | PRTB | 28 |
| 20 | PARTIDO HUMANISTA DA SOLIDARIEDADE | PHS | 31 |
| 21 | PARTIDO SOCIAL DEMOCRATA CRISTÃO | PSDC | 27 |
| 22 | PARTIDO DA CAUSA OPERÁRIA | PCO | 29 |
| 23 | PARTIDO TRABALHISTA NACIONAL | PTN | 19 |
| 24 | PARTIDO SOCIAL LIBERAL - PSL | PSL | 17 |
| 25 | PARTIDO REPUBLICANO BRASILEIRO | PRB | 10 |
| 26 | PARTIDO SOCIALISMO E LIBERDADE | PSOL | 50 |
| 27 | PARTIDO DA REPÚBLICA | PR | 22 |
| 28 | PARTIDO SOCIAL DEMOCRÁTICO | PSD | 55 |
| 29 | PARTIDO PÁTRIA LIVRE | PPL | 54 |
| 30 | PARTIDO ECOLÓGICO NACIONAL | PEN | 51 |
| 31 | PARTIDO REPUBLICANO DA ORDEM SOCIAL | PROS | 90 |
| 32 | SOLIDARIEDADE | SD | 77 |
| 33 | PARTIDO NOVO | NOVO | 33 |
| 34 | REDE SUSTENTABILIDADE | REDE | 18 |
| 35 | PARTIDO DA MULHER BRASILEIRA | PMB | 35 |

Dos trinta e cinco partidos com registros deferidos até esta data (fevereiro de 2016), apenas vinte e oito têm representação no Congresso Nacional.

Durante os debates sobre a Reforma Política, houve acirradas críticas ao excesso de partidos políticos no Brasil, muitos considerados como partidos menores, pejorativamente chamados de "nanicos", ou "partidos de aluguel". Esse debate foi utilizado também para aqueles que combatiam as Coligações.

Ao julgar a ADI nº 1.351/DF, de relatoria do Ministro Marco Aurélio, sobre funcionamento parlamentar e cláusula de barreira, o Supremo Tribunal Federal analisou a questão levantada sob o ângulo do pluripartidarismo, com a ênfase dada pela Carta Federal às minorias. O resultado da votação foi considerar inconstitucional a cláusula de barreira constante do art. 13, da Lei dos Partidos Políticos, em face do princípio da igualdade de chances por atingir, na expressão do Ministro Ricardo Lewandowski,

> profundamente a garantia essencial, inerente a uma democracia representativa, que é a garantia de que as minorias encontrem efetiva expressão no plano político, sob pena de instaurar-se uma ditadura da maioria, sobretudo quando se

estabelece, como no caso, restrições draconianas, irrazoáveis, desproporcionais para o acesso ao fundo partidário e ao tempo no rádio e na televisão".[99]

Ainda, na mesma votação, como resposta aos que se preocupam com a proliferação de partidos, esclareceu o Ministro Marco Aurélio:

> Aliás, para aqueles preocupados com a proliferação dos partidos políticos, há de levar-se em conta que o enxugamento do rol é automático, presente a vontade do povo, de quem emana o poder. Se o partido político não eleger representante, é óbvio que não se poderá cogitar de funcionamento parlamentar. Considerada a ordem natural das coisas, cuja força é insuplantável, a conveniente representatividade dos partidos políticos no parlamento fica jungida tão-somente ao êxito verificado nas urnas, entendendo como tanto haver sido atingido o quociente eleitoral, elegendo candidatos, pouco importando o número destes. Só assim ter-se-á como atendido o fundamento da República, ou seja, o pluralismo político, valendo notar que o verdadeiro equilíbrio decorre do somatório de forças que revelem a visão dos diversos segmentos que perfazem a sociedade. Em síntese, não elegendo candidato, o partido fica automaticamente fora do contexto parlamentar. Estão enquadrados nesta situação, porquanto não alcançaram o coeficiente eleitoral, os seguintes partidos: Partido Socialista dos Trabalhadores Unificado (PSTU), Partido Social Liberal (PSL), Partido Trabalhista Nacional (PTN), Partido Comunista Brasileiro (PCB), Partido Social Democrata Cristão (PSDC), Partido Renovador Trabalhista Brasileiro (PRTB), Partido da Causa Operária (PCO) e Partido Republicano Progressista (PRP).[100]

Gregorio Robles, em sua obra *Os direitos fundamentais e a ética na sociedade atual,* ao falar sobre o consenso político, leciona:

> O pluralismo é um fato irreversível. Uma sociedade monolítica não é admissível sob o ponto de vista ético ou, em geral, ideológico. A sociedade depende do equilíbrio de forças e ideias contrapostas. Sempre foi assim; mas a sociedade moderna, ao contrário das anteriores, fez do pluralismo um dos valores básicos da convivência.[101]

Vale aqui lembrar, também, a assertiva de Tzvetan Todorov:

> A democracia se caracteriza não só por um modo de instituição do poder ou pela finalidade de sua ação, mas também pela maneira como o poder é exer-

99 RTJ 207/149.

100 RTJ 207/131.

101 ROBBES, Gregorio. *Os direitos fundamentais e a ética na sociedade atual.* Barueri: Manole, 2005, p. 103.

> cido. A palavra-chave aqui é *pluralismo*, pois se considera que os poderes, por mais legítimos que sejam, não devem ser todos confiados às mesmas pessoas nem concentrados nas mesmas instituições.[102]

Essa ideia de pluralismo como um valor ético aplica-se também aos partidos políticos em uma sociedade democrática.

## 10 COLIGAÇÕES

Os partidos políticos coligam-se ao abdicarem de suas individualidades para formarem nova entidade: a coligação. A partir de sua formação, mesmo constituída por vários partidos, a coligação passa a funcionar como um só partido, em seu relacionamento com a Justiça Eleitoral e no trato dos interesses partidários. A temporalidade é a característica maior desse organismo partidário.

Atualmente, sob a perspectiva constitucional, as coligações servem para garantir a representatividade dos partidos menores, que não conseguem obter o quociente eleitoral isoladamente. É uma forma de fortalecer os partidos políticos, inclusive com apoio na arquitetura constitucional, que consagra o pluralismo partidário (art.17, *caput*, da CF/88) e o pluralismo político (art. 1º, V, da CF/88).

A dinâmica das coligações encontra-se no art. 6º da Lei nº 9.504/1997. Da leitura atenta desse artigo, temos as seguintes conclusões:

- a formação de coligações é uma faculdade atribuída aos partidos políticos;
- as coligações devem ser feitas dentro da mesma circunscrição eleitoral;
- podem-se formar coligações para eleições majoritárias, proporcionais ou para ambas, ao mesmo tempo;
- a coligação terá denominação própria, isto é, todos os partidos coligados abdicam de sua sigla em favor de um novo nome, ou, em outra hipótese, podem expressar a coligação com a sequência das siglas partidárias o que, na prática, ficaria difícil de ser manipulado em matéria de propaganda.

Nos estatutos dos partidos, encontram-se as normas disciplinadoras das coligações, observadas as disposições da Lei das Eleições. O prazo para a deliberação sobre as coligações é de 20 de julho a 15 de agosto do ano eleitoral.

A existência das coligações fortalece o sistema pluripartidário, oxigenando a representação política e favorecendo o surgimento de novas lideranças, que não conseguiriam vencer, como candidatos de partidos isolados, por terem alcançado votação aquém do quociente eleitoral.

É tão intrincada a relação das coligações com o afirmação do pluripartidarismo que qualquer tentativa de eliminá-las poderá ser considerada inconstitucional, por cercear a efetividade no desempenho dos partidos menores.

102 TODOROV, Tzvetan. *Os inimigos íntimos da democracia*. São Paulo: Cia. das Letras, 2012, p. 17.

A melhor referência que temos para compreender a origem, a formação e a importância das coligações é a leitura do julgamento do Mandado de Segurança nº 30.260 – DF, pelo Supremo Tribunal Federal, tendo como relatora a ministra Cármen Lúcia, no qual ficou ementado que:

> [...]
> 3. As coligações são conformações políticas decorrentes da aliança partidária formalizada entre dois ou mais partidos políticos para concorrerem, de forma unitária, às eleições proporcionais ou majoritárias. Distinguem-se dos partidos políticos que a compõem e a eles se sobrepõem, temporariamente, adquirindo capacidade jurídica para representá-los.
> 4. A figura jurídica derivada dessa coalizão transitória não se exaure no dia do pleito ou, menos ainda, apaga os vestígios de sua existência quando esgotada a finalidade que motivou a convergência de vetores políticos: eleger candidatos. Seus efeitos projetam-se na definição da ordem para ocupação dos cargos e para o exercício dos mandatos conquistados.
> 5. A coligação assume perante os demais partidos e coligações, os órgãos da Justiça Eleitoral e, também, os eleitores, natureza de superpartido; ela formaliza sua composição, registra seus candidatos, apresenta-se nas peças publicitárias e nos horários eleitorais e, a partir dos votos, forma quociente próprio, que não pode ser assumido isoladamente pelos partidos que a compunham nem pode ser por eles apropriados.[103]

Em seu voto, o Ministro Gilmar Mendes traçou, de forma concisa, a história e a vocação das coligações no sistema eleitoral brasileiro, cujo trecho vale a pena transcrever:

> A formação de coligações entre partidos políticos para disputa de eleições é uma das características marcantes do sistema proporcional brasileiro. Conhecidas também como *alianças* eleitorais – termo utilizado pelo Código Eleitoral de 1950 (Lei1.164/1950) –, as coligações representam o fenômeno da associação de listas partidárias para a disputa eleitoral. As coligações diferenciam-se, assim, das *coalizões* parlamentares, as quais constituem alianças entre partidos, após o pleito eleitoral, para fins de sustentação ou oposição ao governo no decorrer da legislatura.
> Inexistentes até 1945, as alianças eleitorais foram muito presentes na política brasileira no período de 1950 a 1964, permitidas pelo Código Eleitoral de 1950. No regime militar, entre 1965 e 1985, as coligações nas eleições proporcionais foram expressamente proibidas pelo Código Eleitoral de 1965 (Lei 4.737/1965). A prática das alianças eleitorais foi retomada apenas em 1985,

103 RTJ 220/278.

> com o advento da Lei 7.454/1985, que modificou o Código Eleitoral de 1965 e conformou a redação do art. 105, vigente até os dias atuais [...].[104]

Enquanto não houver uma reforma constitucional, nenhuma lei ordinária poderá extinguir as coligações. Melhor seria aprofundar o debate sobre a conveniência de mantê-las ou não em nosso sistema eleitoral.

## 11 CRÍTICA À ATUAÇÃO DOS PARTIDOS POLÍTICOS

Os partidos políticos, no Brasil, ainda não alcançaram maturidade suficiente para corresponder à sua destinação constitucional. A falta de fidelidade partidária permitia um fluxo constante de mudanças de partido, o que afrontava e desrespeitava o próprio eleitor, principalmente o eleitor consciente, que vota num programa de ação. Com a decisão do STF sobre fidelidade partidária, é possível esperarmos nova postura dos filiados em relação aos seus respectivos partidos, assim como o comprometimento dos eleitos com o programa político de cada agremiação partidária.

As lutas dentro das próprias instituições partidárias, em todas as eleições, assinalam essa vocação paroquial dos nossos partidos, com facções internas tentando derrubar seus próprios correligionários.

Certo advogado maranhense, usando a tribuna do TRE-MA, apelou para uma imagem inusitada, que pode ser aproveitada para demonstrar o lado frágil dos nossos partidos políticos. Ao mostrar uma pasta, cheia de papéis, com a lista de filiados e o livro de atas, disse o causídico: "O presidente carrega o partido de um lado para o outro. O partido é a pasta, e o presidente pode dizer, ao exibi-la: Este é o meu partido."

Para melhor ressaltar a falta de consistência ideológica dos nossos partidos, é oportuno ressaltar aqui a análise feita por Heráclito Salles:

> É, contudo, irresistível como tema para reflexão o fenômeno que vincula sistematicamente os partidos brasileiros a situações puramente circunstanciais. Ajuda pelo menos a explicar por que os partidos políticos entre nós, com as exceções fatais, se apresentam quase sempre como *frentes* heterogêneas; como facilmente se desagregam e como podem, tal qual ocorreu em 1965, ser declarados extintos por uma penada de força sem que alguém chegue a chorar sinceramente a sua morte.[105]

Outra análise pertinente foi feita pelo deputado Bonifácio de Andrada, ao dizer:

> Na realidade, temos hoje não Partidos, mas "siglas", que podem ser "abrigos jurídicos para se disputar a eleição". A sigla ou é "abrigo jurídico" ou "peça de

104 RTJ 220/338.
105 SALLES, Heráclito. *Partidos e políticos*. Rio de Janeiro: Ed. JB, 1982, p. 12.

> aluguel" para determinados grupos ou "peça de transação" em face de disputas eleitorais.[106]

A resistência dos partidos políticos à verticalização é o exemplo mais recente da ausência de consciência partidária no Brasil. Os interesses regionais e individuais são mais importantes do que o fortalecimento do sistema partidário. Mudou-se a Constituição (EC nº 52) para não mudarem regras que acomodavam as disputas regionais. A coerência ideológica e o respeito ao caráter nacional dos partidos políticos cedem à conveniência da flexibilização que o interesse de grupos locais exige.

Essa fraca consciência partidária, no Brasil, foi ressaltada durante o debate da Reforma Política. Prova dessa assertiva foi a grande maioria que se agregou no Congresso em torno da ideia da instalação do chamado Distritão. Ora, esse sistema eleitoral desconheceria os partidos e estimularia a disputa individual em seu grau mais elevado. Seria um salve-se quem puder.

Os sucessivos escândalos de corrupção, envolvendo siglas partidárias, estão produzindo no povo um sentimento contínuo de rejeição à classe política, de um modo geral. Entretanto, como sabemos, existem notáveis representantes do povo que se destacam pela inteligência e pela dedicação à causa política que defendem. Estimulados por esses exemplos, que constituem a maioria, os partidos políticos deveriam preocupar-se com mais atenção, a fim de apoderarem-se dessa destinação de servirem à democracia, lutando para a construção de uma sociedade livre, justa e solidária (art. 3º, I, da CF).

Muito oportuno, para arremate deste tema, é a lição do Ministro Ricardo Lewandowski, invocando a doutrina de Daniela Romanelli (*Democracia e direitos políticos*. Campinas: Editor-Autor, 2005), para registrar:

> Em que pesem, porém, as imperfeições que ainda caracterizam o sistema partidário brasileiro, não há dúvida de que, hoje, os partidos políticos são indispensáveis ao processo democrático, não apenas porque expressam a multiplicidade de interesses e aspirações dos distintos grupos sociais, mas, sobretudo, porque concorrem para a formação da opinião pública, o recrutamento de líderes, a seleção de candidatos aos cargos eletivos e a mediação entre o governo e o povo.[107]

## 12 ALTERAÇÕES DA LEI DOS PARTIDOS POLÍTICOS PELA REFORMA ELEITORAL 2015

A Lei nº 13.165/2015 provocou vária alterações na Lei nº 9.096/1995, dentre as quais destacamos as seguintes:

106 ANDRADA, Bonifácio. *Op. cit.* p. 43-44.
107 RTJ 208/101.

a) Para efeito de registro do estatuto do partido no Tribunal Superior Eleitoral precisará da comprovação de apoiamento, pelo período de dois anos, de eleitores não filiados a partido político, mantendo-se a mesma percentagem.

b) O prazo de filiação passa ser de seis meses antes da eleição.

c) Com o fim dos comitês financeiros, os partidos ficam desobrigados do envio de balancetes mensais à Justiça, no período eleitoral.

d) Se os órgãos partidários não movimentaram recurso financeiros ou arrecadaram bens estimáveis em dinheiro, ficam desobrigados de prestarem contas à Justiça Eleitoral.

e) Caso as contas do partido sejam desaprovadas, **não haverá sanção** que o impeça de concorrer às eleições. A desaprovação implicará exclusivamente na sanção de devolução da importância apontada como irregular, mais 20% de multa.

f) A Justiça Eleitoral não mais fiscalizará a escrituração contábil do partido, mas somente exercerá a fiscalização sobre a prestação de contas e as despesas de campanha.

g) Comprovação de despesas com passagens aéreas.

h) Ampliação do prazo para juntada de documentos para esclarecer questionamentos da Justiça Eleitoral, a qualquer tempo.

i) Disciplinamento das modalidades de arrecadação de recursos.

j) Alteração dos parâmetros para a distribuição do Fundo Partidário.

k) Incentivo à participação política das mulheres.

# IX
# AÇÃO DE IMPUGNAÇÃO DE REGISTRO DE CANDIDATURA – AIRC

**Sumário**

**1.** As ações eleitorais. **2.** Ação de Impugnação de Registro de Candidatura - AIRC. **3.** A nova leitura das Súmulas nº 1 do TSE. **4.** Registo *sub judice.*

> Se o que elegestes furta – não o ponhamos em condicional, porque claro está que há de furtar – furta o que elegestes, e furta por si e por todos os seus, como costumam os semelhantes, e Deus há-vos de pedir a conta a vós, porque o vosso voto foi causa de todas aquelas injustiças. *(Pe. Antônio Vieira, Sermão da Primeira Dominga do Advento, Lisboa, 1650).*

## 1 AS AÇÕES ELEITORAIS

O processo eleitoral, em sua conotação jurisdicional ou contenciosa, expressa-se com o fluir das ações eleitorais. Distingue-se, portanto, da ideia de processo eleitoral, em sentido amplo. Ao fazer essa distinção de forma magistral, José Jairo Gomes, esclarece:

> Já o processo *contencioso* eleitoral refere-se a processo jurisdicional. Trata-se de relação jurídica processual instaurada entre as partes e o Estado-juiz com vistas à resolução de lide eleitoral. Seu modelo deve harmonizar-se com o *processo jurisdicional constitucional*, no qual se destaca o princípio do *due process of law* e seus consectários.[108]

Assim, enumeradas pela doutrina, com apoio no Código Eleitoal e nas leis específicas, temos as seguintes ações que compõem esse arcabouço do processo jurisdicional eleitoral: Ação de Impugnação de Registro de Candidatura – AIRC; Ação de Investigação Judicial Eleitoral – AIJE; Ação por Captação Ilícita de Sufrágio; Ação por Captação ou Gasto Ilícito; Ação por Conduta Vedada a Agentes Públicos; e Ação de Impugnação de Mandato Eletivo – AIME.

108 GOMES, José Jairo. *Direito eleitoral.* 10. ed. São Paulo: Atlas, 2014, p. 527.

Na análise dessas ações, há que se atentar para o direito material sob cuidado, os princípios eleitorais e a potencialidade ofensiva dos fatos que ensejaram cada ação. O objeto material dessas ações refere-se à proibição e respectiva sanção relativas às práticas de abuso de poder político e econômico, fraude eleitoral, corrupção e captação ilícita de sufrágio ou de gastos.

São as ações eleitorais que tornam efetivas as normas que organizam as eleições dentro dos paradigmas da moralidade, da igualdade de oportunidades e contra as práticas e os abusos que retiram a legitimidade dos pleitos.

## 2 AÇÃO DE IMPUGNAÇÃO DE REGISTRO DE CANDIDATURA – AIRC

Essa ação surge na fase do processo eleitoral mais agitada, pela expectativa que geram as impugnações às candidaturas postas.

Nessa ação, discutem-se as condições de elegibilidade e as causas de inelegibilidade dos candidatos. Ocorre, com frequência, que certos candidatos negligenciam essa oportunidade, acreditando que vão ganhar as eleições. Ao perderem, querem ressuscitar qualquer tipo de inelegibilidade na época da diplomação. Outros não esperam, denunciam logo quando da proclamação dos eleitos. Esquecem-se de que, no processo eleitoral, as fases são estanques e decadenciais.

Dispõe o art. 3º da LC nº 64/1990 que o candidato, partido político, coligação e o Ministério Público podem impugnar o pedido de registro de candidatura, em cinco dias, contados da publicação do referido pedido. Está traçada, assim, a legitimidade ativa para ajuizamento da Ação de Impugnação de Registro de Candidatura – AIRC.

Para os eleitoralistas Marcelo Rodrigues e Flávio Jorge, "cuida-se, efetivamente, de legitimidade *concorrente disjuntiva,* onde, dada a natureza coletiva do direito tutelado, é conferida a vários entes a legitimidade para o seu manuseio".[109]

Em complemento a esse artigo da lei, a Resolução TSE nº 23.455/2015, que fixou regras sobre a escolha dos candidatos nas eleições de 2016, assim dispôs:

> Art. 43. Qualquer cidadão no gozo de seus direitos políticos poderá, no prazo de cinco dias, contados da publicação do edital relativo ao pedido de registro, dar notícia de inelegibilidade ao Juízo Eleitoral competente, mediante petição fundamentada, apresentada em duas vias.

Como se percebe dessa leitura, o TSE não conferiu legitimidade ativa ao eleitor, mas apenas reconheceu-lhe, como cidadão, o poder de denunciar à Justiça Eleitoral sobre a existência de inelegibilidade contra determinado candidato, cuja denúncia será analisada pelo órgão ministerial. É a prevalência do interesse público

109 RODRIGUES, Marcelo Abelha; JORGE, Flávio Cheim. *Manual de direito eleitoral.* São Paulo: RT, 2014, p. 307.

que confere idoneidade a tal denúncia sobre a qual, necessariamente, o juiz deverá pronunciar-se.[110]

Ainda sobre a legitimidade ativa, impõe-se ressaltar o teor da Súmula nº 11, do TSE: *No processo de registro de candidatos, o partido que não o impugnou não tem legitimidade para recorrer da sentença que o deferiu, salvo se se cuidar de matéria constitucional.*

Cumpre assinalar que, conforme decisão tomada pelo STF, no agravo no Recurso Extraordinário nº 728188/RJ, rel. min. Ricardo Lewandoski, essa súmula não ofende a legitimidade do Ministério Público para recorrer de registros de candidaturas deferidas, mesmo que não tenha impugnado, no prazo previsto no art. 3º da LC nº 64/1990 (art. 39 da Resolução TSE nº 23.455/2015).

No polo passivo da AIRC, figura o pretenso candidato. Não há litisconsórcio necessário entre o prefeito e o vice, na Ação de Impugnação de Registro de Candidato.[111]

O rito da ação é o traçado pelos arts. 3º a 16 da Lei das Inelegibilidades. Os prazos "são peremptórios e contínuos e correm em Secretaria ou Cartório e, a partir da data do encerramento do prazo para registro de candidatos, não se suspendem aos sábados, domingos e feriados." (art. 16 da LC nº 64/1990). Trata-se, portanto, de prazo decadencial. Se obedecido rigorosamente o prazo fixado em lei, a AIRC tramitaria, até o seu desenlace, em 34 dias.

As inelegibilidades não arguidas, nessa oportunidade, precluem. Com exceção das inelegibilidades constitucionais supervenientes à fase de registro, se não tiverem sido apreciadas e julgadas. Atente-se, nessa oportunidade, para o art. 11 § 10, da Lei das Eleições, incluído pela Lei nº 12.034/2009, com a seguinte redação: *As condições de elegibilidade e as causas de inelegibilidade devem ser aferidas no momento da formalização do pedido de registro da candidatura, ressalvadas as alterações, fáticas ou jurídicas, supervenientes ao registro que afastem a inelegibilidade.*

A oportunidade de impugnação de candidatura deveria ser o momento mais rigoroso de depuração de candidatos a qualquer mandato eletivo, pois evitaria a posterior arguição de que não se deve cassar registro e diploma de quem já foi eleito.

## 3 A NOVA LEITURA DA SÚMULA Nº 1 DO TSE

Durante os julgamentos dos pedidos de registros de candidaturas para as eleições de 2006, o Tribunal Superior Eleitoral, em consonância com o posicionamento da Procuradoria-Geral Eleitoral e alguns tribunais regionais, alterou o entendimen-

110 Eis a ementa do acórdão nº 12.375, a que se refere a Resolução nº 22.156/TSE: "O registro de candidato será indeferido, ainda que não tenha havido impugnação (Resolução nº 17.845, art.60). Dado o poder para indeferir de ofício o registro do candidato inelegível, denunciada fundamentadamente a inelegibilidade, incumbe ao Juiz pronunciar-se a respeito. Recurso conhecido e provido para que o Juiz conheça da petição, não como impugnação, mas como notícia de inelegibilidade, e a decida como entender de direito." In JTSE 4/93/134).

111 *Informativo TSE* nº 1/2009, p. 4.

to, até então, consolidado em sua Súmula nº 1, do que resultou o indeferimento de vários pedidos de registros em diversos estados do país. Diz a Súmula nº 1: *Proposta a ação para desconstituir a decisão que rejeitou as contas, anteriormente à impugnação, fica suspensa a inelegibilidade (Lei Complementar nº 64/1990, art. I, g).*

Antes, o TSE firmara jurisprudência no sentido de que, uma vez ajuizada ação para desconstituir decisão que rejeitara as contas, teria incidência a exceção do artigo 1º, I, *g*, da LC nº 64/1990 e Súmula nº 1/TSE, pois "não compete à Justiça Eleitoral aferir a idoneidade dessa ação desconstitutiva."[112]

A nova orientação do TSE tem uma feição eminentemente moralizadora, uma vez que a banalização das cautelares, às vésperas dos pedidos de registros de candidaturas, vinha permitindo que se admitissem que os maus gestores, com prestações de contas rejeitadas, voltassem a exercer cargos públicos.

O verbete da Súmula nº 1 não foi, portanto, revogado, mas relativizada a sua incidência, sob os critérios da ponderação e razoabilidade.

O novo entendimento ficou assim firmado:

> *Recurso ordinário. Eleições 2006. Impugnação. Candidato. Deputado estadual. Rejeição de contas. Ação anulatória. Burla. Inaplicabilidade do Enunciado nº 1 da súmula do TSE. Recurso desprovido.*
> *– A análise da idoneidade da ação anulatória é complementar e integrativa à aplicação da ressalva contida no Enunciado nº 1 da súmula do TSE, pois a Justiça Eleitoral tem o poder-dever de velar pela aplicação dos preceitos constitucionais de proteção à probidade administrativa e à moralidade para o exercício do mandato (art.14, § 9º, CF/88).*
> *– Recurso desprovido.*
> *(Recurso Ordinário nº 912/RR. Relator: Min. César Asfor Rocha. Informativo TSE nº 37/2006).*

Em seu histórico voto, disse o relator:

> Entretanto, estudando-se com atenção o teor do verbete sumular em apreço, se verá que não esteve no seu propósito admitir que qualquer ação desconstitutiva da decisão de rejeição das contas tenha a eficácia de afastar a inelegibilidade que decorre da própria rejeição; parece-me [...] que a ação judicial capaz de elidir ou afastar a inelegibilidade cogitada *seja somente aquela que reúna, já na dedução da sua inicial, requisitos tão manifestos quanto ao seu êxito, que praticamente geram, no espírito do julgador, uma convicção próxima da certeza. (grifos do original)*

Seguiram-se a esse julgamento inicial, outros com o mesmo entendimento:

112 AgRgREspe nº 22.039 – TSE. Rel. Min. Carlos Velloso. In: JTSE 1/2006/89.

> *1. O Tribunal Superior Eleitoral, revendo o Verbete nº 1 da súmula de sua jurisprudência, afirmou a necessidade de se obter, na ação desconstitutiva, medida liminar ou a tutela antecipada. Havendo tal entendimento ocorrido no meio do processo eleitoral, deve ser admitida, para as atuais eleições, a notícia da concessão da liminar ou de tutela antecipada, depois do período de registro de candidatura.*
> *2. A mera propositura da ação anulatória, sem a obtenção de provimento liminar ou antecipatório, não suspende a cláusula de inelegibilidade da alínea g do inciso I do art. 1º da LC nº 64/90.*
> *3. Ausência de notícia de concessão, mesmo posteriormente, de alguma medida judicial.*
> *4. Recurso ordinário conhecido e provido.*
> *(RO nº 965/MA. Rel. Min. Gerardo Grossi. Informativo TSE nº 32/2006).*

Mais recentemente, o TSE fixou-se no seguinte entendimento:

> *A cláusula de inelegibilidade constante da alínea* g *do inciso I do art. 1º da LC nº 64/90 demanda, para sua incidência, a cumulativa presença de três requisitos, dois positivos e um negativo, a saber: a) rejeição por vício insanável de contas alusivas ao exercício de cargos ou funções públicos; b) natureza irrecorrível da decisão proferida pelo órgão competente; c) inexistência de provimento suspensivo, emanado do Poder Judiciário. (Ag.Rg.REspe nº 31.942/PR, rel. para o acórdão Min. Ayres Britto.* Informativo TSE *nº 5/2009, p. 6).*

Nesse debate sobre a Súmula nº 1 deve ser incorporado o disposto no já citado art. 11 § 10, da Lei das Eleições: *As condições de elegibilidade e as causas de inelegibilidade devem ser aferidas no momento da formalização do pedido de registro da candidatura, ressalvadas as alterações, fáticas ou jurídicas, supervenientes ao registro que afastem a inelegibilidade.*

## 4 REGISTRO *SUB JUDICE*

Tema que sempre agita as eleições é o das candidaturas *sub judice*, cujos resultados definitivos só saem após as eleições. Trata-se da aplicação do art. 175 §§ 3º e 4º, do CE e do art. 16-A da Lei das Eleições.

Se a decisão for anterior ao pleito (decisão definitiva, sem recurso), não há dúvida de que os votos serão nulos, ainda que a foto do candidato apareça na urna eletrônica e seja votado[113].

A jurisprudência do TSE tem se mostrado coerente na interpretação desses dispositivos legais, mas as consequências políticas são tão fortes, que a emoção tem

113 A circunstância de o candidato figurar na urna eletrônica não é suficiente, por si só e em detrimento do que dispõe a Lei Eleitoral, para que se considerem válidos os votos a ele atribuídos. Agravo regimental desprovido. (AgRgMs nº 3.547/PA, rel. Ministro Caputo Bastos, *DJ de 11.12.2006. Informativo TSE* nº 41/2006, p. 5).

perturbado a razão diante dos casos concretos, visto que os candidatos derrotados não se conformam com as decisões dos tribunais e querem torcer a interpretação para atender a seus interesses pessoais.

Dispõe o Código Eleitoral:

> Art. 175 [...]
> [...]
> § 3º Serão nulos, para todos os efeitos, os votos dados a candidatos inelegíveis ou não registrados.
> § 4º O disposto no parágrafo anterior não se aplica quando a decisão de inelegibilidade ou de cancelamento de registro for proferida após a realização da eleição a que concorreu o candidato alcançado pela sentença, caso em que os votos serão contados para o partido pelo qual tiver sido feito o seu registro.

Registre-se, por oportuno, que o campo próprio de incidência da regra do § 3º são as eleições majoritárias e proporcionais, enquanto a do § 4º são somente as eleições proporcionais.

Em reiteradas decisões, o TSE firmava a seguinte conclusão:

> *Mandado de segurança. Cômputo. Votos. Legenda. Candidato. Eleição proporcional. Registro indeferido. Anterioridade. Eleição. Impossibilidade. Nulidade. Incidência. Art. 175, § 3º, do Código Eleitoral.*
> *1.Aplica-se o § 3º do art. 175 do Código Eleitoral, considerando-se nulos os votos, quando o candidato na data da eleição não tiver seu registro deferido.*
> *2.Aplica-se o § 4º do art. 175 do Código Eleitoral, computando-se os votos para a legenda, caso o candidato, na data da eleição, tenha uma decisão, mesmo que sub judice, que lhe defira o registro e, posteriormente essa decisão seja reformada, negando-se o registro. Agravo regimental a que se nega provimento. (AgRgMs nº 3.527/PA, rel. Min. Caputo Bastos, DJ de 20.11.2006. Informativo TSE nº 38/2006, p. 6).*

Essa situação sempre provocava dúvidas e debates. Entretanto, com o advento da Lei nº 12.034/2009, foi acrescentado à Lei das Eleições o artigo 16-A, com a seguinte redação:

> Art. 16-A. O candidato cujo registro esteja *sub judice* poderá efetuar todos os atos relativos à campanha eleitoral, inclusive utilizar o horário eleitoral gratuito no rádio e na televisão e ter seu nome mantido na urna eletrônica enquanto estiver sob essa condição, ficando a validade dos votos a ele atribuídos condicionada ao deferimento de seu registro por instância superior.
> Parágrafo único. O cômputo, para o respectivo partido ou coligação, dos votos atribuídos ao candidato cujo registro esteja *sub judice* no dia da eleição fica condicionado ao deferimento do registro do candidato.

A partir de então, ficou mais claro o destino dos votos dados aos candidatos *sub judice*, entendendo o TSE que o parágrafo único do art. 16-A revogou o § 4º, do art. 175, do Código Eleitoral, em decisão que teve a seguinte ementa:

> Eleições 2010. Agravo Regimental. Mandado de Segurança. Candidato. Deputado Estadual. Registro Indeferido Após a Eleição. Contagem para a Legenda. Impossibilidade.
> 1. Na dicção do art. 16-A da Lei nº 9.504/97, a validade dos votos atribuídos a candidato com registro indeferido fica condicionada, em qualquer hipótese, ao deferimento do registro.
> 2. O § 4º do art. 175 do Código Eleitoral, que estabelece a contagem para a legenda dos votos obtidos por candidatos cujos registros tenham sido indeferidos após a eleição, foi superado pelo parágrafo único do art. 16-A da Lei nº 9.504/97, introduzido pela Lei nº 12.034/2009, que condiciona a validade dos votos ao deferimento do registro, inclusive para fins do aproveitamento para o partido ou coligação.
> 3. Agravo regimental desprovido.
> (AgR-MS nº 4034-63 – Macapá/AP. Rel.originário: Min. Hamilton Carvalhido. Relator para o acórdão: Min. Marcelo Ribeiro. Publicado em sessão do dia 15.12.2010).

Em decisão posterior:

> Eleições 2010. Candidato sub judice. Registro. Indeferimento. Votos. Nulidade.
> *Com o advento da Lei nº 12.034/2009, acrescentou-se o art. 16-A à Lei das Eleições, cujo parágrafo único dispõe que o cômputo, para o respectivo partido ou coligação, dos votos atribuídos ao candidato cujo registro esteja* sub judice *no dia da eleição, fica condicionado ao deferimento do registro do candidato.*
> *As dúvidas a respeito da interpretação da norma, notadamente no que se refere à expressão* sub judice, *foram dirimidas pelo Tribunal Superior Eleitoral no julgamento do MS nº 4.034-63/AP em 15.12.2010.*
> *Naquela oportunidade, o Tribunal Superior Eleitoral,por maioria, entendeu que registro* sub judice *é todo aquele que foi impugnado, independentemente se deferido ou indeferido. A consequência dessa conclusão é a de que, havendo a confirmação do indeferimento do registro, pouco importa a situação do registro do candidato no dia da eleição, pois os votos poderão ser computados para o partido.*
> *Assentou-se, assim, que o § 4º do art. 175 do Código Eleitoral foi revogado pelo parágrafo único do art. 16-A da Lei 9.504/97.*
> *Como corolário, tem-se que os votos conferidos a candidatos com registro deferido no dia do pleito, mas posteriormente indeferidos, serão nulos para todos os efeitos.*
> *(Mandado de Segurança nº 4.223-41/RO, rel. Min. Marco Aurélio, em 30.6.2011. In*: Informativo TSE. nº 20/2011, p.2).

Em seu voto, no primeiro julgamento, esclareceu o Ministro Marcelo Ribeiro:

> Hoje, o artig 16-A, parágrafo único, estabelece que o cômputo para o partido depende do deferimento do registro do candidato. Ora, nesse caso, contará para o candidato e, evidentemente, também para o partido. E isso é óbvio. Atualmente, o registro indeferido não enseja o cômputo dos votos para o partido em hipótese alguma, porque é isso o que estabelece o parágrafo único do artigo 16-A.

# X
# AÇÃO POR CAPTAÇÃO ILÍCITA DE SUFRÁGIO

Sumário



> O efeito do sal é impedir a corrupção, mas quando a terra se vê tão corrupta como está a nossa, havendo tantos nela, que têm ofício de sal, qual será, ou qual pode ser a causa desta corrupção? Ou porque o sal não salga, ou porque a terra se não deixa salgar (Pe. Antonio Vieira, Sermão aos Peixes, São Luís-MA).

## 1 O ART. 41-A DA LEI Nº 9.504/1997 E SUA ORIGEM

O artigo 41-A foi acrescentado ao texto da Lei nº 9.504/1997 por uma emenda de iniciativa popular, sob a liderança de várias entidades sociais, como a CNBB, a CUT, a ABI, a Força Sindical, o Conselho Nacional das Igrejas Cristãs, o Conselho Federal e as Seções Estaduais da OAB, dentre outras (com mais detalhes, *infra,* 14.12). Dessa iniciativa pioneira, que reuniu quase um milhão de assinaturas, resultou a Lei nº 9.840/1999. Seu objetivo é moralizar as eleições, combatendo e punindo a captação ilícita de votos, assegurando a isonomia necessária à disputa eleitoral. O texto do artigo acrescentado à Lei das Eleições é o seguinte:

> Art. 41-A. Ressalvado o disposto no art. 26 e seus incisos, constitui captação de sufrágio, vedada por esta Lei, o candidato doar, oferecer, prometer, ou entregar, ao eleitor, com o fim de obter-lhe o voto, bem ou vantagem pessoal de qualquer natureza, inclusive emprego ou função pública, desde o registro da candidatura até o dia da eleição, inclusive, sob pena de multa de mil a cinquenta mil UFIR, e cassação do registro ou do diploma, observado o procedimento previsto no art. 22 da Lei Complementar n. 64, de 18 de maio de 1990.

O que parecia, a princípio, ser mais um artigo ineficaz, que constasse na lei apenas como recomendação ética, com a mesma dificuldade de aplicação do artigo 299, do CE, tornou-se uma prática com efetiva aplicação em todas as instâncias eleitorais.

A princípio, foi recebido com ceticismo e crítica pela doutrina, mas o tempo mostrou que o art. 41-A veio para ficar e tornar-se efetivo, assim como ocorreu recentemente com a Lei da Ficha Limpa.

Atualmente a eficácia desse artigo é indiscutível, em todo o país. A Justiça Eleitoral absorveu o propósito ético do art. 41-A para reprimir de forma segura a captação ilícita de sufrágio. A força da legitimidade que introduziu esse artigo na Lei nº 9.504/1997 justifica as decisões da Justiça Eleitoral, pois o fim constitucional de toda justiça é estar a serviço do povo.

Quanto ao debate sobre o que os críticos chamavam de "duvidosa constitucionalidade" do art. 41-A, já foi superado pelo Supremo Tribunal Federal, no julgamento da ADI nº 3.592-4/DF, que teve a seguinte ementa:

> Ação direta de inconstitucionalidade. Art. 41-A da Lei nº 9.504/97. Captação de sufrágio.
> *2. As sanções de cassação do registro ou do diploma previstas pelo art. 41-A da Lei 9.504/97 não constituem novas hipóteses de inelegibilidade. 3. A captação ilícita de sufrágio é apurada por meio de representação processada de acordo com o art. 22, incisos I a XIII, da Lei Complementar nº 64/90, que não se confunde com a ação de investigação judicial eleitoral, nem com a ação de impugnação de mandato eletivo, pois não implica a declaração de inelegibilidade, mas apenas a cassação do registro ou do diploma. 4. A representação para apurar a conduta prevista no art. 41-A da Lei 9.504/97 tem o objetivo de resguardar um bem jurídico específico: a vontade do eleitor. 5. Ação direta de inconstitucionalidade julgada improcedente. (ADI nº 3.594–4/ DF, rel. Min. Gilmar Mendes).*

## 2 O CONCEITO DE CAPTAÇÃO ILÍCITA DE SUFRÁGIO

Captação ilícita de sufrágio é a manipulação da vontade do eleitor pela prática de uma das ações tipificadas no artigo 41-A, ou seja, doar, oferecer, prometer ou entregar, ao eleitor, bem ou vantagem pessoal com o propósito de obter-lhe o voto. E mais ainda: bem ou vantagem pessoal de qualquer natureza, inclusive emprego ou função pública, desde o pedido de registro da candidatura até o dia da eleição.

O objetivo dessa previsão legal é proteger a vontade livre do eleitor, motivo pelo qual não se busca aferir a gravidade ou a potencialidade do ato para influir no resultado da eleição. Basta que a ação ilícita seja praticada com apenas um eleitor para configurar-se a captação.

Muito apropriadas para este tópico são as palavras de Maurício Dias, em seu livro *A mentira das urnas*, assim expostas:

> O dinheiro deturpa e, em certos casos, determina a vontade do eleitor, e a eleição deixa de ser reflexo da livre vontade do cidadão e passa a ser uma mentira.[114]

114 DIAS, Maurício. *A mentira das urnas*. Rio de Janeiro: Record, 2004, p. 15.

> [...]
> A subversão do processo, no entanto, vem de cima e não de baixo; quem faz do voto uma mercadoria é o candidato (que compra) e não o eleitor (que vende); a corrupção é arma do letrado e não do analfabeto.[115]

Com igual clareza, verbera Marco Aurélio Bellizze Oliveira:

> A pureza e a legitimidade do sistema somente estarão garantidas se for possível assegurar que o mandato popular representativo – elemento básico da democracia representativa – será outorgado apenas aos legítimos representantes do povo, isto é, àqueles que lograram obter, através do pleito eleitoral, o mandato popular de forma legal e legítima, sem desvios, abusos ou fraudes que tenham ou possam ter viciado a vontade popular. [116]

A jurisprudência do TSE configura a captação ilícita de sufrágio nos seguintes moldes:

> *O núcleo do artigo 41-A da Lei nº 9.504/1997 não exige, para sua configuração, apenas a entrega do bem ou da vantagem pessoal, contentando-se com o oferecimento ou a promessa de entrega, a fim de obter o voto do eleitor.*
> *(REsp. nº 4038-03/CE. Relator originário: min. Hemrique Neves. Relator para o acórdão: Min. Luciana Lóssio. DJE de 25;9;2013. In:* Informativo TSE *nº 26/2013, p. 5).*
> *Recurso especial eleitoral. Aime. Eleições 2008. Vereador. Captação ilícita de sufrágio. Art. 41-A da lei 9.504/97. Prova robusta inexistência.*
> *1. A condenação por captação ilícita de sufrágio deve basear-se em prova robusta da prática de pelo menos uma das condutas descritas no art. 41-A da Lei nº 9.504/97, somada à finalidade de obter o voto do eleitor e à participação ou anuência do candidato beneficiado, o que não ocorreu na espécie.*
> *2.Recurso especial provido. (REspe nº 961-49/RJ. Rel. min. Nancy Andrighi. In: Infomativo TSE 14/2012, p. 5).*
> *A caracterização da captação ilícita de sufrágio pressupõe a ocorrência simultânea dos seguintes requisitos: a) prática de uma das condutas previstas no art. 41-A da Lei 9.504/97; b) fim específico de obter o voto do eleitor; c) participação ou anuência do candidato beneficiário na prática do ato.*
> *(Ag.Reg.REsp. nº 8156-59/MG. Rel. Min. Nancy Andrighi. DJE em 6.2.2012. In:* Informativo TSE nº 2/2012, p. 4*).*

A conduta ilícita do candidato pode ser direta ou indireta. Direta, quando o próprio candidato é o autor da captação; indireta quando, embora praticada por

115 *Id.*, p. 18.
116 OLIVEIRA, Marco Aurélio Bellizze. *Abuso de poder nas eleições:* a inefetividade da ação de investigação judicial eleitoral. Rio de Janeiro: Lumen Juris, p.18.

terceiro, haja anuência explícita do candidato. A participação indireta exige prova de envolvimento do candidato com o autor da ação. Mas não se trata de um simples liame, é preciso que haja concordância clara, demonstrável por meio de evidências.

> *Recurso especial. Captação ilícita de sufrágio. Candidato. Consentimento. Necessidade. Condenação. Presunção. Impossibilidade.*
> *A configuração da captação de sufrágio, não obstante prescindir da atuação direta do candidato beneficiário, requer a comprovação de sua anuência, ou seja, de sua participação efetiva, ainda que indireta, não sendo possível a condenação por mera presunção.*
> *Nesse entendimento, o Tribunal, por maioria, deu provimento ao recurso.*
> *(Recurso Especial Eleitoral nº 35.589/AP. Rel.min. Marcelo Ribeiro, em 20.10.2009. In:* Informativo TSE *nº 33/2009, p. 3).*

Captação ilícita de sufrágio não se confunde com abuso do poder econômico ou político. A jurisprudência do TSE faz muito bem essa distinção, como se lê de um trecho do voto do Ministro Carlos Velloso, a seguir destacado:

> Conforme a jurisprudência da Corte, a captação ilícita de sufrágio, tipificada no art. 41-A da Lei nº 9.504/97, configura-se por conduta isolada daquele que venha a doar, oferecer, prometer ou entregar ao eleitor, com o fim de obter-lhe o voto, bem ou vantagem pessoal de qualquer natureza, inclusive emprego ou função pública, e visa resguardar a vontade do eleitor (Res. TSE nº 20.531/99, rel. Min. Maurício Corrêa e Ac. nº 21.248/2003, rel. Min. Fernando Neves).
> O abuso do poder econômico, por sua vez, se caracteriza pela ´utilização do poder econômico com a intenção de desequilibrar a disputa eleitoral, o que ocorre de modo irregular, oculto ou dissimulado`, e exige potencialidade tendente a afetar o resultado de todo o pleito (Ac. nº 4.410/2003, rel. Min. Fernando Neves).[117]

Em jurisprudência mais recente:

> Captação ilícita de sufrágio. Abuso de poder econômico. Caracterização.
> *Caracteriza captação ilícita de sufrágio o depósito de quantia em dinheiro em contas-salário de inumeros empregados de empresa de vigilância, quando desvinculado de qualquer prestação de serviço, seja para a própria empresa, que é administrada por cunhado de candidata, seja para campanha eleitoral.*
> *A atual jurisprudência do Tribunal não exige a prova da participação direta, ou mesmo indireta do candidato para fins de aplicação do artigo 41-A da Lei das Eleições, bastanto o consentimento, anuência, o conhecimento ou mesmo a ciência dos fatos*

117 Acórdão nº 21.312, rel. Min. Carlos Velloso. In JTSE 1/2004/243-244.

> *que resultaram na prática do ilícito eleitoral, elementos esses que devem ser aferidos diante do respectivo contexto fático.*
> *Na hipótese de abuso do poder econômico, o requisito da potencialidade deve ser apreciado em função da seriedade e da gravidade da conduta imputada, à vista das particularidades do caso, não devendo tal análise basear-se em eventual número de votos decorrentes do abuso, ou mesmo em diferença de votação, embora essa avaliação possa merecer criterioso exame em cada situação concreta. Nesse entendimento, o Tribunal, por maioria, proveu o recurso.*
> *(Recurso contra expedição de diploma 755/RO. Rel.min. Arnaldo Versiani, em 24.8.2010. In:* Informativo TSE *nº 26/2010, p. 2).*

Distingue-se, ainda, o art. 41-A do artigo 299[118] do Código Eleitoral pela natureza de cada norma; o primeiro, incide na área cível/eleitoral e o segundo na área criminal/eleitoral, com diferentes consequências. "Na corrupção eleitoral, crime formal, o eleitor deve ser identificado ou identificável, inexigindo-se, todavia, o resultado pretendido pelo agente para sua consumação."[119]

A propósito da corrupção eleitoral (art. 299), torna-se necessário, para sua erradicação, não só a vigilância e punição dos praticantes, mas um permanente processo de educação para eliminar a mentalidade assistencialista dos candidatos e a conscientização política do eleitor de que seu voto não é mercadoria.

## 3 TELEOLOGIA DO ART. 41-A

A hermenêutica, como já foi assinalado antes, é o desafio constante do Direito Eleitoral, mantendo-o renovado e oxigenado com as aspirações republicanas atuais. O art. 219 do Código Eleitoral elegeu a teleologia como o recurso hermenêutico indispensável na aplicação das leis eleitorais.

O Ministro Gilmar Mendes, ao proferir seu voto, no julgamento da ADI 3.592-4/DF, discorreu, de forma magistral, sobre o que chamou "a teleologia do art. 41-A", da Lei nº 9.504/1997. Pela seu valor doutrinário, reproduz-se abaixo este trecho dos seus fundamentos:

> O art. 41-A foi introduzido na Lei nº 9.504/97, por meio da Lei nº 9.840/99, com a finalidade de reforçar a proteção à vontade do eleitor, combatendo, com a celeridade necessária, as condutas ofensivas ao direito fundamental ao voto. Ou seja, enquanto a ação de investigação eleitoral visa proteger a lisura do pleito, a representação para apurar a conduta prevista no art. 41-A da Lei nº 9.504/97 tem o objetivo de resguardar um bem jurídico específico: a vontade do eleitor.

---

118 Art. 299. Dar, oferecer, prometer, solicitar ou receber, para si ou para outrem, dinheiro, dádiva, ou qualquer outra vantagem, para obter ou dar voto e para conseguir ou prometer abstenção, ainda que a oferta não seja aceita.

119 HC nº 572/PA. Rel. Min. Joaquim Barbosa. *Informativo TSE* nº 20/2008, p. 9.

Nos termos da Constituição, a soberania popular será exercida pelo sufrágio universal e pelo voto direto e secreto, com valor igual para todos (art.14, *caput*). Embora não esteja explícito nessa norma constitucional, é evidente que esse voto tem uma outra qualificação: ele há de ser livre. Somente a idéia de liberdade explica a ênfase que se conferiu ao caráter secreto do voto.

O *voto direto* impõe que o voto dado pelo eleitor seja conferido a determinado candidato ou a determinado partido, sem que haja uma mediação por uma instância intermediária ou por um colégio eleitoral. Não retira o caráter direto da eleição a adoção do modelo proporcional para a eleição para a Câmara de Deputados (CF, art..45, *caput*), que faz a eleição de um parlamentar depender dos votos atribuídos a outros ou à própria legenda. É que, nesse caso, decisivo para a atribuição do mandato é o voto atribuído ao candidato ou ao partido e não qualquer decisão a ser tomada por órgão delegado ou intermediário.

O *voto secreto* é inseparável da idéia do *voto livre*.

A ninguém é dado o direito de interferir na liberdade de escolha do eleitor. A liberdade do voto envolve não só o próprio processo de votação, mas também as fases que a precedem, inclusive relativas à escolha de candidatos e partidos em número suficiente para oferecer alternativas aos eleitores.

Tendo em vista reforçar essa liberdade, enfatiza-se o caráter *secreto* do voto. Ninguém poderá saber, contra a vontade do eleitor, em quem ele votou, vota ou pretende votar.

Portanto, é inevitável a associação da liberdade do voto com uma ampla possibilidade de escolha por parte do eleitor. Só haverá liberdade de voto se o eleitor dispuser de conhecimento das alternativas existentes. Daí a inevitável associação entre o direito ativo do eleitor e a chamada igualdade de oportunidades ou de chances (*Chancengleichheit*) entre os partidos políticos.

A *igualdade do voto* não admite qualquer tratamento discriminatório, seja quanto aos eleitores, seja quanto à própria eficácia de sua participação eleitoral.

A igualdade de votos abrange não apenas a igualdade de valor numérico (*one man one vote*) (*Zahlwertgleichheit*), mas também, fundamentalmente, a igualdade de valor quanto ao resultado (*Erfolgswertgleichheit*).

A igualdade de valor quanto ao resultado é observada se cada voto é contemplado na distribuição dos mandatos. A igualdade de valor quanto ao resultado associa-se, inevitavelmente, ao sistema eleitoral adotado, se majoritário ou proporcional, à admissão ou não de cláusula de desempenho ou de barreira para as agremiações partidárias, e à solução que se adote para as sobras ou restos, no caso da eleição proporcional.

Ressalte-se que o caráter livre e secreto do voto impõe-se não só em face do Poder Público, mas também das pessoas provadas em geral. Com base no direito alemão, Pieroth e Shlink falam de uma eficácia desse direito não só em relação ao Poder Público, mas também em relação a entes privados (Drittwirkung) (Cf. Pieroth e Schlink, Grundrecht – Staatrecht II, 2005, p.277).

Assim, a preservação do voto livre e secreto obriga o Estado a tomar inúmeras medidas com o objetivo de oferecer as garantias adequadas ao eleitor, de forma imediata, e ao próprio processo democrático.
Essa é a teleologia da norma do art. 41-A da Lei das Eleições.[120]

## 4 PROCEDIMENTO

Para ajuizar a representação, com base no art. 41-A, são legitimados: o partido político, a coligação, o candidato e o Ministério Público. O sujeito ativo da captação ilícita de votos é o candidato. No pólo passivo, figura o candidato ou qualquer pessoa que venha a praticar as condutas ilícitas previstas no artigo enfocado.

Para apurar a prática de captação ilícita de sufrágio, o procedimento é o previsto no artigo 22 da LC nº 64/1990, ou seja, o mesmo usado para a investigação judicial por abuso do poder econômico. A regra é clara porque consta da própria letra do artigo 41-A.

Neste ponto impõe-se destacar a Resolução TSE nº 22.142/2006, que assim dispõe:

> Art. 19. As representações que visarem à apuração da hipótese disciplinada no art. 41-A da Lei nº 9.504/97 seguirão o rito previsto nos incisos I a XIII do art. 22 da Lei Complementar nº 64/90, sendo facultativa a adoção do mesmo procedimento no que se refere à apreciação das chamadas condutas vedadas aos agentes públicos em campanha.

À vista desse dispositivo legal, temos o seguinte rito:

a) Petição inicial, assinada por advogado, denunciando a captação ilícita de votos, descrevendo os fatos e indicando as provas;
b) Em caso de deferimento da inicial, seguem-se a notificação pessoal do investigado e a intimação do Ministério Público Eleitoral para tomar ciência da ação;
c) Apresentação de defesa, em 5 dias. Com a defesa podem vir o requerimento para diligências e o rol de testemunhas, até 6 (seis), no máximo;
d) Findo o prazo anterior (5 dias), com ou sem defesa, abrir-se-á a instrução para inquirição das testemunhas, em 5 dias. Tudo numa só assentada;
e) Antes de iniciar a instrução, deve-se abrir vista ao Ministério Público Eleitoral, não sendo este o autor da representação;
f) Realização, em 3 dias, das diligências requeridas pelas partes;
g) Alegações finais, em 2 (dois) dias. Prazo comum para as partes;
h) Encerrada a instrução, no dia seguinte, os autos serão conclusos ao juiz eleitoral, em caso de eleição municipal, para prolatar sentença. Em se tratando de

120 RTJ 209/97.

eleições gerais, o Corregedor Eleitoral fará o relatório e voto para apresentação do tribunal correspondente.

Embora o texto do artigo 41-A refira-se "até o dia da eleição", o prazo de ajuizamento da AIJE, para apuração de captação ilícita de votos, conforme pacífica jurisprudência do TSE, vai até o dia da diplomação:

Esse entendimento jurisprudencial foi albergado pela Lei nº 12.034/2009, a qual incluiu o parágrafo 3º ao artigo 41-A, da Lei 9.507/97, dispondo que: *A representação contra as condutas vedadas no* caput *poderá ser ajuizada até a data da diplomação.*

## 5 A CAPTAÇÃO ILÍCITA DE SUFRÁGIO E A LEI Nº 12.034/2009

A Lei n. 12.034/2009 trouxe importantes inovações sobre a captação ilícita de sufrágio, com sérias repercussões em sua aferição e julgamento, acrescentando quatro parágrafos ao artigo 41-A, que ficou com a seguinte redação:

> Art. 41-A. Ressalvado o disposto no art. 26 e seus incisos, constitui captação de sufrágio, vedada por esta Lei, o candidato doar, oferecer, prometer, ou entregar, ao eleitor, com o fim de obter-lhe o voto, bem ou vantagem pessoal de qualquer natureza, inclusive emprego ou função pública, desde o registro da candidatura até o dia da eleição, inclusive, sob pena de multa de mil a cinquenta mil Ufir, e cassação do registro ou do diploma, observado o procedimento previsto no art. 22 da Lei Complementar no 64, de 18 de maio de 1990.
> § 1º Para a caracterização da conduta ilícita, é desnecessário o pedido explícito de votos, bastando a evidência do dolo, consistente no especial fim de agir.
> § 2º As sanções previstas no caput aplicam-se contra quem praticar atos de violência ou grave ameaça a pessoa, com o fim de obter-lhe o voto.
> § 3º A representação contra as condutas vedadas no caput poderá ser ajuizada até a data da diplomação.
> § 4º O prazo de recurso contra decisões proferidas com base neste artigo será de 3 (três) dias, a contar da data da publicação do julgamento no Diário Oficial.

Primeiramente, ratificou o que a jurisprudência já consolidara, no sentido de que é desnecessário o pedido explícito de votos. Entretanto, inovou ao contemplar a necessidade de aferir-se a evidência do dolo, "consistente no especial fim de agir".

A princípio, parece estranho falar-se em dolo na captação. Entretanto, o legislador teve o cuidado de dizer em que consiste o dolo a que se refere no § 1º do art. 41-A: é o especial fim de agir. Adaptando-se essa expressão à jurisprudência dominante, é a ação com o propósito de obter o voto do eleitor.

O especial fim de agir é a vontade consciente, livre, objetiva de captar a vontade do eleitor. *O agente deve ter consciência, isto é, deve saber exatamente aquilo que faz, para que se lhe possa atribuir o resultado lesivo a título de dolo*, na lição de Rogério Greco.[121]

O dolo é a vontade de captar o voto do eleitor, é o *animus* de agir para obter o resultado pretendido. É imprescindível a prova de que a ação do candidato visou à compra de votos, tanto pelo candidato, pessoalmente, como por pessoa a ele ligada diretamente, com reconhecido poder de agir em seu nome. O "fim de agir" manifesta-se na conduta do candidato tipificada nos diversos núcleos do art.41-A, todos praticados com o propósito, explícito ou implícito, de conseguir o voto do eleitor pela manipulação da sua vontade.

Antes da publicação dessa lei, em 2007, Francisco de Assis V. Sanseverino, em sua obra *Compra de votos,* fez esta pertinente análise desse tema do dolo:

> No Projeto de Lei, não constava a expressão *com o fim de obter-lhe o voto,* na medida em que havia a presunção de que, no período de campanha eleitoral, qualquer vantagem dada ou oferecida ao eleitor denotava aquela intenção. Não obstante, aquela expressão foi acrescentada na tramitação do processo legislativo e passou a integrar a regra do art. 41-A, em vigor, passando a exigir dolo específico.
>
> Dessa forma, para configurar a captação vedada do sufrágio, a conduta deve ser praticada *com o fim de obter o voto do eleitor.* A previsão da finalidade eleitoral estabelece a exigência de comprovação do dolo *específico*, o qual consiste na intenção de captar o voto do eleitor.
>
> De um lado, criou um obstáculo para a punição do candidato responsável, porquanto cabe a quem imputar o fato ao candidato o ônus de comprovar o dolo específico. De outro lado, pelo princípio da legalidade, impõe-se verificar a caracterização da finalidade da conduta para aferir a adequação da conduta na regra do art. 41-A. Envolve, em síntese, a *compra* de voto do eleitor, em troca de algum bem ou vantagem pessoal.[122]

A previsão do § 2º foi salutar, pois, apesar dos tempos, ainda nos deparamos com situações de violência contra o eleitor, pelo desespero de convencer e obter-lhe o voto. O uso dessas formas agressivas contra os eleitores deve ser combatido em todos os seus aspectos.

O § 3º traz evidente equívoco de terminologia ao usar a expressão conduta vedada, tratando-se de captação ilícita. São dois institutos diferentes que não se confundem. As condutas vedadas aos agentes públicos estão previstas no art.73 da Lei nº 9.504/1997. Não obstante esse deslize, louva-se o fato de ter fixado definitivamente o prazo para ajuizamento da representação como sendo o dia da diplomação.

---

121 GRECO, Rogério. *Curso de direito penal.* Parte Geral. 4a.ed. Rio de Janeiro: Impetus, 2004, p. 200.

122 SANSEVERINO, Francisco de Assis Vieira. *Compra de votos*: à luz dos princípios constitucionais. Porto Alegre: Verbo Jurídico, 2007, p. 271.

Por fim, o § 4º andou bem ao definir o recurso contra decisões proferidas com base no art.41-A em 3 dias, aderindo à regra geral dos recursos eleitorais. Ainda fixou o prazo inicial da contagem dos 3 dias como sendo e da publicação do julgamento no Diário da Justiça Eletrônico.

## 6 EFEITOS DO JULGAMENTO E A JURISPRUDÊNCIA DO TSE

O efeito imediato das decisões fundadas no artigo 41-A, principalmente se proferidas após as eleições, requer do magistrado muito equilíbrio e isenção, pelas consequências do seu ato.

Como já foi dito, o entendimento do TSE sobre as decisões julgadas com base no artigo 41-A da Lei nº 9.504/1997 é de que essas decisões têm efeito imediato, mesmo se sujeitas a recursos.[123]Ou seja, o efeito natural e de regra desses recursos é meramente devolutivo, nos termos do art. 257 do Código Eleitoral.

Entretanto, a prática que vem se estabelecendo é a da concessão de liminar, em sede cautelar, principalmente quando se verifica a possibilidade de haver nova eleição, e a conveniência a recomenda, para preservar a estabilidade política.

Nos tribunais regionais, o recurso cabível, na mesma matéria, é o recurso ordinário: *Quando a matéria, em sede de representação, versar sobre o disposto no art. 41-A, da Lei 9.504/97, nas eleições federais e estaduais, cabível é o recurso ordinário. (TSE – RO nº 696 – TO, rel. Min. Fernando Neves).*

O prazo para recurso contra decisão tomada em representação com base no art. 41-A é de 3 dias, conforme determina a Lei nº 12.034/2009 (Art. 41-A, § 4º ), superando antiga discussão se o prazo seria de 24h, em atenção ao artigo 96, § 8º, da Lei das Eleições.

A Lei nº 13.165, de 29 de setembro de 2015 inovou quanto ao efeito do recurso ordinário eleitoral, ao acrescentar ao artigo 257, do Código Eleitoral, os §§ 2º e 3º, com a seguinte redação:

> § 2º O recurso ordinário interposto contra decisão proferida por juiz eleitoral ou por Tribunal Regional Eleitoral que resulte em cassação de registro, afastamento do titular ou perda de mandato eletivo será recebido pelo Tribunal competente com efeito suspensivo.
> § 3º O Tribunal dará preferência ao recurso sobre quaisquer outros processos, ressalvados os de *habeas corpus* e de mandado de segurança.

A referida Lei ainda alterou o artigo 224 do Código Eleitoral, acrescentando os §§ 3º e 4º, que assim dispõem:

> § 3º A decisão da Justiça Eleitoral que importe o indeferimento do registro, a cassação do diploma ou perda do mandato de candidato eleito em pleito

123 A esse respeito, confira o REspe. 19.176, rel. Min. Sepúlveda Pertence. DJ 22.2.2002.

majoritário acarreta, após o trânsito em julgado, a realização de novas eleições, independentemente do número de votos anulados.

§ 4º A eleição a que se refere o § 3º correrá às expensas da Justiça Eleitoral e será:

I - indireta, se a vacância do cargo ocorrer a menos de seis meses do final do mandato;

II - direta, nos demais casos.

Ainda sobre os efeitos do julgamento, é preciso que fique bem claro: não há declaração de inelegibilidade decorrente da procedência da representação por violação do art. 41-A. A condenação é cumulativa: cassação e multa. "Não há espaço para o autor da demanda escolher as sanções que pretendia impor. Para o candidato a sanção é a cassação somada à multa".[124]

Ocorre que a Lei da Ficha Limpa inovou nesse ponto, ao criar um efeito secundário para a condenação transitada em julgado ou proferida por órgão colegiado por captação ilícita de sufrágio: a inelegibilidade. Ao modificar o teor do art. 1º, I, letra *j*, da LC 64/1990, o candidato que for condenado, em decisão transitada em julgado ou proferida por órgão colegiado da Justiça Eleitoral, por captação ilícita de sufrágio, torna-se inelegível pela prazo de oito anos a contar da eleição.

O efeito mais drástico da representação com base no artigo 41-A é a cassação do diploma do candidato eleito, principalmente quando este já tomou posse. Neste caso, é comum serem invocados pela defesa os seguintes argumentos: a eleição já consumada (às vezes, por ampla maioria); a ausência de reclamações no processo de votação; a vontade do eleitorado que elegeu seu candidato; a ilegitimidade da Justiça Eleitoral para cassar um diploma obtido pela vitória nas urnas; e muitas outras razões. Outro argumento usado com muita frequência é o da igualdade de ações praticadas tanto pelo candidato vitorioso quanto pelo derrotado, isto é, que ambos compraram votos e por isso não seria justo punir apenas o que ganhou.

Esses argumentos não abalam a vocação inicial da norma inscrita no artigo 41-A, que veio com o objetivo de legitimar as eleições em nome da isonomia na disputa, sem a mácula das interferências ilícitas que viciam a vontade do eleitor, quase sempre incauto e massacrado pela sua hipossuficiência econômica. Admitir que a vontade do eleitor já foi consagrada nas urnas e por isso deve ser intocável é adotar-se, sem reservas, a magia do brocardo *vox populis vox Dei*, prática dos tempos dos oráculos, sem qualquer seriedade. Essa posição não contribui para a renovação ética da mentalidade do nosso corpo eleitoral, principalmente dos jovens eleitores de 16 anos que sonham com uma sociedade política mais sadia, mais justa, com a efetiva legitimidade que a segurança das urnas eletrônicas favorece.

Não se pode desconhecer um argumento de força constitucional que embasa a decisão do juiz quando aplica o artigo 41-A. É que dentre os poderes do juiz está o

124 RODRIGUES, Marcelo Abelha; JORGE, Flávio Cheim. Manual de direito eleitoral. São Paulo: Revista dos Tribunais, 2014, p. 397.

de controlar e zelar pelo princípio da República e pelos pressupostos da Democracia, atento para saber se tais princípios foram observados na disputa eleitoral. Se se verificou a captação ilícita de sufrágio, violou-se o princípio da igualdade de condições na disputa eleitoral. A isonomia é direito fundamental (art. 5º, I, CF/88).

A previsão legal e a disposição da Justiça Eleitoral em combater a compra de votos (captação ilícita de sufrágio) conferiram maior autoridade ao juiz eleitoral, passando-se, em consequência, a exigir-se dele mais responsabilidade em sua atuação.

# XI
# AÇÃO DE INVESTIGAÇÃO JUDICIAL ELEITORAL

**Sumário**



> Não há coisa mais difícil que eleger um homem a outro homem, porque, ou o conhece, ou não. Se o não conhece, elege às cegas; e se o conhece, também: porque, se o conhece, ou o ama ou o aborrece, e tão cego é o amor como o ódio. *(Pe. Antônio Vieira, Sermão de São Bartolomeu, Roma).*

## 1 CONCEITO

A Ação de Investigação Judicial Eleitoral é o instrumento processual de combate ao abuso de autoridade e ao abuso do poder econômico e político. Serve, portanto, de mecanismo judicial em prol da legitimidade das eleições, garantindo a igualdade de oportunidade nas disputas. Por iniciativa da doutrina, costuma-se abreviar o nome da ação com a sigla AIJE.

## 2 FUNDAMENTAÇÃO LEGAL

A base legal de apoio para propositura da ação de investigação judicial são os artigos 1º, I, letras *d* e *j*; 19; e 22, XIV e XVI, da LC nº 64/1990.[125]

Nesses enunciados estão delineados os quadros fáticos que implicam na prática dos abusos do poder econômico e político. Não se pode esquecer que o artigo 237, do Código Eleitoral, já inaugurou os delineamentos da atual AIJE.

A Lei da Ficha Limpa trouxe outra inovação, ao incluir o ítem XVI na relação do artigo 22, estabelecendo que: *para configuração do ato abusivo, não será considerada a potencialidade de fato alterar o resultado da eleição, mas apenas a gravidade das circunstâncias que o caracterizam.*

125 Art. 22. *Qualquer partido político, coligação candidato ou Ministério Público Eleitoral poderá representar à Justiça Eleitoral, diretamente ao Corregedor-Geral ou Regional, relatando fatos e indicando provas, indícios e circunstâncias e pedir abertura de investigação judicial para apurar uso indevido, desvio ou abuso do poder econômico ou do poder de autoridade, ou utilização indevida de veículos ou meios de comunicação social, em benefício de candidato ou de partido político, obedecido o seguinte rito.*

A respeito dessa "gravidade", diz a doutrina:

> Como se percebe, o termo *gravidade* encerra um "conceito aberto", devendo ganhar concretude na decisão, à luz das circunstâncias fáticas, ou seja, após o exame do ilícito praticado em cada caso.[126]

A jurisprudência do TSE orienta com precisão:

> Eleições 2012. Recurso Especial. Ação de Investigação Judicial Eleitoral. Apoio Político. Negociação. Candidatos. Abuso de Poder Econômico. Configuração. Registro. Cassação. Inelegibilidade. Desprovimento.
> *1. A oferta de valores a candidato, com intuito de comprar-lhe a candidatura, configura a prática de abuso do poder econômico.*
> *2. A aferição da gravidade, para fins da caracterização do abuso de poder, deve levar em conta as circunstâncias do fato em si, não se prendendo a eventuais implicações no pleito, muito embora tais implicações, quando existentes. reforcem a natureza grave do ato.*
> *3. A negociação de candidaturas envolvendo pecúnia, sobretudo quando já deflagradas as campanhas, consubstancia conduta grave, pois exorbita do comportamento esperado daquele que disputa um mandato eletivo, e que deveria fazê-lo de forma equilibrada em relação aos demais concorrentes.*
> *4. Recurso desprovido.*
> *(REsp. nº 198-47/RS. Rel. Min. Luciana Lóssio. DJe de 4.3.2015.* In: *Informativo TSE* nº 2/2015, p. 6).

## 3 CABIMENTO

A Ação de Investigação Judicial Eleitoral tem por objetivo apurar:

a) as transgressões pertinentes à origem de valores pecuniários;
b) o abuso do poder econômico ou político em detrimento da liberdade do voto;
c) o desvio ou abuso do poder de autoridade;
d) a utilização indevida de veículos;
e) a utilização indevida dos meios de comunicação social, em benefício do candidato ou de partido político.

A investigação judicial pode ser usada, também, para apurar captação ilícita de sufrágio (art. 41-A) e pode, ainda, ser utilizada para apuração das condutas vedadas (arts. 73 e 74, da Lei das Eleições), apesar de que tecnicamente correto é utilizar-se o termo "representação."

---

126 PINTO, Djalma; PETERSEN, Elke Braid. *Comentários à lei da ficha limpa*. São Paulo: Atlas, 2014, p. 78.

## 4 LEGITIMIDADE ATIVA

A legitimidade ativa e passiva para propor a AIJE está delineada no artigo 22 da LC nº 64/1990, na seguinte ordem: a) os candidatos; b) os partidos políticos; c) as coligações; e d) o Ministério Público.

Nesse ponto, verifica-se com frequência o equívoco praticado em postulações judiciais por partidos políticos já coligados, ao proporem isoladamente ações de investigação judicial eleitoral. Esquecem-se de que, uma vez constituída a coligação, a legitimidade é exclusiva da coligação para propor a referida ação.

Alguns advogados costumam usar em defesa de seus clientes o argumento de que a legitimidade dos partidos, mesmo coligados, decorre da LC nº 64/1990 e que a Lei das Eleições não pode limitar essa competência. Trata-se de um argumento insustentável e já refutado pelo TSE, em reiteradas decisões, assim consolidadas:

> *Recurso especial. Agravo regimental. Eleições 2004. Nulidade. Investigação judicial. Representação. Coligação. Art. 6º, § 1º, da Lei nº 9.504/97. Ausência. Partido. Coligado. Negado provimento.*
> *A unicidade da coligação resulta de sua própria natureza, não contrariando qualquer dispositivo da Lei Complementar nº 64/90.*
> *O art. 6º, § 1º, da Lei nº 9.504/97, disciplina as relações externas das coligações. É nula a investigação suscitada sem aprovação de todos os partidos coligados.*
> *(Acórdão nº 25.002, de 1º.3.2005, rel. Min. Humberto Gomes de Barros.* DJ de 15.4.2005. In Informativo TSE *nº 10/2005).*

## 5 LEGITIMIDADE PASSIVA

No polo passivo da investigação judicial eleitoral podem figurar: a) os candidatos; b) as autoridades, e c) todos os que tenham contribuído para a prática do ato.

Ao contrário do que se encontra na maioria dos livros de Direito Eleitoral, os partidos políticos e as coligações não devem figurar como parte passiva das investigações judiciais, de acordo com o entendimento já firmado pelo TSE:

> *Pessoas jurídicas não podem figurar no pólo passivo de investigação judicial eleitoral que prevê como sanções, diante da procedência da representação, a declaração de inelegibilidade e a cassação do registro do candidato diretamente beneficiado. Precedentes do Tribunal Superior Eleitoral. (Acórdão nº 720, de 17.5.2005, rel. Min. Humberto Gomes de Barros. DJ de 24.6.2005. In:* Informativo TSE nº 20/2005).

Em trecho do voto do ministro relator, encontra-se com mais detalhe esta explicação:

> Uma das questões prejudiciais suscitadas, se erige como óbice intransponível ao sucesso da representação, dizendo respeito à ilegitimidade passiva dos par-

> tidos políticos para figurarem no pólo passivo da representação, uma vez que as sanções decorrentes da procedência da ação de investigação judicial não são a eles oponíveis, assim como a quaisquer pessoas jurídicas, como vem entendendo esta Corte. Nesse sentido, cito os precedentes do RO nº 717, DJ de 14.11.2003, e Rp nº 373, julgado em 7.4.2005, ainda pendente de publicação, ambos da relatoria do Ministro Francisco Peçanha Martins. (DJ de 24.6.05).

Assim como ao partido político, à coligação, que é pessoa jurídica *pro tempore*, aplica-se o mesmo entendimento.

## 6 COMPETÊNCIA

A competência para processar e julgar a ação de investigação judicial distribui-se da seguinte forma:

a) Ao Juiz Eleitoral, quando se destina a apurar fatos praticados por candidatos a prefeito, vice-prefeito e vereadores (eleições municipais);
b) Ao Corregedor Regional Eleitoral (TRE), na hipótese de atos ilícitos praticados por candidatos aos cargos de governador, vice-governador, senador, deputado federal, deputado estadual e deputado distrital (eleições gerais);
c) Ao Corregedor-Geral Eleitoral (TSE), nas eleições presidenciais.

## 7 EFEITOS

A LC 135/2010 alterou os efeitos do julgamento da AIJE. Tais alterações decorrem da nova redação do inciso XIV, do art. 22 da LC 64/90, *in verbis:*

> Art. 22 {...}
> XIV - julgada procedente a representação, ainda que após a proclamação dos eleitos, o Tribunal declarará a inelegibilidade do representado e de quantos hajam contribuído para a prática do ato, cominando-lhes sanção de inelegibilidade para as eleições a se realizarem nos 8 (oito) anos subsequentes à eleição em que se verificou, além da cassação do registro ou o diploma do candidato diretamente beneficiado pela interferência do poder econômico ou pelo desvio ou abuso do poder de autoridade ou dos meios de comunicação, determinando a remessa dos autos ao Ministério Público Eleitoral, para instauração de processo disciplinar, se for o caso, e de ação penal, ordenando quaisquer outras providências que a espécie comportar.

Comentando essa alteração, afirmam Djalma Pinto e Elke Petersen:

> Além da mudança do prazo de inelegibilidade de três para oito anos, importante alteração se deu no tocante ao alargamento dos efeitos da AIJE. Enquanto a

> redação anterior do inciso XIV previa apenas a cassação do registro do candidato diretamente beneficiado, a Lei da Ficha Limpa altera o inciso em questão e faz acrescer a possibilidade de cassação do diploma do candidato, quando julgada procedente a ação, mesmo após a diplomação dos eleitos.[127]

Para melhor fixação, repete-se que as alterações trazidas pela Lei da Ficha Limpa à AIJE deveu-se pela nova redação do inciso XIV, pela revogação do inciso XV e pela inclusão do inciso XVI, todos da Lei Complementar 64/1990.

São elas:

a) julgada procedente a representação após a proclamação dos eleitos, será declarada a inelegibilidade do representado pelo período de oito anos subsequentes à eleição em que se verificaram os abusos;
b) se julgada antes da eleição, cassação do registro do candidato diretamente beneficiado pela interferência do poder econômico ou pelo desvio ou abuso do poder de autoridade ou dos meios de comunicação;
c) cassação do diploma do candidato diretamente beneficiado pela interferência do poder econômico ou pelo desvio ou abuso do poder de autoridade ou dos meios de comunicação;
d) remessa ao órgão do Ministério Público Eleitoral para instauração do processo disciplinar, se for o caso, e de ação penal;
e) considerar, para a configuração do ato abusivo, apenas a gravidade das circunstâncias que o caracterizam.

Nota-se, aqui, a alteração do pressuposto da potencialidade, até então admitida, pelo configuração da "gravidade". Esse conceito indeterminado foi uma inovação da Lei da Ficha Limpa com repercussão prática muito invocada.

Temos, então, a certeza de que, a qualquer momento em que a AIJE for julgada procedente, importará na cassação do registro ou do diploma, além da declaração de inelegibilidade. Como se vê, a inelegibilidade aqui não se trata de mero reflexo, mas diretamente da previsão legal.

Pode ocorrer que a representação trate tanto do abuso do poder econômico ou político, como de captação ilícita de sufrágio. Neste caso, o magistrado deve estar atento ao concluir seu julgamento, para dizer expressamente o que ficou comprovado. Esse é um ponto costumeiramente negligenciado, o que gera julgamentos *extra* e *citra petita.* O juiz deve estar atento para o(s) pedido(s) da inicial, quando for dividir os capítulos da sentença, na parte dispositiva, evitando embargos de declaração. Toda a imperatividade da sentença, diz Dinamarco, está no decisório e não na motivação.[128]

---

127 PINTO, Djalma; PETERSEN, Elke Braid. *Comentários à lei da ficha limpa*. São Paulo: Atlas, 2014, p. 186.
128 DINAMARCO, Cândido Rangel. *Capítulos da sentença*. São Paulo: Malheiros, 2002, p. 17.

## 8 RITO

Pertinente ao presente item é a previsão da Resolução TSE nº 22.142, cujo artigo 19 preceitua: "As representações que visarem à apuração da hipótese disciplinada no art. 41-A da Lei nº 9.504/1997 seguirão o rito previsto nos incisos I a XIII do art. 22 da Lei Complementar nº 64/1990, sendo facultativa a adoção do mesmo procedimento no que se refere à apreciação das chamadas condutas vedadas aos agentes públicos em campanha." O § 12, do art. 73, acrescentado pela Lei nº 12.034/2009, refere-se expressamente a "representação".[129]

O rito da Ação de Investigação Judicial Eleitoral é o sumário do art. 22 da LC nº 64/1990, com observância do contraditório e da dilação probatória necessária, desde que não ofenda os princípios da celeridade e da razoabilidade.

Ainda sobre o assunto, a jurisprudência do TSE orienta no seguinte sentido:

> *O rito previsto no art. 22 da Lei Complementar nº 64/90 não estabelece prazo decadencial para o ajuizamento da ação de investigação judicial eleitoral. Por construção jurisprudencial, no âmbito desta c. Corte superior, entende-se que as ações de investigação judicial eleitoral que tratam de* abuso de poder econômico e político *podem ser propostas até a data da diplomação porque, após esta data, restaria, ainda, o ajuizamento da ação de impugnação de mandato eletivo (AIME) e do recurso contra expedição de diploma (RCED). (RO nº 1.540/PA, rel. Min. Felix Fischer.* Informativo TSE *nº 18/2009, p.7).*

O marco inicial para ajuizamento da AIJE é a convenção que escolheu o candidato. Se o candidato já foi escolhido em convenção, não há mais dúvida quanto à sua candidatura. Portanto, não há por que esperar o pedido de registro. A condição de candidato já é notória e todos os seus atos já são movimentos de campanha. O sorriso fácil, o abraço, os apertos de mão, a distribuição de "agrados", tudo está a indicar que ali vai um candidato.

O prazo final é o dia da diplomação. Em se trantando, porém, da hipótese do art. 30-A, a AIJE pode ser ajuizada após a diplomação, a teor do *caput* do referido artigo: *Qualquer partido político ou coligação poderá representar à Justiça Eleitoral, no prazo de 15 (quinze) dias da diplomação, relatando fatos e indicando provas, e pedir a abertura de investigação para apurar condutas em desacordo com as normas desta Lei, relativas à arrecadação e gastos de recursos.*

## 9 RECURSOS

A regra geral é que o recurso será recebido no efeito devolutivo (Art. 257, do CE). Entretanto, a prática vem registrando, com muita frequência, a concessão de

---

129 Art. 73 § 12. A representação contra a não observância do disposto neste artigo observará o rito do art. 22 da Lei Complementar nº 64, de 18 de maio de 1990, e poderá ser ajuizada até a data da diplomação.

medida cautelar para conferir efeito suspensivo à decisão original de procedência da AIJE. Com a publicação da Lei da Ficha Limpa, essa medida tornou-se possível, *ex vi* do art. 26-C acrescido à LC nº 64/1990.

Da decisão que julga procedente a investigação, nas eleições municipais, cabe recurso inominado para o TRE (art. 265, do CE). Cabível a retratação.

Da decisão do TRE, cabe recurso especial ou recurso ordinário, para o TSE (art. 276, do CE), conforme o caso.

A Lei nº 13.165/2015 trouxe importante inovação quanto ao efeito das ações eleitorais, ao acrescentar ao artigo 224 do Código Eleitoral os §§ 3º e 4º, com a seguinte redação:

> § 3º A decisão da Justiça Eleitoral que importe o indeferimento do registro, a cassação do diploma ou perda do mandato de candidato eleito em pleito majoritário acarreta, após o trânsito em julgado, a realização de novas eleições, independentemente do número de votos anulados.
> § 4º A eleição a que se refere o § 3º correrá às expensas da Justiça Eleitoral e será:
> I - indireta, se a vacância do cargo ocorrer a menos de seis meses do final do mandato;
> II - direta, nos demais casos.

## 10 EM DEFESA DA EFETIVIDADE DA INVESTIGAÇÃO JUDICIAL

A Ação de Investigação Judicial Eleitoral poderia ser o maior instrumento para atacar a prática de abuso do poder nas eleições, se fosse utilizada com a rapidez pretendida pela lei e se a decretação de inelegibilidade contasse a partir do trânsito em julgado da decisão de procedência.

Ao coibir o abuso de poder nas eleições, a utilização da AIJE procura garantir a igualdade de oportunidade entre todos os candidatos. O objeto de conhecido estudo por Óscar Sánchez Muñoz, a igualdade de oportunidade nas competições eleitorais é um dos princípios de legitimação da democracia. Salienta, em seu estudo, o autor ora citado:

> El principio de igualdad de oportunidades se enmarca dentro del modelo de democracia concurrencial (pluralismo competitivo), proprio de los sistemas democráticos contemporáneos, en el que el acceso al poder depende de una competición entre organizaciones políticas por el voto de los electores. En este marco, la elección de la que depende la legitimidad del proprio sistema, sólo será auténtica si se respeta la igualdad de oportunidades entre las distintas organizaciones que compiten.[130]

130 MUÑOZ, Óscar Sánchez. *La igualdad de oportunidades en las competiciones electorales.* Madrid: Centro de Estudios Políticos y Constitucionales, 2007, p. 350.

Marco Aurélio Bellizze Oliveira traz importante contribuição ao tema, em sua obra *Abuso de poder nas eleições*. Em estudo minucioso, o autor faz um alerta sobre a inefetividade da ação de investigação judicial por considerá-la ineficiente e inapta para coibir o abuso de poder, tudo por conta da morosidade dos julgamentos e pelo excesso de recursos.

Bem situada é a conclusão do autor, em defesa da lisura dos pleitos eleitorais, com a seguinte constatação:

> Portanto, o maior desafio do Direito Eleitoral é o de impedir que abusos do poder econômico e político ou a utilização indevida de veículos ou meios de comunicação social sejam fonte da captação ilícita da vontade popular, situação que retira a legitimidade da representação popular, seja na investidura, seja no próprio exercício do mandato pelo mandatário, trazendo ao sistema representativo vulnerabilidade e complexidade que o inviabilizam como forma de exercício do poder.[131]

A investigação judicial eleitoral, utilizada para apurar o abuso do poder econômico e político (art. 22 da Lei Complementar nº 64/1990 e art. 30-A, da Lei nº 9.504/1997) e a captação ilícita de sufrágio (art. 41-A, da Lei nº 9.504/1997), se aplicadas com o devido rigor, com certeza contribuirão para que a Justiça Eleitoral assegure, de forma efetiva, a legitimidade da democracia brasileira, com eleições livres e isentas desses vícios que ainda maculam nosso processo eleitoral. Com a redação conferida pela LC nº 35/2010 ao item XIV do art. 1º, I, da LC 64/1990, os efeitos da AIJE tornaram-se mais eficientes.

É importante que fique bem esclarecido o seguinte ponto: o artigo 41-A, em sua parte final, alude que a conduta ilícita ali descrita será apurada pelo procedimento do art. 22 da LC nº 64/1990.

Representação é o *nomen iuris* que se dá ao meio processual correto para apurar a captação ilícita de sufrágio (art. 41-A, § 3º). Entretanto, se o autor se utiliza da denominação “Ação de Investigação Judicial Eleitoral” não terá seu pedido indeferido, por ser irrelevante tal equívoco para o processo, em função de sua instrumentalidade.

Essa falta de uniformidade de terminologia, tanto da doutrina como da jurisprudência eleitoral, gera equívocos e confusões.

É necessário que fique clara a precisão com que o TSE tem delineado a autonomia das ações eleitorais com objetivos diversos, o que não caracteriza litispendência ou coisa julgada material: “A procedência ou improcedência de AIJE, RCED e AIME não é oponível à admissibilidade uma das outras, mesmo quando fundadas nos mesmos fatos. Cada uma dessas ações constitui processo autônomo que possui causa de pedir própria e consequências distintas, o que impede que o julgamento favorável ou desfavorável de alguma delas tenha influência no trâmite das outras.”[132]

---

131 LIVEIRA, Marco Aurélio Bellizze. *Abuso de poder nas eleições*: a inefetividade da ação de investigação judicial eleitoral. Rio de Janeiro: Lumen Juris, 2005, p. 86.

132 RCED nº 703/SC, rel. Min. Felix Fischer, em 28.5.2009. In: *Informativo TSE* nº 19/2009, p. 4.

# XII
# AÇÃO DE IMPUGNAÇÃO DE MANDATO ELETIVO

Sumário



Vota o conselheiro no parente, porque é parente; vota no amigo, porque é amigo; vota no recomendado, porque é recomendado; e os mais dignos, e os mais beneméritos, porque não têm amizade, nem parentesco, nem valia, ficam de fora. *(Pe. Antônio Vieira, Sermão da Primeira Dominga do Advento, Lisboa, 1650).*

## 1 ANÁLISE INTRODUTÓRIA

Com a promulgação da Constituição Federal de 1988, a novidade do art. 14, §§ 10 e 11, causou grande repercussão e perplexidades. Finalmente tínhamos uma ação com abrigo constitucional para punir – e punir severamente – os fraudadores, os corruptos e aqueles que abusaram do poder econômico para obter êxito nas eleições.

Já em janeiro de 1989, os juízes eleitorais e os interessados pela matéria se viram às voltas com aquela ação e as dúvidas que surgiram: qual o rito? E as provas? E o segredo de justiça? Muitos apostaram na ineficácia da nova ação. Mas, passados esses anos, o resultado é mais positivo que negativo. Com a alteração do seu rito, que passou a ser o previsto na LC nº 64/1990 para registro de candidatura, a AIME tornou-se mais célere e eficiente, pois o retardamento da instrução contribuía para desestimular os autores da ação e enfraquecer a demanda.

A Ação de Impugnação de Mandato Eletivo, também conhecida como AIME, é mais um instrumento que o Direito Eleitoral dispõe para tentar assegurar a legitimidade das nossas eleições, com resultados que reflitam uma disputa sem desigualdades, sem corrupção e sem fraude. Para Marcos Ramayana, "é uma ação puramente eleitoral, onde a diplomação, como última fase do processo eleitoral, é requisito jurígeno constitucional, sendo o termo a quo do prazo legal de propositura da ação".[133]

133 RAMAYANA, Marcos. *Direito eleitoral.* 10. ed. Rio de Janeiro: Impetus, 2010, p. 522.

## 2 BASE LEGAL

A Ação de Impugnação de Mandato Eletivo vem prevista no art. 14, § 10, da Constituição Federal:

> O mandato eletivo poderá ser impugnado ante a Justiça Eleitoral no prazo de quinze dias contados da diplomação, instruída a ação com provas de abuso do poder econômico, corrupção ou fraude.

Até a presente data, não há nenhuma lei especial disciplinando a AIME.

Com frequência, encontram-se ações de impugnação de mandato eletivo baseadas, além dos dispositivos constitucionais, também no art. 41-A, da Lei nº 9.504/1997. Essa possibilidade, a princípio era duvidosa. Depois, foi consolidada pelo TSE:

> *É permitida a apuração da captação ilícita de sufrágio em sede de Ação de Impugnação de Mandato Eletivo (AIME), sob a ótica da corrupção eleitoral. (Ag.Reg.AC nº 277-61/BA, rel. Min. Marcelo Ribeiro, em 20.5.2010. In:* Informativo TSE nº 16/2010, p.1).

Não é permitido, entretanto, admitir-se a AIME para apuração de conduta vedada:

> *A ação de impugnação de mandato eletivo, prevista no art. 14, § 10, da Constituição Federal, não se destina a apurar as hipóteses previstas no art. 73 da Lei Eleitoral. (Ac. 4.311, de 12.8.2004, rel. Min. Gilmar Mendes).*

## 3 NATUREZA JURÍDICA

A AIME é uma ação de direito constitucional eleitoral, pois é no seio da Constituição que ela tem sua origem, sua previsibilidade e seu delineamento.

Para Pedro Henrique Távora Niess, a Ação de Impugnação de Mandato Eletivo é "ação de conhecimento que, na classificação tripartida perfilhada pela doutrina tradicional, ganha a categoria de ação constitutiva negativa".[134] Considera, também, o referido autor tal ação como civil pública, para proteção de interesses difusos.

## 4 CABIMENTO

As hipóteses de cabimento da AIME vêm claramente traçadas na Constituição Federal, tendo por objetivo provar que o mandato eletivo foi obtido por:

a) abuso do poder econômico;

---

134 NIESS, Pedro Henrique Távora. *Ação de impugnação de mandato eletivo*.Bauru (SP): Edipro, 2000, p. 16.

b) corrupção; ou
c) fraude.

Como se observa dessa tríade de atos ilícitos, o abuso do poder político não consta como causa ao ajuizamento da AIME.

José Rubens Costa, que dedicou uma obra especial para o estudo da AIME, entende que "a falta de referência do § 10 do art. 14 a abuso do poder político não o exclui como causa da ação constitucional de impugnação de mandato, porque se depreende das dicções *corrupção e fraude*."[135]

A doutrina de Rodrigo Nóbrega Farias, comungada pelo autor desta obra, é mais precisa e correta ao esclarecer:

> [...] a Constituição Federal somente incluiu, como hipótese de cabimento da ação de impugnação de mandato, o abuso de poder externado sob a forma econômica.
> Assim, somente quando o abuso de poder político ou de autoridade, que ocorre, quando o ato praticado extrapolar a competência fixada em lei, ou for desviado dos fins previstos na norma, tiver reflexos econômicos, é que possibilita a sua coibição através da ação de impugnação de mandato eletivo.[136]

Esse entendimento já vem sendo admitido pelo TSE:

> *O c. Tribunal Superior Eleitoral, na sessão de 22.4.2008, passou a entender pela possibilidade de abuso de poder econômico entrelaçado ao abuso de poder político: ´Se o abuso de poder político consistir em conduta configuradora de abuso de poder econômico ou corrupção (entendida essa no sentido coloquial e não tecnicamente penal), é possível o manejo da ação de impugnação de mandato eletivo`(REspe nº 28;040-BA, rel. Min. Carlos Britto, DJ de 1º.7.2008).(REspe nº 28.581/MG, rel. Min. Felix Fischer. JTSE 3/2008/263).*
> *A jurisprudência deste Tribunal já definiu o cabimento da AIME quando o abuso do poder político revelar dimensão econômica.*
> *(Agravo Regimental na Ação Cautelar nº 35-68/RJ. Relator: Ministro Marcelo Ribeiro. DJE de 27.5.2011. In: Informativo TSE nº 15/2011, p.2).*

O abuso do poder econômico e a corrupção são dois males que ofendem a legitimidade do pleito, ferem a isonomia da disputa e conspiram contra a democracia.

A fraude a que alude o artigo aqui invocado não é só aquela ocorrida no processo de votação, como anteriormente se propalava. Hoje, a jurisprudência do TSE dá uma abrangência maior a esse conceito, como se vê da seguinte ementa:

135 COSTA, José Rubens. *Ação de impugnação de mandato eletivo*. Belo Horizonte: Del Rey, 2004, p. 2.
136 FARIAS, Rodrigo Nóbrega. Ação de impugnação de mandato eletivo. Curitiba: Juruá, 2006, p. 82.

> *O conceito de fraude, para fins de cabimento da ação de impugnação de mandato eletivo (art.14 § 10, da Constituição Federal), é aberto e pode englobar todas as situações em que a normalidade das eleições e a legitimidade do mandato eletivo são afetadas por ações fraudulentas, inclusive nos casos de fraude à lei. (REsp. nº 1-49/PI. Rel. Min. Henrique Neves. DJE de 21.10.2015. In: Informativo TSE nº 15/2015, p. 5).*

## 5 RITO

O rito da AIME, a princípio, sempre provocou polêmica na doutrina e na jurisprudência, até o TSE fixar o entendimento de que o procedimento seria o ordinário, do Código de Processo Civil.

A adoção desse procedimento acarretou o prolongamento da ação por tempo imprevisível, pois todos os incidentes próprios do procedimento ordinário foram utilizados, inclusive os recursos cabíveis.

Atento a esse desvirtuamento do objetivo moralizador da AIME, o TSE, nas eleições de 2004, resolveu expedir a Resolução TSE **n° 21.634/2004, fixando novo procedimento para a referida ação, sendo o** ordinário[137] da LC nº 64/1990, o mesmo aplicado para a impugnação do registro de candidaturas, com utilização subsidiária do Código de Processo Civil.

Ainda sobre o procedimento da AIME, importa ressaltar o disposto no art. 14, § 11, da Constituição: *A ação de impugnação de mandato tramitará em segredo de justiça, respondendo o autor, na forma da lei, se temerária ou de manifesta má-fé.*

Hoje em dia, em tempo de transparência, não se justifica mais esse segredo de justiça. Afinal, tudo o que envolve a coisa pública, público deve ser.

## 6 PRAZO

O prazo para ajuizamento da AIME é de quinze dias após a diplomação. É, portanto, um prazo decadencial. Por sua natureza, o prazo decadencial não se interrompe nem se suspende. É contínuo e peremptório.

Entretanto, não é essa a orientação que vem sendo dada quanto ao prazo de ajuizamento da AIME, conforme se constata da seguinte lição, extraída do voto do Ministro Peçanha Martins, no REspe nº 21.360, do qual foi relator:

> *[...] não obstante o prazo previsto no art.14, § 10, da Constituição Federal seja de natureza decadencial, este fato, por si só, não afasta a regra geral de contagem dos prazos prevista no art.184 do Código de Processo Civil, segundo a qual se o vencimento do prazo cair em dia em que não funcione o protocolo do Tribunal, este é prorrogado para o primeiro dia útil subsequente.* [138]

137 A Resolução nº 21.634 fala em "rito ordinário da Lei Complementar nº 64/90", que, na verdade, é um rito sumário em relação ao ordinário do processo civil.

138 JTSE 1/2004/262.

> *O prazo para a propositura da AIME, mesmo tendo natureza decadencial, submete-se à regra do art. 184, § 1º, do CPC, segundo a qual se prorroga para o primeiro dia útil seguinte se o termo final cair em feriado ou dia em que não haja expediente no tribunal. (TSE. Ag. Reg. em REspe nº 69244. Julgado em 15.9.2010. Rel. Ministro Marcelo Ribeiro. DJE de 6.10.2010).*

Essa interpretação deve ser vista como própria da jurisprudência eleitoral, que busca facilitar o manejo das ações e dos recursos eleitorais.

Como esse prazo é contínuo e peremptório, a coincidência com o período de recesso da Justiça não suspende o fluxo do prazo. A propósito, diz a jurisprudência do TSE:

> *Afasta-se a alegação de intempestividade da AIME ajuizada em 7.1.2013, uma vez que o prazo para o ajuizamento da referida ação, conquanto tenha natureza decadencial, deve obedecer aos ditames do art. 184, § 1º, do CPC, prorrogando-se para o primeiro dia útil subsequente o termo final que recair em feriado ou dia em que não haja expediente normal no cartório. Precedentes. (REsp nº 1-38/RN. Relatora: Minista Maria Thereza de Assis Moura.* In: Informativo TSE nº 4/2015, p.4. *DJE de 23.3.2015).*

## 7 LEGITIMIDADE

Tem legitimidade ativa para propor a Ação de Impugnação de Mandato Eletivo: o partido político, a coligação, o candidato e o Ministério Público Eleitoral. Adota-se o rol do artigo 3º da LC nº 64/1990, daí a exclusão do eleitor como parte legítima (TSE, Ag. nº 1.863-SE. Relator Min. Nelson Jobim, DJ 7.4.2000).

Na parte passiva, figura o candidato eleito.

Nesse ponto, surge a discussão sobre a existência ou não de litisconsórcio com o vice.

Quanto à existência de litisconsórcio passivo na AIME, o TSE firmou entendimento de que há litisconsórcio na referida ação, abandonando, assim, a antiga ideia de relação de subordinante/subordinado.

Em defesa da formação de litisconsórcio, diz Pedro Henrique Távora Niess:

> Tem o vice (como os suplentes de senador), pois, o direito de ser convocado para defender-se amplamente das acusações constantes da inicial, e que põem em risco o seu mandato, na mesma medida em que é atacado o mandato do seu companheiro de chapa, sendo indiferente a sua participação nos fatos repudiados, como visto.
>
> Sendo os vices e os suplentes aludidos litisconsortes passivos necessários não há como se entender possa a ação ser considerada corretamente ajuizada apenas contra o titular. Neste caso, a propositura da ação de impugnação de mandato eletivo se daria incompletamente, tanto que o Código de Processo Civil, no pre-

ceito citado, ordena a extinção do processo, sem julgamento de mérito, quando os litisconsortes imprescindíveis não forem chamados a integrar a demanda.[139]

Ao fenômeno da existência de várias partes, como autores ou réus, no mesmo processo, dá-se o nome de litisconsórcio, no ensinamento de Moacyr Amaral Santos. [140]

O litisconsórcio, na espécie, é gerado pela natureza da relação jurídica e por previsão legal (art. 91, do CE e arts. 29, II e 77, § 1º, da CF/88). O prefeito e o vice formam uma única chapa, una e indivisível. Vota-se no prefeito e no vice cumulativamente. Mas essa unidade não retira a autonomia política de cada um, tanto que o vice tem legitimidade para substituir e suceder o prefeito, na forma da lei. Como pode o substituto eventual do prefeito ficar de fora de uma relação processual cujo deslinde vai afetar seu futuro político?

A preocupação de todo candidato a prefeito e do seu partido, ao escolher um candidato a vice-prefeito, é procurar um nome que acrescente votos. O vice também pode decidir uma eleição.

Evidente que não se pretende que a AIME seja julgada procedente quanto ao prefeito e improcedente quanto ao vice, conferindo a este o poder de ser diplomado prefeito. Seria um absurdo jurídico e político.

Do ponto de vista prático e processual, considera-se ainda que, em caso de omissão do prefeito eleito para interpor recurso, o vice, uma vez integrando a lide como litisconsorte, poderá recorrer como parte, o que seria mais apropriado do que apresentar-se como terceiro interessado.

Em conclusão: não se pode negar a existência de litisconsórcio no polo passivo da AIME. Portanto, deve sempre o vice ser devidamente citado para integrar a lide.

Quanto à discussão sobre se o litisconsórcio é unitário ou necessário, não tem relevância para o resultado que se pretende. Melhor mesmo é dizer, como vários autores e julgadores, que se trata de um litisconsórcio necessário passivo unitário.

A partir do julgamento do RCED nº 703/SC, adiante referido (nº 12.6), impõe-se a citação do vice, como consequência do reconhecimento do litisconsórcio necessário.

## 8 COMPETÊNCIA

A competência para conhecer e julgar a AIME é da Justiça Eleitoral. Antes, dizia-se que a competência da Justiça Eleitoral findava com a diplomação dos candidatos eleitos. A AIME, de forma especial, veio dilatar o prazo do processo eleitoral.

O mesmo órgão eleitoral que decidiu o registro da candidatura e a diplomação do candidato é o competente para julgamento da AIME.

Define-se, assim, nas eleições municipais, a competência do juiz eleitoral da zona. Nas eleições estaduais, a competência é de cada Tribunal Regional Eleitoral. Nas eleições presidenciais, a competência é do Tribunal Superior Eleitoral.

139 NIESS, Pedro Henrique Távora. *Op. cit.* p. 60.
140 SANTOS, Moacyr Amaral. *Primeiras linhas de direito processual civi.* São Paulo: Saraiva, 1977, v. I, p. 2.

## 9 PROVA

A princípio, admitia-se que a prova deveria ser pré-constituída, com a liquidez necessária para levar à apreciação do mérito do pedido.

Ainda por conta desse entendimento, alguns advogados acostavam à inicial inúmeras declarações de pessoas, todas uniformes em seus termos, afirmando que receberam dádivas do candidato eleito. Essa prática foi repudiada pelos tribunais eleitorais, pois não demonstrava a espontaneidade e a idoneidade necessárias.

Com o tempo, evoluiu o entendimento para tornar pacífico hoje que a ação deve vir apenas com um razoável indício de provas, que aponte para o *fumus boni iuris*, atentando-se para o princípio da livre convicção do juiz. Podem essas provas ser documentais ou testemunhais. O importante é que demonstrem a potencialidade lesiva dos abusos, com força suficiente para tisnar o resultado das eleições, ferindo o princípio da moralidade das eleições.

Nesse sentido, são decisões do TSE:

> Ação de impugnação de mandato eletivo: o rito é ordinário e dispensa-se a prova pré-constituída (precedentes: Acórdão TSE n° 12.030, relator Ministro Jardim e Recurso nº 9.145, relator Ministro Gueiros).
> A ação, todavia, há de ser instruída com provas ou indícios idôneos e suficientes, e não meras alegações.
> *Agravo a que se nega provimento.*
> *(Acórdão nº 11.520. Agravo. Ibirama/SC, rel. Min. Torquato Jardim. In JTSE 1/95/220).*
> *Ação de impugnação de mandato eletivo. Governador. Fundamento. Fraude. Urna eletrônica. Provas e indícios. Ausência.*
> *Embora não se exija prova inconcussa e incontroversa para a propositura de impugnação de mandato eletivo, é necessário, conforme estabelece o art. 14 § 10, da Constituição Federal, que a Aime seja instruída com provas hábeis a ensejar a demanda (...)"*
> *(Ac. de 20.6.2006, no AgRgAg nº 5.473, rel. Min. Caputo Bastos. In:* Jurisprudência do TSE. Temas selecionados. Mandato eletivo. *Brasília: SGI/Cojur, 2008, p.56).*

## 10 EFEITOS

O efeito principal desta ação é a perda do mandato eletivo. Pode ocorrer que seja, também, decretada a inelegibilidade por oito anos, se a ação tiver por fundamento o abuso do poder econômico, principalmente se vier embasada em Investigação Judicial Eleitoral julgada procedente.

A Resolução TSE nº 21.635/2004 disciplinou taxativamente a matéria em seu artigo 90, § 2º, nestes termos: À ação de impugnação de mandato eletivo não se aplica a regra do artigo 216 do Código Eleitoral.

Em conclusão, atualmente, o efeito da decisão que julga procedente a ação de impugnação de mandato eletivo é imediato, pois "resta comprovado que a presunção de legitimidade do mandato eletivo e de normalidade das eleições é elidida através da prestação jurisdicional de primeiro grau, não se podendo atribuir efeito suspensivo aos recursos nas ações de impugnação de mandato eletivo sob este argumento."[141] Entretanto, não se pode deixar desconhecer este detalhe já consolidado no TSE: o efeito imediato só terá aplicação "a partir da publicação do acórdão emitido pelo TRE, incluindo-se embargos de declaração, se for o caso, salvo ocorrência de trânsito em julgado no primeiro grau." (MS nº 3.630/BA, rel.Min. José Gerardo Grossi. Informativo TSE nº 43/2007, p. 6).

A Lei nº 13.165/2015 trouxe importante inovação quanto ao efeito do julgamento da AIME, ao acrescentar ao artigo 224 do Código Eleitoral os §§ 3º e 4º, com a seguinte redação:

> § 3º A decisão da Justiça Eleitoral que importe o indeferimento do registro, a cassação do diploma ou perda do mandato de candidato eleito em pleito majoritário acarreta, após o trânsito em julgado, a realização de novas eleições, independentemente do número de votos anulados.
> § 4º A eleição a que se refere o § 3º correrá às expensas da Justiça Eleitoral e será:
> I - indireta, se a vacância do cargo ocorrer a menos de seis meses do final do mandato;
> II - direta, nos demais casos.

Assim sendo, não haverá mais a chamada do segundo colocado para substituir o prefeito cassado: elege-se novo prefeito.

## 11 RECURSOS

Da decisão do juiz eleitoral que julga procedente a Ação de Impugnação de Mandato Eletivo cabe recurso inominado para o Tribunal Regional Eleitoral, que deverá ser interposto no prazo de três dias (art. 258, do CE). Uma vez julgado pelo Regional, cabe recurso especial eleitoral para o Tribunal Superior Eleitoral (art. 276, I, *a* e *b*, do CE e art.121, § 4º, I e II, da CF/88).

Se a decisão for proferida, originalmente, pelo TRE, em eleições federais, o recurso cabível é o ordinário, também no prazo de três dias (art. 276, II e 276, § 1º, do CE, c.c. o art. 121, § 4º, II e IV, da CF/88), com efeito suspensivo, segundo a redação art. 257, § 2º , do Código Eleitoral, acrescentado pela Lei nº 13.165/2015.

Com a adoção do rito sumário para a AIME, não há que se falar mais em agravo de instrumento. Além dos recursos já enumerados, é admissível o recurso de embargos de declaração.

141 FARIAS, Rodrigo Nóbrega. *Op. cit.*, p. 174. E mais adiante enfatiza o autor: "Portanto, como inexiste qualquer dispositivo restringindo o alcance do art. 257 do Código Eleitoral à ação de impugnação de mandato eletivo, é descabida a aplicação do art. 216 do mesmo diploma legal." *Id. ib.* p.175.

# XIII
# RECURSOS ELEITORAIS

Sumário



> Cuida a providência política que os reinos se conservam com ferro e bronze, e sobretudo com ouro, e com prata; é engano. O que sustenta e conserva os reinos é a união. *(Pe. Antônio Vieira, Sermão do Santíssimo Sacramento, Roma).*

## 1 DOS RECURSOS EM GERAL

Os recursos traduzem a inconformação das partes com a decisão que lhes foi desfavorável. Desse resultado contrário ao seu interesse, origina-se a sucumbência, pressuposto básico inicial de qualquer recurso. Sem sucumbência, não há interesse recursal.

Antes de apreciar-se o mérito do recurso, isto é, a essência da decisão impugnada, avalia-se, preliminarmente, a sua admissibilidade, que são seus pressupostos de conhecimento. José Carlos Barbosa Moreira divide o juízo de admissibilidade dos recursos em dois requisitos: os intrínsecos e os extrínsecos. Na primeira categoria alinham-se: o cabimento, a legitimação para recorrer, o interesse em recorrer e a inexistência de fato impeditivo ou extintivo do poder recorrer; na segunda categoria, exige-se: a tempestividade, a regularidade formal e o preparo.[142]

Como lembra o autor, esses requisitos são genéricos e por isso podem ser adaptados a casos especiais. Nos recursos eleitorais, por exemplo, não há preparo.

## 2 DOS RECURSOS ELEITORAIS

No Direito Eleitoral, a inconformação do sucumbente se apresenta de forma mais acirrada, pois ao gravame processual soma-se o aspecto político da questão, a

142 MOREIRA, José Carlos Barbosa. *Comentário ao código de processo civil. 10. ed.* Rio de Janeiro: Forense, 2002, p. 263, v. V.

disputa pelo poder, o prestígio político do sucumbente, tudo isso provocando uma reação exacerbada do recorrente.

O inconformismo, na esfera eleitoral, chega ao ponto da agressividade. O candidato derrotado não se conforma com a decisão judicial, interpretando-a quase sempre como fruto de parcialidade do julgador.

Nesse ramo do direito, a aplicação do princípio do duplo grau de jurisdição se reveste de um significado peculiar, notadamente pela natureza política do Direito Eleitoral.

Trata-se, aqui, de aspectos gerais dos recursos, pois, ao analisarem-se as ações eleitorais específicas, foram abordados os recursos cabíveis em cada situação.

Aspecto muito criticado dos recursos eleitorais é a sua utilização como instrumento capaz de provocar um terceiro turno nas eleições, em caso de cassação de titulares de cargos majoritários.

Para inibir essa prática, a Lei da Reforma Política de 2015 (Lei nº 13.165/2015) acrescentou os parágrafos 3º e 4º ao artigo 224 do Código Eleitoral, disciplinando o seguinte:

> § 3º A decisão da Justiça Eleitoral que importe o indeferimento do registro, a cassação do diploma ou perda do mandato de candidato eleito em pleito majoritário acarreta, após o trânsito em julgado, a realização de novas eleições, independentemente do número de votos anulados.
> § 4º A eleição a que se refere o § 3º correrá às expensas da Justiça Eleitoral e será:
> I - indireta, se a vacância do cargo ocorrer a menos de seis meses do final do mandato;
> II - direta, nos demais casos.

Como se observa do texto transcrito, agora, somente após o trânsito em julgado, a decisão que importa em indeferimento de registro, cassação do diploma ou a perda do mandato de cargos majoritários acarretará a realização de novas eleições, independentemente do número de votos anulados.

A perspectiva da realização de novas eleições já inibe a avidez do segundo colocado em assumir a vaga do eleito que for cassado.

## 3 PRAZOS E EFEITOS

Os atos que formam a cadeia do processo eleitoral são realizados em fases estanques. O tempo para demonstrar inconformação é curto e peremptório. Esse "fechamento", em curto prazo, da oportunidade para insurgir-se é o fenômeno da preclusão, que ocorre, no processo eleitoral, com muita frequência (v. art. 259, CE).

A regra geral é o prazo de três dias para interposição dos recursos eleitorais. Se a lei não prevê outro prazo, aplica-se o geral. A exiguidade do prazo decorre do princípio da celeridade, que inspira todo o processo eleitoral. São prazos especiais que afastam a incidência dos prazos previstos no Código de Processo Civil. Cite-se, como exemplo, o przo de interposição do recurso especial eleitoral, que é de três dias, enquanto o prazo comum é de quinze dias (CPC/2015, art. 1.003, § 5º). Mais reduzido, ainda, é o prazo de vinte e quatro horas para interpor recurso, em caso da representação de que trata o art. 96, da Lei nº 9.504/1997. Nesse caso, o TSE já firmou entendimento de que não se aplica o art. 258 do CE (Acórdão nº 24.838/ RS – Rel. Min. Luiz Carlos Madeira).

Para a contagem dos prazos, aplica-se o disposto no art. 224, do CPC/2015, se o recurso for de natureza civil; e o art. 798, do Código de Proceso Penal se de natureza criminal. Exceção a essa regra é o art. 16 da LC nº 64/1990, que prescreve prazos corridos e peremptórios.

Os recursos eleitorais não têm efeito suspensivo, com exceção do art. 216 do CE, que prescreve: *Enquanto o Tribunal Superior Eleitoral não decidir o recurso interposto contra a expedição do diploma, poderá o diplomado exercer o mandato em toda a sua plenitude.*

Para afastar a imediatidade das decisões eleitorais, em virtude do efeito devolutivo, costuma-se usar de medidas cautelares, requeridas à instância superior.

Entretanto, a nova lei eleitoral de 2015 cuidou em conferir efeito suspensivo ao recurso ordinário, em alteração do artigo 257 do Código Eleitoral, com o acréscimo deste parágrafo:

> § 2º O recurso ordinário interposto contra decisão proferida por juiz eleitoral ou por Tribunal Regional Eleitoral que resulte em cassação de registro, afastamento do titular ou perda de mandato eletivo será recebido pelo Tribunal competente com efeito suspensivo.

Por fim, os recursos eleitorais podem ser interpostos por fax, com juntada posterior do original (Lei nº 9.800/1999).

## 4 LEGITIMIDADE RECURSAL

A legitimidade para interposição dos recursos eleitorais é conferida ao candidato, ao partido político, à coligação, ao Ministério Público e ao terceiro prejudicado. Invoca-se, aqui, o art. 996 do Código de Processo Civil/2015, aplicado subsidiariamente.

Como se viu no capítulo dedicado ao Ministério Público Eleitoral, a legitimidade desse órgão foi dilargada por interpretação jurisprudencial dos tribunais superiores, com destaque para o Supremo Tribunal Federal, notadamente em matéria eleitoral.

Quanto às Coligações, mesmo tendo sua formação um caráter temporário, sua legitimidade para interpor recursos vai além do pleito eleitoral, no manejo do Recurso Contra a Expedição de Diploma e na Impugnação de Mandato Eletivo. Essa legitimidade conferida às Coligações independe da anuência isolada dos partidos que as compõem.

# 5 DOS RECURSOS ELEITORAIS EM ESPÉCIE

## 5.1 Recursos contra decisões dos Juízes Eleitorais e das Juntas Eleitorais (arts. 265 a 267 do Código Eleitoral)

Das decisões dos juízes e juntas eleitorais cabem os seguintes recursos:

a) Recurso inominado;
b) Apelação criminal (art. 362 do CE);
c) Recurso em sentido estrito;
d) Carta testemunhável;
e) Embargos de declaração;
f) Recurso contra a diplomação.

## 5.2 Recursos contra decisão do TRE (art. 268 e segs. do Código Eleitoral)

Das decisões dos tribunais regionais eleitorais cabem os seguintes recursos:

– Embargos de declaração;
– Recurso especial;
– Recurso ordinário
– Recurso contra a expedição de diploma;
– Revisão criminal;
– Agravo.

Os embargos de declaração, em matéria eleitoral, sofreram profunda alteração com a vigência do novo Código de Processo Civil (Lei nº 13.105, de 16 de março de 2015). O art. 1.067 deu nova redação ao art. 275 do Código Eleitoral, *in verbis*:

> Art. 1.067. O art. 275 da Lei nº 4.737, de 15 de julho de 1965 (Código Eleitoral), passa a vigorar com a seguinte redação:
> "Art. 275. São admissíveis embargos de declaração nas hipóteses previstas no Código de Processo Civil.
> § 1º Os embargos de declaração serão opostos no prazo de 3 (três) dias, contado da data de publicação da decisão embargada, em petição dirigida ao juiz ou relator, com a indicação do ponto que lhes deu causa.
> § 2º Os embargos de declaração não estão sujeitos a preparo.
> § 3º O juiz julgará os embargos em 5 (cinco) dias.
> § 4º Nos tribunais:
> I – o relator apresentará os embargos em mesa na sessão subsequente, proferindo voto;
> II – não havendo julgamento na sessão referida no inciso I, será o recurso incluído em pauta;

> III – vencido o relator, outro será designado para lavrar o acórdão.
> § 5º Os embargos de declaração interrompem o prazo para a interposição de recurso.
> § 6º Quando manifestamente protelatórios os embargos de declaração, o juiz ou o tribunal, em decisão fundamentada, condenará o embargante a pagar ao embargado multa não excedente a 2 (dois) salários mínimos.
> § 7º Na reiteração de embargos de declaração manifestamente protelatórios, a multa será elevada a até 10 (dez) salários mínimos." (NR)

Como se constata, eliminou-se definitivamente a hipótese da "dúvida" como fundamento dos embargos, assim como a "suspensão" do prazo para interposição de outros recursos. Agora, eles interrompem o referido prazo.

A admissibilidade dos embargos de declaração remetem para as mesmas hipóteses do Código de Processo Civil. São elas:

> Art. 1.022. Cabem embargos de declaração contra qualquer decisão judicial para:
> I- esclarecer obscuridade ou eliminar contradição;
> II- suprir omissão de ponto ou questão sobre o qual devia se pronunciar o juiz de ofício ou a requerimento;
> III - corrigir erro material.

O rigor com que a alteração do art. 275 do Código Eleitoral veio tratando os embargos protelatórios se acomoda na essência do processo eleitoral: a celeridade.

O recurso especial tem apoio no art. 276, I, *a* e *b*, do CE e 121 § 4º, I e II, da Constituição Federal. Para a sua interposição, o prazo é de três dias, a contar da publicação do acórdão no órgão oficial, ou da intimação pessoal. Nos processos de registro de candidaturas, o prazo de três dias começa a contar da leitura do acórdão em sessão (art. 11, § 2º, da LC 64/1990).

A respeito do recurso especial, temos:

> **Código Eleitoral:**
> Art. 276 As decisões dos Tribunais Regionais são terminativas, salvo os casos seguintes, em que cabe recurso para o Tribunal Superior:
> I – especial:
> a) quando forem proferidas contra expressa disposição de lei;
> b) quando ocorrer divergência na interpretação de lei entre dois ou mais Tribunais Eleitorais.
>
> **Constituição Federal:**
> Art. 121 [...]
> § 4º Das decisões dos Tribunais Regionais Eleitorais somente caberá recurso quando:

I – forem proferidas contra disposição expressa desta Constituição ou de lei;
II – ocorrer divergência na interpretação de lei entre dois ou mais Tribunais Eleitorais.

Impõe-se ressaltar aqui o requisito do prequestionamento, que se sobressai como pressuposto para admissibilidade do recurso especial. O prequestionamento pressupõe que a matéria suscitada nas razões recursais tenha sido debatida e decidida pelo órgão colegiado. Como pertinentes ao tema, aplicam-se as Súmulas 98, 282 e 356, do STF, todas referentes à exigência do prequestionamento e são adotadas pelo TSE.[143]

Ainda sobre essa exigência processual, é conveniente ressaltar os seguintes julgados do TSE:

> *É pacífico o entendimento do Tribunal Superior Eleitoral de que, em âmbito de recurso especial, impõe-se o requisito do prequestionamento, ainda que se cuida de questão de ordem pública, não merecendo prosperar, quanto ao ponto, a alegação de que as notas taquigráficas teriam o condão de suprir a exigência, na medida em que estas não constaram dos autos, não tendo os agravantes, por su turno, protestado pela sua juntada, como forma de se permitir a aferiação do seu conteúdo. (Agr.Reg.REsp. nº 608-30.200.2.6.26.0071-SP, rel. min. Maria Thereza Rocha de Assis Moura. In: DJE de 1/12/2015)*
> *O prequestionamento não resulta da circunstância de a matéria haver sido arguida pela parte recorrente, mas é derivado de debate e decisão prévios pelo tribunal de origem, o que não ocorreu na espécie. Ademais, suposta violação ao art. 275 do Código Eleitoral não foi arguida no recurso especial. (Agr.Reg.Agr.Ins. nº 222-45.2011.6.13.0000-MG, rel. ministra Luciana Lóssio. In: DJE de 5/8/2014)*

O recurso ordinário tem apoio no art. 276, II, *a* e *b*, do CE e 121 § 4º, I II, IV e V, da Constituição Federal. O prazo de interposição é também de três dias, a contar da publicação ou da intimação pessoal.

Sobre o recurso ordinário, temos:

> **Código Eleitoral:**
> Art. 276 [...]
> [...]
> II – ordinário:
> a) quando versarem sobre a expedição de diploma nas eleições federais e estaduais;

143 **Súmula 98:** Embargos de declaração manifestados com notório propósito de prequestionamento não têm caráter protelatório.
**Súmula 282:** É inadmissível o recurso extraordinário, quando não ventilada, na decisão recorrida, a questão federal suscitada.
**Súmula 356:** O ponto omisso da decisão sobre o qual não foram opostos embargos declaratórios, não pode ser objeto de recurso extraordinário, por faltar o requisito do prequestionamento.

b) quando denegarem *habeas corpus* ou mandado de segurança.

**Constituição Federal:**
Art. 21 [...]
§ 4º Das decisões dos Tribunais Regionais Eleitorais somente caberá recurso quando:
[...]
III – versarem sobre inelegibilidade ou expedição de diplomas nas eleições federais ou estaduais;
IV – anularem diplomas ou decretarem a perda de mandatos eletivos federais ou estaduais;
V – denegarem *habeas corpus*, mandado de segurança, *habeas data* ou mandado de injunção.

O TSE vem admitindo a aplicação do princípio da fungibilidade em caso de interposição equivocada do recurso ordinário pelo especial ou vice-versa:

*O recurso cabível contra a decisão que envolve a perdo do diploma em eleições federais e estaduais é o ordinário. Na espécie, é admissível o recebimento do recurso especial como ordinário, por aplicação do princípio da fungibilidade. Precedentes. (REspe nº 1139- PI, rel. min.Dias Toffoli. In: DJE de 18/12/2014)*
*É cabível o recurso ordinário quando a decisão recorrida versar sobre inelegibilidade ou expedição de diplomas nas eleições federais ou estaduais. Precedentes.*
*Recurso especial conhecido como ordinário e desprovido. (REspe nº 504871-AM, rel. Min. Dias Toffoli. In: DJE de 26/2/2014.*

Diante da instrumentalidade do processo e, principalmente, das peculiaridades do processo eleitoral, nada mais certo do que se admitir a fungibilidade recursal. Afinal, valores mais altos se destacam além das disputas judiciais: a transparência, a legitimidade dos resultados das eleições e a própria democracia.

### 5.3 Recursos contra decisões do TSE

A regra geral é a irrecorribilidade das decisões do TSE (art. 121, § 3º, CF/88). Excepcionalmente, admitem-se os seguintes recursos:

a) Recurso extraordinário: quando suas decisões afrontarem a Constituição Federal;
b) Recurso ordinário: quando denegatórias de *habeas corpus* e mandados de segurança, em casos de sua competência originária.

É preciso atentar que o prazo de interposição do recurso extraordinário é de três dias.

Admite-se, ainda, o uso do agravo nessa Corte Maior quando, em algum tribunal regional eleitoral, é negado pelo seu presidente o seguimento de um recurso.

### 5.4 Recurso do julgamento da representação eleitoral (art. 96 da Lei nº 9.504/97)

Quando cabível recurso contra a decisão fundada na representação prevista no art. 96, este deverá ser apresentado no prazo de vinte e quatro horas da publicação da decisão em cartório ou sessão, assegurado ao recorrido o oferecimento de contrarrazões, em igual prazo, a contar da sua notificação (art. 96, § 8º ).

Esse prazo é ratificado pela jurisprudência do TSE:

> *1. O entendimento deste Tribunal Superior é de que o prazo de 24 horas previsto no art. 96, § 8º, da Lei 9.504/1997 se aplica tanto a recursos contra decisão de juiz auxiliar como a embargos de declaração opostos a acórdão de TRE.*
> *2. A inobservância do prazo de 24 horas previsto no art. 96, § 8º, da Lei nº 9.504/1997 acarreta a intempestividade do recurso especial. Precedentes.*
> *3. Agravo regimental desprovido.*
> *(Agr.Inst. nº 155174-PR, rel. Min. Gilmar Mendes. In: DJE de 13/11/2015,*

### 5.5 Recursos contra o deferimento ou indeferimento de inscrição eleitoral ou transferência de domicílio

Por fim, convém destacar o cabimento de recursos contra o deferimento ou indeferimento da inscrição eleitoral e contra a transferência de domicílio eleitoral.

Esses recursos, embora previstos no Código Eleitoral, hoje são disciplinados segundo a Resolução TSE n° 21.538/2003 (art. 17, § § 1º e 5º).

Temos, assim:

*I – Alistamento:*

a) do despacho que deferir o requerimento de inscrição: caberá recurso, no prazo de 10 dias, interposto por qualquer delegado de partido;

b) do despacho que indeferir o requerimento de inscrição: caberá recurso, no prazo de cinco dias, interposto pelo alistando.

O termo inicial dos recursos é o dia da colocação da respectiva listagem à disposição dos partidos, o que deverá ocorrer nos dias 1º e 15 de cada mês, ou no primeiro dia útil seguinte, ainda que tenham sido exibidas ao alistando antes dessas datas e mesmo que os partidos não as consultem (Lei nº 6.996/1982, art. 7º).

*II – Transferência:*

a) Do despacho que deferir o requerimento de transferência, poderá recorrer, no prazo de dez dias, qualquer delegado de partido político;

b) Do despacho que indeferir o requerimento de transferência, caberá recurso, no prazo de cinco dias, interposto pelo eleitor.

O termo inicial dos recursos é o dia da colocação da respectiva listagem à disposição dos partidos, o que deverá ocorrer nos dias 1º a 15 de cada mês, ou no primeiro dia útil seguinte, ainda que tenham sido exibidas ao requerente antes dessas datas e mesmo que os partidos não as consultem (Lei n.º 6.996/1982, art. 8º).

A revisão criminal é prevista no Código de Processo Penal (arts. 621 e segs.), tendo aplicação no Direito Eleitoral por força do disposto no art. 364 do Código Eleitoral: *No processo e julgamento dos crimes eleitorais e dos comuns que lhe forem conexos, assim como nos recursos e na execução, que lhes digam respeito, aplicar-se-á, como lei subsidiária ou supletiva, o Código de Processo Penal.*

O agravo de instrumento é utilizado contra decisão do presidente do TRE que nega a admissibilidade do recurso especial (art. 279, do CE). Nesse caso, o interessado, em 3 dias, pode ingressar com o agravo de instrumento perante o TSE para provocar a subida do recurso especial.

Por ausência de previsão legal, não obstante a possibilidade de se aplicar analogicamente o Código de Processo Civil, as decisões interlocutórias ou sem caráter definitivo, segundo a atual jurisprudência do TSE, continuam sendo tratadas como irrecorríveis, restando aos eventuais inconformismos, para posterior manifestação em recurso contra a decisão final do processo, quando da apreciação do mérito da causa. Invocam-se decisões do TSE nesse sentido:

> *Conforme firme jurisprudência do TSE, as decisões interlocutórias ou sem caráter definitivo são irrecorríveis e não precluem. Eventuais inconformismos deverão ser examinados no momento da decisão final do processo e nos recursos subsequentes. (Agr. Reg.-AI nº 764601-PI, rel. Min. Henrique Neves. In: DJE de 30/9/2013)*
>
> *As decisões interlocutórias ou não definitivas proferidas nos feitos eleitorais não são, de imediato, impugnáveis mediante recurso. Precedentes. (Agr.Ins.135/SP, rel. Min. Luciana Lóssio. In: DJE de 4/9/2014)*

Tal posicionamento não implica qualquer prejuízo ao recorrente, uma vez a que matéria questionada poderá ser suscitada por ocasião de eventual interposição de recurso contra a decisão de mérito.

Ressalte-se, ainda, que, na lição do Ministro Arnaldo Versiani,

> *a irrecorribilidade de decisões interlocutórias e não definitivas proferidas nos feitos eleitorais, tendo em vista o disposto nos arts. 121, § 4º, da Constituição Federal e 276 do Código Eleitoral, decorre da primazia da celeridade do processo eleitoral, evitando-se, assim, que sejam interpostos recursos sucessivos, sem decisão final da causa, considerando, ainda, a necessidade de solução da demanda, dada a limitação temporal dos mandatos eletivos. (Agr. nº 483-07-RR, rel. Min. Arnaldo Versiani. In: DJE de 17.10.2012).*

Por fim, convém observar, que poderá ser aplicada aos recursos eleitorais, subsidiária ou supletivamente (art. 15 do CPC/2015), as regras sobre recursos trazidas pelo novo Código de Processo Civil, com as alterações da Lei nº 13.256, de 4/2/2016. Essa supletividade, no entanto, deve respeitar à lógica interna do microssistema eleitoral, principalmente na contagem dos prazos durante o processo de registro de candidaturas.

Pela sua importância, o Recurso contra a Expedição de Diploma será tratado em separado.

## 6 RECURSO CONTRA A EXPEDIÇÃO DE DIPLOMA – RCED

Pela sua importância, aborda-se, com destaque, o presente recurso, que, para alguns autores, trata-se de uma verdadeira ação autônoma de impugnação.[144] De logo, impõe-se atentar para a lição de Tito Costa, quando assinala:

> Quanto à sua natureza, o recurso contra diplomação situa-se dentro do gênero *recurso ordinário* que, pelo menos, quando oferecido perante juiz eleitoral (relativamente à diplomação de eleitos na área municipal), não deve ser confundido com o recurso ordinário cabível contra decisões do TRE, nos casos do art. 276, II, *a*, do CE. [145]

A Lei nº 12.891/2013 revogou todos os incisos do art. 262 do Código Eleitoral e deu ao *caput* a seguinte redação: *O recurso contra a expedição de diploma caberá somente nos casos de inelegibilidade superveniente ou de natureza constitucional e de falta de condição de elegibilidade.*

Esse é um caso em que a lei veio depois de o TSE firmar novo entendimento sobre a matéria, a partir do julgamento do RCED nº 8-84/PI (julgado em 17/9/2013; DJE de 12.11.2013), cujo julgamento teve esta ementa:

> Recurso contra expedição de diploma. Deputado federal. Código eleitoral. Art. 262, IV. Inconstitucionalidade. Recebimento. Ação de impugnação de mandato eletivo. Princípio da segurança jurídica. Fungibilidade. Tribunal Regional Eleitoral. Competência declinada. Questão de ordem. Vista. Procuradoria Geral Eleitoral. Rejeição.
> *1. A Constituição Federal de 1988 estabeleceu, no art. 14, § 10, qual é o único veículo pelo qual é possível impugnar o mandato já reconhecido pela Justiça Eleitoral.*
> *2. Desse modo, o inciso IV do art. 262 do Código Eleitoral, no que diz respeito à redação original do dispositivo,* não foi recepcionado pela Constituição brasileira e, quanto à parte final, denota incompatibilidade com a disciplina constitucional.

---

144 COSTA, Adriano Soares da. *Instituições de direito eleitoral.* 6. ed. Belo Horizonte: Del Rey, 2004, p. 465.
145 COSTA, Tito. *Recursos em matéria eleitoral.* 8. ed. São Paulo: ERT, 2004, p.115.

> *3. Questão de ordem. Tendo em vista que o Parquet teve ciência acerca do tema em sessões anteriores, é desnecessário o encaminhamento dos autos ao Ministério Público Eleitoral.*
> *4. Recurso contra a expedição de diploma recebido como ação de impugnação de mandato eletivo em razão do princípio da segurança jurídica e remetido ao Tribunal Regional Eleitoral, órgão competente para o seu julgamento.*
> *(Recurso Contra a Expedição de Diploma nº 8-84/PI. Rel. Ministro Dias Toffoli. Julgado em 17.9.2013.* In: *Informativo TSE nº 32/2013, p. 5).*

Com essa decisão, já reiterada em outros julgamentos, o TSE firmou o entendimento de que o artigo 262, IV, do Código Eleitoral não fora recepcionado pela Constituição, havendo, portanto, incompatibilidade entre o mencionado dispositivo legal e o art. 14, § 10, da Constituição Federal. Logo, a única forma de impugnar uma diplomação já efetivada é a Ação de Impugnação de Mandato Eletivo.

O prazo de interposição do Recurso Contra a Expedição de Diploma – RCED é de três dias, a contar da diplomação.

### 6.1 Citação do vice

Depois de vigorar por muitos anos o entendimento que atribuía às candidaturas, nas eleições majoritárias, o caráter de unicidade e indivisibilidade (art. 91, CE) – portanto, dispensando a citação do vice, em caso de RCED –, o TSE, em fevereiro de 2008, ao julgar o Recurso contra Expedição de Diploma nº 703/SC, assim decidiu:

> *Processo. Relação subjetiva. Litisconsórcio necessário. Chapa. Governador e vice-governador. Eleição. Diplomas. Vício abrangente. Devido processo legal.*
> *A existência de litisconsórcio necessário – quando, por disposição de lei ou pela natureza da relação jurídica, o juiz tiver de decidir a lide de modo uniforme para todas as partes – conduz à citação dos que possam ser alcançados pelo pronunciamento judicial. Ocorrência, na impugnação à expedição de diploma, se o vício alegado abrange a situação do titular e do vice. ( RCED nº 703/SC, rel. Min. José Delgado. Informativo TSE nº 12/2008, p. 9).*

A partir de então, voltou a ser obrigatória a citação do vice, em recursos contra a expedição de diplomas, em todas as eleições majoritárias. No caso de senador, impõe-se a citação dos suplentes (Ag.Reg. no RCED nº 754/RO, rel. Min. Caputo Bastos, em 27.5.2008. *Informativo TSE* nº 17/2008, p.1).

# XIV
# ANÁLISE TEMÁTICA DA LEI DAS ELEIÇÕES (LEI Nº 9.504/1997)

Sumário



Eu te darei, diz Cristo, as chaves do meu reino, e o que tu atares, será atado, e o que desatares, desatado. Tal quis o supremo Legislador que fosse o governo do seu reino: governo que atasse e desatasse; e não governos que nem atam, nem desatam. *(Pe. Antônio Vieira, Sermão das Cadeias de São Pedro).*

A Lei nº 9.504, de 30 de setembro de 1997, conhecida como a Lei das Eleições ou Lei Geral das Eleições (LGE), representou um avanço no processo de disciplinamento das eleições.

Antes, tínhamos uma lei para cada eleição, elaborada ao sabor do casuísmo e dos interesses políticos da ocasião, o que gerava uma instabilidade lamentável no processo eleitoral.

É desse período a criação das sublegendas[146], que se tornaram verdadeiros subpartidos, para acomodarem as dissensões intestinas dos partidos políticos, principalmente nos conflitos municipais.

146 Sublegenda: "Pelo Ato Complementar nº 4, de 20 de novembro de 1965, foi instituída, no Brasil, a sublegenda com base no modelo uruguaio do sublema. Diz o artigo 9º daquele inciso legal: 'Para as eleições diretas a serem realizadas em 1966, poderá ser admitido o registro de candidato em sublegendas, na conformidade do que dispuser o documento constitutivo de cada organização." (*Dicionário do Voto*, Walter Costa Porto). Nesse mesmo título do dicionário de Walter Porto, encontra-se a definição mais clara do que é sublegenda, extraída de um projeto de emenda do Código Eleitoral, da autoria de Raul Pilla. Assim definiu o referido parlamentar: "Sublegenda é a denominação de uma fração de partido político em todos os atos e processos eleitorais."

Entretanto, após dezoito anos da publicação da Lei das Eleições, constata-se que as alterações da legislação eleitoral estão se tornando mais frequentes. Desde a edição da referida lei, em 30/9/1997, já foram promulgadas várias leis alterando seu texto original: Lei nº 9.840/1999; Lei nº 10.408/2002; Lei nº 10.740/2003; Lei nº 11.300/2006; Lei nº 12.034/2009; Lei nº 12.891/2013 e Lei nº 13.165/2015. A Lei nº 11.300/2006 foi a que inaugurou a primeira grande reforma, provocando reações de elogios e críticas, até ser absorvida normalmente.

Como se vê, a última alteração, como primeiro passo da almejada reforma política, aconteceu com a Lei nº 13.165/2015, com votação e sanção apressadas, visando às eleições de 2016.

Em alguns pontos dessa nova reforma, constata-se a adequação dos legisladores ao rumo das interpretações ativistas do TSE, com algumas inovações positivas que visaram consolidar entendimentos consagrados pela jurisprudência e atender reivindicações da classe política. Alguns dispositivos merecem críticas, pelo retrocesso; outros, elogios, os quais estão sendo analisados pelos eleitoralistas.

Para o estudo da Lei nº 9.504/1997 e suas reformas, optou-se por destacar os temas mais interessantes dessa lei, como se segue adiante.

## 1 ELEIÇÕES: ESPÉCIES, DATAS E REGRAS GERAIS (ARTS. 1º A 5º)

> Art. 1º As eleições para Presidente e Vice-Presidente da República, Governador e Vice-Governador de Estado e do Distrito Federal, Prefeito e Vice-Prefeito, Senador, Deputado Federal, Deputado Estadual, Deputado Distrital e Vereador dar-se-ão, em todo o País, no primeiro domingo de outubro do ano respectivo.
> Parágrafo único. Serão realizadas simultaneamente as eleições:
> I - para Presidente e Vice-Presidente da República, Governador e Vice-Governador de Estado e do Distrito Federal, Senador, Deputado Federal, Deputado Estadual e Deputado Distrital;
> II - para Prefeito, Vice-Prefeito e Vereador.
> Art. 2º Será considerado eleito o candidato a Presidente ou a Governador que obtiver a maioria absoluta de votos, não computados os em branco e os nulos.
> § 1º Se nenhum candidato alcançar maioria absoluta na primeira votação, far-se-á nova eleição no último domingo de outubro, concorrendo os dois candidatos mais votados, e considerando-se eleito o que obtiver a maioria dos votos válidos.
> § 2º Se, antes de realizado o segundo turno, ocorrer morte, desistência ou impedimento legal de candidato, convocar-se-á, dentre os remanescentes, o de maior votação.
> § 3º Se, na hipótese dos parágrafos anteriores, remanescer em segundo lugar mais de um candidato com a mesma votação, qualificar-se-á o mais idoso.
> § 4º A eleição do Presidente importará a do candidato a Vice-Presidente com ele registrado, o mesmo se aplicando à eleição de Governador.

Art. 3º Será considerado eleito Prefeito o candidato que obtiver a maioria dos votos, não computados os em branco e os nulos.

§ 1º A eleição do Prefeito importará a do candidato a Vice-Prefeito com ele registrado.

§ 2º Nos Municípios com mais de duzentos mil eleitores, aplicar-se-ão as regras estabelecidas nos §§ 1º a 3º do artigo anterior.

Art 4º Poderá participar das eleições o partido que, até um ano antes do pleito, tenha registrado seu estatuto no Tribunal Superior Eleitoral, conforme o disposto em lei, e tenha, até a data da convenção, órgão de direção constituído na circunscrição, de acordo com o respectivo estatuto.

Art. 5º Nas eleições proporcionais, contam-se como válidos apenas os votos dados a candidatos regularmente inscritos e às legendas partidárias.

## COMENTÁRIOS

Nesta primeira parte da lei, destacam-se os seguintes pontos:

### DIA DAS ELEIÇÕES:

1º domingo de outubro do ano eleitoral.

### SIMULTANEIDADE DAS ELEIÇÕES:

A simultaneidade, aqui tratada, já vem prevista na Constituição Federal (art. 77) e resulta na coincidência de mandatos e na uniformização do horário de votação, em todo o país.

### ELEIÇÃO MAJORITÁRIA:

Refere-se à eleição do candidato a prefeito, governador, senador e presidente da República que obtiver maioria de votos ou maioria absoluta, conforme a previsão legal.

### ELEIÇÃO DE PREFEITO

Elege-se o prefeito por maioria simples ou maioria absoluta. Esse tipo de maioria deve ocorrer, necessariamente, em municípios com mais de 200 mil eleitores. Explicando melhor: na eleição de prefeito, elege-se aquele que tiver mais votos, mesmo que esta maioria seja de apenas um voto. Em se tratando, porém, de municípios com mais de 200 mil eleitores, exige-se maioria absoluta, o que reclama um segundo turno, se nenhum dos candidatos alcançar mais de 50% dos votos válidos, no primeiro turno.

Na eleição do governador e do presidente da República, também se exige a maioria absoluta (art. 77, § 2º, da CF).

CÁLCULO DA MAIORIA ABSOLUTA

Para cálculo da maioria absoluta, não se contam os votos nulos nem os votos em branco. Apenas os votos válidos.

ELEIÇÕES PROPORCIONAIS

Nas eleições proporcionais, são considerados como votos válidos aqueles dados aos candidatos e às legendas. Essas eleições distinguem-se das majoritárias, porque os candidatos são eleitos de acordo com as regras do sistema proporcional adotado no Brasil, cujos cálculos estão explicitados nos arts. 106 a 109, do Código Eleitoral, com a reforma da Lei nº 13.165/2015.

PARTIDOS REGISTRADOS:

Só poderão participar das eleições os partidos que tenham registrado seu estatuto no TSE, um ano antes do pleito.

O art. 4º foi objeto de uma ação direta de inconstitucionalidade, tendo o Supremo Tribunal Federal decidido que: "É constitucional o art. 4º da Lei n.º 9.504/97, que exige que o partido político tenha, no mínimo, um ano de existência para que possa concorrer nas eleições". (STF, Plenário. ADI 1817/DF, rel. Min. Dias Toffoli, julgado em 28.5.2014)

## 2 AS COLIGAÇÕES (ART. 6°)

> Art. 6º É facultado aos partidos políticos, dentro da mesma circunscrição, celebrar coligações para eleição majoritária, proporcional, ou para ambas, podendo, neste último caso, formar-se mais de uma coligação para a eleição proporcional dentre os partidos que integram a coligação para o pleito majoritário.
> § 1º A coligação terá denominação própria, que poderá ser a junção de todas as siglas dos partidos que a integram, sendo a ela atribuídas as prerrogativas e obrigações de partido político no que se refere ao processo eleitoral, e devendo funcionar como um só partido no relacionamento com a Justiça Eleitoral e no trato dos interesses interpartidários.
> § 1º-A. A denominação da coligação não poderá coincidir, incluir ou fazer referência a nome ou número de candidato, nem conter pedido de voto para partido político. *(Incluído pela Lei nº 12.034, de 2009)*
> § 2º Na propaganda para eleição majoritária, a coligação usará, obrigatoriamente, sob sua denominação, as legendas de todos os partidos que a integram; na propaganda para eleição proporcional, cada partido usará apenas sua legenda sob o nome da coligação.

§ 3º Na formação de coligações, devem ser observadas, ainda, as seguintes normas:

I - na chapa da coligação, podem inscrever-se candidatos filiados a qualquer partido político dela integrante;

II - o pedido de registro dos candidatos deve ser subscrito pelos presidentes dos partidos coligados, por seus delegados, pela maioria dos membros dos respectivos órgãos executivos de direção ou por representante da coligação, na forma do inciso III;

III - os partidos integrantes da coligação devem designar um representante, que terá atribuições equivalentes às de presidente de partido político, no trato dos interesses e na representação da coligação, no que se refere ao processo eleitoral;

IV - a coligação será representada perante a Justiça Eleitoral pela pessoa designada na forma do inciso III ou por delegados indicados pelos partidos que a compõem, podendo nomear até:

a) três delegados perante o Juízo Eleitoral;

b) quatro delegados perante o Tribunal Regional Eleitoral;

c) cinco delegados perante o Tribunal Superior Eleitoral.

§ 4º O partido político coligado somente possui legitimidade para atuar de forma isolada no processo eleitoral quando questionar a validade da própria coligação, durante o período compreendido entre a data da convenção e o termo final do prazo para a impugnação do registro de candidatos. *(Incluído pela Lei nº 12.034, de 2009)*

§ 5º A responsabilidade pelo pagamento de multas decorrentes de propaganda eleitoral é solidária entre os candidatos e os respectivos partidos, não alcançando outros partidos mesmo quando intregrantes de uma mesma coligação. *(Incluído pelo Lei nº 12.891, de 2013)*

## COMENTÁRIOS

Os partidos políticos coligam-se ao abdicarem de suas individualidades para formarem nova entidade: a coligação. A partir de sua formação, mesmo constituída por vários partidos, a coligação passa a funcionar como um só partido, em seu relacionamento com a Justiça Eleitoral e no trato dos interesses partidários (art. 6º, § 1º, da Lei nº 9.504/1997). A temporalidade é a característica maior das coligações.

Segundo o *Glossário eleitoral brasileiro*, do TSE,

> Coligação é a união de dois ou mais partidos com vistas à apresentação de candidatos a determinada eleição. A coligação, apesar de não possuir personalidade civil, como os partidos, é um ente jurídico com direitos e obrigações durante todo o processo eleitoral. É uma entidade jurídica de direito eleitoral, temporária, com todos os direitos assegurados aos partidos, e com todas as suas obrigações, inclusive as resultantes de contratos com terceiros, e as decorrentes de atos ilícitos.

A dinâmica das coligações encontra-se no art. 6º da Lei nº 9.504/1997. Da leitura atenta desse artigo, temos as seguintes conclusões:

– A formação de coligações é uma faculdade atribuída aos partidos políticos;
– As coligações devem ser feitas dentro da mesma circunscrição eleitoral (Ex.: tratando-se de eleição municipal, dentro do mesmo município);
– Podem-se formar coligações para eleições majoritárias, proporcionais ou para ambas, ao mesmo tempo;
– A coligação terá denominação própria, isto é, todos os partidos coligados abdicam de sua sigla em favor de um novo nome, ou, em outra hipótese, podem expressar a coligação com a sequência das siglas partidárias o que, na prática, ficaria difícil de ser manipulado em matéria de propaganda.

Nos estatutos dos partidos encontram-se as normas sobre coligações, observadas as disposições da Lei das Eleições.

Na formação de coligações, devem ser observadas, ainda, as seguintes normas: I - na chapa da coligação, podem inscrever-se candidatos filiados a qualquer partido político dela integrante; II - o pedido de registro dos candidatos deve ser subscrito pelos presidentes dos partidos coligados, por seus delegados, pela maioria dos membros dos respectivos órgãos executivos de direção ou por representante da coligação, na forma do inciso III; III- os partidos integrantes da coligação devem designar um representante, que terá atribuições equivalentes às de presidente de partido político, no trato dos interesses e na representação da coligação, no que se refere ao processo eleitoral; IV - a coligação será representada perante a Justiça Eleitoral pela pessoa designada na forma do inciso III ou por delegados indicados pelos partidos que a compõem, podendo nomear até: a) três delegados perante o Juízo Eleitoral; b) quatro delegados perante o TRE; c) cinco delegados perante o TSE (art. 6º, § 3º, da Lei nº 9.504/1997).

O parágrafo quarto, incluído pela Lei nº 12.034/2009, disciplina a questão da legitimidade das coligações, assunto que despertava muita polêmica. Por essa alteração, o partido político coligado só poderá atuar isoladamente quando pretender contestar a validade da própria coligação, durante o período compreendido entre a data da convenção e o termo final do prazo para a impugnação do registrado de candidatos.

## APLICAÇÃO:

No município de Viana (MA), estão constituídos os diretórios dos seguintes partidos políticos: PMDB, PSDB, PT, PTB, PCB, PV e PSB. Numa eleição municipal, o PV, o PT e o PMDB resolveram coligar-se para a eleição majoritária, adotando o nome VIANA PARA O PROGRESSO. A partir de então, não se fala mais em candidato do PV, do PMDB ou do PT, mas só da Coligação VIANA PARA O PROGRESSO. Caberá ao representante da Coligação a representação desta junto à Justiça Eleitoral.

Na escolha de nomes de coligações, entra a criatividade brasileira, com nomes curiosos, como, por exemplo, no município de Alto Alegre, no Maranhão, formou-se uma coligação para a eleição de 2004 com o nome PARA ALTO ALEGRE NÃO SAIR DOS TRILHOS. De certa forma, foi uma alusão aos trilhos da ferrovia que passa por ali. Em outro município, Satubinha (MA), em caso de reeleição, a coligação denominou-se SATUBINHA NÃO PODE PARAR DE SER FELIZ; e em Lagoa Grande (MA) formou-se a coligação COM A VERDADE SE CONSTRÓI A FELICIDADE.

A Lei nº 12.034/2009 proíbe a denominação de coligação que venha a coincidir, incluir ou fazer referência a nome ou número de candidato, nem conter pedido de voto para partido político. Por exemplo, uma coligação que pretenda chamar-se VOTE NO PT PARA LIBERTAR SÃO RAIMUNDO.

Quando termina a coligação?

A resposta a essa pergunta, aparentemente simples, dividiu a jurisprudência e a doutrina, por muito tempo, firmando-se, por fim, o entendimento de que a coligação termina com a diplomação, uma vez que o processo eleitoral chega ao fim com a solenidade da diplomação. Esse prazo, entretanto, dilatou-se com o surgimento da Ação de Impugnação de Mandato Eletivo, cujo prazo é de quinze dias, após a diplomação (Ac. nº 19.663 – GO, rel. Min. Luiz Carlos Madeira).

Embora tenha o seu fim definido, seus efeitos permanecem ativos por toda a legislatura. É o que se conclui do julgamento do Mandado de Segurança nº 30260/DF, no Supremo Tribunal Federal, diante da abertura de uma vaga na Câmara dos Deputados, sobre quem deveria substituir o deputado que deixou o cargo: o suplente do partido ou da coligação? Decidiu o STF:

> *MANDADO DE SEGURANÇA PREVENTIVO. CONSTITUCIONAL. SUPLENTES DE DEPUTADO FEDERAL. ORDEM DE SUBSTITUIÇÃO FIXADA SEGUNDO A ORDEM DA COLIGAÇÃO. REJEIÇÃO DAS PRELIMINARES DE ILEGITIMIDADE ATIVA E DE PERDA DO OBJETO DA AÇÃO. AUSÊNCIA DE DIREITO LÍQUIDO E CERTO. SEGURANÇA DENEGADA.*
>
> *1. A legitimidade ativa para a impetração do mandado de segurança é de quem, asseverando ter direito líquido e certo, titulariza-o, pedindo proteção judicial. A possibilidade de validação da tese segundo a qual o mandato pertence ao partido político e não à coligação legitima a ação do Impetrante.*
>
> *2. Mandado de segurança preventivo. A circunstância de a ameaça de lesão ao direito pretensamente titularizado pelo Impetrante ter-se convolado em dano concreto não acarreta perda de objeto da ação.*
>
> *3. As coligações são conformações políticas decorrentes da aliança partidária formalizada entre dois ou mais partidos políticos para concorrerem, de forma unitária, às eleições proporcionais ou majoritárias. Distinguem-se dos partidos políticos que a compõem e a eles se sobrepõe, temporariamente, adquirindo capacidade jurídica para representá-los.*
>
> *4. A figura jurídica derivada dessa coalizão transitória não se exaure no dia do pleito ou, menos ainda, apaga os vestígios de sua existência quando esgotada a finalida-*

*de que motivou a convergência de vetores políticos: eleger candidatos. Seus efeitos projetam-se na definição da ordem para ocupação dos cargos e para o exercício dos mandatos conquistados.*
*5. A coligação assume perante os demais partidos e coligações, os órgãos da Justiça Eleitoral e, também, os eleitores, natureza de superpartido; ela formaliza sua composição, registra seus candidatos, apresenta-se nas peças publicitárias e nos horários eleitorais e, a partir dos votos, forma quociente próprio, que não pode ser assumido isoladamente pelos partidos que a compunham nem pode ser por eles apropriado.*
*6. O quociente partidário para o preenchimento de cargos vagos é definido em função da coligação, contemplando seus candidatos mais votados, independentemente dos partidos aos quais são filiados. Regra que deve ser mantida para a convocação dos suplentes, pois eles, como os eleitos, formam lista única de votações nominais que, em ordem decrescente, representa a vontade do eleitorado.*
*7. A sistemática estabelecida no ordenamento jurídico eleitoral para o preenchimento dos cargos disputados no sistema de eleições proporcionais é declarada no momento da diplomação, quando são ordenados os candidatos eleitos e a ordem de sucessão pelos candidatos suplentes. A mudança dessa ordem atenta contra o ato jurídico perfeito e desvirtua o sentido e a razão de ser das coligações.*
*8. Ao se coligarem, os partidos políticos aquiescem com a possibilidade de distribuição e rodízio no exercício do poder buscado em conjunto no processo eleitoral.*
*9. Segurança denegada.*
(STF MS 30260-DF. Relatora: Min. Cármen Lúcia).[147]

## 3 CONVENÇÕES (ARTS. 7° E 8°)

Art. 7º As normas para a escolha e substituição dos candidatos e para a formação de coligações serão estabelecidas no estatuto do partido, observadas as disposições desta Lei.
§ 1º Em caso de omissão do estatuto, caberá ao órgão de direção nacional do partido estabelecer as normas a que se refere este artigo, publicando-as no Diário Oficial da União até cento e oitenta dias antes das eleições.
§ 2º Se a convenção partidária de nível inferior se opuser, na deliberação sobre coligações, às diretrizes legitimamente estabelecidas pelo órgão de direção nacional, nos termos do respectivo estatuto, poderá esse órgão anular a deliberação e os atos dela decorrentes. *(Redação dada pela Lei nº 12.034, de 2009)*
§ 3º As anulações de deliberações dos atos decorrentes de convenção partidária, na condição acima estabelecida, deverão ser comunicadas à Justiça Eleitoral no prazo de 30 (trinta) dias após a data limite para o registro de candidatos. *(Redação dada pela Lei nº 12.034, de 2009)*
§ 4º Se, da anulação, decorrer a necessidade de escolha de novos candidatos, o pedido de registro deverá ser apresentado à Justiça Eleitoral nos 10 (dez) dias

147 RTJ 220/278.

seguintes à deliberação, observado o disposto no art. 13. *(Incluído pela Lei nº 12.034, de 2009)*

Art. 8º A escolha dos candidatos pelos partidos e a deliberação sobre coligações deverão ser feitas no período de 20 de julho a 5 de agosto do ano em que se realizarem as eleições, lavrando-se a respectiva ata em livro aberto, rubricado pela Justiça Eleitoral, publicada em vinte e quatro horas em qualquer meio de comunicação. *(Redação dada pela Lei nº 13.165, de 2015)*

§ 1º Aos detentores de mandato de Deputado Federal, Estadual ou Distrital, ou de Vereador, e aos que tenham exercido esses cargos em qualquer período da legislatura que estiver em curso, é assegurado o registro de candidatura para o mesmo cargo pelo partido a que estejam filiados.

§ 2º Para a realização das convenções de escolha de candidatos, os partidos políticos poderão usar gratuitamente prédios públicos, responsabilizando-se por danos causados com a realização do evento.

## COMENTÁRIOS

A convenção é o momento mais importante para uma organização partidária, pois as grandes decisões políticas são tomadas nessas ocasiões.

As convenções de que tratam os presentes artigos são aquelas realizadas pelos diretórios dos partidos para a definição dos seus candidatos e para decidirem sobre a formação de coligações.

A Lei nº 13.165/2015 alterou a data para a realização das convenções, fixando-a entre 20 de julho a 5 de agosto do ano em que se realizarem eleições. Visou tal alteração o encurtamento do prazo da propaganda política.

Para a formalização das convenções, deve-se lavrar a ata da decisão, em livro aberto e rubricado pela Justiça Eleitoral, publicado em vinte e quatro horas, em qualquer meio de comunicação.

As alterações trazidas pela Lei nº 12.034/2009 visaram a garantir a coerência ideológica dos partidos e a ordem interna, indispensáveis para a respeitabilidade dessas agremiações. Nessa linha de atuação vertical, a direção nacional pode, inclusive, anular convenções de escolhas de candidatos ou coligações disparatadas, em desacordo com orientação da cúpula do partido.

A disciplina partidária é salutar para a afirmação de um partido político que almeja ser respeitado. É em seus estatutos que deve estar a base legal para essas atitudes de organização e funcionamento. É dever do filiado obedecer às normas do seu partido político, compromisso que é feito no ato de filiação.

Lamentável é quando se instala um conflito entre os interesses locais e os nacionais, estes oriundos de alianças com os caciques partidários de maior peso. Nessa disputa, muitas injustiças são praticadas contra os próprios correligionários.

A Lei nº 12.891/2013 preconizou a publicidade a ser dada à ata da convenção, com sua divulgação pela imprensa. Essa publicidade foi mantida pelo Lei nº 13.165/2015.

## 4 DOMICÍLIO ELEITORAL (ART. 9°)

> Art. 9º Para concorrer às eleições, o candidato deverá possuir domicílio eleitoral na respectiva circunscrição pelo prazo de, pelo menos, um ano antes do pleito, e estar com a filiação deferida pelo partido no mínimo seis meses antes da data da eleição.
> (Redação dada pela Lei nº 13.165, de 2015)

### COMENTÁRIOS

O domicílio eleitoral é um pressuposto constitucional de elegibilidade que assegura a capacidade eleitoral passiva do candidato (art. 14, § 3º, IV, da CF/88).

É necessário que o candidato possua domicílio eleitoral na respectiva circunscrição pelo prazo de, pelo menos, seis meses antes do pleito, e estar com a filiação deferida pelo partido no mesmo período (cf. cap. 3).

Em capítulo especial, nesta obra, o domicílio eleitoral é tratado de forma exaustiva.

## 5 FILIAÇÃO PARTIDÁRIA (ART. 9°)

> Art. 9º Para concorrer às eleições, o candidato deverá possuir domicílio eleitoral na respectiva circunscrição pelo prazo de, pelo menos, um ano antes do pleito, e estar com a filiação deferida pelo partido no mínimo seis meses antes da data da eleição. *(Redação dada pela Lei nº 13.165, de 2015)*
> Parágrafo único. Havendo fusão ou incorporação de partidos após o prazo estipulado no *caput*, será considerada, para efeito de filiação partidária, a data de filiação do candidato ao partido de origem.

### COMENTÁRIOS

Trata-se de um dos requisitos constitucionalmente previstos para assegurar ao candidato a condição de elegível (art. 14, § 3º,V, da CF/88). A filiação é revestida de caráter *interna corporis*, pois sua dinâmica é definida pelo estatuto de cada partido político. Sem filiação partidária, não há candidatura. O nosso sistema político-eleitoral não permite candidaturas avulsas. Nesse aspecto, impõe-se observar o prazo de seis meses para que o filiado esteja apto a pleitear sua candidatura.

A redução do prazo de filiação de um ano para seis meses foi promovida pela Lei da Reforma Eleitoral 2015. Essa alteração enfraqueceu a fidelidade partidária, abrindo uma janela ampla para o troca-troca partidário.

É preciso observar que, diante da autonomia dos partidos e da força normativa dos seus estatutos – verdadeira lei interna dos partidos –, o prazo de filiação válido é o que dispõe cada partido em seu respectivo estatuto.

Confirmam esse entendimento as disposições dos arts. 16 a 22 da Lei dos Partidos Políticos. Ali, em seu artigo 17, está dito: *Considera-se deferida, para todos os efeitos, a filiação partidária, com o atendimento das regras estatutárias do partido.*

## 6 NÚMERO DE CANDIDATOS (ART. 10)

> Art. 10. Cada partido ou coligação poderá registrar candidatos para a Câmara dos Deputados, a Câmara Legislativa, as Assembleias Legislativas e as Câmaras Municipais no total de até 150% (cento e cinquenta por cento) do número de lugares a preencher, salvo: *(Redação dada pela Lei nº 13.165, de 2015)*
> I - nas unidades da Federação em que o número de lugares a preencher para a Câmara dos Deputados não exceder a doze, nas quais cada partido ou coligação poderá registrar candidatos a Deputado Federal e a Deputado Estadual ou Distrital no total de até 200% (duzentos por cento) das respectivas vagas; *(Redação dada pela Lei nº 13.165, de 2015)*
> II - nos Municípios de até cem mil eleitores, nos quais cada coligação poderá registrar candidatos no total de até 200% (duzentos por cento) do número de lugares a preencher. *(Redação dada pela Lei nº 13.165, de 2015)*
> § 1º (Revogado).
> § 2º (Revogado).
> § 3º Do número de vagas resultante das regras previstas neste artigo, cada partido ou coligação preencherá o mínimo de 30% (trinta por cento) e o máximo de 70% (setenta por cento) para candidaturas de cada sexo. *(Redação da Lei nº 12.034, de 2009)*
> § 4º Em todos os cálculos, será sempre desprezada a fração, se inferior a meio, e igualada a um, se igual ou superior.
> § 5º No caso de as convenções para a escolha de candidatos não indicarem o número máximo de candidatos previsto no caput, os órgãos de direção dos partidos respectivos poderão preencher as vagas remanescentes até trinta dias antes do pleito. *(Redação dada pela Lei nº 13.165, de 2015)*

### COMENTÁRIOS

O número de candidatos encontra-se previsto no artigo 10 e parágrafos que o completam, estabelecendo especificamente os índices percentuais para os cargos a serem ocupados nas eleições proporcionais, quer se tratando de partido político, quer se tratando de coligações.

Cada partido ou coligação poderá registrar candidatos para a Câmara dos Deputados, Assembleias Legislativas e Câmaras Municipais, até 150% do número de lugares a preencher, ressalvadas as hipóteses dos incisos I e II. Não há mais a distinção que havia entre coligações e partidos. Ficou, assim, igualado o percentual de candidatos dos partidos e das coligações. Entretanto, sem justificativa, essa igualdade é rompida, no caso de municípios com até cem mil eleitores, "nos quais cada coligação poderá registrar candidatos a deputado federal e a deputado estadual ou distrital no total de até 200% (duzentos por cento) das respectivas vagas".

O § 3º do art. 10, que dispõe sobre a proporcionalidade de sexo na representação das câmaras municipais, assembleias legislativas e câmara dos deputados, sofreu alteração pela nova lei apenas para substituir a expressão "deverá reservar" por "preencherá" (*Redação da Lei nº 12.034, de 2009)*

APLICAÇÃO DAS QUOTAS: Se a câmara municipal de São Gonçalo compõe-se de treze lugares, o partido ou a coligação poderão apresentar 20 candidatos, correspondente a 150% das vagas. Para o cálculo da distribuição das vagas pelo sexo dos candidatos (art. 10, § 3º), terão os seguintes números: 70% de 20 vagas é igual a 14, enquanto 30% corresponde a 6. Aplicando-se a regra do § 4º, as candidaturas à câmara de vereadores de São Gonçalo serão distribuídas considerando-se o máximo de 14 candidatos e o mínimo de seis para cada sexo.

O cálculo dos percentuais de candidatos para cada sexo terá como base o número de candidaturas efetivamente requeridas pelo partido ou coligação e deverá ser observado nos casos de vagas remanescentes ou de substituição (art. 18 § 7º, da Res./TSE nº 23.405, de 27.2.2014).

Observa-se que, em caso de sobras (falta de candidatos ou candidatas), nenhum candidato poderá ocupar a vaga destinada a outro sexo, as chamadas vagas remanescentes. Esse é o entendimento do TSE, assim expresso:

> *Registro de candidato. Eleições municipais de 2000. Impossibilidade de se preencher o número de vagas destinadas a mulheres, com candidaturas de homens (art. 10, §§ 3º e 5º, da Lei nº 9.504/97) (Ac. nº 16.690, de 5.9.2000, rel. Min. Fernando Neves).*

O México e o Equador trazem, em suas legislações, a exigência de 50% para assegurar a representação feminina no parlamento e na política de uma forma geral. Trata-se de um exemplo de paridade de gênero.

A Lei nº 12.891/2013 introduziu na Lei das Eleições o art. 93-A, com a seguinte redação: *O Tribunal Superior Eleitoral (TSE), no período compreendido entre 1º de março a 30 de junho dos anos eleitorais, em tempo igual ao disposto no art. 93 desta Lei, poderá promover propaganda institucional, em rádio e televisão, destinada a incentivar a igualdade de gênero e a participação feminina na política.*

Esse incentivo torna-se importante diante da realidade que se constata: alugam-se candidatas *ad hoc* só para completar o número legalmente exigido. O resultado é que, por ocasião da prestação de contas, têm suas contas rejeitadas ou consideradas não aprovadas. As "candidatas", que nada sabem do que está acontecendo, acabam sofrendo as consequências de uma conduta para a qual foram induzidas.

A ementa da Lei 13.165/2015, já contém de forma explícita o propósito da reforma em "simplificar a administração dos Partidos Políticos e incentivar a participação feminina". Essa programação vem disciplinada na nova redação do art. 44, incisvo V, da Lei dos Partidos Políticos, ao tratar, de forma detalhada, a despesa com "a criação e manutenção de programas de promoção e difusão da participação política das mulheres, determinando que o percentual a ser aplicado deverá ser fixado pelo órgão nacional do partido, não podendo ser inferior a 5% (cinco por centro). E logo adiante, no parágrafo 5º do mesmo artigo, mostra a seriedade com que pretende ser observada essa disciplina, ao dispor: "O partido político que não cumprir o disposto no inciso V do caput deverá transferir o saldo para a conta específica, sendo vedada sua aplicação para finalidade diversa, de modo que o saldo remanescente deverá ser aplicado dentro do exercício financeiro subsequente, sob pena de acréscimo de 12,5% (doze inteiros e cinco décimos por cento) do valor previsto no inciso V do caput, a ser aplicado na mesma finalidade".

Por meio dessas campanhas, será possível despertar na mulher brasileira o desejo de maior participação política, a exemplo do que já ocorre na maioria dos países da América Latina.

## 7 DO REGISTRO DE CANDIDATOS (ART. 11)

> Art. 11. Os partidos e coligações solicitarão à Justiça Eleitoral o registro de seus candidatos até as dezenove horas do dia 15 de agosto do ano em que se realizarem as eleições. *(Redação dada pela Lei nº 13.165, de 2015)*
>
> § 1º O pedido de registro deve ser instruído com os seguintes documentos:
>
> I - cópia da ata a que se refere o art. 8º;
>
> II - autorização do candidato, por escrito;
>
> III - prova de filiação partidária;
>
> IV - declaração de bens, assinada pelo candidato;
>
> V - cópia do título eleitoral ou certidão, fornecida pelo cartório eleitoral, de que o candidato é eleitor na circunscrição ou requereu sua inscrição ou transferência de domicílio no prazo previsto no art. 9º;
>
> VI - certidão de quitação eleitoral;
>
> VII - certidões criminais fornecidas pelos órgãos de distribuição da Justiça Eleitoral, Federal e Estadual;
>
> VIII - fotografia do candidato, nas dimensões estabelecidas em instrução da Justiça Eleitoral, para efeito do disposto no § 1º do art. 59.
>
> IX - propostas defendidas pelo candidato a Prefeito, a Governador de Estado e a Presidente da República. *(Incluído pela Lei nº 12.034, de 2009)*
>
> § 2º A idade mínima constitucionalmente estabelecida como condição de elegibilidade é verificada tendo por referência a data da posse, salvo quando fixada em dezoito anos, hipótese em que será aferida na data-limite para o pedido de registro. *(Redação dada pela Lei nº 13.165, de 2015)*

§ 3º Caso entenda necessário, o Juiz abrirá prazo de setenta e duas horas para diligências.

§ 4º Na hipótese de o partido ou coligação não requerer o registro de seus candidatos, estes poderão fazê-lo perante a Justiça Eleitoral, observado o prazo máximo de quarenta e oito horas seguintes à publicação da lista dos candidatos pela Justiça Eleitoral. *(Redação dada pela Lei nº 12.034, de 2009)*

§ 5º Até a data a que se refere este artigo, os Tribunais e Conselhos de Contas deverão tornar disponíveis à Justiça Eleitoral relação dos que tiveram suas contas relativas ao exercício de cargos ou funções públicas rejeitadas por irregularidade insanável e por decisão irrecorrível do órgão competente, ressalvados os casos em que a questão estiver sendo submetida à apreciação do Poder Judiciário, ou que haja sentença judicial favorável ao interessado.

§ 6º A Justiça Eleitoral possibilitará aos interessados acesso aos documentos apresentados para os fins do disposto no § 1º. *(Incluído pela Lei nº 12.034, de 2009)*

§ 7º A certidão de quitação eleitoral abrangerá exclusivamente a plenitude do gozo dos direitos políticos, o regular exercício do voto, o atendimento a convocações da Justiça Eleitoral para auxiliar os trabalhos relativos ao pleito, a inexistência de multas aplicadas, em caráter definitivo, pela Justiça Eleitoral e não remitidas, e a apresentação de contas de campanha eleitoral.*(Incluído pela Lei nº 12.034, de 2009)*

§ 8º Para fins de expedição da certidão de que trata o § 7º, considerar-se-ão quites aqueles que: *(Incluído pela Lei nº 12.034, de 2009)*

I - condenados ao pagamento de multa, tenham, até a data da formalização do seu pedido de registro de candidatura, comprovado o pagamento ou o parcelamento da dívida regularmente cumprido;*(Incluído pela Lei nº 12.034, de 2009)*

II - pagarem a multa que lhes couber individualmente, excluindo-se qualquer modalidade de responsabilidade solidária, mesmo quando imposta concomitantemente com outros candidatos e em razão do mesmo fato.*(Incluído pela Lei nº 12.034, de 2009)*

III – o parcelamento das multas eleitorais é direito do cidadão, seja ele eleitor ou candidato, e dos partidos políticos, podendo ser parcelada em até 60 (sessenta) meses, dese que não ultrapasse podendo ser parcelada em atdato, e dos partidos polrenda. o limite de 10% (dez por cento) de sua renda. *(Incluído pela Lei nº 12.89, de 2013)*

§ 9º A Justiça Eleitoral enviará aos partidos políticos, na respectiva circunscrição, até o dia 5 de junho do ano da eleição, a relação de todos os devedores de multa eleitoral, a qual embasará a expedição das certidões de quitação eleitoral. *(Incluído pela Lei nº 12.034, de 2009)*

§ 10. As condições de elegibilidade e as causas de inelegibilidade devem ser aferidas no momento da formalização do pedido de registro da candidatura, ressalvadas as alterações, fáticas ou jurídicas, supervenientes ao registro que afastem a inelegibilidade. *(Incluído pela Lei nº 12.034, de 2009)*

§ 11. A Justiça Eleitoral observará, no parcelamento a que se refere o § 8º deste artigo, as regras de parcelamento previstas na legislação tributária federal. *(Incluído pela Lei nº 12.034, de 2009)*

§ 12. (vetado) *(Incluído pela Lei nº 12.034, de 2009)*

§ 13. Fica dispensada a apresentação pelo partido, coligação ou candidato de documentos produzidos a partir de informações detidas pela Justiça Eleitoral, entre eles os indicados nos incisos III, V e VI do § 1º deste artigo. *(Incluído pela Lei nº 12.891, de 2013)*

Art. 12. O candidato às eleições proporcionais indicará, no pedido de registro, além de seu nome completo, as variações nominais com que deseja ser registrado, até o máximo de três opções, que poderão ser o prenome, sobrenome, cognome, nome abreviado, apelido ou nome pelo qual é mais conhecido, desde que não se estabeleça dúvida quanto à sua identidade, não atente contra o pudor e não seja ridículo ou irreverente, mencionando em que ordem de preferência deseja registrar-se.

§ 1º Verificada a ocorrência de homonímia, a Justiça Eleitoral procederá atendendo ao seguinte:

I - havendo dúvida, poderá exigir do candidato prova de que é conhecido por dada opção de nome, indicada no pedido de registro;

II - ao candidato que, na data máxima prevista para o registro, esteja exercendo mandato eletivo ou o tenha exercido nos últimos quatro anos, ou que nesse mesmo prazo se tenha candidatado com um dos nomes que indicou, será deferido o seu uso no registro, ficando outros candidatos impedidos de fazer propaganda com esse mesmo nome;

III - ao candidato que, pela sua vida política, social ou profissional, seja identificado por um dado nome que tenha indicado, será deferido o registro com esse nome, observado o disposto na parte final do inciso anterior;

IV - tratando-se de candidatos cuja homonímia não se resolva pelas regras dos dois incisos anteriores, a Justiça Eleitoral deverá notificá-los para que, em dois dias, cheguem a acordo sobre os respectivos nomes a serem usados;

V - não havendo acordo no caso do inciso anterior, a Justiça Eleitoral registrará cada candidato com o nome e sobrenome constantes do pedido de registro, observada a ordem de preferência ali definida.

§ 2º A Justiça Eleitoral poderá exigir do candidato prova de que é conhecido por determinada opção de nome por ele indicado, quando seu uso puder confundir o eleitor.

§ 3º A Justiça Eleitoral indeferirá todo pedido de variação de nome coincidente com nome de candidato a eleição majoritária, salvo para candidato que esteja exercendo mandato eletivo ou o tenha exercido nos últimos quatro anos, ou que, nesse mesmo prazo, tenha concorrido em eleição com o nome coincidente.

§ 4º Ao decidir sobre os pedidos de registro, a Justiça Eleitoral publicará as variações de nome deferidas aos candidatos.

§ 5º A Justiça Eleitoral organizará e publicará, até trinta dias antes da eleição, as seguintes relações, para uso na votação e apuração:
I - a primeira, ordenada por partidos, com a lista dos respectivos candidatos em ordem numérica, com as três variações de nome correspondentes a cada um, na ordem escolhida pelo candidato;
II - a segunda, com o índice onomástico e organizada em ordem alfabética, nela constando o nome completo de cada candidato e cada variação de nome, também em ordem alfabética, seguidos da respectiva legenda e número.

## COMENTÁRIOS

A Lei nº 13.165/2015 alterou a data limite para o pedido de registro de candidatura, fixando-a em 15 de agosto do ano em que se realizarem as eleições.

As disposições normativas do art. 11 já foram analisadas detalhadamente no capítulo oitavo desta obra.

Merece enfatizar-se, nesta oportunidade, apenas as alterações promovidas pela Lei 13.165/2015 no *caput* do artigo 11 e seu parágrafo segundo.

No primeiro caso, alterou a data final para a apresentação do pedido de registro de candidatura para as 19 horas do dia 15 de agosto do ano em que se realizarem as eleições. No segundo, alterou a contagem da data-limite para os candidatos com 18 anos de idade, cuja aferição deve ser feita na data do pedido de registro. Quer dizer, o candidato poderia ter sua candidatura homologada pela convenção contando dezessete anos, desde que, até o dia da posse, completasse dezoito anos. Agora, não é mais assim: até o dia 15 de agosto do ano da eleição, ele deverá ter completado dezoito anos.

## 8 SUBSTITUIÇÃO DE CANDIDATOS (ART. 13)

Art. 13. É facultado ao partido ou coligação substituir candidato que for considerado inelegível, renunciar ou falecer após o termo final do prazo do registro ou, ainda, tiver seu registro indeferido ou cancelado.
§ 1º A escolha do substituto far-se-á na forma estabelecida no estatuto do partido a que pertencer o substituído, e o registro deverá ser requerido até 10 (dez) dias contados do fato ou da notificação do partido da decisão judicial que deu origem à substituição. *(Redação dada pela Lei nº 12.034, de 2009)*
§ 2º Nas eleições majoritárias, se o candidato for de coligação, a substituição deverá fazer-se por decisão da maioria absoluta dos órgãos executivos de direção dos partidos coligados, podendo o substituto ser filiado a qualquer partido dela integrante, desde que o partido ao qual pertencia o substituído renuncie ao direito de preferência.
§ 3º Tanto nas eleições majoritárias como nas proporcionais, a substituição só se efetivará se o novo pedido for apresentado até 20 (vinte) dias antes do pleito,

exceto em caso de falecimento de candidato, quando a substituição poderá ser efetivada após esse prazo. *(Redação dada pela Lei nº 12.891, de 2013)*

## COMENTÁRIOS

Ao partido político ou coligação é permitido que se faça a substituição do candidato, após o término do prazo final de registro, nas seguintes hipóteses:

a) em caso de renúncia;
b) em caso de falecimento;
c) se o candidato tiver seu pedido de registro indeferido por inelegibilidade ou outra causa;
d) se o candidato tiver seu pedido cancelado.

O TSE tem entendido que a renúncia à candidatura é ato unilateral, submetido, apenas para os efeitos de validade do ato, à homologação da justiça eleitoral (REspe nº 35.584/PA, rel. Min. Ricardo Lewandowski. DJE de 31.8.2009).

A reforma trazida pela Lei nº 12.034/2009 fez uma importante alteração quanto à escolha do substituto, ao preconizar que esta far-se-á na forma estabelecida no estatuto do partido a que pertencer o substituído e estabelecer o prazo para o requerimento, até dez dias contados do fato ou da notificação do partido da decisão judicial que deu origem à substituição. Antes, não se cogitava dessa notificação do partido.

Nas eleições majoritárias, se o candidato for de coligação, a substituição deverá fazer-se por decisão da maioria absoluta dos órgãos executivos de direção dos partidos coligados, podendo o substituto ser filiado a qualquer partido dela integrante, desde que o partido ao qual pertencia o substituído renuncie ao direito de preferência (art. 13, § 2º).

A jurisprudência do TSE sobre essa matéria esclarece com precisão:

> *Renúncia de candidato e possibilidade de substituição fora do prazo mínimo previsto na legislação.*
> *(REsp nº 544-40/SP, rel. Min. Nancy Andrighi, julgado em 23.5.2013).*

A Lei nº 12.891/2013 inovou quanto ao prazo da apresentação do pedido de substituição, passando a ser de vinte dias, antes do pleito. A única exceção contemplada na lei é em caso de morte de candidato, cuja substituição pode ser feita a qualquer tempo.

## 9 JULGAMENTO DOS RECURSOS DE REGISTRO DE CANDIDATURAS (ART. 16)

Art. 16. Até vinte dias antes da data das eleições, os Tribunais Regionais Eleitorais enviarão ao Tribunal Superior Eleitoral, para fins de centralização e divulgação de dados, a relação dos candidatos às eleições majoritárias e proporcionais, da qual constará obrigatoriamente a referência ao sexo e ao cargo a que concorrem. *(Redação dada pela Lei nº 13.165, de 2015)*

§ 1º Até a data prevista no *caput*, todos os pedidos de registro de candidatos, inclusive os impugnados e os respectivos recursos, devem estar julgados pelas instâncias ordinárias, e publicadas as decisões a eles relativas.
*(Redação dada pela Lei nº 13.165, de 2015)*

§ 2º Os processos de registro de candidaturas terão prioridade sobre quaisquer outros, devendo a Justiça Eleitoral adotar as providências necessárias para o cumprimento do prazo previsto no § 1º, inclusive com a realização de sessões extraordinárias e a convocação dos juízes suplentes pelos Tribunais, sem prejuízo da eventual aplicação do disposto no art. 97 e de representação ao Conselho Nacional de Justiça. *(Incluído pela Lei nº 12.034, de 2009)*

## COMENTÁRIOS

Agora, os tribunais regionais eleitorais têm até vinte dias antes das eleições para enviarem ao Tribunal Superior Eleitoral a relação dos candidatos. O prazo anterior era de 45 dias.

Outra mudança refere-se ao prazo para julgamento de todos os pedidos de registro de candidaturas, mesmo os impugnados e sob recursos, fixando-se em vinte dias antes das eleições.

Se, antes, esse prazo deveria estar cumprido em todas as instâncias, a nova lei refere-se a "estar julgados pelas instâncias ordinárias". Portanto, excluiu os tribunais superiores: o TSE e o STF.

O prazo anterior, mais dilargado, nunca foi esgotado em todas as instâncias. Os tribunais regionais, com muito sacrifício, conseguiam terminar os julgamentos no dia aprazado ou poucos dias depois. Mas, para o TSE, que recebe recurso de todo o país, era, e continua sendo, impossível julgar todos os recursos antes das eleições.

Em eleições municipais, o desafio é ainda maior. Com o novo cálculo, sobrará menos de trinta dias para todos os julgamentos serem realizados.

## 10 DO REGISTRO *SUB JUDICE* (ARTS. 16-A E 16-B)

Art. 16-A. O candidato cujo registro esteja *sub judice* poderá efetuar todos os atos relativos à campanha eleitoral, inclusive utilizar o horário eleitoral gratuito no rádio e na televisão e ter seu nome mantido na urna eletrônica enquanto estiver sob essa condição, ficando a validade dos votos a ele atribuídos condicionada ao deferimento de seu registro por instância superior. *(Incluído pela Lei nº 12.034, de 2009)*

Parágrafo único. O cômputo, para o respectivo partido ou coligação, dos votos atribuídos ao candidato cujo registro esteja *sub judice* no dia da eleição fica

condicionado ao deferimento do registro do candidato. *(Incluído pela Lei nº 12.034, de 2009)*
Art. 16-B. O disposto no art. 16-A quanto do direito de participar da campanha eleitoral, inclusive utilizar o horário eleitoral gratuito, aplica-se igualmente ao candidato cujo pedido de registro tenha sido protocolado no prazo legal e ainda não tenha sido apreciado pela Justiça Eleitoral. *(Incluído pela Lei nº 12.891, de 2013)*

## COMENTÁRIO

Esse tema já foi abordado no capítulo que trata da Ação de Impugnação de Mandato Eletivo.

## 11 DA PRESTAÇÃO DE CONTAS NA CAMPANHA ELEITORAL (ARTS. 28 A 32)

Art. 28. A prestação de contas será feita:
I - no caso dos candidatos às eleições majoritárias, na forma disciplinada pela Justiça Eleitoral;
II - no caso dos candidatos às eleições proporcionais, de acordo com os modelos constantes do Anexo desta Lei.
§ 1º As prestações de contas dos candidatos às eleições majoritárias serão feitas pelo próprio candidato, devendo ser acompanhadas dos extratos das contas bancárias referentes à movimentação dos recursos financeiros usados na campanha e da relação dos cheques recebidos, com a indicação dos respectivos números, valores e emitentes. *(Redação dada pela Lei nº 13.165, de 2015)*
§ 2º As prestações de contas dos candidatos às eleições proporcionais serão feitas pelo próprio candidato. *(Redação dada pela Lei nº 13.165, de 2015)*
§ 3º As contribuições, doações e as receitas de que trata esta Lei serão convertidas em UFIR, pelo valor desta no mês em que ocorrerem.
§ 4º Os partidos políticos, as coligações e os candidatos são obrigados, durante as campanhas eleitorais, a divulgar em sítio criado pela Justiça Eleitoral para esse fim na rede mundial de computadores (internet): *(Redação dada pela Lei nº 13.165, de 2015)*
I - os recursos em dinheiro recebidos para financiamento de sua campanha eleitoral, em até 72 (setenta e duas) horas de seu recebimento; *(Redação dada pela Lei nº 13.165, de 2015)*
II - no dia 15 de setembro, relatório discriminando as transferências do Fundo Partidário, os recursos em dinheiro e os estimáveis em dinheiro recebidos, bem como os gastos realizados. *(Redação dada pela Lei nº 13.165, de 2015)*
§ 5º (vetado).
§ 6º Ficam também dispensadas de comprovação na prestação de contas:

I - a cessão de bens móveis, limitada ao valor de R$ 4.000,00 (quatro mil reais) por pessoa cedente;
II - doações estimáveis em dinheiro entre candidatos ou partidos, decorrentes do uso comum tanto de sedes quanto de materiais de propaganda eleitoral, cujo gasto deverá ser registrado na prestação de contas do responsável pelo pagamento da despesa. *(Redação dada pela Lei nº 13.165, de 2015)*
§ 7º As informações sobre os recursos recebidos a que se refere o § 4º deverão ser divulgadas com a indicação dos nomes, do CPF ou CNPJ dos doadores e dos respectivos valores doados. *(Redação dada pela Lei nº 13.165, de 2015)*
§ 8º Os gastos com passagens aéreas efetuados nas campanhas eleitorais serão comprovados mediante a apresentação de fatura ou duplicata emitida por agência de viagem, quando for o caso, desde que informados os beneficiários, as datas e os itinerários, vedada a exigência de apresentação de qualquer outro documento para esse fim. *(Redação dada pela Lei nº 13.165, de 2015)*
§ 9º A Justiça Eleitoral adotará sistema simplificado de prestação de contas para candidatos que apresentarem movimentação financeira correspondente a, no máximo, R$ 20.000,00 (vinte mil reais), atualizados monetariamente, a cada eleição, pelo Índice Nacional de Preços ao Consumidor - INPC da Fundação Instituto Brasileiro de Geografia e Estatística - IBGE ou por índice que o substituir. *(Redação dada pela Lei nº 13.165, de 2015)*
§ 10. O sistema simplificado referido no § 9º deverá conter, pelo menos: *(Redação dada pela Lei nº 13.165, de 2015)*
I - identificação das doações recebidas, com os nomes, o CPF ou CNPJ dos doadores e os respectivos valores recebidos; *(Redação dada pela Lei nº 13.165, de 2015)*
II - identificação das despesas realizadas, com os nomes e o CPF ou CNPJ dos fornecedores de material e dos prestadores dos serviços realizados; *(Redação dada pela Lei nº 13.165, de 2015)*
III - registro das eventuais sobras ou dívidas de campanha. *(Redação dada pela Lei nº 13.165, de 2015)*
§ 11. Nas eleições para Prefeito e Vereador de Municípios com menos de cinquenta mil eleitores, a prestação de contas será feita sempre pelo sistema simplificado a que se referem os §§ 9º e 10. *(Redação dada pela Lei nº 13.165, de 2015)*
§ 12 Os valores transferidos pelos partidos políticos oriundos de doações serão registrados na prestação de contas dos candidatos como transferência dos partidos e, na prestação de contas dos partidos, como transferência aos candidatos, sem individualização dos doadores. *(Redação dada pela Lei nº 13.165, de 2015)*

## COMENTÁRIOS

Mesmo adotando um sistema mais simplificado de prestação de contas, percebe-se, pelos detalhes enumerados nos parágrafos do art. 28 (ex.: a apresentação de fatura ou duplicata emitida pela agência de viagem para comprovar as passagens aéreas), a preocupação cm deixar transparente todos os gastos efetuados em campanha, sem a generalização que encobria muitas irregularidades.

A prestação de contas dos candidatos às eleições majoritárias e proporcionais será feita, a partir de agora, pelo próprio candidato, e não mais por comitê financeiro.

Os partidos políticos, as coligações e os candidatos serão obrigados a divulgarem, em sítio criado pela Justiça Eleitoral, as doações recebidas e, no dia 15 de setembro a divulgarem o relatório, discriminando as transferências do Fundo Partidário, os recursos em dinheiro e os gastos realizados. Esse dispositivo está disciplinado pelo TSE, no art. 43, §§ 4º e 5º da Resolução TSE nº 23.463/20015.

Deverão ser divulgados todos os recursos recebidos para a campanha dos candidatos, com indicação dos nomes, do CPF ou CNPJ dos doadores, assim como os valores doados.

A previsão de um sistema mais simplificado para candidatos com movimentação financeira no limite de vinte mil reais é recebida como oportuna, atendidas as identificações necessárias.

Esse sistema simplificado se estende aos municípios com menos de cinquenta mil eleitores, o que abrangerá considerável número. Essa medida deverá acelerar os julgamentos de prestação de contas.

Sobre a regra do § 12 do artigo 28, atendendo pedido de medida cautelar na ADI nº 5.394MC/DF (rel. min. Teori Zavaski, em 12/11/2015), foi suspensa a eficácia da expressão "sem individualização dos doadores", até o julgamento final da ação.

A respeito das contas de campanha, podem-se enumerar as seguintes alterações elencadas no art. 28 em comento:

– limite de gastos a ser definidos pelo TSE;
– aumento da multa para 100% pelo descumprimento dos limites de gastos;
– eliminação dos comitês financeiros, passando suas atribuições ao próprio candidato ou por pessoa por ele designada;
– fixação de prazo para encerramento da conta bancária;
– a facultatividade de abertura da conta aplicável somente para prefeito e vereador em município sem agência bancária e sem posto de atendimento;
– permissão para pessoas físicas doarem até 10% dos seus rendimentos brutos auferidos no ano anterior;
– limitação do uso de recursos próprios do candidato até o limite estabelecido na lei;
– exclusão de pessoa jurídica sem fins lucrativos de fonte vedadas em razão da permissão de doação somente por pessoas físicas (STF. ADI 4650/DF);
– novo disciplinamento do caso de recebimento de recursos de fonte vedada ou recursos de origem identificada;
– novas regras para apuração dos limites de doações das pessoas físicas;
– estabelecimento de novos prazos para divulgação da prestação de contas parcial;
– identificação prévia dos doadores na prestação de contas parcial;

– novo disciplinamento dos documentos que serão exigidos para comprovar passagens aéreas;
– estabelecimento de sistema simplificado para prestações de contas de até vinte mil reais;
– utilização do sistema simplificado para prestação de contas em municípios com menos de cinquenta mil eleitores;
– estabelecimento de novo prazo para publicar a decisão que julgar a prestação de contas dos candidatos eleitos.

O candidato deve atentar para juntar às sua prestação de contas os extratos das contas bancárias relativas à movimentação dos recursos recebidos e usados na campanha e a relação dos cheques recebidos com suas respectivas identificações.

Para as eleições de 2016, o TSE emitiu a Resolução nº 23.463, de 15 de dezembro de 2015, dispondo sobre a arrecadação e os gastos de recursos por partidos políticos e candidatos e sobre a prestação de contas. De suas minuciosas disposições, extraímos estes tópicos, sobre prestação de contas:

a) A prestação de contas deve ser assinada pelo candidato titular e pelo vice, se houver; pelo administrador financeiro das contas do candidato, se constituído; pelo presidente e tesoureiro do partido político, na hipótese de prestação de contas de partido politico; pelo profissional habilitado em contabilidade.
b) É obrigatória a constituição de advogado para a prestação de contas.
c) No dia 15 de setembro, o Tribunal Superior Eleitoral divulgará, na sua página, na internet, a prestação de contas parcial de campanha de candidatos e partidos políticos com a indicação de nomes, do CPF ou CNPJ dos doadores e dos respectivos valores doados.
d) A não apresentação tempestiva da prestação de contas parcial ou a sua entrega de forma que não corresponda à efetiva movimentação de recursos, pode carcterizar infração grave, a ser apurada na oportunidade do julgamento da prestação de contas final.
e) As prestações de contas finais referentes ao primeiro turno de todos os candidatos e de partidos políticos, em todas as esferas, devem ser prestadas à Justiça Eleitoral, até o dia 1º de novembro de 2016.
f) Havendo segundo turno, devem prestar suas contas até 19 de novembro de 2016, com a apresentação da movimentação financeira referente aos dois turnos.

A Resolução TSE nº 23.463/2015 trata detalhadamente dese processo de prestação de contas.

> Art. 29. Ao receber as prestações de contas e demais informações dos candidatos às eleições majoritárias e dos candidatos às eleições proporcionais que optarem por prestar contas por seu intermédio, os comitês deverão:
> I - (revogado);

II - resumir as informações contidas na prestação de contas, de forma a apresentar demonstrativo consolidado das campanhas; *(Redação dada pela Lei nº 13.165, de 2015)*
III - encaminhar à Justiça Eleitoral, até o trigésimo dia posterior à realização das eleições, o conjunto das prestações de contas dos candidatos e do próprio comitê, na forma do artigo anterior, ressalvada a hipótese do inciso seguinte;
IV - havendo segundo turno, encaminhar a prestação de contas, referente aos 2 (dois) turnos, até o vigésimo dia posterior à sua realização. *(Redação dada pela Lei nº 13.165, de 2015)*
§ 1º (Revogado).
§ 2º A inobservância do prazo para encaminhamento das prestações de contas impede a diplomação dos eleitos, enquanto perdurar.
§ 3º Eventuais débitos de campanha não quitados até a data de apresentação da prestação de contas poderão ser assumidos pelo partido político, por decisão do seu órgão nacional de direção partidária. *(Incluído pela Lei nº 12.034, de 2009)*
§ 4º No caso do disposto no § 3º, o órgão partidário da respectiva circunscrição eleitoral passará a responder por todas as dívidas solidariamente com o candidato, hipótese em que a existência do débito não poderá ser considerada como causa para a rejeição das contas. *(Incluído pela Lei nº 12.034, de 2009)*
Art. 30. A Justiça Eleitoral verificará a regularidade das contas de campanha, decidindo: *(Redação dada pela Lei nº 12.034, de 2009)*
I - pela aprovação, quando estiverem regulares; *(Incluído pela Lei nº 12.034, de 2009)*
II - pela aprovação com ressalvas, quando verificadas falhas que não lhes comprometem a regularidade; *(Incluído pela Lei nº 12.034, de 2009)*
III - pela desaprovação, quando verificadas falhas que lhes comprometam a regularidade; *(Incluído pela Lei nº 12.034, de 2009)*
IV - pela não prestação, quando não apresentadas as contas após a notificação emitida pela Justiça Eleitoral, na qual constará a obrigação expressa de prestar as suas contas, no prazo de setenta e duas horas. *(Incluído pela Lei nº 12.034, de 2009)*
§ 1º A decisão que julgar as contas dos candidatos eleitos será publicada em sessão até três dias antes da diplomação. *(Redação dada pela Lei nº 13.165, de 2015)*
§ 2º Erros formais e materiais corrigidos não autorizam a rejeição das contas e a cominação de sanção a candidato ou partido.
§ 2º-A Erros formais ou materiais irrelevantes no conjunto da prestação de contas, que não comprometam o seu resultado, não acarretarão a rejeição das contas. *(Incluído pela Lei nº 12.034, de 2009)*
§ 3º Para efetuar os exames de que trata este artigo, a Justiça Eleitoral poderá requisitar técnicos do Tribunal de Contas da União, dos Estados, do Distrito Federal ou dos Municípios, pelo tempo que for necessário.
§ 4º Havendo indício de irregularidade na prestação de contas, a Justiça Eleitoral poderá requisitar do candidato as informações adicionais necessárias, bem

como determinar diligências para a complementação dos dados ou o saneamento das falhas. *(Redação dada pela Lei nº 13.165, de 2015)*

§ 5º Da decisão que julgar as contas prestadas pelos candidatos caberá recurso ao órgão superior da Justiça Eleitoral, no prazo de 3 (três) dias, a contar da publicação no Diário Oficial. *(Redação dada pela Lei nº 13.165, de 2015)*

§ 6º No mesmo prazo previsto no § 5º, caberá recurso especial para o Tribunal Superior Eleitoral, nas hipóteses previstas nos incisos I e II do § 4º do art. 121 da Constituição Federal. *(Incluído pela Lei nº 12.034, de 2009)*

§ 7º O disposto neste artigo aplica-se aos processos judiciais pendentes. *(Incluído pela Lei nº 12.034, de 2009)*

Art. 30-A. Qualquer partido político ou coligação poderá representar à Justiça Eleitoral, no prazo de 15 (quinze) dias da diplomação, relatando fatos e indicando provas, e pedir a abertura de investigação judicial para apurar condutas em desacordo com as normas desta Lei, relativas à arrecadação e gastos de recursos. *(Redação dada pela Lei nº 12.034, de 2009)*

§ 1º Na apuração de que trata este artigo, aplicar-se-á o procedimento previsto no art. 22 da Lei Complementar nº 64, de 18 de maio de 1990, no que couber.

§ 2º Comprovados captação ou gastos ilícitos de recursos, para fins eleitorais, será negado diploma ao candidato, ou cassado, se já houver sido outorgado.

§ 3º O prazo de recurso contra decisões proferidas em representações propostas com base neste artigo será de 3 (três) dias, a contar da data da publicação do julgamento no Diário Oficial. *(Incluído pela Lei nº 12.034, de 2009)*

Art. 31. Se, ao final da campanha, ocorrer sobra de recursos financeiros, esta deve ser declarada na prestação de contas e, após julgados todos os recursos, transferida ao partido, obedecendo aos seguintes critérios: *(Redação dada pela Lei nº 12.891, de 2013)*

I - no caso de candidato a Prefeito, Vice-Prefeito e Vereador, esses recursos deverão ser transferidos para o órgão diretivo municipal do partido na cidade onde ocorreu a eleição, o qual será responsável exclusivo pela identificação desses recursos, sua utilização, contabilização e respectiva prestação de contas perante o juízo eleitoral correspondente; *(Incluído pela Lei nº 12.891, de 2013)*

II - no caso de candidato a Governador, Vice-Governador, Senador, Deputado Federal e Deputado Estadual ou Distrital, esses recursos deverão ser transferidos para o órgão diretivo regional do partido no Estado onde ocorreu a eleição ou no Distrito Federal, se for o caso, o qual será responsável exclusivo pela identificação desses recursos, sua utilização, contabilização e respectiva prestação de contas perante o Tribunal Regional Eleitoral correspondente; *(Incluído pela Lei nº 12.891, de 2013)*

III - no caso de candidato a Presidente e Vice-Presidente da República, esses recursos deverão ser transferidos para o órgão diretivo nacional do partido, o qual será responsável exclusivo pela identificação desses recursos, sua utilização, contabilização e respectiva prestação de contas perante o Tribunal Superior Eleitoral; *(Incluído pela Lei nº 12.891, de 2013)*

IV - o órgão diretivo nacional do partido não poderá ser responsabilizado nem penalizado pelo descumprimento do disposto neste artigo por parte dos órgãos diretivos municipais e regionais. *(Incluído pela Lei nº 12.891, de 2013)*
Parágrafo único. As sobras de recursos financeiros de campanha serão utilizadas pelos partidos políticos, devendo tais valores ser declarados em suas prestações de contas perante a Justiça Eleitoral, com a identificação dos candidatos. *(Redação dada pela Lei nº 12.034, de 2009)*
Art. 32. Até cento e oitenta dias após a diplomação, os candidatos ou partidos conservarão a documentação concernente a suas contas.
Parágrafo único. Estando pendente de julgamento qualquer processo judicial relativo às contas, a documentação a elas concernente deverá ser conservada até a decisão final.

## COMENTÁRIOS

A Lei 13.165/2015 inovou em vários aspectos no capítulo das doações e prestações de contas, trazendo um sistema mais simplificado. As prestações de contas dos candidatos nas eleições majoritárias e proporcionais passaram a ser feitas pelo próprio candidato, dispensando-se a colaboração do comitê financeiro dos partidos.

A nova redação do art. 30 distribuiu, de forma didática, o resultado dos julgamentos das contas, na seguinte ordem:

a) aprovação total, diante da regularidade;
b) aprovação com ressalvas, quando há falhas sem relevância para afastar a regularidade;
c) desaprovação total, diante das falhas que comprometem a regularidade;
d) ausência de prestação, quando o pedido não trouxer qualquer documento suficientemente idôneo para aquilatar as despesas do candidato.

Importante alteração consta do § 1º do art. 30, ao prescrever o prazo de três dias antes da diplomação para a publicação da decisão que julgar as contas dos candidatos. É um prazo difícil de ser cumprido pelo excesso de candidatos e a carência de pessoal na Justiça Eleitoral para efetuar a análise das respectivas contas.

As despesas da campanha eleitoral serão realizadas sob a responsabilidade dos partidos ou de seus candidatos e financiadas na forma da Lei nº 9.504/97. A redação do artigo 21 da Lei das Eleições é enfática ao dizer que o candidato é solidariamente responsável com o encarregado da administração financeira da campanha (o contador), pela veracidade das informações financeiras e contábeis de sua companha, devendo ambos assinar a respectiva prestação de contas.[148]

148 Art. 21 com a redação dada pelo art.1º da Lei nº 11.300/2006.

A falta de veracidade dessas informações pode sujeitar o candidato a uma ação de investigação judicial com todas as consequências previstas na lei ou, então, as sanções do art. 30-A e seus parágrafos: não diplomação do eleito ou a cassação do diploma, se já houver sido outorgado.

Juntamente com o pedido de registro de seus candidatos, os partidos e coligações comunicarão à Justiça Eleitoral os valores máximos de gastos que farão por candidatura, em cada eleição em que concorrerem.

Tratando-se de coligação, cada partido que a integra fixará o valor máximo de gastos de que trata este artigo.

Sobre o artigo 30-A, importa destacar a doutrina de Guilherme Barcelos, ao pontuar:

> O objetivo da normativa em debate é sancionar – e de forma pesada – a captação ou o gasto ilícito de recursos durante a campanha eleitoral, fazendo com que as campanhas políticas sejam custeadas de forma transparente, dentro dos parâmetros legais.
> [...]
> Igualmente, a normativa em questão tutela a moralidade do pleito eleitoral, princípio constitucional inserto no § 9º do art. 14 da Lei Maior, considerada a probidade administrativa, a legitimidade para o exercício do mandato eletivo, resguardando a transparência e a boa-fé eleitoral em prol dos ideais democráticos.[149]

A jurisprudência do TSE firmou os seguintes pontos de sua interpretação quanto ao artigo 30-A:

a) Legitimidade:

> *O art. 30-A da Lei nº 9.504/97 estabelece legitimidade para a propositura de representação prevista nessa disposição legal apenas a partido político e coligação, não se referindo, portanto, a candidato.*
> *O § 1º do art. 30-A da Lei das Eleições – ao dispor que, para apuração das condutas, será observado o procedimento do art. 22 da LC nº 64/90 – refere-se, tão somente, ao rito, não afastando, portanto, a regra de legitimidade específica, expressamente estabelecida no* caput *do mencionado artigo.* (RO nº 1.498/ES, rel. Min. Arnaldo Versiani, em 19.3.2009. Informativo TSE nº 8/2009, p. 3).

A legitimidade se estende, também, ao Ministério Público Eleitoral.

149 BARCELOS, Guilherme Rodrigues de Carvalho. O artigo 30-A, § 2º. da Lei nº 9.504/97: uma análise à luz da proporcionalidade. In: *Estudos Eleitorais*. Brasilia: Tribunal Superior Eleitoral, v. 8, nº 3, set/dez. 2013, p. 26.

b) Procedimento:

A representação eleitoral por captação de gastos segue o rito do artigo 22, inciso I, da LC nº 64/90.

c) Cassação. Proporcionalidade.

> Vale dizer que, para que a sanção do § 2º do art. 30-A da Lei das Eleições se imponha, faz-se necessário que a penalidade seja proporcional ao agravo cometido. Noutros termos, para que se justifique a procedência da lide, com a imposição da penalidade em questão, é indispensável que os ilícitos tenham relevância jurídica, gravidade, ao passo que, assim, e somente assim, a sanção de negação ou cassação do diploma se afigurará como proporcional diante do quadro posto.[150]
> *A jurisprudência é pacífica no sentido de que, nas infrações do art. 30-A da Lei das Eleições, é necessária a prova da proporcionalidade (relevância jurídica) do ilícito praticado pelo candidato, razão pela qual a sanção de cassação do diploma deve ser proporcional à gravidade da conduta, considerado o contexto da campanha. (Ag.Reg. na AC nº 40.059/CE, rel. Min. Arnaldo Versiani, em 27.4.2010.* Informativo TSE nº 13/2010, p.1).

d) Efeito:

> *Mandado de segurança. Ação de investigação judicial eleitoral. Art. 30-A da Lei 9.504/97. Execução imediata. Agravo regimental improvido. Por não versar sobre inelegibilidade, o art. 30-A da Lei das Eleições, a execução deve ser imediata, nos termos do art. 41-A e 73 da mesma lei.* (Ag.Rg.MS nº 3.567/MG, rel. Min. Cezar Peluso. Informativo TSE nº 2/2008, p. 15).

Outro ponto importante, no que concerne ao art. 30-A, é a possibilidade de a ação de investigação judicial, com amparo nesse artigo, ser proposta inclusive contra o candidato não eleito, "uma vez que o bem jurídico tutelado pela norma é a moralidade das eleições, não havendo falar na capacidade de influenciar no resultado do pleito."[151]

Sobre o artigo 32, decidiu o TSE:

> Recurso especial. Doação de Campanha acima do limite legal. Representação. Ajuizamento. Prazo. 180 dias. Art. 32 da Lei nº 9.504/97. Intempestividade. Recurso desprovido.

---

150 *Id.* p. 37.

151 RO nº 1.540/PA, rel. Min. Felix Fischer. *Informativo TSE* nº 18/2009, p. 8.

*– O prazo para a propositura, contra os doadores, das representações fundadas em doações de campanha acima dos limites legais é de 180 dias, período em que devem os candidatos e partidos conservar a documentação concernente às suas contas, a teor do que dispõe o art. 32 da Lei nº 9.504/97.*
*– Uma vez não observado o prazo de ajuizamento referido, é de se reconhecer a intempestividade da representação.*
*– Recurso desprovido.*
*(REspe nº* 36.552/SP. Relator para o acórdão: Marcelo Ribeiro. Informativo TSE nº 19/2010, p. 5*).*

## 12 PESQUISAS E TESTES PRÉ-ELEITORAIS (ARTS. 33 A 35)

Art. 33. As entidades e empresas que realizarem pesquisas de opinião pública relativas às eleições ou aos candidatos, para conhecimento público, são obrigadas, para cada pesquisa, a registrar, junto à Justiça Eleitoral, até cinco dias antes da divulgação, as seguintes informações:
I - quem contratou a pesquisa;
II - valor e origem dos recursos despendidos no trabalho;
III - metodologia e período de realização da pesquisa;
IV - plano amostral e ponderação quanto a sexo, idade, grau de instrução, nível econômico e área física de realização do trabalho a ser executado, intervalo de confiança a margem de erro; *(Redação dada pela Lei nº 12.891, de 2013)*
V - sistema interno de controle e verificação, conferência e fiscalização da coleta de dados e do trabalho de campo;
VI - questionário completo aplicado ou a ser aplicado;
VII - o nome de quem pagou pela realização do trabalho e cópia da respectiva nota fiscal. *(Redação dada pela Lei nº 12.891, de 2013)*
§ 1º As informações relativas às pesquisas serão registradas nos órgãos da Justiça Eleitoral aos quais compete fazer o registro dos candidatos.
§ 2º A Justiça Eleitoral afixará no prazo de vinte e quatro horas, no local de costume, bem como divulgará em seu sítio na internet, aviso comunicando o registro das informações a que se refere este artigo, colocando-as à disposição dos partidos ou coligações com candidatos ao pleito, os quais a elas terão livre acesso pelo prazo de 30 (trinta) dias. *(Redação dada pela Lei nº 12.034, de 2009)*
§ 3º A divulgação de pesquisa sem o prévio registro das informações de que trata este artigo sujeita os responsáveis a multa no valor de cinquenta mil a cem mil UFIR.
§ 4º A divulgação de pesquisa fraudulenta constitui crime, punível com detenção de seis meses a um ano e multa no valor de cinquenta mil a cem mil UFIR.
§ 5º É vedada, no período de campanha eleitoral, a realização de enquetes relacionadas ao processo eleitoral. *(Incluído pela Lei nº 12.891, de 2013)*
Art. 34. (vetado)

§ 1º Mediante requerimento à Justiça Eleitoral, os partidos poderão ter acesso ao sistema interno de controle, verificação e fiscalização da coleta de dados das entidades que divulgaram pesquisas de opinião relativas às eleições, incluídos os referentes à identificação dos entrevistadores e, por meio de escolha livre e aleatória de planilhas individuais, mapas ou equivalentes, confrontar e conferir os dados publicados, preservada a identidade dos respondentes.

§ 2º O não-cumprimento do disposto neste artigo ou qualquer ato que vise a retardar, impedir ou dificultar a ação fiscalizadora dos partidos constitui crime, punível com detenção, de seis meses a um ano, com a alternativa de prestação de serviços à comunidade pelo mesmo prazo, e multa no valor de dez mil a vinte mil UFIR.

§ 3º A comprovação de irregularidade nos dados publicados sujeita os responsáveis às penas mencionadas no parágrafo anterior, sem prejuízo da obrigatoriedade da veiculação dos dados corretos no mesmo espaço, local, horário, página, caracteres e outros elementos de destaque, de acordo com o veículo usado.

Art. 35. Pelos crimes definidos nos arts. 33, § 4º e 34, §§ 2º e 3º, podem ser responsabilizados penalmente os representantes legais da empresa ou entidade de pesquisa e do órgão veiculador.

## COMENTÁRIOS

Poderão, antes do pleito eleitoral, entidades e empresas realizarem pesquisas de opinião pública relativas às eleições ou aos candidatos, para conhecimento público, devendo cada pesquisa ser obrigatoriamente registrada na Justiça Eleitoral, até cinco dias antes de serem divulgadas nos meios de comunicação.

Os incisos do artigo 33 disciplinam as informações que deverão conter a pesquisa encomendada dentre as quais merece ser destacada a vedação ao anonimato, ou seja, é obrigatória a identificação de quem contratou a pesquisa.

A divulgação de pesquisa fraudulenta constitui crime, punível com detenção de seis meses a um ano e multa no valor de cinquenta a cem mil UFIRs.

A comprovação de irregularidade nos dados publicados sujeita os responsáveis às penas mencionadas no parágrafo anterior, sem prejuízo da obrigatoriedade da veiculação dos dados corretos no mesmo espaço, local, horário, página, caracteres e outros elementos de destaque, de acordo com o veículo usado.

Pelos crimes definidos nos arts. 33, § 4º e 34, §§ 2º e 3º, poderão ser responsabilizados penalmente os representantes legais da empresa ou entidade de pesquisa e do órgão veiculador.

O art. 35-A, que vedava a divulgação de pesquisas eleitorais por qualquer meio de comunicação, a partir do décimo quinto dia anterior até as dezoito horas do dia do pleito, foi considerado insconstitucional, em julgamento da ADI nº 3.741-2.

## 13 PROPAGANDA ELEITORAL EM GERAL (ARTS. 36 A 41)

Art. 36. A propaganda eleitoral somente será permitida após o dia 15 de agosto do ano da eleição. *(Redação dada pela Lei nº 13.165, de 2015)*

§ 1º Ao postulante a candidatura a cargo eletivo é permitida a realização, na quinzena anterior à escolha pelo partido, de propaganda intrapartidária com vista à indicação de seu nome, vedado o uso de rádio, televisão e *outdoor*.

§ 2º No segundo semestre do ano da eleição, não será veiculada a propaganda partidária gratuita prevista em lei nem permitido qualquer tipo de propaganda política paga no rádio e na televisão.

§ 3º A violação do disposto neste artigo sujeitará o responsável pela divulgação da propaganda e, quando comprovado o seu prévio conhecimento, o beneficiário à multa no valor de R$ 5.000,00 (cinco mil reais) a R$ 25.000,00 (vinte e cinco mil reais), ou ao equivalente ao custo da propaganda, se este for maior.

§ 4º Na propaganda dos candidatos a cargo majoritário, deverão constar, também, os nomes dos candidatos a vice ou a suplentes de senador, de modo claro e legível, em tamanho não inferior a 30% (trinta por cento) do nome do titular. *(Redação dada pela Lei nº 13.165, de 2015)*

§ 5º A comprovação do cumprimento das determinações da Justiça Eleitoral relacionadas a propaganda realizada em desconformidade com o disposto nesta Lei poderá ser apresentada no Tribunal Superior Eleitoral, no caso de candidatos a Presidente e Vice-Presidente da República, nas sedes dos respectivos Tribunais Regionais Eleitorais, no caso de candidatos a Governador, Vice-Governador, Deputado Federal, Senador da República, Deputados Estadual e Distrital, e, no Juízo Eleitoral, na hipótese de candidato a Prefeito, Vice-Prefeito e Vereador. *(Redação dada pela Lei nº 12.891, de 2013)*

Art. 36-A. Não configuram propaganda eleitoral antecipada, desde que não envolvam pedido explícito de voto, a menção à pretensa candidatura, a exaltação das qualidades pessoais dos pré-candidatos e os seguintes atos, que poderão ter cobertura dos meios de comunicação social, inclusive via internet: *(Redação dada pela Lei nº 13.165, de 2015)*

I - a participação de filiados a partidos políticos ou de pré-candidatos em entrevistas, programas, encontros ou debates no rádio, na televisão e na internet, inclusive com a exposição de plataformas e projetos políticos, observado pelas emissoras de rádio e de televisão o dever de conferir tratamento isonômico;

II - a realização de encontros, seminários ou congressos, em ambiente fechado e a expensas dos partidos políticos, para tratar da organização dos processos eleitorais, discussão de políticas públicas, planos de governo ou alianças partidárias visando às eleições, podendo tais atividades ser divulgadas pelos instrumentos de comunicação intrapartidária;

III - A realização de prévias partidárias e a respectiva distribuição de material informativo, a divulgação dos nomes dos filiados que participarão da disputa e a realização de debates entre os pré-candidatos; *(Redação dada pela Lei nº 13.165, de 2015)*

IV - a divulgação de atos de parlamentares e debates legislativos, desde que não se faça pedido de votos;

V - a divulgação de posicionamento pessoal sobre questões políticas, inclusive nas redes sociais; *(Redação dada pela Lei nº 13.165, de 2015)*

VI - a realização, a expensas de partido político, de reuniões de iniciativa da sociedade civil, de veículo ou meio de comunicação ou do próprio partido, em qualquer localidade, para divulgar ideias, objetivos e propostas partidárias. *(Redação dada pela Lei nº 13.165, de 2015)*

§ 1º É vedada a transmissão ao vivo por emissoras de rádio e de televisão das prévias partidárias, sem prejuízo da cobertura dos meios de comunicação social. *(Redação dada pela Lei nº 13.165, de 2015)*

§ 2º Nas hipóteses dos incisos I a VI do *caput*, são permitidos o pedido de apoio político e a divulgação da pré-candidatura, das ações políticas desenvolvidas e das que se pretende desenvolver. *(Redação dada pela Lei nº 13.165, de 2015)*

§ 3º O disposto no § 2º não se aplica aos profissionais de comunicação social no exercício da profissão. *(Redação dada pela Lei nº 13.165, de 2015)*

Art. 36-B. Será considerada propaganda eleitoral antecipada a convocação, por parte do Presidente da República, dos Presidentes da Câmara dos Deputados, do Senado Federal e do Supremo Tribunal Federal, de redes de radiodifusão para divulgação de atos que denotem propaganda política ou ataques a partidos políticos e seus filiados ou instituições.

Parágrafo único. Nos casos permitidos de convocação das redes de radiodifusão, é vedada a utilização de símbolos ou imagens, exceto aqueles previstos no § 1º do art. 13 da Constituição Federal. *(Incluído pela Lei nº 12.891, de 2013)*

Art. 37. Nos bens cujo uso dependa de cessão ou permissão do poder público, ou que a ele pertençam, e nos bens de uso comum, inclusive postes de iluminação pública, sinalização de tráfego, viadutos, passarelas, pontes, paradas de ônibus e outros equipamentos urbanos, é vedada a veiculação de propaganda de qualquer natureza, inclusive pichação, inscrição a tinta e exposição de placas, estandartes, faixas, cavaletes, bonecos e assemelhados. *(Redação dada pela Lei nº 13.165, de 2015)*

§ 1º A veiculação de propaganda em desacordo com o disposto no caput deste artigo sujeita o responsável, após a notificação e comprovação, à restauração do bem e, caso não cumprida no prazo, a multa no valor de R$ 2.000,00 (dois mil reais) a R$ 8.000,00 (oito mil reais). *(Redação dada pela Lei nº 11.300, de 2006)*

§ 2º Em bens particulares, independe de obtenção de licença municipal e de autorização da Justiça Eleitoral a veiculação de propaganda eleitoral, desde que seja feita em adesivo ou papel, não exceda a 0,5 m² (meio metro quadrado) e não contrarie a legislação eleitoral, sujeitando-se o infrator às penalidades previstas no § 1º. *(Redação dada pela Lei nº 13.165, de 2015)*

§ 3º Nas dependências do Poder Legislativo, a veiculação de propaganda eleitoral fica a critério da Mesa Diretora.

§ 4o Bens de uso comum, para fins eleitorais, são os assim definidos pela Lei no 10.406, de 10 de janeiro de 2002 - Código Civil e também aqueles a que a população em geral tem acesso, tais como cinemas, clubes, lojas, centros comerciais, templos, ginásios, estádios, ainda que de propriedade privada. *(Incluído pela Lei nº 12.034, de 2009)*

§ 5o Nas árvores e nos jardins localizados em áreas públicas, bem como em muros, cercas e tapumes divisórios, não é permitida a colocação de propaganda eleitoral de qualquer natureza, mesmo que não lhes cause dano. *(Incluído pela Lei nº 12.034, de 2009)*

§ 6º É permitida a colocação de mesas para distribuição de material de campanha e a utilização de bandeiras ao longo das vias públicas, desde que móveis e que não dificultem o bom andamento do trânsito de pessoas e veículos. *(Alterado pela Lei nº 12.891, de 2013)*

§ 7o A mobilidade referida no § 6o estará caracterizada com a colocação e a retirada dos meios de propaganda entre as seis horas e as vinte e duas horas. *(Incluído pela Lei nº 12.034, de 2009)*

§ 8o A veiculação de propaganda eleitoral em bens particulares deve ser espontânea e gratuita, sendo vedado qualquer tipo de pagamento em troca de espaço para esta finalidade. *(Incluído pela Lei nº 12.034, de 2009)*

Art. 38. Independe da obtenção de licença municipal e de autorização da Justiça Eleitoral a veiculação de propaganda eleitoral pela distribuição de folhetos, adesivos, volantes e outros impressos, os quais devem ser editados sob a responsabilidade do partido, coligação ou candidato. *(Alterado pela Lei nº 12.891, de 2013)*

§ 1º Todo material impresso de campanha eleitoral deverá conter o número de inscrição no Cadastro Nacional da Pessoa Jurídica - CNPJ ou o número de inscrição no Cadastro de Pessoas Físicas - CPF do responsável pela confecção, bem como de quem a contratou, e a respectiva tiragem. *(Incluído pela Lei nº 12.034, de 2009)*

§ 2º Quando o material impresso veicular propaganda conjunta de diversos candidatos, os gastos relativos a cada um deles deverão constar na respectiva prestação de contas, ou apenas naquela relativa ao que houver arcado com os custos. *(Incluído pela Lei nº 12.034, de 2009)*

§ 3º Os adesivos de que trata o caput deste artigo poderão ter a dimensão máxima de 50 (cinquenta) centímetros por 40 (quarenta) centímetros. *(Incluído pela Lei nº 12.891, de 2013)*

§ 4º É proibido colar propaganda eleitoral em veículos, exceto adesivos microperfurados até a extensão total do para-brisa traseiro e, em outras posições, adesivos até a dimensão máxima fixada no § 3º. *(Incluído pela Lei nº 12.891, de 2013)*

Art. 39. A realização de qualquer ato de propaganda partidária ou eleitoral, em recinto aberto ou fechado, não depende de licença da polícia.

§ 1º O candidato, partido ou coligação promotora do ato fará a devida comunicação à autoridade policial em, no mínimo, vinte e quatro horas antes de sua realização, a fim de que esta lhe garanta, segundo a prioridade do aviso, o direito contra quem tencione usar o local no mesmo dia e horário.

§ 2º A autoridade policial tomará as providências necessárias à garantia da realização do ato e ao funcionamento do tráfego e dos serviços públicos que o evento possa afetar.

§ 3º O funcionamento de alto-falantes ou amplificadores de som, ressalvada a hipótese contemplada no parágrafo seguinte, somente é permitido entre as oito e as vinte e duas horas, sendo vedados a instalação e o uso daqueles equipamentos em distância inferior a duzentos metros:

I - das sedes dos Poderes Executivo e Legislativo da União, dos Estados, do Distrito Federal e dos Municípios, das sedes dos Tribunais Judiciais, e dos quartéis e outros estabelecimentos militares;

II - dos hospitais e casas de saúde;

III - das escolas, bibliotecas públicas, igrejas e teatros, quando em funcionamento.

§ 4º A realização de comícios e a utilização de aparelhagens de sonorização fixas são permitidas no horário compreendido entre as 8 (oito) e as 24 (vinte e quatro) horas, com exceção do comício de encerramento da campanha, que poderá ser prorrogado por mais 2 (duas) horas. *(Redação dada pela Lei nº 12.891, de 2013)*

§ 5º Constituem crimes, no dia da eleição, puníveis com detenção, de seis meses a um ano, com a alternativa de prestação de serviços à comunidade pelo mesmo período, e multa no valor de cinco mil a quinze mil UFIR:

I - o uso de alto-falantes e amplificadores de som ou a promoção de comício ou carreata;

II - a arregimentação de eleitor ou a propaganda de boca de urna; *(Redação dada pela Lei nº 11.300, de 2006)*

III - a divulgação de qualquer espécie de propaganda de partidos políticos ou de seus candidatos. *(Redação dada pela Lei nº 12.034, de 2009)*

§ 6º É vedada na campanha eleitoral a confecção, utilização, distribuição por comitê, candidato, ou com a sua autorização, de camisetas, chaveiros, bonés, canetas, brindes, cestas básicas ou quaisquer outros bens ou materiais que possam proporcionar vantagem ao eleitor. *(Incluído pela Lei nº 11.300, de 2006)*

§ 7º É proibida a realização de *showmício* e de evento assemelhado para promoção de candidatos, bem como a apresentação, remunerada ou não, de artistas com a finalidade de animar comício e reunião eleitoral. *(Incluído pela Lei nº 11.300, de 2006)*

§ 8º É vedada a propaganda eleitoral mediante outdoors, inclusive eletrônicos, sujeitando-se a empresa responsável, os partidos, as coligações e os candidatos à imediata retirada da propaganda irregular e ao pagamento de multa no valor de R$ 5.000,00 (cinco mil reais) a R$ 15.000,00 (quinze mil reais). *(Redação dada pela Lei nº 12.891, de 2013)*

§ 9º Até as vinte e duas horas do dia que antecede a eleição, serão permitidos distribuição de material gráfico, caminhada, carreata, passeata ou carro de som que transite pela cidade divulgando *jingles* ou mensagens de candidatos. *(Incluído pela Lei nº 12.034, de 2009)*

§ 9º-A Considera-se carro de som, além do previsto no § 12, qualquer veículo, motorizado ou não, ou ainda tracionado por animais, que transite divulgando *jingles* ou mensagens de candidatos. *(Redação dada pela Lei nº 13.165, de 2015)*

§ 10. Fica vedada a utilização de trios elétricos em campanhas eleitorais, exceto para a sonorização de comícios. *(Incluído pela Lei nº 12.034, de 2009)*

§ 11. É permitida a circulação de carros de som e minitrios como meio de propaganda eleitoral, desde que observado o limite de 80 (oitenta) decibéis de nível de pressão sonora, medido a 7 (sete) metros de distância do veículo, e respeitadas as vedações previstas no § 3º deste artigo. (*Incluído pela Lei nº 12.891, de 2013)*

§ 12. Para efeitos desta Lei, considera-se:

I - carro de som: veículo automotor que usa equipamento de som com potência nominal de amplificação de, no máximo, 10.000 (dez mil) watts;

II - minitrio: veículo automotor que usa equipamento de som com potência nominal de amplificação maior que 10.000 (dez mil) watts e até 20.000 (vinte mil) watts;

III - trio elétrico: veículo automotor que usa equipamento de som com potência nominal de amplificação maior que 20.000 (vinte mil) watts. (*Incluído pela Lei nº 12.891, de 2013)*

Art. 39-A. É permitida, no dia das eleições, a manifestação individual e silenciosa da preferência do eleitor por partido político, coligação ou candidato, revelada exclusivamente pelo uso de bandeiras, broches, dísticos e adesivos. *(Incluído pela Lei nº 12.034, de 2009)*

§ 1º É vedada, no dia do pleito, até o término do horário de votação, a aglomeração de pessoas portando vestuário padronizado, bem como os instrumentos de propaganda referidos no caput, de modo a caracterizar manifestação coletiva, com ou sem utilização de veículos. *(Incluído pela Lei nº 12.034, de 2009)*

§ 2º No recinto das seções eleitorais e juntas apuradoras, é proibido aos servidores da Justiça Eleitoral, aos mesários e aos escrutinadores o uso de vestuário ou objeto que contenha qualquer propaganda de partido político, de coligação ou de candidato. *(Incluído pela Lei nº 12.034, de 2009)*

§ 3º Aos fiscais partidários, nos trabalhos de votação, só é permitido que, em seus crachás, constem o nome e a sigla do partido político ou coligação a que sirvam, vedada a padronização do vestuário. *(Incluído pela Lei nº 12.034, de 2009)*

§ 4º No dia do pleito, serão afixadas cópias deste artigo em lugares visíveis nas partes interna e externa das seções eleitorais. *(Incluído pela Lei nº 12.034, de 2009)*

Art. 40. O uso, na propaganda eleitoral, de símbolos, frases ou imagens, associadas ou semelhantes às empregadas por órgão de governo, empresa pública ou sociedade de economia mista constitui crime, punível com detenção, de seis meses a um ano, com a alternativa de prestação de serviços à comunidade pelo mesmo período, e multa no valor de dez mil a vinte mil UFIR.

Art. 40-A. (Vetado) *(Redação dada pela Lei nº 11.300, de 2006)*

Art. 40-B. A representação relativa à propaganda irregular deve ser instruída com prova da autoria ou do prévio conhecimento do beneficiário, caso este não seja por ela responsável.*(Incluído pela Lei nº 12.034, de 2009)*

Parágrafo único. A responsabilidade do candidato estará demonstrada se este, intimado da existência da propaganda irregular, não providenciar, no prazo de quarenta e oito horas, sua retirada ou regularização e, ainda, se as circunstâncias e as peculiaridades do caso específico revelarem a impossibilidade de o beneficiário não ter tido conhecimento da propaganda. *(Incluído pela Lei nº 12.034, de 2009)*

Art. 41. A propaganda exercida nos termos da legislação eleitoral não poderá ser objeto de multa nem cerceada sob alegação do exercício do poder de polícia ou de violação de postura municipal, casos em que se deve proceder na forma prevista no art. 40. *(Redação dada pela Lei nº 12.034, de 2009)*

§ 1º O poder de polícia sobre a propaganda eleitoral será exercido pelos juízes eleitorais e pelos juízes designados pelos Tribunais Regionais Eleitorais. *(Incluído pela Lei nº 12.034, de 2009)*

§ 2º O poder de polícia se restringe às providências necessárias para inibir práticas ilegais, vedada a censura prévia sobre o teor dos programas a serem exibidos na televisão, no rádio ou na internet. *(Incluído pela Lei nº 12.034, de 2009)*

## COMENTÁRIOS

A propaganda eleitoral somente se inicia após o dia 15 de agosto do ano da eleição.

Os itens acrescentados ao art. 36-A, como manifestações permitidas na pré-campanha, são verdadeiros atos de campanha. Raramente temos disputas de indicação de candidatos por indicação nas respectivas convenções partidárias. O pré-candidato – na verdade, o candidato já definido pelo partido – aproveitar-se-á dessa permissão legal para desencadear sua campanha antes do tempo.

Copiou-se a prática americana das prévias, sem o devido preparo dos partidos e seus filiados para a sua utilização, para não ferir a regra da igualdade de oportunidades.

Essa é uma das principais mudanças da Lei da Reforma Eleitoral 2015: a permissão de atos públicos de pré-candidatos. A única proibição é que não peçam votos explicitamente.

Exige, também, a nova lei que, nos pleitos a cargos majoritários, os nomes dos candidatos a vice e os suplentes de senador sejam colocados de modo mais visível, na propaganda dos respectivos candidatos. Deve haver, entre a grafia do nome do titular e o do vice, uma proporção nunca inferior a 30%.

Nos bens de cujo uso dependa a cessão ou permissão do Poder Público, ou que a ele pertençam, e nos de uso comum, é vedada a pichação, inscrição a tinta e a veiculação de propaganda. A nova redação do art. 37, de acordo com a Lei nº 13.165/2015, manteve as mesmas proibições anteriores. Não é permitida a veiculação de propaganda nos postes de iluminação pública e sinalização de tráfego, viadutos, passarelas, pontes e paradas de ônibus, nem em bens cujo uso dependa de cessão ou permissão do Poder Público ou que a ele pertençam e nos de uso comum. A alteração ficou apenas no que concerne à exposição de placas (antes, era fixação) e de bonecos.

Nos bens particulares, não é necessária a autorização para se veicular propaganda por quaisquer meios, desde que seja feita em adesivo ou papel, não exceda a meio metro quadrado e não contrarie a lei eleitoral. Verifica-se que houve uma alteração considerável: os cartazes de quatro metros foram reduzidos para meio metro quadrado. A desobediência a essa regra implica em multa de dois a oito mil reais.

A propaganda eleitoral, em recinto aberto ou fechado, não depende de licença prévia da autoridade policial. Caso o candidato tenha interesse em assegurar para si o local do evento, prevendo que possa haver coincidência com a atividade política de outro candidato, deverá comunicar à autoridade policial em, no mínimo, vinte e quatro horas.

A autoridade policial tomará as providências necessárias à garantia da realização do ato e ao funcionamento do tráfego e dos serviços públicos que possam ser afetados.

Com relação à utilização de aparelhagem de sonorização (alto-falantes ou amplificadoras de som), é permitida a veiculação desse tipo de propaganda no horário das oito às vinte e duas horas, sendo terminantemente proibida a instalação e o uso desses equipamentos em distância inferior a duzentos metros de prédios públicos de qualquer dos três poderes, especialmente de hospitais e casas de saúde, de escolas, bibliotecas públicas, igrejas, teatros, quando em funcionamento. Desde a minirreforma da Lei 11.300/2006 é permitida a propaganda de sonorização fixa e os comicios, das oito às vinte e quatro horas, o que enseja muitas reclamações da população atingida por esse poluição sonora.

Cuidou, também, a lei de tipificar algumas condutas como crimes eleitorais, como o uso de alto-falantes e amplificadoras de som ou a promoção de comício ou carreatas no dia das eleições, assim como "a arregimentação de eleitor ou a propaganda de boca de urna". A atual redação do 39, § 5º, II, ao substituir a tipificação das condutas criminosas da redação anterior (*distribuição de material de propaganda política, inclusive volantes e outros impressos, ou a prática de aliciamento, coação ou manifestação tendente a influir na vontade do eleitor*) pela expressão "boca de urna" pretendeu dar mais ênfase em seu propósito de combater esse crime, optando pelo nome popularmente conhecido.

O inciso III do artigo 39, também modificado pela Lei 11.300/2006 demonstrou bem o rigor a que se propôs, proibindo a divulgação de qualquer espécie de propaganda de partidos políticos ou de seus candidatos, mediante publicações, cartazes, camisas, bonés, broches ou dísticos em vestuário.

A Lei nº 13.165/2015 inaugurou o § 9º-A, no artigo 39, para definir maior alcance à expressão "carro de som", nesta redação: *Considera-se carro de som, além do previsto no § 12, qualquer veículo, motorizado ou não, ou ainda tracionado por animais, que transite divulgando jingles ou mensagens de candidatos.*

Essa proibição, como bem se percebe, inclui carroças e bicicletas adaptadas com aparelhos de som. Ambos os recursos são muito utilizados em cidades do interior do Nordeste.

O artigo 40 traz outras tipificações de crimes relativos à propaganda eleitoral, como o uso de símbolos, frases ou imagens, associadas ou semelhantes às empregadas por órgão de governo, empresa pública ou sociedade de economia mista.

Além dessas condutas tipificadas como crimes, cuidou a Lei nº 11.300/06 de enumerar outras proibições, sem, entretanto, cominar-lhes sanções, como a confecção, utilização e distribuição de camisetas, chaveiros, brindes, bonés, cestas básicas, realização de *showmícios* etc. Nesse rol de vedação, incluiu os *outdoors.*

## 14 DA CAPTAÇÃO ILÍCITA DE SUFRÁGIO (ART. 41-A)

> Art. 41-A. Ressalvado o disposto no art. 26 e seus incisos, constitui captação de sufrágio, vedada por esta Lei, o candidato doar, oferecer, prometer, ou entregar, ao eleitor, com o fim de obter-lhe o voto, bem ou vantagem pessoal de qualquer natureza, inclusive emprego ou função pública, desde o registro da candidatura até o dia da eleição, inclusive, sob pena de multa de mil a cinquenta mil Ufir, e cassação do registro ou do diploma, observado o procedimento previsto no art. 22 da Lei Complementar nº 64, de 18 de maio de 1990. *(Incluído pela Lei nº 9.840, 1999)*
>
> § 1º Para a caracterização da conduta ilícita, é desnecessário o pedido explícito de votos, bastando a evidência do dolo, consistente no especial fim de agir. *(Incluído pela Lei nº 12.034, de 2009)*
>
> § 2º As sanções previstas no caput aplicam-se contra quem praticar atos de violência ou grave ameaça a pessoa, com o fim de obter-lhe o voto. *(Incluído pela Lei nº 12.034, de 2009)*
>
> § 3º A representação contra as condutas vedadas no caput poderá ser ajuizada até a data da diplomação. *(Incluído pela Lei nº 12.034, de 2009)*
>
> § 4º O prazo de recurso contra decisões proferidas com base neste artigo será de 3 (três) dias, a contar da data da publicação do julgamento no Diário Oficial. *(Incluído pela Lei nº 12.034, de 2009).*

## COMENTÁRIOS

A origem deste artigo é mais bem esclarecida por José Antônio Almeida, em seus *Comentários à Lei 9.504/1997*,[152] pois o autor também era deputado federal à época da sua votação. Diz Almeida:

> Trata-se de norma introduzida pelo art. 1º da Lei nº 9.840, de 28 de setembro de 1999, fruto de Projeto de Lei de iniciativa popular, patrocinada por sessenta entidades, dentre as quais se destacam, pela representatividade e pelo empenho verificado na coleta de assinaturas e no acompanhamento à tramitação do Projeto, a Conferência Nacional dos Bispos do Brasil – CNBB, a Comissão Brasileira Justiça e Paz – CBJP, a Associação Brasileira de Imprensa – ABI, a Associação Brasileira de Organizações Não-Governamentais – ABONG, a Ordem dos Advogados do Brasil – OAB, e o Sindicato Nacional dos Docentes das Instituições de Ensino Superior – ANDES.
>
> A tramitação do Projeto no Congresso Nacional se deu a partir de 18 de agosto de 1999, quando representantes dessas entidades entregaram ao deputado Michel Temer, Presidente da Câmara dos Deputados, o texto, acompanhado da assinatura de 952.314 eleitores, representando o trabalho realizado até dia 10 de agosto. Como, de um lado, não atingia esse número, apesar de altamente representativo, o universo correspondente a 1% do eleitorado nacional (da data da entrega, esse percentual equivaleria a 1 milhão e 60 mil eleitores), e, de outro, ainda não estão disciplinados, no Regimento Interno da Câmara, os procedimentos relativos aos projetos de lei de iniciativa popular, dezenas de Deputados subscreveram o mesmo Projeto, sendo os primeiros onze, relacionados em ordem alfabética, representando, cada um, o partido político ao qual filiados, de modo que a imensa maioria dos partidos representados na Casa tivessem participação na apresentação da proposta, que veio a ser o PL 1517-A, de 1999.

Essa explicação do autor deixa bem claro que, embora se tenha tentado a utilização do instituto da iniciativa popular, este não se efetivou, mas a campanha teve força suficiente para a aprovação imediata do projeto, com o apoio dos partidos políticos que tiveram sensibilidade para considerar o apoio popular da reivindicação.

Como é do conhecimento geral, julgada procedente a representação pelo art. 41-A, o efeito é imediato, cassando-se o registro ou o diploma do representado, ressalvada a interposição de recurso.

A Lei nº 12.034/2009 acrescentou vários parágrafos ao artigo 41-A, dentre os quais o parágrafo 4º, que assim prescreve: *O prazo de recurso contra decisões proferidas*

152 ALMEIDA, José Antônio. *Comentários à Lei 9.504/97*. Brasília: Brasília Jurídica, 2000, p. 135.

*com base neste artigo será de 3 dias, a contar a data da publicação do julgamento no Diário Oficial.* Antes, pela jurisprudência do TSE, o prazo era de 24 horas.

Esse tema é desenvolvido com mais profundidade no capítulo dez.

## 15 DA PROPAGANDA ELEITORAL NA IMPRENSA (ART. 43)

> Art. 43. São permitidas, até a antevéspera das eleições, a divulgação paga, na imprensa escrita, e a reprodução na internet do jornal impresso, de até 10 (dez) anúncios de propaganda eleitoral, por veículo, em datas diversas, para cada candidato, no espaço máximo, por edição, de 1/8 (um oitavo) de página de jornal padrão e de 1/4 (um quarto) de página de revista ou tablóide.*(Redação dada pela Lei nº 12.034, de 2009)*
>
> § 1º Deverá constar do anúncio, de forma visível, o valor pago pela inserção. *(Incluído pela Lei nº 12.034, de 2009)*
>
> § 2º A inobservância do disposto neste artigo sujeita os responsáveis pelos veículos de divulgação e os partidos, coligações ou candidatos beneficiados a multa no valor de R$ 1.000,00 (mil reais) a R$ 10.000,00 (dez mil reais) ou equivalente ao da divulgação da propaganda paga, se este for maior. *(Renumeração do parágrafo único pela Lei nº 12.034, de 2009)*

### COMENTÁRIOS

A divulgação paga, na imprensa escrita, de propaganda eleitoral só é permitida até a antevéspera das eleições. Esse tipo de propaganda obedece aos limites da Lei: espaço máximo, por edição, para cada candidato, partido ou coligação, de um oitavo de página de jornal padrão e um quarto de página de revista ou tablóide.

É muito comum no período eleitoral a ocorrência de denúncias quanto à divulgação tendenciosa de notícias por jornais de circulação diária, a favor ou contra determinados candidatos.

É bom que se esclareça que o jornal, porque é uma empresa particular, pode ter sua preferência política manifestada em um editorial, por exemplo. O que não pode é exagerar a distinção, o privilégio da informação, praticando abusos que importem em propaganda dissimulada e manipuladora da vontade dos eleitores. Os limites da atuação da imprensa escrita estão bem delineados no Acórdão nº 1.241/TSE, sendo relator o Ministro Sepúlveda Pertence.

## 16 DA PROPAGANDA ELEITORAL NO RÁDIO E TELEVISÃO (ARTS. 44 A 57). PENALIDADES

> Art. 44. A propaganda eleitoral no rádio e na televisão restringe-se ao horário gratuito definido nesta Lei, vedada a veiculação de propaganda paga.

§ 1º A propaganda eleitoral gratuita na televisão deverá utilizar a Linguagem Brasileira de Sinais - LIBRAS ou o recurso de legenda, que deverão constar obrigatoriamente do material entregue às emissoras. *(Incluído pela Lei nº 12.034, de 2009)*

§ 2º No horário reservado para a propaganda eleitoral, não se permitirá utilização comercial ou propaganda realizada com a intenção, ainda que disfarçada ou subliminar, de promover marca ou produto. *(Incluído pela Lei nº 12.034, de 2009)*

§ 3º Será punida, nos termos do § 1º do art. 37, a emissora que, não autorizada a funcionar pelo poder competente, veicular propaganda eleitoral. *(Incluído pela Lei nº 12.034, de 2009)*

Art. 45. Encerrado o prazo para a realização das convenções no ano das eleições, é vedado às emissoras de rádio e televisão, em sua programação normal e em seu noticiário: *(Redação da Lei nº 13.165, de 2015)*

I - transmitir, ainda que sob a forma de entrevista jornalística, imagens de realização de pesquisa ou qualquer outro tipo de consulta popular de natureza eleitoral em que seja possível identificar o entrevistado ou em que haja manipulação de dados;

II - usar trucagem, montagem ou outro recurso de áudio ou vídeo que, de qualquer forma, degradem ou ridicularizem candidato, partido ou coligação, ou produzir ou veicular programa com esse efeito;

III - veicular propaganda política ou difundir opinião favorável ou contrária a candidato, partido, coligação, a seus órgãos ou representantes;

IV - dar tratamento privilegiado a candidato, partido ou coligação;

V - veicular ou divulgar filmes, novelas, minisséries ou qualquer outro programa com alusão ou crítica a candidato ou partido político, mesmo que dissimuladamente, exceto programas jornalísticos ou debates políticos;

VI - divulgar nome de programa que se refira a candidato escolhido em convenção, ainda quando preexistente, inclusive se coincidente com o nome do candidato ou com a variação nominal por ele adotada. Sendo o nome do programa o mesmo que o do candidato, fica proibida a sua divulgação, sob pena de cancelamento do respectivo registro.

§ 1º A partir de 30 de junho do ano da eleição, é vedado, ainda, às emissoras transmitir programa apresentado ou comentado por pré-candidato, sob pena, no caso de sua escolha na convenção partidária, de imposição da multa prevista no § 2º e de cancelamento do registro da candidatura do beneficiário. *(Redação da Lei nº 13.165, de 2015)*

§ 2º Sem prejuízo do disposto no parágrafo único do art. 55, a inobservância do disposto neste artigo sujeita a emissora ao pagamento de multa no valor de vinte mil a cem mil UFIR, duplicada em caso de reincidência.

§ 3º *(Revogado pela Lei nº 12.034, de 2009)*

§ 4º Entende-se por trucagem todo e qualquer efeito realizado em áudio ou vídeo que degradar ou ridicularizar candidato, partido político ou coligação, ou que desvirtuar a realidade e beneficiar ou prejudicar qualquer candidato, partido político ou coligação. *(Incluído pela Lei nº 12.034, de 2009)*

§ 5º Entende-se por montagem toda e qualquer junção de registros de áudio ou vídeo que degradar ou ridicularizar candidato, partido político ou coligação, ou que desvirtuar a realidade e beneficiar ou prejudicar qualquer candidato, partido político ou coligação. *(Incluído pela Lei nº 12.034, de 2009)*

§ 6º É permitido ao partido político utilizar na propaganda eleitoral de seus candidatos em âmbito regional, inclusive no horário eleitoral gratuito, a imagem e a voz de candidato ou militante de partido político que integre a sua coligação em âmbito nacional. *(Incluído pela Lei nº 12.034, de 2009)*

## COMENTÁRIOS

Os incisos II e III, bem com os parágrafos 4º e 5º do art. 45 foram suspensos por decisão do STF, no julgamento da ADI 4.451, em 29/9/2010. Tais dispositivos legais foram considerados inconstitucionais, por ferirem a liberdade de expressão.

Pela nova redação do artigo 45, caput, as vedações às emissoras de rádio e televisão em sua programação normal, passam a vigorar a partir de 6 de agosto do ano da realização da eleição, após a convenção de escolha dos candidatos. Antes, esse prazo corria a partir de 1º de julho.

Com a dilatação do prazo da convenção, alterou-se o § 1º do mesmo artigo 45 para fixar a data de 30 de julho do ano da eleição para vedar às emissoras a transmissão de programas apresentados ou comentados por pré-candidato. A penalidade, caso o apresentador seja confirmado na convenção, é de imposição da multa de vinte mil a cem mil UFIRs e de cancelamento do registro da candidatura do beneficiário.

Antes, essa vedação ocorria a partir do resultado das convenções.

Art. 46. Independentemente da veiculação de propaganda eleitoral gratuita no horário definido nesta Lei, é facultada a transmissão por emissora de rádio ou televisão de debates sobre as eleições majoritária ou proporcional, sendo assegurada a participação de candidatos dos partidos com representação superior a nove Deputados, e facultada a dos demais, observado o seguinte: *(Redação da Lei nº 13.165, de 2015)*

I - nas eleições majoritárias, a apresentação dos debates poderá ser feita:

a) em conjunto, estando presentes todos os candidatos a um mesmo cargo eletivo;

b) em grupos, estando presentes, no mínimo, três candidatos;

II - nas eleições proporcionais, os debates deverão ser organizados de modo que assegurem a presença de número equivalente de candidatos de todos os partidos e coligações a um mesmo cargo eletivo, podendo desdobrar-se em mais de um dia;

III - os debates deverão ser parte de programação previamente estabelecida e divulgada pela emissora, fazendo-se mediante sorteio a escolha do dia e da ordem de fala de cada candidato, salvo se celebrado acordo em outro sentido entre os partidos e coligações interessados.

§ 1º Será admitida a realização de debate sem a presença de candidato de algum partido, desde que o veículo de comunicação responsável comprove havê-lo convidado com a antecedência mínima de setenta e duas horas da realização do debate.

§ 2º É vedada a presença de um mesmo candidato a eleição proporcional em mais de um debate da mesma emissora.

§ 3º O descumprimento do disposto neste artigo sujeita a empresa infratora às penalidades previstas no art. 56.

§ 4º O debate será realizado segundo as regras estabelecidas em acordo celebrado entre os partidos políticos e a pessoa jurídica interessada na realização do evento, dando-se ciência à Justiça Eleitoral. *(Incluído pela Lei nº 12.034, de 2009)*

§ 5º Para os debates que se realizarem no primeiro turno das eleições, serão consideradas aprovadas as regras, inclusive as que definam o número de participantes, que obtiverem a concordância de pelo menos 2/3 (dois terços) dos candidatos aptos, no caso de eleição majoritária, e de pelo menos 2/3 (dois terços) dos partidos ou coligações com candidatos aptos, no caso de eleição proporcional. *(Redação da Lei nº 13.165, de 2015).*

## COMENTÁRIOS

As emissoras de rádio e televisão, ao promoverem debates, são obrigadas a convidar somente os candidatos dos partidos que tenham representação na Câmara superior a nove deputados federais. Não é igual ou superior: somente superior. Quer dizer: a partir de dez deputados.

Essa inovação tem cheiro de inconstitucionalidade, por ferir a isonomia da disputa eleitoral e ofender a essência do pluripartidarismo.

Art. 47. As emissoras de rádio e de televisão e os canais de televisão por assinatura mencionados no art. 57 reservarão, nos trinta e cinco dias anteriores à antevéspera das eleições, horário destinado à divulgação, em rede, da propaganda eleitoral gratuita, na forma estabelecida neste artigo. *(Redação da Lei nº 13.165, de 2015)*

§ 1º A propaganda será feita:

I - na eleição para Presidente da República, às terças e quintas-feiras e aos sábados:

a) das sete horas às sete horas e doze minutos e trinta segundos e das doze horas às doze horas e doze minutos e trinta segundos, no rádio; *(Redação da Lei nº 13.165, de 2015)*

b) das treze horas às treze horas e doze minutos e trinta segundos e das vinte horas e trinta minutos às vinte horas e quarenta e dois minutos e trinta segundos, na televisão; *(Redação da Lei nº 13.165, de 2015)*

II - nas eleições para Deputado Federal, às terças e quintas-feiras e aos sábados:
a) das sete horas e doze minutos e trinta segundos às sete horas e vinte e cinco minutos e das doze horas e doze minutos e trinta segundos às doze horas e vinte e cinco minutos, no rádio; *(Redação da Lei nº 13.165, de 2015)*
b) das treze horas e doze minutos e trinta segundos às treze horas e vinte e cinco minutos e das vinte horas e quarenta e dois minutos e trinta segundos às vinte horas e cinquenta e cinco minutos, na televisão; *(Redação da Lei nº 13.165, de 2015)*
III - nas eleições para Senador, às segundas, quartas e sextas-feiras: *(Redação da Lei nº 13.165, de 2015)*
a) das sete horas às sete horas e cinco minutos e das doze horas às doze horas e cinco minutos, no eádio, nos anos em que a renovação do Senado Federal se der por um terço; *(Redação da Lei nº 13.165, de 2015)*
b) das treze horas às treze horas e cinco minutos e das vinte horas e trinta minutos às vinte horas e trinta e cinco minutos, na televisão, nos anos em que a renovação do Senado Federal se der por um terço; *(Redação da Lei nº 13.165, de 2015)*
c) das sete horas às sete horas e sete minutos e das doze horas às doze horas e sete minutos, no rádio, nos anos em que a renovação do Senado Federal se der por dois terços; *(Redação da Lei nº 13.165, de 2015)*
d) das treze horas às treze horas e sete minutos e das vinte horas e trinta minutos às vinte horas e trinta e sete minutos, na televisão, nos anos em que a renovação do Senado Federal se der por dois terços; *(Redação da Lei nº 13.165, de 2015)*
IV - nas eleições para Deputado Estadual e Deputado Distrital, às segundas, quartas e sextas-feiras:
a) das sete horas e cinco minutos às sete horas e quinze minutos e das doze horas e cinco minutos às doze horas e quinze minutos, no rádio, nos anos em que a renovação do Senado Federal se der por um terço; *(Redação da Lei nº 13.165, de 2015)*
b) das treze horas e cinco minutos às treze horas e quinze minutos e das vinte horas e trinta e cinco minutos às vinte horas e quarenta e cinco minutos, na televisão, nos anos em que a renovação do Senado Federal se der por um terço; *(Redação da Lei nº 13.165, de 2015)*
c) das sete horas e sete minutos às sete horas e dezesseis minutos e das doze horas e sete minutos às doze horas e dezesseis minutos, no rádio, nos anos em que a renovação do Senado Federal se der por dois terços; *(Redação da Lei nº 13.165, de 2015)*
d) das treze horas e sete minutos às treze horas e dezesseis minutos e das vinte horas e trinta e sete minutos às vinte horas e quarenta e seis minutos, na televisão, nos anos em que a renovação do Senado Federal se der por dois terços; *(Redação da Lei nº 13.165, de 2015)*
V - na eleição para Governador de Estado e do Distrito Federal, às segundas, quartas e sextas-feiras: *(Redação da Lei nº 13.165, de 2015)*

a) das sete horas e quinze minutos às sete horas e vinte e cinco minutos e das doze horas e quinze minutos às doze horas e vinte e cinco minutos, no rádio, nos anos em que a renovação do Senado Federal se der por um terço; *(Redação da Lei nº 13.165, de 2015)*
b) das treze horas e quinze minutos às treze horas e vinte e cinco minutos e das vinte horas e quarenta e cinco minutos às vinte horas e cinquenta e cinco minutos, na televisão, nos anos em que a renovação do Senado Federal se der por um terço;
c) das sete horas e dezesseis minutos às sete horas e vinte e cinco minutos e das doze horas e dezesseis minutos às doze horas e vinte e cinco minutos, no rádio, nos anos em que a renovação do Senado Federal se der por dois terços; *(Redação da Lei nº 13.165, de 2015)*
d) das treze horas e dezesseis minutos às treze horas e vinte e cinco minutos e das vinte horas e quarenta e seis minutos às vinte horas e cinquenta e cinco minutos, na televisão, nos anos em que a renovação do Senado Federal se der por dois terços; *(Redação da Lei nº 13.165, de 2015)*
VI - nas eleições para Prefeito, de segunda a sábado:
a) das sete horas às sete horas e dez minutos e das doze horas às doze horas e dez minutos, no rádio; *(Redação da Lei nº 13.165, de 2015)*
b) das treze horas às treze horas e dez minutos e das vinte horas e trinta minutos às vinte horas e quarenta minutos, na televisão; *(Redação da Lei nº 13.165, de 2015)*
VII - ainda nas eleições para Prefeito, e também nas de Vereador, mediante inserções de trinta e sessenta segundos, no rádio e na televisão, totalizando setenta minutos diários, de segunda-feira a domingo, distribuídas ao longo da programação veiculada entre as cinco e as vinte e quatro horas, na proporção de 60% (sessenta por cento) para Prefeito e 40% (quarenta por cento) para Vereador. *(Redação da Lei nº 13.165, de 2015)*
§ 1º-A Somente serão exibidas as inserções de televisão a que se refere o inciso VII do § 1º nos Municípios em que houver estação geradora de serviços de radiodifusão de sons e imagens. *(Redação da Lei nº 13.165, de 2015)*
§ 2º Os horários reservados à propaganda de cada eleição, nos termos do § 1o, serão distribuídos entre todos os partidos e coligações que tenham candidato, observados os seguintes critérios: *(Redação dada pela Lei nº 12.875, de 2013)*
I - 90% (noventa por cento) distribuídos proporcionalmente ao número de representantes na Câmara dos Deputados, considerados, no caso de coligação para eleições majoritárias, o resultado da soma do número de representantes dos seis maiores partidos que a integrem e, nos casos de coligações para eleições proporcionais, o resultado da soma do número de representantes de todos os partidos que a integrem;
II - 10% (dez por cento) distribuídos igualitariamente. *(Redação da Lei nº 13.165, de 2015)*

§ 3º Para efeito do disposto neste artigo, a representação de cada partido na Câmara dos Deputados é a resultante da eleição. *(Redação dada pela Lei nº 11.300, de 2006)*

§ 4º O número de representantes de partido que tenha resultado de fusão ou a que se tenha incorporado outro corresponderá à soma dos representantes que os partidos de origem possuíam na data mencionada no parágrafo anterior.

§ 5º Se o candidato a Presidente ou a Governador deixar de concorrer, em qualquer etapa do pleito, e não havendo a substituição prevista no art. 13 desta Lei, far-se-á nova distribuição do tempo entre os candidatos remanescentes.

§ 6º Aos partidos e coligações que, após a aplicação dos critérios de distribuição referidos no caput, obtiverem direito a parcela do horário eleitoral inferior a trinta segundos, será assegurado o direito de acumulá-lo para uso em tempo equivalente.

§ 7º Para efeito do disposto no § 2º, serão desconsideradas as mudanças de filiação partidária, em quaisquer hipóteses. *(Redação dada pela Lei nº 13.107, de 24 de março de 2015)*

§ 8º As mídias com as gravações da propaganda eleitoral no rádio e na televisão serão entregues às emissoras, inclusive nos sábados, domingos e feriados, com a antecedência mínima: *(Incluído pela Lei nº 12.891, de 2013)*

I - de 6 (seis) horas do horário previsto para o início da transmissão, no caso dos programas em rede; *(Incluído pela Lei nº 12.891, de 2013)*

II - de 12 (doze) horas do horário previsto para o início da transmissão, no caso das inserções. *(Incluído pela Lei nº 12.891, de 2013)*

§ 9º As emissoras de rádio sob responsabilidade do Senado Federal e da Câmara dos Deputados instaladas em localidades fora do Distrito Federal são dispensadas da veiculação da propaganda eleitoral gratuita dos pleitos referidos nos incisos II a VI do § 1º. *(Redação da Lei nº 13.165, de 2015).*

## COMENTÁRIOS

O período do horário eleitoral gratuito agora é de trinta e cinco dias anteriores à antevéspera das eleições. Antes, era de quarenta e cinco dias. A redução foi de dez dias.

Em compensação, a Lei 13.165/2015 aumentou o tempo das inserções diárias na programação do rádio e da televisão.

Temos, ainda:

a) Propaganda em bloco para prefeito: 20 minutos diários, no rádio e na TV, em blocos de 10 minutos cada;

b) Propaganda em inserções: 70 minutos diários, sendo 60% para prefeito e 40% para vereador, entre 5h e 24h.

Não há mais propaganda em bloco para vereador. Os candidatos a vereador terão apenas os horários reservados às inserções, no total de 28 minutos diários.

Na distribuição do tempo, entre partidos e coligações, a nova lei mudou os percentuais para favorecer os partidos que tenham maior número de representantes na Câmara dos Deputados.

Trata-se de nova ofensa ao princípio da isonomia e do pluripartidarismo.

> Art. 48. Nas eleições para Prefeitos e Vereadores, nos Municípios em que não haja emissora de rádio e televisão, a Justiça Eleitoral garantirá aos Partidos Políticos participantes do pleito a veiculação de propaganda eleitoral gratuita nas localidades aptas à realização de segundo turno de eleições e nas quais seja operacionalmente viável realizar a retransmissão. *(Redação dada pela Lei nº 12.034, de 2009)*
>
> § 1º A Justiça Eleitoral regulamentará o disposto neste artigo, de forma que o número máximo de Municípios a serem atendidos seja igual ao de emissoras geradoras disponíveis. *(Redação dada pela Lei nº 12.034, de 2009)*
>
> § 2º O disposto neste artigo aplica-se às emissoras de rádio, nas mesmas condições.
>
> Art. 49. Se houver segundo turno, as emissoras de rádio e televisão reservarão, a partir de quarenta e oito horas da proclamação dos resultados do primeiro turno e até a antevéspera da eleição, horário destinado à divulgação da propaganda eleitoral gratuita, dividido em dois períodos diários de vinte minutos para cada eleição, iniciando-se às sete e às doze horas, no rádio, e às treze e às vinte horas e trinta minutos, na televisão.
>
> § 1º Em circunscrição onde houver segundo turno para Presidente e Governador, o horário reservado à propaganda deste iniciar-se-á imediatamente após o término do horário reservado ao primeiro.
>
> § 2º O tempo de cada período diário será dividido igualitariamente entre os candidatos.
>
> Art. 50. A Justiça Eleitoral efetuará sorteio para a escolha da ordem de veiculação da propaganda de cada partido ou coligação no primeiro dia do horário eleitoral gratuito; a cada dia que se seguir, a propaganda veiculada por último, na véspera, será a primeira, apresentando-se as demais na ordem do sorteio.
>
> Art. 51. Durante os períodos previstos nos arts. 47 e 49, as emissoras de rádio e televisão e os canais por assinatura mencionados no art. 57 reservarão, ainda, setenta minutos diários para a propaganda eleitoral gratuita, a serem usados em inserções de trinta e sessenta segundos, a critério do respectivo partido ou coligação, assinadas obrigatoriamente pelo partido ou coligação, e distribuídas, ao longo da programação veiculada entre as cinco e as vinte quatro horas, nos termos do § 2º do art. 47, obedecido o seguinte: *(Redação da Lei nº 13.165, de 2015)*
>
> I - o tempo será dividido em partes iguais para a utilização nas campanhas dos candidatos às eleições majoritárias e proporcionais, bem como de suas legendas partidárias ou das que componham a coligação, quando for o caso;

II - Revogado *(Revogado pela Lei nº 13.165, de 2015)*
III - a distribuição levará em conta os blocos de audiência entre as cinco e as onze horas, as onze e as dezoito horas, e as dezoito e as vinte e quatro horas; *(Redação da Lei nº 13.165, de 2015)*
IV - na veiculação das inserções, é vedada a divulgação de mensagens que possam degradar ou ridicularizar candidato, partido ou coligação, aplicando-se-lhes, ainda, todas as demais regras aplicadas ao horário de propaganda eleitoral, previstas no art. 47. *(Redação dada pela Lei nº 12.891, de 2013)*
Parágrafo único. É vedada a veiculação de inserções idênticas no mesmo intervalo de programação, exceto se o número de inserções de que dispuser o partido exceder os intervalos disponíveis, sendo vedada a transmissão em sequência para o mesmo partido político. *(Incluído pela Lei nº 12.891, de 2013)*
Art. 52. A partir do dia 15 de agosto do ano da eleição, a Justiça Eleitoral convocará os partidos e a representação das emissoras de televisão para elaborarem plano de mídia, nos termos do art. 51, para o uso da parcela do horário eleitoral gratuito a que tenham direito, garantida a todos participação nos horários de maior e menor audiência. *(Redação da Lei nº 13.165, de 2015)*
Art. 53. Não serão admitidos cortes instantâneos ou qualquer tipo de censura prévia nos programas eleitorais gratuitos.
§ 1º É vedada a veiculação de propaganda que possa degradar ou ridicularizar candidatos, sujeitando-se o partido ou coligação infratores à perda do direito à veiculação de propaganda no horário eleitoral gratuito do dia seguinte.
§ 2º Sem prejuízo do disposto no parágrafo anterior, a requerimento de partido, coligação ou candidato, a Justiça Eleitoral impedirá a reapresentação de propaganda ofensiva à honra de candidato, à moral e aos bons costumes.
Art. 53-A. É vedado aos partidos políticos e às coligações incluir no horário destinado aos candidatos às eleições proporcionais propaganda das candidaturas a eleições majoritárias ou vice-versa, ressalvada a utilização, durante a exibição do programa, de legendas com referência aos candidatos majoritários ou, ao fundo, de cartazes ou fotografias desses candidatos, ficando autorizada a menção ao nome e ao número de qualquer candidato do partido ou da coligação. *(Redação dada pela Lei nº 12.891, de 2013)*
§ 1º É facultada a inserção de depoimento de candidatos a eleições proporcionais no horário da propaganda das candidaturas majoritárias e vice-versa, registrados sob o mesmo partido ou coligação, desde que o depoimento consista exclusivamente em pedido de voto ao candidato que cedeu o tempo. *(Incluído pela Lei nº 12.034, de 2009)*
§ 2º Fica vedada a utilização da propaganda de candidaturas proporcionais como propaganda de candidaturas majoritárias e vice-versa. *(Incluído pela Lei nº 12.034, de 2009)*
§ 3º O partido político ou a coligação que não observar a regra contida neste artigo perderá, em seu horário de propaganda gratuita, tempo equivalente no

horário reservado à propaganda da eleição disputada pelo candidato beneficiado. *(Incluído pela Lei nº 12.034, de 2009)*

Art. 54. Nos programas e inserções de rádio e televisão destinados à propaganda eleitoral gratuita de cada partido ou coligação só poderão aparecer, em gravações internas e externas, observado o disposto no § 2º, candidatos, caracteres com propostas, fotos, jingles, clipes com música ou vinhetas, inclusive de passagem, com indicação do número do candidato ou do partido, bem como seus apoiadores, inclusive os candidatos de que trata o § 1º do art. 53-A, que poderão dispor de até 25% (vinte e cinco por cento) do tempo de cada programa ou inserção, sendo vedadas montagens, trucagens, computação gráfica, desenhos animados e efeitos especiais. *(Redação da Lei nº 13.165, de 2015)*

§ 1º No segundo turno das eleições não será permitida, nos programas de que trata este artigo, a participação de filiados a partidos que tenham formalizado o apoio a outros candidatos. *(Redação da Lei nº 13.165, de 2015)*

§ 2º Será permitida a veiculação de entrevistas com o candidato e de cenas externas nas quais ele, pessoalmente, exponha: *(Redação da Lei nº 13.165, de 2015)*

I - realizações de governo ou da administração pública;

II - falhas administrativas e deficiências verificadas em obras e serviços públicos em geral;

III - atos parlamentares e debates legislativos.

Art. 55. Na propaganda eleitoral no horário gratuito, são aplicáveis ao partido, coligação ou candidato as vedações indicadas nos incisos I e II do art. 45.

Parágrafo único. A inobservância do disposto neste artigo sujeita o partido ou coligação à perda de tempo equivalente ao dobro do usado na prática do ilícito, no período do horário gratuito subsequente, dobrada a cada reincidência, devendo o tempo correspondente ser veiculado após o programa dos demais candidatos com a informação de que a não veiculação do programa resulta de infração da lei eleitoral. *(Redação dada pela Lei nº 12.891, de 2013)*

Art. 56. A requerimento de partido, coligação ou candidato, a Justiça Eleitoral poderá determinar a suspensão, por vinte e quatro horas, da programação normal de emissora que deixar de cumprir as disposições desta Lei sobre propaganda.

§ 1º No período de suspensão a que se refere este artigo, a Justiça Eleitoral veiculará mensagem de orientação ao eleitor, intercalada, a cada 15 (quinze) minutos. *(Redação dada pela Lei nº 12.891, de 2013)*

§ 2º Em cada reiteração de conduta, o período de suspensão será duplicado.

Art. 57. As disposições desta Lei aplicam-se às emissoras de televisão que operam em VHF e UHF e os canais de televisão por assinatura sob a responsabilidade do Senado Federal, da Câmara dos Deputados, das Assembléias Legislativas, da Câmara Legislativa do Distrito Federal ou das Câmaras Municipais.

Art. 57-A. É permitida a propaganda eleitoral na internet, nos termos desta Lei, após o dia 15 de agosto do ano da eleição. *(Redação da Lei nº 13.165, de 2015)*

Art. 57-B. A propaganda eleitoral na internet poderá ser realizada nas seguintes formas: *(Incluído pela Lei nº 12.034, de 2009) (Vide Lei nº 12.034, de 2009)*

I - em sítio do candidato, com endereço eletrônico comunicado à Justiça Eleitoral e hospedado, direta ou indiretamente, em provedor de serviço de internet estabelecido no País; *(Incluído pela Lei nº 12.034, de 2009)*

II - em sítio do partido ou da coligação, com endereço eletrônico comunicado à Justiça Eleitoral e hospedado, direta ou indiretamente, em provedor de serviço de internet estabelecido no País; *(Incluído pela Lei nº 12.034, de 2009)*

III - por meio de mensagem eletrônica para endereços cadastrados gratuitamente pelo candidato, partido ou coligação; *(Incluído pela Lei nº 12.034, de 2009)*

IV - por meio de blogs, redes sociais, sítios de mensagens instantâneas e assemelhados, cujo conteúdo seja gerado ou editado por candidatos, partidos ou coligações ou de iniciativa de qualquer pessoa natural. *(Incluído pela Lei nº 12.034, de 2009)*

Art. 57-C. Na internet, é vedada a veiculação de qualquer tipo de propaganda eleitoral paga. *(Incluído pela Lei nº 12.034, de 2009)*

§ 1º É vedada, ainda que gratuitamente, a veiculação de propaganda eleitoral na internet, em sítios: *(Incluído pela Lei nº 12.034, de 2009)*

I - de pessoas jurídicas, com ou sem fins lucrativos; *(Incluído pela Lei nº 12.034, de 2009)*

II - oficiais ou hospedados por órgãos ou entidades da administração pública direta ou indireta da União, dos Estados, do Distrito Federal e dos Municípios. *(Incluído pela Lei nº 12.034, de 2009)*

§ 2º A violação do disposto neste artigo sujeita o responsável pela divulgação da propaganda e, quando comprovado seu prévio conhecimento, o beneficiário à multa no valor de R$ 5.000,00 (cinco mil reais) a R$ 30.000,00 (trinta mil reais). *(Incluído pela Lei nº 12.034, de 2009)*

Art. 57-D. É livre a manifestação do pensamento, vedado o anonimato durante a campanha eleitoral, por meio da rede mundial de computadores - internet, assegurado o direito de resposta, nos termos das alíneas a, b e c do inciso IV do § 3º do art. 58 e do 58-A, e por outros meios de comunicação interpessoal mediante mensagem eletrônica. *(Incluído pela Lei nº 12.034, de 2009)*

§ 1º (vetado) *(Incluído pela Lei nº 12.034, de 2009)*

§ 2º A violação do disposto neste artigo sujeitará o responsável pela divulgação da propaganda e, quando comprovado seu prévio conhecimento, o beneficiário à multa no valor de R$ 5.000,00 (cinco mil reais) a R$ 30.000,00 (trinta mil reais). *(Incluído pela Lei nº 12.034, de 2009)*

§ 3º Sem prejuízo das sanções civis e criminais aplicáveis ao responsável, a Justiça Eleitoral poderá determinar, por solicitação do ofendido, a retirada de publicações que contenham agressões ou ataques a candidatos em sítios da internet, inclusive redes sociais. *(Incluído pela Lei nº 12.891, de 2013)*

Art. 57-E. São vedadas às pessoas relacionadas no art. 24 a utilização, doação ou cessão de cadastro eletrônico de seus clientes, em favor de candidatos, partidos ou coligações. *(Incluído pela Lei nº 12.034, de 2009)*

§ 1º É proibida a venda de cadastro de endereços eletrônicos. *(Incluído pela Lei nº 12.034, de 2009)*

§ 2º A violação do disposto neste artigo sujeita o responsável pela divulgação da propaganda e, quando comprovado seu prévio conhecimento, o beneficiário à multa no valor de R$ 5.000,00 (cinco mil reais) a R$ 30.000,00 (trinta mil reais). *(Incluído pela Lei nº 12.034, de 2009)*

Art. 57-F. Aplicam-se ao provedor de conteúdo e de serviços multimídia que hospeda a divulgação da propaganda eleitoral de candidato, de partido ou de coligação as penalidades previstas nesta Lei, se, no prazo determinado pela Justiça Eleitoral, contado a partir da notificação de decisão sobre a existência de propaganda irregular, não tomar providências para a cessação dessa divulgação. *(Incluído pela Lei nº 12.034, de 2009)*

Parágrafo único. O provedor de conteúdo ou de serviços multimídia só será considerado responsável pela divulgação da propaganda se a publicação do material for comprovadamente de seu prévio conhecimento. *(Incluído pela Lei nº 12.034, de 2009)*

Art. 57-G. As mensagens eletrônicas enviadas por candidato, partido ou coligação, por qualquer meio, deverão dispor de mecanismo que permita seu descadastramento pelo destinatário, obrigado o remetente a providenciá-lo no prazo de quarenta e oito horas. *(Incluído pela Lei nº 12.034, de 2009)*

Parágrafo único. Mensagens eletrônicas enviadas após o término do prazo previsto no caput sujeitam os responsáveis ao pagamento de multa no valor de R$ 100,00 (cem reais), por mensagem. *(Incluído pela Lei nº 12.034, de 2009)*

Art. 57-H. Sem prejuízo das demais sanções legais cabíveis, será punido, com multa de R$ 5.000,00 (cinco mil reais) a R$ 30.000,00 (trinta mil reais), quem realizar propaganda eleitoral na internet, atribuindo indevidamente sua autoria a terceiro, inclusive a candidato, partido ou coligação. *(Incluído pela Lei nº 12.034, de 2009)*

§ 1º Constitui crime a contratação direta ou indireta de grupo de pessoas com a finalidade específica de emitir mensagens ou comentários na internet para ofender a honra ou denegrir a imagem de candidato, partido ou coligação, punível com detenção de 2 (dois) a 4 (quatro) anos e multa de R$ 15.000,00 (quinze mil reais) a R$ 50.000,00 (cinquenta mil reais). *(Incluído pela Lei nº 12.891, de 2013)*

§ 2º Igualmente incorrem em crime, punível com detenção de 6 (seis) meses a 1 (um) ano, com alternativa de prestação de serviços à comunidade pelo mesmo período, e multa de R$ 5.000,00 (cinco mil reais) a R$ 30.000,00 (trinta mil reais), as pessoas contratadas na forma do § 1º. *(Incluído pela Lei nº 12.891, de 2013)*

> Art. 57-I. A requerimento de candidato, partido ou coligação, observado o rito previsto no art. 96, a Justiça Eleitoral poderá determinar a suspensão, por vinte e quatro horas, do acesso a todo conteúdo informativo dos sítios da internet que deixarem de cumprir as disposições desta Lei. *(Incluído pela Lei nº 12.034, de 2009)*
>
> § 1º A cada reiteração de conduta, será duplicado o período de suspensão. *(Incluído pela Lei nº 12.034, de 2009)*
>
> § 2º No período de suspensão a que se refere este artigo, a empresa informará, a todos os usuários que tentarem acessar seus serviços, que se encontra temporariamente inoperante por desobediência à legislação eleitoral. *(Incluído pela Lei nº 12.034, de 2009)*

Essa modalidade de propaganda somente é veiculada de modo gratuito, conforme definido na Lei das Eleições. Aqui, é diferente dos jornais, pois se trata de concessão do Poder Público. Não podem, por isso, manifestar a mínima preferência que seja, pois isso acarretará consequências irreversíveis e ofenderá o princípio da isonomia na disputa eleitoral.

A propaganda eleitoral no rádio e televisão constitui o cerne de toda a propaganda política, pois é nesse espaço que as ideias e os programas são debatidos. Deveria, por isso, ser o momento mais elevado das campanhas, e mais educativo também, contribuindo para esclarecer os eleitores sobre o ato de escolher e votar nos candidatos, fornecendo-lhes elementos para uma avaliação crítica sobre suas ideias políticas.

O que ocorre, na prática, é que esses programas são utilizados para insultos, aleivosias e promoções pessoais, rompendo com o sadio propósito por que foram determinados.

A data do início da propaganda política passou a ser 16 de agosto do ano em que se realizar as eleições. Antes, era 6 de julho. As propagandas devem ser mais concentradas e mais objetivas. A redução do tempo não permite mais divagações infrutíferas.

É facultada, ainda, a essas emissoras, a promoção de debates entre os candidatos participantes das eleições.

Caso infrinjam alguma das vedações impostas nos incisos I a VI do artigo 45, dentre elas a utilização de trucagens, montagem ou outro recurso de áudio ou vídeo que possa ridicularizar candidato, as emissoras de rádio e televisão estão sujeitas ao pagamento de multas que vão de vinte mil a cem mil UFIRs, que poderão ser duplicadas em caso de reincidência.

O artigo 56 da lei em análise disciplina que, a requerimento de partido, coligação ou candidato, a Justiça Eleitoral poderá determinar a suspensão, por vinte e quatro horas, da programação normal da emissora que deixar de cumprir qualquer uma das disposições desta lei no que diz respeito à propaganda.

A internet veio para revolucionar a propaganda eleitoral, deixando o legislador e os julgadores perplexos diante da expansão do seu uso e das consequências que desencadeia.

Segundo nos informa Antônio Graeff, o uso, de fato, da internet como veículo de propaganda política foi usado pela primeira vez nos Estados Unidos, por Howard Dean, governador de Vermont, pré-candidato democrático nas eleições presidenciais de 2004.

Entrevistado, após a derrota, Dean declarou: "A primeira coisa que aprendi foi que a internet é uma comunidade, não apenas uma ferramenta. É uma comunidade, e eles se abraçam".[153]

Nas eleições de 2008, foi Barack Obama quem conseguiu utilizar-se das mídias sociais com extrema competência, elegendo-se presidente dos Estados Unidos com o auxílio dessa ferramenta, registrada no endereço mybarackobama.com.

No Brasil, nas eleições de 2014, as mídias sociais foram utilizadas por todos os candidatos, notadamente pelas ferramentas *blogs*, *WhatsApp* e *bots*. O *WhatsApp* é o aplicativo de maior alcance popular, atingindo mais de 70% dos aparelhos celulares.

Ao TSE cabe disciplinar o uso da internet nas campanhas eleitorais, equilibrando a liberdade de expressão com o respeito à intimidade e a honra dos candidatos.

No livro *Reforma eleitoral no Brasil*, organizado por Joaquim Falcão, destacam-se dois trabalhos que analisam a influência da internet nas eleições, com muita agudeza.

No primeiro, de Pedro Nicoletti Mizukami, *Sobre robôs e eleições*, o autor analisa o impacto do uso de robôs (*bots*, derivação de *robots*) nas eleições de 2014, pelos candidatos presidenciais. Segundo o especialista,

> Seja por meios automatizados, seja por ação humana, o objetivo desse tipo de intervenção é fazer com que os algoritmos que decidem que constitui ou não conteúdo relevante amplifiquem e disseminem mensagens que beneficiem os planos de uma campanha política. Em alguns casos, atacando diretamente ou indiretamente os opositores. Em outros, afogando mensagens de apoio aos outros candidatos em um mar de menções positivas à própria campanha.[154]

O segundo trabalho é de autoria de Marília Maciel: *WhatsApp: a nova vedete das campanhas eleitorais*. Sobre a utilização criativa desse aplicativo como estratégia de marketing, esclarece a autora:

> Ao recomendar o uso do WhatsApp nas eleições de 2014, os responsáveis pelo marketing das campanhas perceberam três tipos principais de ações possíveis na plataforma: a criação de grupos para conversação entre militantes e apoiadores; o uso para disseminar conteúdo que os apoiadores poderiam propagar entre

153 GRAEFF, Antônio. *Eleições 2.0*: a internet e as mídias sociais no processo eleitoral. São Paulo: Publifolha, 2009, p. 7-9.

154 MIZUKAMI, Pedro Nicoletti. Sobre robôs e eleições. In: FALCÃO, Joaquim (Org.). *Reforma eleitoral no Brasil*. Rio de Janeiro: Civilização Brasileira, 2015, p. 165.

seus contatos e a comunicação direta entre o candidato e a população em geral, desde que a pessoa tenha demonstrado interesse em receber as informações.[155]

As polêmicas despertadas pelo uso desses aplicativos devem ser analisadas pela Justiça Eleitoral sob a perspectiva de novos paradigmas, com relevância para a transparência do processo eleitoral e pela relativização da intimidade do homem público.

## 17 DIREITO DE RESPOSTA (ART. 58)

Art. 58. A partir da escolha de candidatos em convenção, é assegurado o direito de resposta a candidato, partido ou coligação atingidos, ainda que de forma indireta, por conceito, imagem ou afirmação caluniosa, difamatória, injuriosa ou sabidamente inverídica, difundidos por qualquer veículo de comunicação social.

§ 1º O ofendido, ou seu representante legal, poderá pedir o exercício do direito de resposta à Justiça Eleitoral nos seguintes prazos, contados a partir da veiculação da ofensa:

I - vinte e quatro horas, quando se tratar do horário eleitoral gratuito;

II - quarenta e oito horas, quando se tratar da programação normal das emissoras de rádio e televisão;

III - setenta e duas horas, quando se tratar de órgão da imprensa escrita;

IV - a qualquer tempo, quando se tratar de conteúdo que esteja sendo divulgado na internet, ou em 72 (setenta e duas) horas, após a sua retirada. *(Redação dada pela Lei nº 13.165, de 2015)*

§ 2º Recebido o pedido, a Justiça Eleitoral notficará imediatamente o ofensor para que se defenda em vinte e quatro horas, devendo a decisão ser prolatada no prazo máximo de setenta e duas horas da data da formulação do pedido.

§ 3º Observar-se-ão, ainda, as seguintes regras no caso de pedido de resposta relativo a ofensa veiculada:

I - em órgão da imprensa escrita:

a) o pedido deverá ser instruído com um exemplar da publicação e o texto para resposta;

b) deferido o pedido, a divulgação da resposta dar-se-á no mesmo veículo, espaço, local, página, tamanho, caracteres e outros elementos de realce usados na ofensa, em até quarenta e oito horas após a decisão ou, tratando-se de veículo com periodicidade de circulação maior que quarenta e oito horas, na primeira vez em que circular;

c) por solicitação do ofendido, a divulgação da resposta será feita no mesmo dia da semana em que a ofensa foi divulgada, ainda que fora do prazo de quarenta e oito horas;

---

155 MACIEL, Marília. WhatsApp: a nova vedete das campanhas eleitorais. In: FALCÃO, Joaquim (Org.). *Reforma eleitoral no Brasil*. Rio de Janeiro: Civilização Brasileira, 2015, p. 196.

d) se a ofensa for produzida em dia e hora que inviabilizem sua reparação dentro dos prazos estabelecidos nas alíneas anteriores, a Justiça Eleitoral determinará a imediata divulgação da resposta;
e) o ofensor deverá comprovar nos autos o cumprimento da decisão, mediante dados sobre a regular distribuição dos exemplares, a quantidade impressa e o raio de abrangência na distribuição;
II - em programação normal das emissoras de rádio e de televisão:
a) a Justiça Eleitoral, à vista do pedido, deverá notificar imediatamente o responsável pela emissora que realizou o programa para que entregue em vinte e quatro horas, sob as penas do art. 347 da Lei nº 4.737, de 15 de julho de 1965 - Código Eleitoral, cópia da fita da transmissão, que será devolvida após a decisão;
b) o responsável pela emissora, ao ser notificado pela Justiça Eleitoral ou informado pelo reclamante ou representante, por cópia protocolada do pedido de resposta, preservará a gravação até a decisão final do processo;
c) deferido o pedido, a resposta será dada em até quarenta e oito horas após a decisão, em tempo igual ao da ofensa, porém nunca inferior a um minuto;
III - no horário eleitoral gratuito:
a) o ofendido usará, para a resposta, tempo igual ao da ofensa, nunca inferior, porém, a um minuto;
b) a resposta será veiculada no horário destinado ao partido ou coligação responsável pela ofensa, devendo necessariamente dirigir-se aos fatos nela veiculados;
c) se o tempo reservado ao partido ou coligação responsável pela ofensa for inferior a um minuto, a resposta será levada ao ar tantas vezes quantas sejam necessárias para a sua complementação;
d) deferido o pedido para resposta, a emissora geradora e o partido ou coligação atingidos deverão ser notificados imediatamente da decisão, na qual deverão estar indicados quais os períodos, diurno ou noturno, para a veiculação da resposta, que deverá ter lugar no início do programa do partido ou coligação;
e) o meio magnético com a resposta deverá ser entregue à emissora geradora, até trinta e seis horas após a ciência da decisão, para veiculação no programa subsequente do partido ou coligação em cujo horário se praticou a ofensa;
f) se o ofendido for candidato, partido ou coligação que tenha usado o tempo concedido sem responder aos fatos veiculados na ofensa, terá subtraído tempo idêntico do respectivo programa eleitoral; tratando-se de terceiros, ficarão sujeitos à suspensão de igual tempo em eventuais novos pedidos de resposta e à multa no valor de duas mil a cinco mil UFIR.
IV - em propaganda eleitoral na internet: *(Incluído pela Lei nº 12.034, de 2009)*
a) deferido o pedido, a divulgação da resposta dar-se-á no mesmo veículo, espaço, local, horário, página eletrônica, tamanho, caracteres e outros elementos de realce usados na ofensa, em até quarenta e oito horas após a entrega da mídia física com a resposta do ofendido; *(Incluído pela Lei nº 12.034, de 2009)*

b) a resposta ficará disponível para acesso pelos usuários do serviço de internet por tempo não inferior ao dobro em que esteve disponível a mensagem considerada ofensiva; *(Incluído pela Lei nº 12.034, de 2009)*

c) os custos de veiculação da resposta correrão por conta do responsável pela propaganda original. *(Incluído pela Lei nº 12.034, de 2009)*

§ 4º Se a ofensa ocorrer em dia e hora que inviabilizem sua reparação dentro dos prazos estabelecidos nos parágrafos anteriores, a resposta será divulgada nos horários que a Justiça Eleitoral determinar, ainda que nas quarenta e oito horas anteriores ao pleito, em termos e forma previamente aprovados, de modo a não ensejar tréplica.

§ 5º Da decisão sobre o exercício do direito de resposta cabe recurso às instâncias superiores, em vinte e quatro horas da data de sua publicação em cartório ou sessão, assegurado ao recorrido oferecer contra-razões em igual prazo, a contar da sua notificação.

§ 6º A Justiça Eleitoral deve proferir suas decisões no prazo máximo de vinte e quatro horas, observando-se o disposto nas alíneas *d* e *e* do inciso III do § 3º para a restituição do tempo em caso de provimento de recurso.

§ 7º A inobservância do prazo previsto no parágrafo anterior sujeita a autoridade judiciária às penas previstas no art. 345 da Lei nº 4.737, de 15 de julho de 1965 - Código Eleitoral.

§ 8º O não-cumprimento integral ou em parte da decisão que conceder a resposta sujeitará o infrator ao pagamento de multa no valor de cinco mil a quinze mil UFIR, duplicada em caso de reiteração de conduta, sem prejuízo do disposto no art. 347 da Lei nº 4.737, de 15 de julho de 1965 - Código Eleitoral.

§ 9º Caso a decisão de que trata o § 2º não seja prolatada em 72 (setenta e duas) horas da data da formulação do pedido, a Justiça Eleitoral, de ofício, providenciará a alocação de juiz auxiliar. *(Incluído pela Lei nº 12.891, de 2013)*

Art. 58-A. Os pedidos de direito de resposta e as representações por propaganda eleitoral irregular em rádio, televisão e internet tramitarão preferencialmente em relação aos demais processos em curso na Justiça Eleitoral. *(Incluído pela Lei nº 12.034, de 2009)*

O direito de resposta é assegurado aos candidatos, partidos políticos e coligações atingidos por conceitos, imagem ou afirmação caluniosa, difamatória ou injuriosa.

Essas agressões podem ser diretas ou indiretas, difundidas por veículos de comunicação. Exsurge da letra do artigo 58 que as afirmações caluniosas, difamatórias ou injuriosas devem ser sabidamente inverídicas, o que significa que se caracterizam como aleivosias.

Esse é um instituto de acentuada importância prática durante o período de propaganda eleitoral, pois de uma agressão e de uma boa resposta (ou de uma resposta negada) pode resultar a perda ou a conquista de um mandato.

Oportuna a previsão do legislador que prescreveu prazos curtos e imediatos para o reparo das ofensas, antes que se propague o efeito deletério das inverdades atiradas sobre um candidato.

O artigo 58 e seus parágrafos tratam exaustivamente de todo o procedimento para o exercício do direito de resposta.

Esse tema é tratado pelo autor em trabalho avulso, publicado em revistas jurídicas, o qual se transcreve abaixo, devidamente atualizado.

# DIREITO DE RESPOSTA[156]

**Sumário**

**1.** A propaganda eleitoral. **2.** O direito de resposta. 2.1. O direito de resposta como direito fundamental. 2.2. O direito de resposta e a Lei das Eleições. 2.3. Requisitos do direito de resposta. **3.** Conclusões. **4.** Referências.

## 1 A PROPAGANDA ELEITORAL

O início da propaganda eleitoral marca o ponto mais alto da disputa eleitoral. Nessa fase, que, às vezes, atinge momentos tensos é que os candidatos expõem seus planos, publicam suas promessas, defendem suas ideias e, com frequência, atacam seus adversários.

A propaganda atingiu requintes sofisticados de expressão. Dependendo de suas técnicas, os candidatos tidos por impopulares atingem elevados níveis na pesquisa.

A complexidade da propaganda eleitoral, justamente devido ao grau de desenvolvimento que alcançou, exigiu tratamento destacado tanto nas leis eleitorais como em instruções específicas do Tribunal Superior Eleitoral.

A Justiça Eleitoral ressente-se de meios mais enérgicos e eficientes para coibir a propaganda que contraria as previsões legais. Mesmo assim, a interferência da Justiça Eleitoral tem evitado os abusos que, a cada eleição, se apresentam mais insistentes. Recentemente, a proliferação das rádios comunitárias tem provocado sérios transtornos no período eleitoral, pela interferência irregular que fazem durante a campanha e pela dificuldade de apreensão e controle.

Candidatos afoitos não se contentam em esperar o início do período de propaganda. Saem à frente, levando a lei de roldão, pensando que assim vencerão seus adversários com mais facilidade. Agem mal, prejudicando a si mesmos e contribuindo

156 Esse trabalho foi publicado originariamente pela Revista de Informação Legislativa, do Senado Federal, n º 130, de abril/junho, de 1996. Posteriormente, foi publicado pela Revista Jurídica (Ed. Síntese nº 225, de julho de 1996).

para retirar da disputa o equilíbrio indispensável. Mas, com todas as dificuldades, a Justiça Eleitoral tem conseguido manter a ordem na distribuição de espaços destinados à propaganda política.

A regulamentação rigorosa da propaganda é imprescindível para permitir um tratamento igual a todos os candidatos. É meio ético de assegurar a escolha dos candidatos, de acordo com o livre convencimento de cada eleitor.

## 2 O DIREITO DE RESPOSTA

Para reparar o comportamento ofensivo dos candidatos na mídia, criou-se o direito de resposta, verdadeira legítima defesa da honra, assegurada pela lei em benefício dos ofendidos. É um instituto que equilibra a liberdade de imprensa com o direito de cada cidadão ter sua honra preservada.

Estudioso do assunto, Eliel C. Ballester buscou a noção de direito de resposta em sua origem histórica, no projeto do deputado francês Dulaure, em 1822, conceituando-o como "faculdad de contestar a ciertas alusiones periodísticas, de manera pronta y gratuita, en los órganos de publicidad que las difundieran".[157]

Consumado o agravo, nasce o direito de resposta, que tem efeito de um desagravo. "A resposta é um desagravo".[158]

Difícil se apresenta para o juiz o deferimento do direito de resposta àquele que se diz ofendido em sua honra subjetiva. Até que ponto essa interferência do julgador é permitida? Cretella Júnior, em seus *Comentários*, já citados, leciona:

> Não interessa o conteúdo ou o sentido do artigo, crítico ou elogioso, citando dados exatos ou não, porque o direito de resposta nasce no momento em que alguém é descrito, no artigo, sendo o criticado o único juiz da oportunidade ou conveniência de exercer o direito de resposta, desde que seu nome foi citado.[159]

Creio que, nesses momentos, o julgador deve usar seu tirocínio para aferir essa conveniência, o grau de ofensa, para sentir se ali não está uma mera leviandade, uma honra exageradamente sensitiva. Especificamente sobre esse problema, assim se pronunciou, em voto, o então Ministro Vilas Boas, do TSE:

> Entendo, por isso, que eventuais considerações a propósito desse ou daquele candidato, ainda que mediante linguagem enfática ou mesmo mais dura, mas que se situem dentro de níveis toleráveis, em campanha eleitoral como a que se trava no momento, não podem ser equiparadas a ofensas, para fins de aplicação do referido preceito.[160]

157 BALLESTER, Eliel C. *Derecho de respuesta*. Buenos Aires: Astrea, 1987, p. 5.
158 CRETELLA JÚNIOR, J. *Comentários à Constituição de 1988*. Rio de Janeiro: FU, 1992, p. 213, v.1.
159 *Id., ibid.*
160 JTSE 02/90/143.

Não resta dúvida, diz o mestre Darcy Arruda Miranda, que o juiz da oportunidade, necessidade ou interesse da resposta é o acusado ou atingido pelo escrito que lhe possa ocasionar dano patrimonial ou moral, seja ele pessoa natural ou jurídica, mas – adverte o autor – esse direito não é indiscriminado nem absoluto, como pretende Chassan, porque está condicionado por certas regras cuja inobservância acarretará a sua ineficácia.[161]

Serrano Neves contribui para o esclarecimento do tema, com a seguinte lição:

> O direito de resposta, como se percebe, não é um instrumento banal, a serviço de vaidades, melindres, segundas intenções ou discussões sem causa. Há de ser usado com parcimônia e renovada prudência, até mesmo porque, notadamente em relação ao homem público, a imprensa goza, em geral, de maior dose de liberdade. O interesse público, com efeito, reclama dos órgãos de divulgação o exame dos atos e das atitudes de tais individualidades.[162]

Trata-se, portanto, de um direito que tem seus limites na pertinência da invocação, no grau da ofensa, na lesão provocada ao ofendido e na razoabilidade do seu exercício.

### 2.1 O direito de resposta como direito fundamental

O direito de resposta mereceu, em nosso ordenamento jurídico, o prestígio de sua constitucionalização, alinhando-se entre os direitos fundamentais da pessoa humana, conforme está no artigo 5º, inciso V, da Constituição Federal: *É assegurado o direito de resposta, proporcional ao agravo, além da indenização por dano material, moral ou à imagem.*

O fundamento do direito de resposta está no princípio da igualdade, pois seu exercício efetiva o equilíbrio de oportunidade entre as partes.

Celso Ribeiro Bastos observa que, pela amplitude com que foi tratado o tema em nossa Constituição, o direito de resposta deve ser assegurado em quaisquer de suas manifestações, seja na imprensa falada, escrita, televisionada ou, até, numa assembleia.[163]

Da dicção do texto constitucional, percebe-se que o direito de resposta surge de um agravo, notadamente um agravo que atinja a honorabilidade do ofendido, sua autoestima e sua respeitabilidade na comunidade.

A Constituição da República Portuguesa, ao tratar da liberdade de expressão e informação, assegura o direito de resposta "em condições de igualdade e eficácia" (art. 37 nº 4). Nesses termos, aponta para dois fatores intrínsecos ao exercício do di-

---

161 MIRANDA, Darcy Arruda. *Comentários à Lei de Imprensa.* 2. ed. São Paulo: ERT, 1994, p. 541, v. 2.

162 NEVES, Serrano. *Direito de Imprensa.* São Paulo: Bushatsky, 1972, p. 230.

163 BASTOS, Celso Ribeiro & MARTINS, Ives Gandra. *Comentários à Constituição do Brasil.* São Paulo: Saraiva, 1989, p. 46, v. 2.

reito de resposta: a proporcionalidade e a eficácia da reação, capaz de inibir os efeitos desgastantes à honra, à imagem, ao nome e à reputação do ofendido.

Nessa mesma orientação e como acréscimo à força constitucional do direito de resposta, o artigo 14 do Pacto de São José da Costa Rica (Convenção Americana Sobre Direitos Humanos) traz a seguinte redação:

> Art. 14. Direito de retificação ou resposta
> 1. Toda pessoa atingida por informações inexatas ou ofensivas emitidas em seu prejuízo por meios de difusão legalmente regulamentados e que se dirijam ao público em geral, tem direito a fazer, pelo mesmo órgão de difusão, sua retificação ou resposta, nas condições que estabeleça a lei.
> 2. Em nenhum caso a retificação ou a resposta eximirão das outras responsabilidades legais em que se houver incorrido.
> 3. Para a efetiva proteção da honra e da reputação, toda publicação ou empresa jornalística, cinematográfica, de rádio ou televisão, deve ter uma pessoa responsável que não seja protegida por imunidades nem goze de foro especial.

Apenas para informação, esse Tratado foi referendado pelo Congresso Nacional em novembro de 1992, obtendo, por conseguinte, eficácia no nosso ordenamento legal, *ex vi* do art. 5º, § 2º, da CF/88.

### 2.2 O direito de resposta na Lei das Eleições

A Lei nº 9.504/1997, traz a seguinte previsão sobre o direito de resposta:

> Art. 58 A partir da escolha de candidatos em convenção, é assegurado o direito de resposta a candidato, partido ou coligação, atingidos, ainda que de forma indireta, por conceito, imagem ou afirmação caluniosa, difamatória, injuriosa ou sabidamente inverídica, difundidos por qualquer veículo de comunicação social.

A normatização atual ampliou o alcance do direito de resposta para alcançar inclusive as formas *indiretas* de ofensas, como exibição de imagem ou declarações caluniosas, difamatórias e injuriosas. E mais: alcançou, também, as afirmações "sabidamente inverídicas difundidas por qualquer veículo de comunicação social", como jornais, revistas, emissoras de rádio e televisão.

Essas afirmações inverídicas são constantes no período de propaganda eleitoral, com resultados, às vezes, irreversíveis para o candidato prejudicado. A prática de difundir veleidades e versões mentirosas de fatos ocorridos é o ápice da falta de ética no debate eleitoral. É o momento que denota o desespero do candidato que se sente derrotado e apela para os mais sórdidos meios ao seu alcance. Nessas ocasiões é quando a Justiça Eleitoral deveria estar mais alerta e mais fortalecida para reprimir imediatamente esses abusos.

Voltando ao texto da Lei nº 9.504/1997, tem-se, então: a) o momento inicial da legitimidade para pleitear direito de resposta, como candidato, é a partir da sua escolha em convenção; b) essa legitimidade se estende aos partidos e às coligações. Leis anteriores (Lei nº 8.214/92 e Lei nº 8.713/94) estendiam essa legitimidade a qualquer pessoa.

Aspecto elogiável da lei atual é a distribuição da matéria, com parágrafos didaticamente organizados, permitindo melhor compreensão da mensagem do legislador.

Logo no § 1º do art. 58, a discriminação dos prazos assumiu uma forma clara, com a distribuição das três hipóteses possíveis. Assim, o direito de resposta pode ser requerido nos seguintes prazos:

> a) *vinte e quatro horas*: em se tratando de ofensas irrogadas no horário eleitoral gratuito;
> b) *quarenta e oito horas:* quando se referir a programação normal das emissoras de rádio e televisão;
> c) *setenta e duas horas:* se a matéria ofensiva for veiculada em órgão da imprensa escrita;
> d) a qualquer tempo, quando se tratar de conteúdo que esteja sendo divulgado na internet, ou em 72 (setenta e duas) horas, após a sua retirada *(Incluído pela Lei 13.165, de 2015).*

O prazo começa a contar a partir da veiculação da ofensa.

A exiguidade dos prazos reflete a ansiedade do momento. Como afirma Eliel Ballester, "en vísperas de comicios se aconsejan actuaciones sumarísimas"[164]. Daí porque, diz o mesmo autor, "las noticias falsas o tendenciosas merecen trato especial durante el tramo final de las campañas proselitistas".[165]

Os §§ 2º, 3º, 4º, 5º e 6º tratam do procedimento relativo ao direito de resposta, o que não é objeto deste estudo. Entretanto, pela sua pertinência ao propósito geral, destacam-se os parágrafos 4º, 5º e 8º do artigo em evidência.

Atenção especial merece o § 4º, principalmente quanto aos dois dias anteriores ao pleito ou no último dia de propaganda eleitoral. Esse é o momento que a Justiça Eleitoral precisa estar atenta para não se omitir, provocando graves prejuízos aos ofendidos. Para tanto, deve determinar a veiculação do reparo em horário capaz de atender à gravidade da ofensa. As experiências das eleições mostram que fatos ocorridos em final de campanha, quando alguns candidatos inescrupulosos aproveitam-se do tempo, trazem prejuízos irreparáveis, notadamente em se tratando da imprensa escrita.[166]

---

164 *Op.cit.*, p. 114.

165 *Op. cit.*, p. 55. Citando Henri de Jouvenel, Bellester adverte: "Sabe usted a qué se debe el poder de la mentira? A la lentitud del desmentido" (id. ib., p. 72).

166 Vale a pena transcrever aqui uma advertência do Pe. Antônio Vieira, quando do seu Sermão da Terceira Dominga da Quaresma, pela sua atualidade e pertinência com o tema:

O § 5º dispõe sobre o prazo de recurso da decisão sobre o exercício do direito de resposta: 24 horas, da data da publicação, em cartório (no caso de juízo monocrático), ou em sessão (no caso de juízos colegiados). A lei anterior (Lei nº 9.100/1995) previa um prazo maior, de 48 horas (art. 66 § 9º ).

Aqui se deu atenção a uma das características básicas do processo eleitoral, que é a celeridade, principalmente em se tratando de uma lesão que pode ter consequências irrecuperáveis.

Por fim, o § 8º trata da medida aplicada ao infrator pelo não cumprimento integral ou em parte da decisão que conceder a resposta. A multa prevista vai de cinco a quinze mil UFIRs. Em caso de reiteração da conduta, essa multa poderá ser duplicada. Em ambas as hipóteses, sem prejuízo do disposto no art. 347 do Código Eleitoral.[167]Esse parágrafo tem inolvidável utilidade pela carga coercitiva que contém. É muito comum encontrar-se, nesses momentos, resistências das emissoras de rádio e TV em divulgarem a resposta autorizada pela Justiça. Alguns órgãos de imprensa, envolvidos com alguma candidatura, cometem o despautério de criticar a decisão, opondo argumentos a seu talante, como se lhes coubesse um juízo de admissibilidade.

Em termos de conclusão, a Lei nº 9.504/1997 deu ao direito de resposta a importância que adquiriu na esfera constitucional, como garantia do candidato, do partido político ou coligação, sempre que forem atingidos, ainda que de forma indireta, por conceito, imagem ou afirmação caluniosa, difamatória, injuriosa ou sabidamente inverídica, difundidos por qualquer veículo de comunicação social.

Ponto delicado que se impõe distinguir, porque frequente nas campanhas, é a jocosidade (*animus jocandi*) e a ofensa à honra. Às vezes, essa prática denota inteligência arguta no uso de trocadilhos e situações engraçadas de bom gosto. Outras vezes, entretanto, a pretexto dessa intenção jocosa, o ofensor torna-se maledicente, levando o adversário ao ridículo. E o ridículo, como dizia, Nelson Hungria, "é uma arma terrível, pois uma piada malévola pode destruir toda uma reputação".[168] Não devem ser permitidas as piadas de baixo nível, com tons injuriosos, que pretendem ridicularizar o candidato.

Sobre esse tema, o STF, ao julgar a ação cautelar na ADI 4.451/DF, proposta pela Associação Brasileira de Emissoras de Rádio e Televisão – Abert, definiu regras

---

Vede quão arriscado ofício o de uma pena na mão. Ofício que, com mudar um ponto ou uma vírgula, da heresia pode fazer fé, e da fé pode fazer heresia. Oh! Que escrupuloso ofício!

*E se a mudança de um ponto e de uma vírgula pode fazer tantos erros e tantos danos, que seria se se mudassem palavras? Que seria se se diminuíssem palavras? Que seria se se acrescentassem palavras? Torno a dizer: se a mudança de um ponto e de uma vírgula pode ser causa de tantos danos, que seria se se calassem regras? Que seria se faltassem capítulos? Que seria se se sepultassem papéis e informações inteiras? E que seria se, em vez de se presentarem a quem havia de pôr o remédio, se entregassem a quem havia de executar a vingança?* ( Sermões, v. I. São Paulo: Ed. das Américas, 1957, p. 345).

167 Art. 347 – Recusar alguém cumprimento ou obediência a diligências, ordens ou instruções da Justiça Eleitoral ou opor embaraços à sua execução.

Pena – detenção de três meses a um ano e pagamento de 10 a 20 dias-multa.

168 NEVES, Serrano. *Op. cit.*, p. 209.

para a imprensa em geral, as quais, *mutatis mutandis*, aplicam-se à campanha eleitoral. Diz os seguintes destaques da ementa:

> 5. Programas humorísticos, charges e modo caricatural de pôr em circulação ideias, opiniões, frases e quadros espirituosos compõem as atividades de "imprensa", sinônimo perfeito de "informação jornalística" (§ 1º do art. 220). Nessa medida, gozam de plenitude de liberdade que é assegurada pela Constituição à imprensa. Dando-se que o exercício concreta dessa liberdade em plenitude assegura ao jornalista o direito de expender críticas a qualquer pessoa, ainda que em áspero, contundente, sarcástico, irônico ou irreverente, especialmente contra as autoridades e aparelos de Estado. Respondendo, penal e civilmente, pelos abusos que cometer, e sujeitando-se ao direito de resposta a que se refere a Constituição em seu art. 5º. V. A crítica jornalística em geral, pela sua relação de inerência com o interesse público, não é aprioristicamente suscetível de censura. Isso porque é da essência das atividades de imprensa operar como formadores de opinião pública, lócus do pensamento crítico e necessário contraponto à versão oficial das coisas, conforme decisão majoritária do Supremo Tribunal Federal na ADPF 130. Decisão a que se pode agregar de que a locução "humor jornalístico" enlaça pensamento crítico, informação e criação artística.
> 6. A liberdade de imprensa assim abrangentemente livre não é de sofrer restrições em período eleitoral. Ela é plena em todo o tempo, lucar e circunstâncias. Tanto em período não eleitoral, portanto, quanto em período de eleições gerais. Se podem as emissoras de rádio e televisão, fora do período eleitoral, produzir e veicular charges, sátiras e programas humorísticos que envolvam partidos políticos, pré-candidatos e autoridades em geral, também podem fazê-lo no período eleitoral. Proceso eleitoral não é estado de sítio (art. 139 da CF), única fase ou momento de vida coletiva que, pela sua excepcional gravidade, a Constituição toma como fato gerador de "restrições à inviolabilidade da correspondência, ao sigilo das comunicações, à prestação de informações e à liberdade de imprensa, radiofusão e televisão, na forma da lei" (inciso III do art. 139).[169]

A linguagem de uma campanha mostra o nível dos seus candidatos, e essa imagem e postura devem ser reclamadas pelos eleitores, que precisam auferir ideias e projetos dos seus candidatos, e não insultos recíprocos.

A Lei nº 12.034/2009, que alterou a Lei das Eleições, inovou quanto ao direito de resposta, ao prever sua utilização em ofensas divulgadas pela internet. Para tanto, acrescentou ao § 3º, do art. 58, o item IV, com a seguinte redação:

> Art. 58 [...]
> § 3º
> [...]

169 RTJ nº 221/278).

IV - em propaganda eleitoral na internet:
a) deferido o pedido, a divulgação da resposta dar-se-á no mesmo veículo, espaço, local, horário, página eletrônica, tamanho, caracteres e outros elementos de realce usados na ofensa, em até quarenta e oito horas após a entrega da mídia física com a resposta do ofendido;
b) a resposta ficará disponível para acesso pelos usuários do serviço de internet por tempo não inferior ao dobro em que esteve disponível a mensagem considerada ofensiva;
c) os custos de veiculação da resposta correrão por conta do responsável pela propaganda original.

## 2.3 Requisitos do direito de resposta

Os requisitos do direito de resposta, em matéria eleitoral, são disciplinados pela Lei das Eleições e por resolução do Tribunal Superior Eleitoral.

Em cada pleito, a jurisprudência e a doutrina vêm avaliando e traçando as balizas do direito de resposta, em contínuo aperfeiçoamento, pois se trata de um tema delicado, que deve ser analisado no contexto em que é reclamado.

Uma análise da orientação jurisprudencial, colhida em diversos julgados, fornece-nos as seguintes lições:

a) "a honra tutelada, na espécie, é aquela que tem, como referência, as qualidades éticas da pessoa." (Min. Octávio Gallotti, in JTSE 2/90/155);

b) "Penso que o direito de resposta reveste excepcionalidades que a Corte não pode deixar de considerar, isto é, esse direito só seria de deferir-se quando as acusações assacadas contra qualquer pessoa, candidato ou não, se revistam de gravidade suficiente para caracterizar uma das três figuras contempladas pelos textos da lei e da Resolução." (Min. Vilas Boas, in JTSE 2/90/143);

c) "Tendo a fala natureza injuriosa, atingindo diretamente a dignidade e a honorabilidade do requerente, é de lhe ser deferido direito de resposta." (Min. Vilas Boas, in JTSE 2/90/1611);

d) "Caracterizada a ofensa à honra subjetiva do representante, é de lhe ser concedido o pretendido direito de resposta." (Min. Octávio Gallottti, JTSE 2/90/172);

e) "Não configurado o teor ofensivo das declarações, nega-se o pretendido direito de resposta." (Min. Bueno de Souza, JTSE 2/90/156);

f) "O direito de resposta não objetiva injuriar, difamar, nem muito menos caluniar, a quem quer que seja. Há de se fazer no campo pertinente à defesa da própria reputação daquele que se diz ofendido." (min. Marco Aurélio, in JTSE 2/96/53);

g) "O indivíduo, quando entregue a uma campanha eleitoral e pedindo a representação popular, não pode entender, como ofensa à sua pessoa, comentários sobre fatos devidamente publicados por órgãos de imprensa e referidos por terceiras pessoas. Tais circunstâncias demonstram a posição em que se encontram os candidatos, e não se trata de indivíduos com privacidade a serem defendidos. Pelo contrário, trata-se de cidadãos que colocam suas vidas ao exame dos eleitores." (Des. Luiz Carlos Santini - TRE-MS, in Informativo Eleitoral do TRE/MS nº 3/148 ).

Cumpre destacar, aqui, a importância do princípio da proporcionalidade, que deve orientar o exercício do direito de resposta. A respeito, manifestou-se o TSE, pela seguinte ementa:

> *Direito de resposta a injúrias contidas em crítica política a candidato (Lei nº 9.504/97, art. 58): exigibilidade da adequação do conteúdo da resposta proposta exclusivamente às passagens julgadas injuriosas da matéria questionada, que nas instâncias ordinárias não foi atendida, seja pelo texto primitivo da resposta apresentada com o requerimento, seja pelo que, em substituição, propiciou o juiz fosse oferecido: consequente indeferimento do pedido de resposta, que não violou, mas, ao contrário, aplicou erroneamente as normas constitucionais e legais invocadas no recurso especial, que, de regra, não se presta a reexame do juízo de proporcionalidade e adequação entre a resposta pretendida e as ofensas injuriosas.*[170]

Em seu voto como relator, sempre didático, o Ministro Sepúlveda Pertence esclareceu bem:

> Além de decorrer de ofensa da Constituição, a exigência de proporcionalidade extrai-se da interpretação sistemática do conjunto normativo da cogitada resposta eleitoral. Assim, caso se cuide de direito de resposta concedido a um candidato no horário de propaganda eleitoral gratuita de outro, dada a impossibilidade prática de oportuno controle prévio do seu conteúdo, a alínea *f* do inciso III, do § 3º do art. 58 da Lei nº 9.504/97 pune quem dele se utilize com desvio de finalidade estrita, isto é, como diz a lei, "[...] sem responder aos fatos veiculados na ofensa [...]". Se é candidato, toma-se-lhe o tempo utilizado na propaganda do outro sem responder às ofensas; se é terceiro, há pena de multa, compensações e eventual direito de resposta.

## 3 CONCLUSÕES

Em sentido amplo, o direito de resposta, no nosso ordenamento jurídico, começou a efetivar-se desde a antiga Lei nº 5.250, de 9 de fevereiro de 1967 (arts. 29 a 36).

Pelo alcance a que chegou o poder da imprensa hoje, ratificar o direito de resposta como direito fundamental do cidadão foi uma decisão aplaudida dos nossos constituintes.

Exercido prontamente, o direito de resposta pode minorar os abusos que os candidatos e os meios de comunicação cometem em cada pleito.

---

170 Acórdão nº 19.891 – REspe 19.891. In JTSE 3/2002/296.

A Lei nº 9504/1997 e resoluções do TSE, a jurisprudência e a doutrina têm contribuído para estabelecer os requisitos para a concessão do direito de resposta. Esses requisitos giram em torno da necessidade de proteger a dignidade pessoal dos cidadãos e dos candidatos, buscando resguardar suas imagens e evitando prejuízos irreparáveis.

Em atenção a essa prioridade é que a Lei nº 12.034/2009 incluiu na Lei das Eleições o art. 58-A, com a seguinte redação: *Os pedidos de direito de resposta e as representações por propaganda eleitoral irregular em rádio, televisão e internet tramitarão preferencialmente em relação aos demais processos em curso na Justiça Eleitoral*

Não .pretende a Justiça Eleitoral coibir a liberdade de pensamento dos candidatos, mas garantir os princípios democráticos da disputa eleitoral, cobrando a responsabilidade de cada cidadão para a preservação desses valores.

Não há dúvida de que o direito de resposta, agora com abrigo constitucional, é uma defesa legítima a serviço do cidadão para exercê-la com proporcionalidade à ofensa, sempre que for ofendido em sua honorabilidade.

A recente Lei nº 13.188, de 11 de novembro de 2015, é a nova lei sobre direito de resposta ou retificação do ofendido em matéria divulgada, publicada ou transmitida por veículo de comunicação social. Necessariamente, entre essa nova lei e as regras específicas da Lei nº 9.504/1997, haverá um diálogo de fontes para suprir omissões ou modular a aplicação de tais normas aos fatos concretos.

## REFERÊNCIAS


1. BALLESTER, Eliel. *Derecho de respuesta*. Buenos Aires: Astrea, 1987.
2. BASTOS, Celso Ribeiro, MARTINS, Ives Gandra. *Comentários à Constituição do Brasil*. 2º vol. São Paulo: Saraiva: 1989.
3. CRETELLA JÚNIOR, José. *Comentários à Constituição de 1988*. 1º vol. Rio de Janeiro: FU, 1992.
4. BRASIL. Jurisprudência do Tribunal Superior Eleitoral. Brasília: TSE, nº 2/1990.
5. BRASIL. Jurisprudência do Tribunal Superior Eleitoral. Brasília: TSE, nº 3/2002.
6. BRASIL. Revista Trimestral de Jurisprudência. Brasília: STF, nº 221/2012.
7. MIRANDA, Darcy Arruda. *Comentários à lei de imprensa*. 2. ed. Tomo 2, São Paulo: ERT, 1994.
8. NEVES, Serrano. *Direito de imprensa*. São Paulo: Bushatsky, 1972.


## 18 SISTEMA ELETRÔNICO DE VOTAÇÃO E TOTALIZAÇÃO DE VOTOS (ARTS. 59 A 62)

> Art. 59. A votação e a totalização dos votos serão feitas por sistema eletrônico, podendo o Tribunal Superior Eleitoral autorizar, em caráter excepcional, a aplicação das regras fixadas nos arts. 83 a 89.

§ 1º A votação eletrônica será feita no número do candidato ou da legenda partidária, devendo o nome e fotografia do candidato e o nome do partido ou a legenda partidária aparecer no painel da urna eletrônica, com a expressão designadora do cargo disputado no masculino ou feminino, conforme o caso.

§ 2º Na votação para as eleições proporcionais, serão computados para a legenda partidária os votos em que não seja possível a identificação do candidato, desde que o número identificador do partido seja digitado de forma correta.

§ 3º A urna eletrônica exibirá para o eleitor os painéis na seguinte ordem:

I - para as eleições de que trata o inciso I do parágrafo único do art. 1º, Deputado Federal, Deputado Estadual ou Distriral, Senador, Governador e Vice-Governador de Estado ou do Distrito Federal, Presidente e Vice-Presidente da República:

II - para as eleições de que trata o inciso II do parágrafo único do art. 1º. Vereador, Prefeito e Vice-Prefeito.

*(Redação dada pela Lei º 12.976, de e 2014)*

§ 4º A urna eletrônica disporá de recursos que, mediante assinatura digital, permitam o registro digital de cada voto e a identificação da urna em que foi registrado, resguardado o anonimato do eleitor.

§ 5º Caberá à Justiça Eleitoral definir a chave de segurança e a identificação da urna eletrônica de que trata o § 4º.

§ 6º Ao final da eleição, a urna eletrônica procederá à assinatura digital do arquivo de votos, com aplicação do registro de horário e do arquivo do boletim de urna, de maneira a impedir a substituição de votos e a alteração dos registros dos termos de início e término da votação.

§ 7º O Tribunal Superior Eleitoral colocará à disposição dos eleitores urnas eletrônicas destinadas a treinamento.

§ 8º O Tribunal Superior Eleitoral colocará à disposição dos eleitores urnas eletrônicas destinadas a treinamento.

Art. 60. No sistema eletrônico de votação considerar-se-á voto de legenda quando o eleitor assinalar o número do partido no momento de votar para determinado cargo e somente para este será computado.

Art 61. A urna eletrônica contabilizará cada voto, assegurando-lhe o sigilo e inviolabilidade, garantida aos partidos políticos, coligações e candidatos ampla fiscalização.

Art. 61-A. *(Revogada pela Lei nº 10.740, de 1º.10.2003)*

Art. 62. Nas Seções em que for adotada a urna eletrônica, somente poderão votar eleitores cujos nomes estiverem nas respectivas folhas de votação, não se aplicando a ressalva a que se refere o art. 148, § 1º, da *Lei nº 4.737, de 15 de julho de 1965* - Código Eleitoral.

Parágrafo único. O Tribunal Superior Eleitoral disciplinará a hipótese de falha na urna eletrônica que prejudique o regular processo de votação.

## COMENTÁRIOS

Com a votação eletrônica, acabou-se a fraude eleitoral, que se expressava em diversas formas, do voto carretilha ao mapismo,[171] com ou sem a conivência dos mesários e totalizadores. As eleições eram verdadeiras farsas, sem segurança e sem a certeza de que o voto dado era o voto apurado. Em sua obra *A mentirosa urna,* Walter Costa Porto analisa, com precisão, essa prática perniciosa da fraude eleitoral.[172]

Expressão maior desse avanço, a urna eletrônica assegura a legitimidade das eleições, que passam a ter um resultado de acordo com a vontade da população.

A credibilidade da urna eletrônica já passou por muitos testes, sendo reconhecida sua inviolabilidade e segurança, aperfeiçoando-se, a cada eleição, seu funcionamento e desempenho.

Agora, com a implantação do sistema biométrico, a segurança da votação tornou-se mais perfeita.

## 19 FISCALIZAÇÃO DAS ELEIÇÕES (ARTS. 65 A 72)

Art. 65. A escolha de fiscais e delegados, pelos partidos ou coligações, não poderá recair em menor de dezoito anos ou em quem, por nomeação do Juiz Eleitoral, já faça parte de Mesa Receptora.

§ 1º O fiscal poderá ser nomeado para fiscalizar mais de uma Seção Eleitoral, no mesmo local de votação.

§ 2º As credenciais de fiscais e delegados serão expedidas, exclusivamente, pelos partidos ou coligações.

§ 3º Para efeito do disposto no parágrafo anterior, o presidente do partido ou o representante da coligação deverá registrar na Justiça Eleitoral o nome das pessoas autorizadas a expedir as credenciais dos fiscais e delegados.

§ 4º Para o acompanhamento dos trabalhos de votação, só será permitido o credenciamento de, no máximo, 2 (dois) fiscais de cada partido ou coligação por seção eleitoral. *(Incluído pela Lei nº 12.891, de 2013)*

Art. 66. Os partidos e coligações poderão fiscalizar todas as fases do processo de votação e apuração das eleições e o processamento eletrônico da totalização dos resultados. *(Redação dada pela Lei nº 10.408, de 2002).*

§ 1º Todos os programas de computador de propriedade do Tribunal Superior Eleitoral, desenvolvidos por ele ou sob sua encomenda, utilizados nas urnas

171 Voto carretilha é o mesmo voto formiguinha ou voto encadeado, a que se refere Walter Costa Porto, em seu *Dicionário do voto*, com a seguinte explicação: Voto encadeado: "inicia-se pela subtração, no instante da votação, de uma cédula oficial e sua troca por uma cédula falsa, que é depositada na urna. Com a cédula verdadeira, fora da seção eleitoral, um indivíduo assinala seu candidato e a entrega a um eleitor, pedindo-lhe que, depois de votar, traga-lhe a cédula oficial que receber, em branco. O processo se repete, condicionando o voto de inúmeros eleitores." O mapismo era a alteração grosseira feita nos mapas totalizadores, em que se encerravam os resultados das eleições.

172 PORTO, Walter Costa. *A mentirosa urna.* São Paulo: Martins Fontes, 2004.

eletrônicas para os processos de votação, apuração e totalização, poderão ter suas fases de especificação e de desenvolvimento acompanhadas por técnicos indicados pelos partidos políticos, Ordem dos Advogados do Brasil e Ministério Público, até seis meses antes das eleições. *(Redação dada pela Lei nº 10.740, de 2003).*

§ 2º Uma vez concluídos os programas a que se referem o § 1º, serão eles apresentados, para análise, aos representantes credenciados dos partidos políticos e coligações, até vinte dias antes das eleições, nas dependências do Tribunal Superior Eleitoral, na forma de programas-fonte e de programas executáveis, inclusive os sistemas aplicativo e de segurança e as bibliotecas especiais, sendo que as chaves eletrônicas privadas e senhas eletrônicas de acesso manter-se-ão no sigilo da Justiça Eleitoral. Após a apresentação e conferência, serão lacradas cópias dos programas-fonte e dos programas compilados. *(Redação dada pela Lei nº 10.740, de 2003).*

§ 3º No prazo de cinco dias a contar da apresentação referida no § 2º, o partido político e a coligação poderão apresentar impugnação fundamentada à Justiça Eleitoral. *(Redação dada pela Lei nº 10.740, de 2003).*

§ 4º Havendo a necessidade de qualquer alteração nos programas, após a apresentação de que trata o § 3º, dar-se-á conhecimento do fato aos representantes dos partidos políticos e das coligações, para que sejam novamente analisados e lacrados. *(Redação dada pela Lei nº 10.740, de .2003).*

§ 5º A carga ou preparação das urnas eletrônicas será feita em sessão pública, com prévia convocação dos fiscais dos partidos e coligações para a assistirem e procederem aos atos de fiscalização, inclusive para verificarem se os programas carregados nas urnas são idênticos aos que foram lacrados na sessão referida no § 2º deste artigo, após o que as urnas serão lacradas. *(Incluído pela Lei nº 10.408, de 2002).*

§ 6º No dia da eleição, será realizada, por amostragem, auditoria de verificação do funcionamento das urnas eletrônicas, através de votação paralela, na presença dos fiscais dos partidos e coligações, nos moldes fixados em resolução do Tribunal Superior Eleitoral. *(Incluído pela Lei nº 10.408, de 2002).*

§ 7 º Os partidos concorrentes ao pleito poderão constituir sistema próprio de fiscalização, apuração e totalização dos resultados contratando, inclusive, empresas de auditoria de sistemas, que, credenciadas junto à Justiça Eleitoral, receberão, previamente, os programas de computador e os mesmos dados alimentadores do sistema oficial de apuração e totalização. *(Incluído pela Lei nº 10.408, de 2002).*

Art. 67. Os órgãos encarregados do processamento eletrônico de dados são obrigados a fornecer aos partidos ou coligações, no momento da entrega ao Juiz Encarregado, cópias dos dados do processamento parcial de cada dia, contidos em meio magnético.

Art. 68. O boletim de urna, segundo modelo aprovado pelo Tribunal Superior Eleitoral, conterá os nomes e os números dos candidatos nela votados.

§ 1º O Presidente da Mesa Receptora é obrigado a entregar cópia do boletim de urna aos partidos e coligações concorrentes ao pleito cujos representantes o requeiram até uma hora após a expedição.

§ 2º O descumprimento do disposto no parágrafo anterior constitui crime, punível com detenção, de um a três meses, com a alternativa de prestação de serviço à comunidade pelo mesmo período, e multa no valor de um mil a cinco mil UFIR.

Art. 69. A impugnação não recebida pela Junta Eleitoral pode ser apresentada diretamente ao Tribunal Regional Eleitoral, em quarenta e oito horas, acompanhada de declaração de duas testemunhas.

Parágrafo único. O Tribunal decidirá sobre o recebimento em quarenta e oito horas, publicando o acórdão na própria sessão de julgamento e transmitindo imediatamente à Junta, via telex, fax ou qualquer outro meio eletrônico, o inteiro teor da decisão e da impugnação.

Art. 70. O Presidente de Junta Eleitoral que deixar de receber ou de mencionar em ata os protestos recebidos, ou ainda, impedir o exercício de fiscalização, pelos partidos ou coligações, deverá ser imediatamente afastado, além de responder pelos crimes previstos na Lei nº 4.737, de 15 de julho de 1965 - Código Eleitoral.

Art. 71. Cumpre aos partidos e coligações, por seus fiscais e delegados devidamente credenciados, e aos candidatos, proceder à instrução dos recursos interpostos contra a apuração, juntando, para tanto, cópia do boletim relativo à urna impugnada.

Parágrafo único. Na hipótese de surgirem obstáculos à obtenção do boletim, caberá ao recorrente requerer, mediante a indicação dos dados necessários, que o órgão da Justiça Eleitoral perante o qual foi interposto o recurso o instrua, anexando o respectivo boletim de urna.

Art. 72. Constituem crimes, puníveis com reclusão, de cinco a dez anos:

I – obter acesso a sistema de tratamento automático de dados usado pelo serviço eleitoral, a fim de alterar a apuração ou a contagem de votos;

II – desenvolver ou introduzir comando, instrução, ou programa gravar ou transmitir dado, instrução ou programa ou provocar qualquer outro resultado diverso do esperado em sistema de tratamento automático de dados usados pelo serviço eleitoral;

III – causar, propositadamente, dano físico ao equipamento usado na votação ou na totalização de votos ou a suas partes.

## COMENTÁRIOS

Os partidos e coligações poderão fiscalizar todas as fases do sistema de votação e apuração das eleições, mediante a indicação de fiscais e delegados. Fica vedada a indicação de menor de dezoito anos, ou de qualquer pessoa que faça parte de mesa receptora.

O fiscal poderá ser nomeado para fiscalizar mais de uma seção eleitoral, no mesmo local de votação. As credenciais de fiscais e delegados serão expedidas, exclusivamente, pelos partidos ou coligações.

Local de votação é o prédio em que funcionam as seções eleitorais. Essa terminologia foi adotada a partir da implantação das urnas eletrônicas, para efeito de cadastramento junto ao TSE. É preciso, então, fazer a distinção entre seção eleitoral e local de votação. São conceitos distintos, para efeito de cadastramento eleitoral. A seção eleitoral está contida no local de votação, que pode abrigar uma ou mais seções.

O presidente do partido ou o representante da coligação deverá registrar, perante a Justiça Eleitoral, o nome das pessoas autorizadas a expedir as credenciais dos fiscais e delegados.

Interessante salientar que os partidos concorrentes ao pleito poderão constituir sistema próprio de fiscalização, apuração e totalização dos resultados – apuração paralela – por intermédio de empresa de auditoria de sistema, credenciada junto à Justiça Eleitoral, que fornecerá programas de computador idênticos aos utilizados nos sistemas de votação e apuração.

É importante para a Justiça Eleitoral que haja uma fiscalização séria e eficiente por parte dos partidos políticos e dos candidatos. A fiscalização contribui para assegurar um resultado mais transparente às eleições.

## 20 CONDUTAS VEDADAS (ART. 73)

> Art. 73. São proibidas aos agentes públicos, servidores ou não, as seguintes condutas tendentes a afetar a igualdade de oportunidades entre candidatos nos pleitos eleitorais:
> I - ceder ou usar, em benefício de candidato, partido político ou coligação, bens móveis ou imóveis pertencentes à administração direta ou indireta da União, dos Estados, do Distrito Federal, dos Territórios e dos Municípios, ressalvada a realização de convenção partidária;
> II - usar materiais ou serviços, custeados pelos Governos ou Casas Legislativas, que excedam as prerrogativas consignadas nos regimentos e normas dos órgãos que integram;
> III - ceder servidor público ou empregado da administração direta ou indireta federal, estadual ou municipal do Poder Executivo, ou usar de seus serviços, para comitês de campanha eleitoral de candidato, partido político ou coligação, durante o horário de expediente normal, salvo se o servidor ou empregado estiver licenciado;
> IV - fazer ou permitir uso promocional em favor de candidato, partido político ou coligação, de distribuição gratuita de bens e serviços de caráter social custeados ou subvencionados pelo Poder Público;

V - nomear, contratar ou de qualquer forma admitir, demitir sem justa causa, suprimir ou readaptar vantagens ou por outros meios dificultar ou impedir o exercício funcional e, ainda, *ex officio*, remover, transferir ou exonerar servidor público, na circunscrição do pleito, nos três meses que o antecedem e até a posse dos eleitos, sob pena de nulidade de pleno direito, ressalvados:

a) a nomeação ou exoneração de cargos em comissão e designação ou dispensa de funções de confiança;

b) a nomeação para cargos do Poder Judiciário, do Ministério Público, dos Tribunais ou Conselhos de Contas e dos órgãos da Presidência da República;

c) a nomeação dos aprovados em concursos públicos homologados até o início daquele prazo;

d) a nomeação ou contratação necessária à instalação ou ao funcionamento inadiável de serviços públicos essenciais, com prévia e expressa autorização do Chefe do Poder Executivo;

e) a transferência ou remoção *ex officio* de militares, policiais civis e de agentes penitenciários;

VI - nos três meses que antecedem o pleito:

a) realizar transferência voluntária de recursos da União aos Estados e Municípios, e dos Estados aos Municípios, sob pena de nulidade de pleno direito, ressalvados os recursos destinados a cumprir obrigação formal preexistente para execução de obra ou serviço em andamento e com cronograma prefixado, e os destinados a atender situações de emergência e de calamidade pública;

b) com exceção da propaganda de produtos e serviços que tenham concorrência no mercado, autorizar publicidade institucional dos atos, programas, obras, serviços e campanhas dos órgãos públicos federais, estaduais ou municipais, ou das respectivas entidades da administração indireta, salvo em caso de grave e urgente necessidade pública, assim reconhecida pela Justiça Eleitoral;

c) fazer pronunciamento em cadeia de rádio e televisão, fora do horário eleitoral gratuito, salvo quando, a critério da Justiça Eleitoral, tratar-se de matéria urgente, relevante e característica das funções de governo;

VII - realizar, no primeiro semestre do ano de eleição, despesas com publicidade dos órgãos públicos federais, estaduais ou municipais, ou das respectivas entidades da administração indireta, que excedam a média dos gastos no primeiro semestre dos três últimos anos que antecedem o pleito; *(Redação da Lei nº 13.165, de 2015)*

VIII - fazer, na circunscrição do pleito, revisão geral da remuneração dos servidores públicos que exceda a recomposição da perda de seu poder aquisitivo ao longo do ano da eleição, a partir do início do prazo estabelecido no art. 7º desta Lei e até a posse dos eleitos.

§ 1º Reputa-se agente público, para os efeitos deste artigo, quem exerce, ainda que transitoriamente ou sem remuneração, por eleição, nomeação, designação, contratação ou qualquer outra forma de investidura ou vínculo, mandato, cargo, emprego ou função nos órgãos ou entidades da administração pública direta, indireta, ou fundacional.

§ 2º A vedação do inciso I do *caput* não se aplica ao uso, em campanha, de transporte oficial pelo Presidente da República, obedecido o disposto no art. 76, nem ao uso, em campanha, pelos candidatos a reeleição de Presidente e Vice-Presidente da República, Governador e Vice-Governador de Estado e do Distrito Federal, Prefeito e Vice-Prefeito, de suas residências oficiais para realização de contatos, encontros e reuniões pertinentes à própria campanha, desde que não tenham caráter de ato público.

§ 3º As vedações do inciso VI do *caput*, alíneas b e c, aplicam-se apenas aos agentes públicos das esferas administrativas cujos cargos estejam em disputa na eleição.

§ 4º O descumprimento do disposto neste artigo acarretará a suspensão imediata da conduta vedada, quando for o caso, e sujeitará os responsáveis a multa no valor de cinco a cem mil UFIR.

§ 5º Nos casos de descumprimento do disposto nos incisos do *caput* e no § 10, sem prejuízo do disposto no § 4º, o candidato beneficiado, agente público ou não, ficará sujeito à cassação do registro ou do diploma. *(Redação dada pela Lei nº 12.034, de 2009)*

§ 6º As multas de que trata este artigo serão duplicadas a cada reincidência.

§ 7º As condutas enumeradas no *caput* caracterizam, ainda, atos de improbidade administrativa, a que se refere o art. 11, inciso I, da Lei nº 8.429, de 2 de junho de 1992, e sujeitam-se às disposições daquele diploma legal, em especial às cominações do art. 12, inciso III.

§ 8º Aplicam-se as sanções do § 4º aos agentes públicos responsáveis pelas condutas vedadas e aos partidos, coligações e candidatos que delas se beneficiarem.

§ 9º Na distribuição dos recursos do Fundo Partidário *(Lei nº 9.096, de 19 de setembro de 1995)* oriundos da aplicação do disposto no § 4º, deverão ser excluídos os partidos beneficiados pelos atos que originaram as multas.

§ 10. No ano em que se realizar eleição, fica proibida a distribuição gratuita de bens, valores ou benefícios por parte da Administração Pública, exceto nos casos de calamidade pública, de estado de emergência ou de programas sociais autorizados em lei e já em execução orçamentária no exercício anterior, casos em que o Ministério Público poderá promover o acompanhamento de sua execução financeira e administrativa. *(Incluído pela Lei nº 11.300, de 2006)*

§ 11. Nos anos eleitorais, os programas sociais de que trata o § 10 não poderão ser executados por entidade nominalmente vinculada a candidato ou por esse mantida. *(Incluído pela Lei nº 12.034, de 2009)*

§ 12. A representação contra a não observância do disposto neste artigo observará o rito do art. 22 da Lei Complementar nº 64, de 18 de maio de 1990, e poderá ser ajuizada até a data da diplomação.*(Incluído pela Lei nº 12.034, de 2009)*

§ 13. O prazo de recurso contra decisões proferidas com base neste artigo será de 3 (três) dias, a contar da data da publicação do julgamento no Diário Oficial. *(Incluído pela Lei nº 12.034, de 2009)*

## COMENTÁRIOS

Essa previsão da Lei nº 9.504/1997 traz um propósito moralizador, com forte repercussão em prol da isonomia na disputa eleitoral. Para o doutrinador Rodrigo López Zilio, pode-se conceituar os atos de conduta vedada como espécies de abuso de poder político que se manifestam através do desvirtuamento dos recursos materiais, humanos, financeiros e de comunicação da Administração pública, em sentido lato. [173]

A vedação dirige-se aos agentes públicos com o intuito de impedir o uso da máquina administrativa a favor de determinado candidato. A abrangência do conceito de conduta vedada está delineada neste acórdão do TSE:

> *Agravo regimental. Recurso ordinário.*
> *Representação eleitoral. Condutas vedadas. Lei nº 9.504/97, art. 73.*
> *As condutas vedadas (Lei das Eleições, art. 73) constituem-se em espécie do gênero abuso de autoridade. Afastado este, considerados os mesmos fatos, resultam afastadas aquelas.*
> *O fato considerado como conduta vedada (Lei das Eleições, art. 73) pode ser apreciado como abuso do poder de autoridade para gerar a inelegibilidade do art. 22 da Lei Complementar nº 64/90.*
> *O abuso do poder de autoridade é condenável por afetar a legitimidade e normalidade dos pleitos e, também, por violar o princípio da isonomia entre os concorrentes, amplamente assegurado na Constituição da República. Agravo regimental desprovido. Decisão mantida.*
> *(Acórdão nº 718, de 24.5.2005, rel. Min. Luiz Carlos Madeira. In* Informativo TSE *nº 19/2005).*

A ideia de equidade implica a distribuição igualitária de oportunidades para todos os cidadãos. O TSE tem tratado com rigor a prática de condutas vedadas, em decisões assim definidas:

> *Representação. Investigação judicial. Art. 22 da Lei Complementar nº 64/90. Art. 73, inciso II, § 5º, da Lei nº 9.504/97. Cestas básicas. Distribuição. Vales-combustível. Pagamento pela Prefeitura. Eleições. Resultado. Influências. Potencialidades. Abuso de poder econômico. Conduta vedada. Inelegibilidade. Cassação de diploma. Possibilidade.*
> *1. A comprovação da prática das condutas vedadas pelos incisos I, II, III, IV e VI do art. 73 da Lei nº 9.504/97 dá ensejo à cassação do registro ou do diploma, mesmo após a realização das eleições. (JTSE 1/2004/245).*

As hipóteses de condutas vedadas, enumeradas no artigo 73, devem ser vistas com mais rigor em caso de reeleição, pois essa faculdade conferida aos mandatários,

173 ZILIO, Rodrigo López. *Direito eleitoral.* Porto Alegre: Verbo Jurídico, 2012, p. 503.

de certa forma, além de implicar a ideia de continuísmo, tende a desequilibrar a isonomia do pleito.

Importante observação a ser feita, quanto à apuração das condutas vedadas, cinge-se ao rito da representação, sobre o qual tem decidido o TSE da seguinte forma:

> *Representação. Art. 73 da Lei nº 9.504/97. Rito*
> *A teor do disposto no art. 96 da Lei nº 9.504/97, somente é afastado o rito nela previsto quando houver disposição expressa a respeito, como ocorre quanto à conduta glosada pelo art. 41-A. Tratando-se de representação enquadrável no art. 73, observa-se o rito sumário. Nesse entendimento, o Tribunal negou provimento ao recurso. Unânime. (Recurso em Mandado de Segurança nº 401/PE, rel. Min Marco Aurélio, em 24.11.2005. In* Informativo TSE, *nº 38, p.2).*

A propósito desse rito, dispõe a Resolução TSE nº 22.142/2006:

> Art.19. As representações que visarem à apuração da hipótese disciplinada no art. 41-A da Lei nº 9.504/97 seguirão o rito previsto nos incisos I a XIII do art. 22 da Lei Complementar nº 64/90, sendo facultativa a adoção do mesmo procedimento no que se refere a apreciação das chamadas condutas vedadas aos agentes públicos em campanha.

Com o advento da Lei nº 12.034/2009, o termo final da representação por conduta vedada fixou-se como sendo o dia da diplomação.

Outra inovação que se verificou na jurisprudência do TSE foi a verificação de potencialidade da conduta para interferir no resultado das eleições, aplicando-se o princípio da proporcionalidade, em oposição contrária ao entendimento anterior (REspe nº 24.862/RS). Destacam-se estas duas decisões:

> *Recurso especial eleitoral nº 25.073/BA*
> *Relator: Ministro Caputo Bastos*
> *Ementa: Representação. Prefeito. Candidato à reeleição. Conduta vedada. Art. 73, II e VI, b, da Lei nº 9.504/97. Uso de papel timbrado da Prefeitura. Publicidade institucional no período vedado.*
> *1. O uso de uma única folha de papel timbrado da administração não pode configurar a infração do art. 73 da Lei nº 9.504/97, dada a irrelevância da conduta, ao tratar de fato isolado e sem prova de que outros tenham ocorrido.*
> *2. O art. 73 da Lei n 9.504/97 visa à preservação da igualdade entre os candidatos, não havendo como reconhecer que um fato de somenos importância tenha afetado essa isonomia ou incorrido em privilégio do candidato à reeleição.*
> *3. A intervenção da Justiça Eleitoral deve ter como referência o delicado equilíbrio entre a legitimidade da soberania popular manifestada nas urnas e a preservação da lisura do processo eleitoral.*

*4. Para restar demonstrada a responsabilidade do agente público pelo cometimento do ilícito eleitoral instituído pelo art. 73, inciso Vi, alínea b, da Lei n 9.504/97, é indispensável a comprovação de que o suposto autor da infração tenha autorizado a veiculação de publicidade institucional nos três meses que antecedem o pleito.*
*5. Conforme atendimento contido no Acórdão nº 5.565, por se tratar de fato constitutivo do ilícito eleitoral, cabe ao autor da representação o ônus da prova do indigitado ato de autorização.*
*6. Hipótese em que não ficou configurada a potencialidade da conduta vedada para interferir no resultado das eleições.*
*Recurso especial conhecido e provido.*
*Medidas cautelares prejudicadas.*
(Informativo TSE nº 6/2006, p. 8)
*Recurso especial. Representação. Condutas vedadas. Decisões regionais. Improcedência. Recurso especial. Fatos e provas. Reexame. Impossibilidade. Requisito. Potencialidade. Desequilíbrio. Resultado. Eleições. Ausência.*
*A existência de potencialidade para desequilibrar o resultado do pleito é requisito indispensável para o reconhecimento da prática de conduta vedada. Para afastar, no caso concreto, a conclusão da Corte Regional Eleitoral que entendeu não configurada a infração do art. 73, I e III, da Lei das Eleições, por considerar o conjunto probatório insuficiente, seria necessário o reexame de fatos e provas, vedado na instância especial, a teor do disposto no Verbete nº 279 da súmula de jurisprudência do Supremo Tribunal Federal. Nesse entendimento, o Tribunal negou provimento ao agravo regimental. Unânime.*
*Agravo Regimental no Recurso Especial Eleitoral nº 25.754/SP, rel. Min. Caputo Bastos, em 10.10.2006.*(Informativo TSE nº 32/2006, p. 2)

A princípio, esse novo entendimento causou preocupação aos estudiosos do Direito Eleitoral, no sentido de que a consideração pela potencialidade poderia enfraquecer a punição pela prática de conduta vedada por candidatos mais favorecidos. Espera-se que não haja extensão desse entendimento para a captação ilícita de sufrágio. Entretanto, situações como a espelhada no REspe nº 25.073/BA, efetivamente, justificam a aferição de potencialidade. O risco é ampliar-se o conceito para abranger situações mais complexas.

Sobre os limites do pedido e o rito da investigação das condutas vedadas do art. 73, decidiu o TSE:

*Agravo regimental no agravo de instrumento. Interposição de ação de investigação judicial. Fatos imputados à parte e fundamentação com base no art. 73, I e III, da Lei nº 9.504/97. Limite do pedido. Ratio petendi substancial.*
*I – Os limites do pedido são demarcados pela ratio petendi substancial, segundo os fatos imputados à parte.*
*II – Descrita na representação conduta vedada a agente público (art. 73 da Lei nº 9.504/97), deve ser observado o rito do art. 96 da Lei nº 9.504/97.*

> *Agravo regimental improvido.*
> *(Acórdão nº 3.363, rel. Min. Carlos Velloso. DOU 15.8.03).*

A Lei nº 12.034/2009 deu nova redação ao artigo 77 da Lei nº 9.504/1997, cujo conteúdo é pertinente ao tema das condutas vedadas, assim prevendo:

> *Art. 77. É proibido a qualquer candidato comparecer, nos 3 (três) meses que precedem o pleito, a inaugurações de obras públicas.*
> *Parágrafo único. A inobservância do disposto neste artigo sujeita o infrator à cassação do registro ou do diploma.*

Essa redação atual consolida jurisprudência nesse sentido e acaba com a dúvida que sempre atormentava os candidatos. Como a proibição é genérica, é recomendável que o candidato não compareça à inauguração nem como observador, pois a simples presença ali já importa em desvio de conduta, punível rigorosamente com a cassação do registro ou do diploma, se já eleito.

## 21 ABUSO DE AUTORIDADE E DE PODER POLÍTICO (ART. 74)

> *Art. 74. Configura abuso de autoridade, para os fins do disposto no art. 22 da Lei Complementar nº 64, de 18 de maio de 1990, a infringência do disposto no § 1º do art. 37 da Constituição Federal, ficando o responsável, se candidato, sujeito ao cancelamento do registro ou do diploma. (Redação dada pela Lei nº 12.034, de 2009).*

### COMENTÁRIOS

O presente artigo contém, em seu espírito, as normas do artigo 22 da LC nº 64/90 e 37, § 1º, da Constituição Federal.

O artigo 22 da Lei nº 64/90 trata diretamente do abuso do poder econômico e político na disputa eleitoral, enquanto o § 1º do art. 37 da Constituição Federal contém norma moralizadora de publicidade, visando coibir o privilégio da propaganda e a utilização de meios publicitários em favor de determinada candidatura.

Dispõe ao art. 37, § 1º, da Constituição Federal:

> *A publicidade dos atos, programas, obras, serviços e campanhas dos órgãos públicos deverá ter caráter educativo, informativo ou de orientação social, dela não podendo constar nomes, símbolos ou imagens que caracterizem promoção pessoal de autoridades ou servidores públicos.*

Deve-se atentar para os limites do artigo 74, assim definido pelo TSE:

> *O art. 74 da Lei nº 9.504/97 cuida unicamente da utilização de propaganda institucional com fins de promoção pessoal, com violação do art. 37, § 1º,*

*da Constituição da República, e não de atos de campanha de candidato. (JTSE 1/2004/115).*

A Resolução TSE nº 22.158/2006, na linha do presente artigo, dispõe:

> *Art. 38. A publicidade dos atos, programas, obras, serviços e campanhas dos órgãos públicos deverá ter caráter educativo, informativo ou de orientação social, dela não podendo constar nomes, símbolos ou imagens que caracterizem promoção pessoal de autoridades ou servidores públicos (Constituição Federal, art. 37, § 1º).*
> *Parágrafo único. Configura abuso de autoridade, para os fins do disposto no art. 22 da Lei Complementar nº 64, de 1990, a infringência do disposto no caput deste artigo, ficando o responsável, se candidato, sujeito ao cancelamento do registro de sua candidatura (Lei nº 9.504/97, art. 74).*

## 22 CAUTELAS NA VOTAÇÃO (ART. 91-A)

> Art. 91-A. No momento da votação, além da exibição do respectivo título, o eleitor deverá apresentar documento de identificação com fotografia. *(Incluído pela Lei nº 12.034, de 2009)*
> Parágrafo único. Fica vedado portar aparelho de telefonia celular, máquinas fotográficas e filmadoras, dentro da cabina de votação. *(Incluído pela Lei nº 12.034, de 2009)*

### COMENTÁRIOS

Este artigo confirma o equívoco do legislador ao criar um título eleitoral sem fotografia em um país com vasto histórico de fraude. A exigência de documento de identificação importará maior segurança da votação, mas acarretará alguns problemas nas seções superlotadas e em zonas rurais, onde a falta de documento é constante.

Agora, com a implantação da biometria, esse problema vai acabar, uma vez que a identificação do eleitor é feita pela impressão digital, e na folha de votação vem exibida a fotografia do eleitor.

## 23 CRIMES ELEITORAIS

> Art. 33 [...]
> [...]
> § 4º A divulgação de pesquisa fraudulenta constitui crime, punível com detenção de seis meses a um ano e multa no valor de cinquenta mil a cem mil UFIR.
> Art. 34 [...]
> [...]

§ 2º O não-cumprimento do disposto neste artigo ou qualquer ato que vise a retardar, impedir ou dificultar a ação fiscalizadora dos partidos constitui crime, punível com detenção, de seis meses a um ano, com a alternativa de prestação de serviços à comunidade pelo mesmo prazo, e multa no valor de dez mil a vinte mil UFIR.
§ 3º A comprovação de irregularidade nos dados publicados sujeita os responsáveis às penas mencionadas no parágrafo anterior, sem prejuízo da obrigatoriedade da veiculação dos dados corretos no mesmo espaço, local, horário, página, caracteres e outros elementos de destaque, de acordo com o veículo usado.
Art. 35. Pelos crimes definidos nos arts. 33, § 4º e 34, §§ 2º e 3º, podem ser responsabilizados penalmente os representantes legais da empresa ou entidade de pesquisa e do órgão veiculador.
Art. 39 [...]
[...]
§ 5º Constituem crimes, no dia da eleição, puníveis com detenção, de seis meses a um ano, com a alternativa de prestação de serviços à comunidade pelo mesmo período, e multa no valor de cinco mil a quinze mil UFIR:
I – o uso de alto-falantes e amplificadores de som ou a promoção de comício ou carreata; *(Redação dada pela Lei nº 11.300, de 2006)*
II – a arregimentação de eleitor ou a propaganda de boca-de-urna;
III – a divulgação de qualquer espécie de propaganda de partidos políticos ou de seus candidatos. *(Redação dada pela Lei nº 12.034, de 2009)*
Art. 68 [...]
§ 1º O Presidente da Mesa Receptora é obrigado a entregar cópia do boletim de urna aos partidos e coligações concorrentes ao pleito cujos representantes o requeiram até uma hora após a expedição.
§ 2º O descumprimento do disposto no parágrafo anterior constitui crime, punível com detenção, de um a três meses, com a alternativa de prestação de serviço à comunidade pelo mesmo período, e multa no valor de um mil a cinco mil UFIR.
Art. 70. O Presidente de Junta Eleitoral que deixar de receber ou de mencionar em ata os protestos recebidos, ou ainda, impedir o exercício de fiscalização, pelos partidos ou coligações, deverá ser imediatamente afastado, além de responder pelos crimes previstos na Lei nº 4.737, de 15 de julho de 1965 – Código Eleitoral.
Art. 72. Constituem crimes, puníveis com reclusão, de cinco a dez anos:
I – obter acesso a sistema de tratamento automático de dados usado pelo serviço eleitoral, a fim de alterar a apuração ou a contagem de votos;
II – desenvolver ou introduzir comando, instrução, ou programa de computador capaz de destruir, apagar, eliminar, alterar, gravar ou transmitir dado, instrução ou programa ou provocar qualquer outro resultado diverso do esperado em sistema de tratamento automático de dados usados pelo serviço eleitoral;

> III – causar, propositadamente, dano físico ao equipamento usado na votação ou na totalização de votos ou a suas partes.
> Art. 87. Na apuração, será garantido aos fiscais e delegados dos partidos e coligações o direito de observar diretamente, a distância não superior a um metro da mesa, a abertura da urna, a abertura e a contagem das cédulas e o preenchimento do boletim.
> § 1º O não-atendimento ao disposto no *caput* enseja a impugnação do resultado da urna, desde que apresentada antes da divulgação do boletim.
> § 2º Ao final da transcrição dos resultados apurados no boletim, o Presidente da Junta Eleitoral é obrigado a entregar cópia deste aos partidos e coligações concorrentes ao pleito cujos representantes o requeiram até uma hora após sua expedição.
> § 3º Para os fins do disposto no parágrafo anterior, cada partido ou coligação poderá credenciar até três fiscais perante a Junta Eleitoral, funcionando um de cada vez.
> § 4º O descumprimento de qualquer das disposições deste artigo constitui crime, punível com detenção de um a três meses, com a alternativa de prestação de serviços à comunidade pelo mesmo período e multa, no valor de um mil a cinco mil UFIR.
> Art. 91 [...]
> Parágrafo único. A retenção de título eleitoral ou do comprovante de alistamento eleitoral constitui crime, punível com detenção, de um a três meses, com a alternativa de prestação de serviços à comunidade por igual período, e multa no valor de cinco mil a dez mil UFIR.
> Art. 94. Os feitos eleitorais, no período entre o registro das candidaturas até cinco dias após a realização do segundo turno das eleições, terão prioridade para a participação do Ministério Público e dos Juízes de todas as Justiças e instâncias, ressalvados os processos de habeas corpus e mandado de segurança.
> § 1º É defeso às autoridades mencionadas neste artigo deixar de cumprir qualquer prazo desta Lei, em razão do exercício das funções regulares.
> § 2º O descumprimento do disposto neste artigo constitui crime de responsabilidade e será objeto de anotação funcional para efeito de promoção na carreira.

## COMENTÁRIOS

São essas as normas tipificadoras de delitos eleitorais da Lei nº 9.504/1997. Cumpre ressaltar, também, o disposto no art. 90 e seus parágrafos, que assim dispõem:

> Art. 90. Aos crimes definidos nesta Lei, aplica-se o disposto nos arts. 287 e 355 a 364 da Lei nº 4.737, de 25 de julho de 1965 – Código Eleitoral.
> § 1º Para os efeitos desta Lei, respondem penalmente pelos partidos e coligações os seus representantes legais.

> § 2º Nos casos de reincidência, as penas pecuniárias previstas nesta Lei aplicam-se em dobro.

Os crimes eleitorais encontram-se tipificados nos artigos 289 a 354 do Código Eleitoral. Afora esse catálogo de tipificação, encontram-se outros crimes previstos na legislação eleitoral dispersa, como a Lei nº 6.091, de 15/8/74; a Lei nº 6.996, de 7/6/1982; a Lei nº 7.021, de 6/9/1982 e LC nº 64, de 18/5/1990.

A despeito da polêmica doutrinária, os crimes eleitorais, todos de ação pública incondicionada, são considerados crimes comuns, segundo entendimento firmado pela jurisprudência do STF:

> *Constitucional. Conflito de jurisdição. Tribunal Superior Eleitoral e Superior Tribunal de Justiça. Crime Eleitoral.*
> *A expressão crime comum, na linguagem constitucional, é usada em contraposição aos impropriamente chamados crimes de responsabilidade, cuja sanção é política, e abrange, por conseguinte, todo e qualquer delito, entre outros, os crimes eleitorais. Jurisprudência antiga e harmônica do STF.*
> *Competência originária do Superior Tribunal de Justiça para processar e julgar Governador de Estado acusado de prática de crime comum. Constituição, art. 105, I, a.*
> *Deslocamento da competência da Justiça estadual, afirmada desde a Constituição de 1891, para a Justiça Federal.*
> *Conflito negativo conhecido e deferido.*
> *(STF. Conflito de Jurisdição nº 6.971-5 – DF. Rel. Min. Paulo Brossard. In: JTSE 2/93/425).*

Por fim, cabe lembrar que a competência para instauração de inquéritos policiais para apurar os crimes eleitorais é da Polícia Federal. Entretanto, sua competência não exclui a atuação da polícia estadual, de forma supletiva, como assentou o TSE, pela Resolução nº 11.494, de 8.10.82, assim dispondo:

> *A competência legal da polícia federal para a instauração de inquéritos policiais de apuração da prática de ilicito capitulado no Código Eleitoral, por iniciativa do Ministério Público, juiz ou Tribunal Eleitoral, não exclui a competência, de igual iniciativa, da autoridade policial estadual, em ação supletiva.*
> *Faltando autoridade policial federal no distrito da culpa, pode a autoridade policial estadual, ex officio, se couber, autuar em flagrante e conceder fiança, por crime eleitoral, respeitadas as mesmas restrições impostas à polícia federal (Resolução nº 11.218).*
> *(Consulta nº 6.656/MG – Resolução nº 11.494. de 8.10.1982).*

A propósito dos crimes eleitorais, o TSE editou a Instrução nº 452-55/DF, disciplinando todo o procedimento de apuração dos crimes em matéria eleitoral, o que representou uma reconhecida contribuição ao esclarecimento de dúvidas e a fixação de um roteiro seguro para a autoridade policial e aos juízes eleitorais.

Eis o teor da Instrução:

**RESOLUÇÃO TSE Nº 23.222, de 04.03.2010**
**INSTRUÇÃO Nº 452-55.2010.6.00.0000 – CLASSE 19 – BRASÍLIA – DISTRITO FEDERAL**

Relator: Ministro Arnaldo Versiani.
Interessado: Tribunal Superior Eleitoral.
Dispõe sobre a apuração de crimes eleitorais.
O Tribunal Superior Eleitoral, usando das atribuições que lhe conferem o artigo 23, inciso IX, do

Código Eleitoral e o artigo 105 da Lei nº 9.504, de 30 de setembro de 1997, resolve expedir a seguinte instrução:

## CAPÍTULO I
## DA POLÍCIA JUDICIÁRIA ELEITORAL

Art. 1º O Departamento de Polícia Federal ficará à disposição da Justiça Eleitoral sempre que houver eleições, gerais ou parciais, em qualquer parte do Território Nacional (Decreto-Lei nº1.064/68, art. 2º e Resolução-TSE nº 11.218/82).

Art. 2º A Polícia Federal exercerá, com prioridade sobre suas atribuições regulares, a função de polícia judiciária em matéria eleitoral, limitada às instruções e requisições do Tribunal Superior Eleitoral, dos Tribunais Regionais ou dos Juízes Eleitorais (Resolução-TSE nº 8.906/70 e Lei nº 9.504/97, art. 94, § 3º).

Parágrafo único. Quando no local da infração não existirem órgãos da Polícia Federal, a Polícia Estadual terá atuação supletiva (Resolução-TSE nº 11.494/82 e Acórdãos nos 16.048, de 16 de março de 2000 e 439, de 15 de maio de 2003).

## CAPÍTULO II
## DA NOTÍCIA-CRIME ELEITORAL

Art. 3º Qualquer pessoa do povo que tiver conhecimento da existência de infração penal eleitoral em que caiba ação pública deverá, verbalmente ou por escrito, comunicá-la ao Juiz Eleitoral local (Código Eleitoral, art. 356 e Código de Processo Penal, art. 5º, § 3º).

Art. 4º Recebida a notícia-crime, o Juiz Eleitoral a encaminhará ao Ministério Público ou, quando necessário, à polícia judiciária eleitoral, com requisição para instauração de inquérito policial (Código de Processo Penal, art. 356, § 1º).

Art. 5º Verificada a incompetência do juízo, a autoridade judicial a declarará nos autos e os encaminhará ao juízo competente (Código de Processo Penal, art. 78, IV).

Art. 6º Quando tiver conhecimento da prática da infração penal eleitoral, a autoridade policial deverá informar imediatamente o Juiz Eleitoral competente (Resolução-TSE nº 11.218/82).

Parágrafo único. Se necessário, a autoridade policial adotará as medidas acautelatórias previstas no artigo 6º do Código de Processo Penal (Resolução-TSE nº 11.218/82).

Art. 7º As autoridades policiais e seus agentes deverão prender quem quer que seja encontrado em flagrante delito pela prática de infração eleitoral, comunicando o fato ao juiz eleitoral competente em até 24 horas (Resolução-TSE nº 11.218/82).

Parágrafo único. Quando a infração for de menor potencial ofensivo, a autoridade policial elaborará termo circunstanciado de ocorrência e providenciará o encaminhamento ao Juiz Eleitoral competente (Resolução-TSE nº 11.218/82).

## CAPÍTULO III
## DO INQUÉRITO POLICIAL ELEITORAL

Art. 8º O inquérito policial eleitoral somente será instaurado mediante requisição do Ministério Público ou da Justiça Eleitoral, salvo a hipótese de prisão em flagrante, quando o inquérito será instaurado independentemente de requisição (Resoluções-TSE nos 8.906/70 e 11.494/82 e Acórdão nº 439, de 15 de maio de 2003).

Art. 9º O inquérito policial eleitoral será concluído em até 10 dias, se o indiciado tiver sido preso em flagrante ou preventivamente, contado o prazo a partir do dia em que se executar a ordem de prisão, ou em até 30 dias, quando estiver solto (Acórdão nº 330, de 10 de agosto de 1999 e Código de Processo Penal, art. 10, § 3º).

§ 1º A autoridade policial fará minucioso relatório do que tiver sido apurado e enviará os autos ao Juiz Eleitoral competente (Código de Processo Penal, art. 10, § 1º).

§ 2º No relatório, poderá a autoridade policial indicar testemunhas que não tiverem sido inquiridas, mencionando o lugar onde possam ser encontradas (Código de Processo Penal, art. 10, § 2º).

§ 3º Quando o fato for de difícil elucidação, e o indiciado estiver solto, a autoridade poderá requerer ao Juiz a devolução dos autos, para ulteriores diligências, que serão realizadas no prazo marcado pelo Juiz (Código de Processo Penal, art. 10, § 3º).

Art. 10. O Ministério Público poderá requerer novas diligências, desde que necessárias ao oferecimento da denúncia (Acórdão nº 330, de 10 de agosto de 1999).

Art. 11. Quando o inquérito for arquivado por falta de base para o oferecimento da denúncia, a autoridade policial poderá proceder a nova investigação se de outras provas tiver notícia, desde que haja nova requisição, nos termos dos artigos 4º e 6º desta resolução.

Art. 12. Aplica-se subsidiariamente ao inquérito policial eleitoral o disposto no Código de Processo Penal (Resolução-TSE nº 11.218/82).

Art. 13. Esta resolução entra em vigor na data de sua publicação.

Brasília, 4 de março de 2010.
ARNALDO VERSIANI – RELATOR.
(Publicada no DJE/TSE, de 05.03.2010, pág. 42)

## 24 RECLAMAÇÃO E REPRESENTAÇÃO (ARTIGO 96)

Art. 96. Salvo disposições específicas em contrário desta Lei, as reclamações ou representações relativas ao seu descumprimento podem ser feitas por qualquer partido político, coligação ou candidato, e devem dirigir-se:

I - aos Juízes Eleitorais, nas eleições municipais;

II - aos Tribunais Regionais Eleitorais, nas eleições federais, estaduais e distritais;

III - ao Tribunal Superior Eleitoral, na eleição presidencial.

§ 1º As reclamações e representações devem relatar fatos, indicando provas, indícios e circunstâncias.

§ 2º Nas eleições municipais, quando a circunscrição abranger mais de uma Zona Eleitoral, o Tribunal Regional designará um Juiz para apreciar as reclamações ou representações.

§ 3º Os Tribunais Eleitorais designarão três juízes auxiliares para a apreciação das reclamações ou representações que lhes forem dirigidas.

§ 4º Os recursos contra as decisões dos juízes auxiliares serão julgados pelo Plenário do Tribunal.

§ 5º Recebida a reclamação ou representação, a Justiça Eleitoral notificará imediatamente o reclamado ou representado para, querendo, apresentar defesa em quarenta e oito horas.

§ 6º *(Revogado pela Lei nº 9.840, de 1999)*

§ 7º Transcorrido o prazo previsto no § 5º, apresentada ou não a defesa, o órgão competente da Justiça Eleitoral decidirá e fará publicar a decisão em vinte e quatro horas.

§ 8º Quando cabível recurso contra a decisão, este deverá ser apresentado no prazo de vinte e quatro horas da publicação da decisão em cartório ou sessão, assegurado ao recorrido o oferecimento de contra-razões, em igual prazo, a contar da sua notificação.

§ 9º Os Tribunais julgarão o recurso no prazo de quarenta e oito horas.

§ 10. Não sendo o feito julgado nos prazos fixados, o pedido pode ser dirigido ao órgão superior, devendo a decisão ocorrer de acordo com o rito definido neste artigo.

§ 11. As sanções aplicadas a candidato em razão do descumprimento de disposições desta Lei não se estendem ao respectivo partido, mesmo na hipótese de esse ter se beneficiado da conduta, salvo quando comprovada a sua participação. *(Incluído pela Lei nº 13.165, de 2015)*

Art. 96-A. Durante o período eleitoral, as intimações via fac-símile encaminhadas pela Justiça Eleitoral a candidato deverão ser exclusivamente realizadas na linha telefônica por ele previamente cadastrada, por ocasião do preenchimento do requerimento de registro de candidatura. *(Incluído pela Lei nº 12.034, de 2009)*

Parágrafo único. O prazo de cumprimento da determinação prevista no caput é de quarenta e oito horas, a contar do recebimento do fac-símile. *(Incluído pela Lei nº 12.034, de 2009)*

Art. 96-B. Serão reunidas para julgamento comum as ações eleitorais propostas por partes diversas sobre o mesmo fato, sendo competente para apreciá-las o juiz ou relator que tiver recebido a primeira. *(Redação da Lei nº 13.165, de 2015)*

§ 1º O ajuizamento de ação eleitoral por candidato ou partido político não impede ação do Ministério Público no mesmo sentido. *(Redação da Lei nº 13.165, de 2015)*

§ 2º Se proposta ação sobre o mesmo fato apreciado em outra cuja decisão ainda não transitou em julgado, será ela apensada ao processo anterior na instância em que ele se encontrar, figurando a parte como litisconsorte no feito principal. *(Redação da Lei nº 13.165, de 2015)*

§ 3º Se proposta ação sobre o mesmo fato apreciado em outra cuja decisão já tenha transitado em julgado, não será ela conhecida pelo juiz, ressalvada a apresentação de outras ou novas provas. *(Redação da Lei nº 13.165, de 2015)*

## COMENTÁRIOS

A representação autorizada pelo artigo 96 da Lei nº 9.504/97 é um meio que o legislador encontrou para torná-la mais efetiva, garantindo efeitos práticos às suas diretrizes. Bem usado, o artigo 96 é um instrumento hábil para reparar omissões e contribuir para melhor aplicação da lei. Por isso, esse dispositivo precisa ser melhor conhecido pelos advogados e candidatos para ser manejado com mais frequência.

Nas eleições municipais, quando a circunscrição abranger mais de uma zona eleitoral, o Tribunal Regional designará um juiz para apreciar as reclamações ou representações.

Nas eleições estaduais, os tribunais regionais eleitorais designarão três juízes auxiliares para a apreciação das reclamações ou representações que lhes forem dirigidas.

Não sendo o feito julgado nos prazos fixados, o pedido pode ser dirigido ao órgão imediatamente superior, devendo a decisão ocorrer de acordo com o rito definido neste artigo. Trata-se, na prática, de uma avocação, para reparar omissão do órgão responsável.

Poderá o candidato, partido ou coligação representar ao Tribunal Regional Eleitoral contra o juiz eleitoral que ofender as disposições desta lei ou der causa ao seu descumprimento, inclusive quanto aos prazos processuais; neste caso, ouvido o representado em vinte e quatro horas, o tribunal ordenará a observância do procedimento que explicitar, sob pena de incorrer o juiz em desobediência.

É de observar-se o rito previsto no art. 96 para julgamento das representações nele baseadas. Trata-se de um rito sumaríssimo sobre o qual o TSE já proclamou: "A celeridade do rito processual do art. 96 da Lei 9.504/97 não viola a garantia da ampla defesa". (REspe nº 24.940. In JTSE 3/2006/315).

Segundo o § 11, do art, 96, incluído pela Lei nº 13.165/2015, as sanções aplicadas a candidatos em razão do descumprimento de disposições desta Lei não se estendem ao respectivo partido, salvo quando comprovada a sua participação.

As alterações processuais do art. 96-B, da Lei da Reforma Eleitoral 2015 são de considerável efeito prático, em decorrência da conexão de ações eleitorais.

# XV
# INOVAÇÕES DAS LEIS 12.891/2013 E 13.165/2015

A reforma eleitoral, agora concluída, com a edição da Lei nº 13.165/2015, começou bem antes, com a Lei nº 12.891, de 11 de dezembro de 2013. Tratou-se de uma lei que alterou o Código Eleitoral, a Lei dos Partidos Políticos e a Lei das Eleições, mas não teve vigência nas Eleições de 2014, devido o princípio da anualidade. Logo, suas inovações estarão sendo aplicadas, pela primeira vez, nas eleições de 2016.

Essa lei sofreu alteração com a reforma de 2015 apenas no conteúdo do art. 8º (*caput);* do art. 28, § 6º, inciso II; do art. 36-A (*caput*); do art. 36-A, incisos III e V; do art. 37 (*caput);* do art. 93-A (*caput*); e o do § 4º, do art.100-A, que foi revogado.

A Lei nº 13.165, de 19 de setembro de 2015, pode ser dividida em suas quatro partes.

A primeira (art. 2º), cuida das alterações da Lei das Eleições (Lei nº 9.504. de 30 de setembro de 1997).

A segunda (art. 3º), trata das modificações da Lei dos Partidos Políticos (Lei nº 9.096, de 19 de setembro de 1995).

A terceira (art. 4º), abrange as alterações do Código Eleitoral ( Lei nº 4.737, de 15 de julho de 1965).

A quarta (arts. 5º a 15), traz as inovações da própria Lei da Reforma Eleitoral de 2015 (Lei nº 13.165, de 19 de setembro de 2015).

Para compreender as alterações introduzidas pela minirreforma eleitoral da Lei nº 12.891/2013 e pela lei da Reforma Eleitoral de 2015 expõe-se, a seguir, um quadro comparativo dessas mudanças.

## LEI 9.504 – LEI DAS ELEIÇÕES

| Redação anterior | Redação após a reforma |
|---|---|
| Art. 8º A escolha dos candidatos pelos partidos e a deliberação sobre coligações deverão ser feitas no período de 12 a 30 de junho do ano em que se realizarem as eleições, lavrando-se a respectiva ata em livro aberto, rubricado pela Justiça Eleitoral, publicada em 24 (vinte e quatro horas) em qualquer meio de comunicação. | Art. 8º A escolha dos candidatos pelos partidos e a deliberação sobre coligações deverão ser feitas no período de 20 de julho a 5 de agosto do ano em que se realizarem as eleições, lavrando-se a respectiva ata em livro aberto, rubricado pela Justiça Eleitoral, publicada em vinte e quatro horas em qualquer meio de comunicação. |
| Art. 9º Para concorrer às eleições, o candidato deverá possuir domicílio eleitoral na respectiva circunscrição pelo prazo de, pelo menos, um ano antes do pleito e estar com a filiação deferida pelo partido no mesmo prazo. | Art. 9º Para concorrer às eleições, o candidato deverá possuir domicílio eleitoral na respectiva circunscrição pelo prazo de, pelo menos, um ano antes do pleito, e estar com a filiação deferida pelo partido no mínimo seis meses antes da data da eleição. |

| Redação anterior | Redação após a reforma |
|---|---|
| Art. 10. Cada partido poderá registrar candidatos para a Câmara dos Deputados, Câmara Legislativa, Assembleias Legislativas e Câmaras Municipais, até cento e cinquenta por cento do número de lugares a preencher. | Art. 10. Cada partido ou coligação poderá registrar candidatos para a Câmara dos Deputados, a Câmara Legislativa, as Assembleias Legislativas e as Câmaras Municipais no total de até 150% (cento e cinquenta por cento) do número de lugares a preencher, salvo: |
| | I - nas unidades da Federação em que o número de lugares a preencher para a Câmara dos Deputados não exceder a doze, nas quais cada partido ou coligação poderá registrar candidatos a Deputado Federal e a Deputado Estadual ou Distrital no total de até 200% (duzentos por cento) das respectivas vagas; |
| | II - nos Municípios de até cem mil eleitores, nos quais cada coligação poderá registrar candidatos no total de até 200% (duzentos por cento) do número de lugares a preencher. |
| § 1° No caso de coligação para as eleições proporcionais, independentemente do número de partidos que a integrem, poderão ser registrados candidatos até o dobro do número de lugares a preencher. | Revogado<br>Ver inciso II do art. 10 |
| § 2° Nas unidades da Federação em que o número de lugares a preencher para a Câmara dos Deputados não exceder de vinte, cada partido poderá registrar candidatos a Deputado Federal e a Deputado Estadual ou Distrital até o dobro das respectivas vagas; havendo coligação, estes números poderão ser acrescidos de até mais cinquenta por cento. | Revogado<br>Ver inciso I do artigo 10 |
| § 5° No caso de as convenções para a escolha de candidatos não indicarem o número máximo de candidatos previsto no caput e nos §§ 1° e 2° deste artigo, os órgãos de direção dos partidos respectivos poderão preencher as vagas remanescentes até sessenta dias antes do pleito. | § 5° No caso de as convenções para a escolha de candidatos não indicarem o número máximo de candidatos previsto no caput, os órgãos de direção dos partidos respectivos poderão preencher as vagas remanescentes até trinta dias antes do pleito. |
| Art. 11. Os partidos e coligações solicitarão à Justiça Eleitoral o registro de seus candidatos até às dezenove horas do dia 5 de julho do ano em que se realizarem as eleições. | Art. 11. Os partidos e coligações solicitarão à Justiça Eleitoral o registro de seus candidatos até as dezenove horas do dia 15 de agosto do ano em que se realizarem as eleições. |
| § 2° A idade mínima constitucionalmente estabelecida como condição de elegibilidade é verificada tendo por referência a data da posse. | § 2° A idade mínima constitucionalmente estabelecida como condição de elegibilidade é verificada tendo por referência a data da posse, salvo quando fixada em dezoito anos, hipótese em que será aferida na data-limite para o pedido de registro. |
| Art. 16. Até quarenta e cinco dias antes da data das eleições, os Tribunais Regionais Eleitorais enviarão ao Tribunal Superior Eleitoral, para fins de centralização e divulgação de dados, a relação dos candidatos às eleições majoritárias e proporcionais, da qual constará obrigatoriamente a referência ao sexo e ao cargo a que concorrem. | Art. 16. Até vinte dias antes da data das eleições, os Tribunais Regionais Eleitorais enviarão ao Tribunal Superior Eleitoral, para fins de centralização e divulgação de dados, a relação dos candidatos às eleições majoritárias e proporcionais, da qual constará obrigatoriamente a referência ao sexo e ao cargo a que concorrem. |

| Redação anterior | Redação após a reforma |
|---|---|
| § 1 Até a data prevista no caput, todos os pedidos de registro de candidatos, inclusive os impugnados, e os respectivos recursos, devem estar julgados em todas as instâncias, e publicadas as decisões a eles relativas. | § 1º Até a data prevista no caput, todos os pedidos de registro de candidatos, inclusive os impugnados e os respectivos recursos, devem estar julgados pelas instâncias ordinárias, e publicadas as decisões a eles relativas. |
| Art. 17-A A cada eleição caberá à lei, observadas as peculiaridades locais, fixar até o dia 10 de junho de cada ano eleitoral o limite dos gastos de campanha para os cargos em disputa; não sendo editada lei até a data estabelecida, caberá a cada partido político fixar o limite de gastos, comunicando à Justiça Eleitoral, que dará a essas informações ampla publicidade. | Revogado.<br>Ver artigo 18 |
| Art. 18. No pedido de registro de seus candidatos, os partidos e coligações comunicarão aos respectivos Tribunais Eleitorais os valores máximos de gastos que farão por cargo eletivo em cada eleição a que concorrerem, observados os limites estabelecidos, nos termos do art. 17-A desta Lei. | Art. 18. Os limites de gastos de campanha, em cada eleição, são os definidos pelo Tribunal Superior Eleitoral com base nos parâmetros definidos em lei. |
| § 1º Tratando-se de coligação, cada partido que a integra fixará o valor máximo de gastos de que trata este artigo. | Revogado.<br>Ver artigo 18 |
| § 2º Gastar recursos além dos valores declarados nos termos deste artigo sujeita o responsável ao pagamento de multa no valor de cinco a dez vezes a quantia em excesso. | Revogado.<br>Criado o artigo 18-B |
| | Art. 18-A. Serão contabilizadas nos limites de gastos de cada campanha as despesas efetuadas pelos candidatos e as efetuadas pelos partidos que puderem ser individualizadas. |
| | Art. 18-B. O descumprimento dos limites de gastos fixados para cada campanha acarretará o pagamento de multa em valor equivalente a 100% (cem por cento) da quantia que ultrapassar o limite estabelecido, sem prejuízo da apuração da ocorrência de abuso do poder econômico. |
| Art. 19. Até dez dias úteis após a escolha de seus candidatos em convenção, o partido constituirá comitês financeiros, com a finalidade de arrecadar recursos e aplicá-los nas campanhas eleitorais. | Revogado. |
| § 1º Os comitês devem ser constituídos para cada uma das eleições para as quais o partido apresente candidato próprio, podendo haver reunião, num único comitê, das atribuições relativas às eleições de uma dada circunscrição. | Revogado. |
| § 2º Na eleição presidencial é obrigatória a criação de comitê nacional e facultativa a de comitês nos Estados e no Distrito Federal. | Revogado. |

| Redação anterior | Redação após a reforma |
|---|---|
| § 3º Os comitês financeiros serão registrados, até cinco dias após sua constituição, nos órgãos da Justiça Eleitoral aos quais compete fazer o registro dos candidatos. | Revogado. |
| Art. 20. O candidato a cargo eletivo fará, diretamente ou por intermédio de pessoa por ele designada, a administração financeira de sua campanha, usando recursos repassados pelo comitê, inclusive os relativos à cota do Fundo Partidário, recursos próprios ou doações de pessoas físicas ou jurídicas, na forma estabelecida nesta Lei. | Art. 20. O candidato a cargo eletivo fará, diretamente ou por intermédio de pessoa por ele designada, a administração financeira de sua campanha usando recursos repassados pelo partido, inclusive os relativos à cota do Fundo Partidário, recursos próprios ou doações de pessoas físicas, na forma estabelecida nesta Lei. |
| Art. 22. É obrigatório para o partido e para os candidatos abrir conta bancária específica para registrar todo o movimento financeiro da campanha. | Art. 22. (...) |
| § 1º Os bancos são obrigados a: | § 1º (...) |
| I - acatar, em até 3 (três) dias, o pedido de abertura de conta de qualquer comitê financeiro ou candidato escolhido em convenção, sendo-lhes vedado condicioná-la a depósito mínimo e a cobrança de taxas ou a outras despesas de manutenção; | I – acatar, em até 3 (três) dias, o pedido de abertura de conta de qualquer candidato escolhido em convenção, sendo-lhes vedado condicioná-la a depósito mínimo e a cobrança de taxas ou a outras despesas de manutenção; |
| | III – encerrar a conta bancária no final do ano da eleição, transferindo a totalidade do saldo existente para a conta bancária do órgão de direção indicado pelo partido, na forma prevista no art. 31, e informar o fato à Justiça Eleitoral. |
| § 2º O disposto neste artigo não se aplica aos casos de candidatura para Prefeito e Vereador em Municípios onde não haja agência bancária, bem como aos casos de candidatura para Vereador em Municípios com menos de vinte mil eleitores. | § 2º O disposto neste artigo não se aplica aos casos de candidatura para Prefeito e Vereador em Municípios onde não haja agência bancária ou posto de atendimento bancário. |
| Art. 22-A. Candidatos e Comitês Financeiros estão obrigados à inscrição no Cadastro Nacional da Pessoa Jurídica - CNPJ. | Art. 22-A. Os candidatos estão obrigados à inscrição no Cadastro Nacional da Pessoa Jurídica - CNPJ. |
| § 1º Após o recebimento do pedido de registro da candidatura, a Justiça Eleitoral deverá fornecer em até 3 (três) dias úteis, o número de registro de CNPJ. | § 1º (...) |
| § 2º Cumprido o disposto no § 1º deste artigo e no § 1º do art. 22, ficam os candidatos e comitês financeiros autorizados a promover a arrecadação de recursos financeiros e a realizar as despesas necessárias à campanha eleitoral. | § 2º Cumprido o disposto no § 1º deste artigo e no § 1º do art. 22, ficam os candidatos autorizados a promover a arrecadação de recursos financeiros e a realizar as despesas necessárias à campanha eleitoral. |
| Art. 23. Pessoas físicas poderão fazer doações em dinheiro ou estimáveis em dinheiro para campanhas eleitorais, obedecido o disposto nesta Lei. | Art. 23. (...) |

| Redação anterior | Redação após a reforma |
|---|---|
| § 1º As doações e contribuições de que trata este artigo ficam limitadas: | § 1º As doações e contribuições de que trata este artigo ficam limitadas a 10% (dez por cento) dos rendimentos brutos auferidos pelo doador no ano anterior à eleição. |
| I - no caso de pessoa física, a dez por cento dos rendimentos brutos auferidos no ano anterior à eleição; | Revogado. |
| II - no caso em que o candidato utilize recursos próprios, ao valor máximo de gastos estabelecido pelo seu partido, na forma desta Lei. | Revogado. |
| | § 1ºA O candidato poderá usar recursos próprios em sua campanha até o limite de gastos estabelecido nesta Lei para o cargo ao qual concorre. |
| § 7º O limite previsto no inciso I do § 1º não se aplica a doações estimáveis em dinheiro relativas à utilização de bens móveis ou imóveis de propriedade do doador, desde que o valor da doação não ultrapasse R$ 50.000,00 (cinquenta mil reais). | § 7º O limite previsto no § 1º não se aplica a doações estimáveis em dinheiro relativas à utilização de bens móveis ou imóveis de propriedade do doador, desde que o valor estimado não ultrapasse R$ 80.000,00 (oitenta mil reais). |
| Art. 24 É vedado, a partido e candidato, receber direta ou indiretamente doação em dinheiro ou estimável em dinheiro, inclusive por meio de publicidade de qualquer espécie, procedente de: | Art. 24 (...) |
| | |
| Parágrafo único. Não se incluem nas vedações de que trata este artigo as cooperativas cujos cooperados não sejam concessionários ou permissionários de serviços públicos, desde que não estejam sendo beneficiadas com recursos públicos, observado o disposto no art. 81 | § 1º Não se incluem nas vedações de que trata este artigo as cooperativas cujos cooperados não sejam concessionários ou permissionários de serviços públicos, desde que não estejam sendo beneficiadas com recursos públicos, observado o disposto no art. 81. |
| | § 4º O partido ou candidato que receber recursos provenientes de fontes vedadas ou de origem não identificada deverá proceder à devolução dos valores recebidos ou, não sendo possível a identificação da fonte, transferi-los para a conta única do Tesouro Nacional. |
| | Art. 24-C. O limite de doação previsto no § 1º do art. 23 será apurado anualmente pelo Tribunal Superior Eleitoral e pela Secretaria da Receita Federal do Brasil. |
| | § 1º O Tribunal Superior Eleitoral deverá consolidar as informações sobre as doações registradas até 31 de dezembro do exercício financeiro a ser apurado, considerando: |
| | I - as prestações de contas anuais dos partidos políticos, entregues à Justiça Eleitoral até 30 de abril do ano subsequente ao da apuração, nos termos do art. 32 da Lei nº 9.096, de 19 de setembro de 1995; |
| | II - as prestações de contas dos candidatos às eleições ordinárias ou suplementares que tenham ocorrido no exercício financeiro a ser apurado. |

| Redação anterior | Redação após a reforma |
|---|---|
| | § 2º O Tribunal Superior Eleitoral, após a consolidação das informações sobre os valores doados e apurados, encaminhá-las-á à Secretaria da Receita Federal do Brasil até 30 de maio do ano seguinte ao da apuração. |
| | § 3º A Secretaria da Receita Federal do Brasil fará o cruzamento dos valores doados com os rendimentos da pessoa física e, apurando indício de excesso, comunicará o fato, até 30 de julho do ano seguinte ao da apuração, ao Ministério Público Eleitoral, que poderá, até o final do exercício financeiro, apresentar representação com vistas à aplicação da penalidade prevista no art. 23 e de outras sanções que julgar cabíveis. |
| Art. 28. A prestação de contas será feita: | Art. 28. (...) |
| § 1º As prestações de contas dos candidatos às eleições majoritárias serão feitas por intermédio do comitê financeiro, devendo ser acompanhadas dos extratos das contas bancárias referentes à movimentação dos recursos financeiros usados na campanha e da relação dos cheques recebidos, com a indicação dos respectivos números, valores e emitentes. | § 1º As prestações de contas dos candidatos às eleições majoritárias serão feitas pelo próprio candidato, devendo ser acompanhadas dos extratos das contas bancárias referentes à movimentação dos recursos financeiros usados na campanha e da relação dos cheques recebidos, com a indicação dos respectivos números, valores e emitentes. |
| § 2º As prestações de contas dos candidatos às eleições proporcionais serão feitas pelo comitê financeiro ou pelo próprio candidato. | § 2º As prestações de contas dos candidatos às eleições proporcionais serão feitas pelo próprio candidato. |
| § 4º Os partidos políticos, as coligações e os candidatos são obrigados, durante a campanha eleitoral, a divulgar, pela rede mundial de computadores (internet), nos dias 8 de agosto e 8 de setembro, relatório discriminando os recursos em dinheiro ou estimáveis em dinheiro que tenham recebido para financiamento da campanha eleitoral e os gastos que realizarem, em sítio criado pela Justiça Eleitoral para esse fim, exigindo-se a indicação dos nomes dos doadores e os respectivos valores doados somente na prestação de contas final de que tratam os incisos III e IV do art. 29 desta Lei. (Parágrafo acrescido pela Lei nº 11.300, de 10/5/2006, com redação dada pela Lei nº 12.891, de 11/12/2013) | § 4º Os partidos políticos, as coligações e os candidatos são obrigados, durante as campanhas eleitorais, a divulgar em sítio criado pela Justiça Eleitoral para esse fim na rede mundial de computadores (internet): |
| | I - os recursos em dinheiro recebidos para financiamento de sua campanha eleitoral, em até 72 (setenta e duas) horas de seu recebimento; |
| | II - no dia 15 de setembro, relatório discriminando as transferências do Fundo Partidário, os recursos em dinheiro e os estimáveis em dinheiro recebidos, bem como os gastos realizados. |
| § 6º Ficam também dispensadas de comprovação na prestação de contas (...) | § 6º (...) |

| Redação anterior | Redação após a reforma |
|---|---|
| II - doações estimáveis em dinheiro entre candidatos, partidos ou comitês financeiros, decorrentes do uso comum tanto de sedes quanto de materiais de propaganda eleitoral, cujo gasto deverá ser registrado na prestação de contas do responsável pelo pagamento da despesa. | II – doações estimáveis em dinheiro entre candidatos ou partidos, decorrentes do uso comum tanto de sedes quanto de materiais de propaganda eleitoral, cujo gasto deverá ser registrado na prestação de contas do responsável pelo pagamento da despesa. |
| | § 7º As informações sobre os recursos recebidos a que se refere o § 4º deverão ser divulgadas com a indicação dos nomes, do CPF ou CNPJ dos doadores e dos respectivos valores doados. |
| | § 8º Os gastos com passagens aéreas efetuados nas campanhas eleitorais serão comprovados mediante a apresentação de fatura ou duplicata emitida por agência de viagem, quando for o caso, desde que informados os beneficiários, as datas e os itinerários, vedada a exigência de apresentação de qualquer outro documento para esse fim. |
| | § 9º A Justiça Eleitoral adotará sistema simplificado de prestação de contas para candidatos que apresentarem movimentação financeira correspondente a, no máximo, R$ 20.000,00 (vinte mil reais), atualizados monetariamente, a cada eleição, pelo Índice Nacional de Preços ao Consumidor - INPC da Fundação Instituto Brasileiro de Geografia e Estatística - IBGE ou por índice que o substituir. |
| | § 10. O sistema simplificado referido no § 9º deverá conter, pelo menos: |
| | I - identificação das doações recebidas, com os nomes, o CPF ou CNPJ dos doadores e os respectivos valores recebidos; |
| | II - identificação das despesas realizadas, com os nomes e o CPF ou CNPJ dos fornecedores de material e dos prestadores dos serviços realizados; |
| | III - registro das eventuais sobras ou dívidas de campanha. |
| | § 11. Nas eleições para Prefeito e Vereador de Municípios com menos de cinquenta mil eleitores, a prestação de contas será feita sempre pelo sistema simplificado a que se referem os §§ 9º e 10. |
| | § 12. Os valores transferidos pelos partidos políticos oriundos de doações serão registrados na prestação de contas dos candidatos como transferência dos partidos e, na prestação de contas dos partidos, como transferência aos candidatos, sem individualização dos doadores. |
| Art. 29. Ao receber as prestações de contas e demais informações dos candidatos às eleições majoritárias e dos candidatos às eleições proporcionais que optarem por prestar contas por seu intermédio, os comitês deverão: | Art. 29. (...) |

| Redação anterior | Redação após a reforma |
|---|---|
| I - verificar se os valores declarados pelo candidato à eleição majoritária como tendo sido recebidos por intermédio do comitê conferem com seus próprios registros financeiros e contábeis; | Revogado. |
| II - resumir as informações contidas nas prestações de contas, de forma a apresentar demonstrativo consolidado das campanhas dos candidatos; | II - resumir as informações contidas na prestação de contas, de forma a apresentar demonstrativo consolidado das campanhas; |
| III - encaminhar à Justiça Eleitoral, até o trigésimo dia posterior à realização das eleições, o conjunto das prestações de contas dos candidatos e do próprio comitê, na forma do artigo anterior, ressalvada a hipótese do inciso seguinte; | III - (...) |
| IV - havendo segundo turno, encaminhar a prestação de contas dos candidatos que o disputem, referente aos dois turnos, até o trigésimo dia posterior a sua realização. | IV – havendo segundo turno, encaminhar a prestação de contas, referente aos 2 (dois) turnos, até o vigésimo dia posterior à sua realização. |
| § 1º Os candidatos às eleições proporcionais que optarem pela prestação de contas diretamente à Justiça Eleitoral observarão o mesmo prazo do inciso III do caput. | Revogado |
| Art. 30. A Justiça Eleitoral verificará a regularidade das contas de campanha, decidindo: | Art. 30 (...) |
| § 1º A decisão que julgar as contas dos candidatos eleitos será publicada em sessão até 8 (oito) dias antes da diplomação. | |
| § 4º Havendo indício de irregularidade na prestação de contas, a Justiça Eleitoral poderá requisitar diretamente do candidato ou do comitê financeiro as informações adicionais necessárias, bem como determinar diligências para a complementação dos dados ou o saneamento das falhas. | § 4º Havendo indício de irregularidade na prestação de contas, a Justiça Eleitoral poderá requisitar do candidato as informações adicionais necessárias, bem como determinar diligências para a complementação dos dados ou o saneamento das falhas. |
| § 5º Da decisão que julgar as contas prestadas pelos candidatos e comitês financeiros caberá recurso ao órgão superior da Justiça Eleitoral, no prazo de 3 (três) dias, a contar da publicação no Diário Oficial. | § 5º Da decisão que julgar as contas prestadas pelos candidatos caberá recurso ao órgão superior da Justiça Eleitoral, no prazo de 3 (três) dias, a contar da publicação no Diário Oficial. |
| Art. 36. A propaganda eleitoral somente é permitida após o dia 5 de julho do ano da eleição. | Art. 36. A propaganda eleitoral somente é permitida após o dia 15 de agosto do ano da eleição. |
| § 4º Na propaganda dos candidatos a cargo majoritário, deverão constar, também, o nome dos candidatos a vice ou a suplentes de Senador, de modo claro e legível, em tamanho não inferior a 10% (dez por cento) do nome do titular. | § 4º Na propaganda dos candidatos a cargo majoritário deverão constar, também, os nomes dos candidatos a vice ou a suplentes de senador, de modo claro e legível, em tamanho não inferior a 30% (trinta por cento) do nome do titular. |

| Redação anterior | Redação após a reforma |
|---|---|
| Art. 36-A. Não serão consideradas propaganda antecipada e poderão ter cobertura dos meios de comunicação social, inclusive via internet: (...) | Art. 36-A. Não configuram propaganda eleitoral antecipada, desde que não envolvam pedido explícito de voto, a menção à pretensa candidatura, a exaltação das qualidades pessoais dos pré-candidatos e os seguintes atos, que poderão ter cobertura dos meios de comunicação social, inclusive via internet: |
| III - a realização de prévias partidárias e sua divulgação pelos instrumentos de comunicação intrapartidária e pelas redes sociais; | III - a realização de prévias partidárias e a respectiva distribuição de material informativo, a divulgação dos nomes dos filiados que participarão da disputa e a realização de debates entre os pré-candidatos; |
| V - a manifestação e o posicionamento pessoal sobre questões políticas nas redes sociais. | V - a divulgação de posicionamento pessoal sobre questões políticas, inclusive nas redes sociais; |
| | VI - a realização, a expensas de partido político, de reuniões de iniciativa da sociedade civil, de veículo ou meio de comunicação ou do próprio partido, em qualquer localidade, para divulgar ideias, objetivos e propostas partidárias. |
| Parágrafo único. É vedada a transmissão ao vivo por emissoras de rádio e de televisão das prévias partidárias. | § 1º É vedada a transmissão ao vivo por emissoras de rádio e de televisão das prévias partidárias, sem prejuízo da cobertura dos meios de comunicação social. |
| | § 2º Nas hipóteses dos incisos I a VI do caput, são permitidos o pedido de apoio político e a divulgação da pré-candidatura, das ações políticas desenvolvidas e das que se pretende desenvolver. |
| | § 3º O disposto no § 2º não se aplica aos profissionais de comunicação social no exercício da profissão. |
| Art. 37. Nos bens cujo uso dependa de cessão ou permissão do Poder Público, ou que a ele pertençam, e nos de uso comum, inclusive postes de iluminação pública e sinalização de tráfego, viadutos, passarelas, pontes, paradas de ônibus e outros equipamentos urbanos, é vedada a veiculação de propaganda de qualquer natureza, inclusive pichação, inscrição a tinta, fixação de placas, estandartes, faixas, cavaletes e assemelhados. | Art. 37. Nos bens cujo uso dependa de cessão ou permissão do poder público, ou que a ele pertençam, e nos bens de uso comum, inclusive postes de iluminação pública, sinalização de tráfego, viadutos, passarelas, pontes, paradas de ônibus e outros equipamentos urbanos, é vedada a veiculação de propaganda de qualquer natureza, inclusive pichação, inscrição a tinta e exposição de placas, estandartes, faixas, cavaletes, bonecos e assemelhados. |
| § 2º Em bens particulares, independe de obtenção de licença municipal e de autorização da Justiça Eleitoral a veiculação de propaganda eleitoral por meio da fixação de faixas, placas, cartazes, pinturas ou inscrições, desde que não excedam a $4m^2$ (quatro metros quadrados) e que não contrariem a legislação eleitoral, sujeitando-se o infrator às penalidades previstas no § 1º. | § 2º Em bens particulares, independe de obtenção de licença municipal e de autorização da Justiça Eleitoral a veiculação de propaganda eleitoral, desde que seja feita em adesivo ou papel, não exceda a $0{,}5\ m^2$ (meio metro quadrado) e não contrarie a legislação eleitoral, sujeitando-se o infrator às penalidades previstas no § 1º. |
| Art. 39. A realização de qualquer ato de propaganda partidária ou eleitoral, em recinto aberto ou fechado, não depende de licença da polícia. | Art. 39. (...) |

| Redação anterior | Redação após a reforma |
|---|---|
| | § 9º-A Considera-se carro de som, além do previsto no § 12, qualquer veículo, motorizado ou não, ou ainda tracionado por animais, que transite divulgando jingles ou mensagens de candidatos. |
| § 12. Para efeitos desta Lei, considera-se:<br>I - carro de som: veículo automotor que usa equipamento de som com potência nominal de amplificação de, no máximo, 10.000 (dez mil) watts;<br>II - minitrio: veículo automotor que usa equipamento de som com potência nominal de amplificação maior que 10.000 (dez mil) watts e até 20.000 (vinte mil) watts;<br>III - trio elétrico: veículo automotor que usa equipamento de som com potência nominal de amplificação maior que 20.000 (vinte mil) watts. | § 12.(...) |
| Art. 45. A partir de 1° de julho do ano da eleição, é vedado às emissoras de rádio e televisão, em sua programação normal e noticiário: | Art. 45. Encerrado o prazo para a realização das convenções no ano das eleições, é vedado às emissoras de rádio e televisão, em sua programação normal e em seu noticiário: |
| § 1° A partir do resultado da convenção, é vedado, ainda, às emissoras transmitir programa apresentado ou comentado por candidato escolhido em convenção. | § 1° A partir de 30 de junho do ano da eleição, é vedado, ainda, às emissoras transmitir programa apresentado ou comentado por pré-candidato, sob pena, no caso de sua escolha na convenção partidária, de imposição da multa prevista no § 2° e de cancelamento do registro da candidatura do beneficiário. |
| Art 46. Independentemente da veiculação de propaganda eleitoral gratuita no horário definido nesta Lei, é facultada a transmissão, por emissora de rádio ou televisão, de debates sobre as eleições majoritária ou proporcional, sendo assegurada a participação de candidatos dos partidos com representação na Câmara dos Deputados, e facultada a dos demais, observado o seguinte: | Art. 46. Independentemente da veiculação de propaganda eleitoral gratuita no horário definido nesta Lei, é facultada a transmissão por emissora de rádio ou televisão de debates sobre as eleições majoritária ou proporcional, sendo assegurada a participação de candidatos dos partidos com representação superior a nove Deputados, e facultada a dos demais, observado o seguinte: |
| § 5° Para os debates que se realizarem no primeiro turno das eleições, serão consideradas aprovadas as regras que obtiverem a concordância de pelo menos 2/3 (dois terços) dos candidatos aptos no caso de eleição majoritária, e de pelo menos 2/3 (dois terços) dos partidos ou coligações com candidatos aptos, no caso de eleição proporcional. | § 5° Para os debates que se realizarem no primeiro turno das eleições, serão consideradas aprovadas as regras, inclusive as que definam o número de participantes, que obtiverem a concordância de pelo menos 2/3 (dois terços) dos candidatos aptos, no caso de eleição majoritária, e de pelo menos 2/3 (dois terços) dos partidos ou coligações com candidatos aptos, no caso de eleição proporcional. |
| Art. 47. As emissoras de rádio e de televisão e os canais de televisão por assinatura mencionados no art. 57 reservarão, nos quarenta e cinco dias anteriores à antevéspera das eleições, horário destinado à divulgação, em rede, da propaganda eleitoral gratuita, na forma estabelecida neste artigo. | Art. 47. As emissoras de rádio e de televisão e os canais de televisão por assinatura mencionados no art. 57 reservarão, nos trinta e cinco dias anteriores à antevéspera das eleições, horário destinado à divulgação, em rede, da propaganda eleitoral gratuita, na forma estabelecida neste artigo. |

| Redação anterior | Redação após a reforma |
|---|---|
| § 1º A propaganda será feita: | § 1º (...) |
| I - na eleição para Presidente da República, às terças e quintas-feiras e aos sábados: | I – (...) |
| a) das sete horas às sete horas e vinte e cinco minutos e das doze horas às doze horas e vinte e cinco minutos, no rádio; | a) das sete horas às sete horas e doze minutos e trinta segundos e das doze horas às doze horas e doze minutos e trinta segundos, no rádio; |
| b) das treze horas às treze horas e vinte e cinco minutos e das vinte horas e trinta minutos às vinte horas e cinqüenta e cinco minutos, na televisão; | b) das treze horas às treze horas e doze minutos e trinta segundos e das vinte horas e trinta minutos às vinte horas e quarenta e dois minutos e trinta segundos, na televisão; |
| II - nas eleições para Deputado Federal, às terças e quintas-feiras e aos sábados: | II - (...) |
| a) das sete horas e vinte e cinco minutos às sete horas e cinqüenta minutos e das doze horas e vinte e cinco minutos às doze horas e cinqüenta minutos, no rádio; | a) das sete horas e doze minutos e trinta segundos às sete horas e vinte e cinco minutos e das doze horas e doze minutos e trinta segundos às doze horas e vinte e cinco minutos, no rádio; |
| b) das treze horas e vinte e cinco minutos às treze horas e cinqüenta minutos e das vinte horas e cinqüenta e cinco minutos às vinte e uma horas e vinte minutos, na televisão; | b) das treze horas e doze minutos e trinta segundos às treze horas e vinte e cinco minutos e das vinte horas e quarenta e dois minutos e trinta segundos às vinte horas e cinquenta e cinco minutos, na televisão; |
| III - nas eleições para Governador de Estado e do Distrito Federal, às segundas, quartas e sextas-feiras: | III - nas eleições para Senador, às segundas, quartas e sextas-feiras: |
| a) das sete horas às sete horas e vinte minutos e das doze horas às doze horas e vinte minutos, no rádio, nos anos em que a renovação do Senado Federal se der por 1/3 (um terço); | a) das sete horas às sete horas e cinco minutos e das doze horas às doze horas e cinco minutos, no rádio, nos anos em que a renovação do Senado Federal se der por um terço; |
| b) das treze horas às treze horas e vinte minutos e das vinte horas e trinta minutos às vinte horas e cinquenta minutos, na televisão, nos anos em que a renovação do Senado Federal se der por 1/3 (um terço); | b) das treze horas às treze horas e cinco minutos e das vinte horas e trinta minutos às vinte horas e trinta e cinco minutos, na televisão, nos anos em que a renovação do Senado Federal se der por um terço; |
| c) das sete horas às sete horas e dezoito minutos e das doze horas às doze horas e dezoito minutos, no rádio, nos anos em que a renovação do Senado Federal se der por 2/3 (dois terços); | c) das sete horas às sete horas e sete minutos e das doze horas às doze horas e sete minutos, no rádio, nos anos em que a renovação do Senado Federal se der por dois terços; |
| d) das treze horas às treze horas e dezoito minutos e das vinte horas e trinta minutos às vinte horas e quarenta e oito minutos, na televisão, nos anos em que a renovação do Senado Federal se der por 2/3 (dois terços); (Alínea acrescida pela Lei nº 12.034, de 29/9/2009) | d) das treze horas às treze horas e sete minutos e das vinte horas e trinta minutos às vinte horas e trinta e sete minutos, na televisão, nos anos em que a renovação do Senado Federal se der por dois terços; |
| IV - nas eleições para Deputado Estadual e Deputado Distrital, às segundas, quartas e sextas-feiras: | IV - (...) |
| a) das sete horas e vinte minutos às sete horas e quarenta minutos e das doze horas e vinte minutos às doze horas e quarenta minutos, no rádio, nos anos em que a renovação do Senado Federal se der por 1/3 (um terço); | a) das sete horas e cinco minutos às sete horas e quinze minutos e das doze horas e cinco minutos às doze horas e quinze minutos, no rádio, nos anos em que a renovação do Senado Federal se der por um terço; |

| Redação anterior | Redação após a reforma |
|---|---|
| b) das treze horas e vinte minutos às treze horas e quarenta minutos e das vinte horas e cinquenta minutos às vinte e uma horas e dez minutos, na televisão, nos anos em que a renovação do Senado Federal se der por 1/3 (um terço); (Alínea com redação dada pela Lei nº 12.034, de 29/9/2009) | b) das treze horas e cinco minutos às treze horas e quinze minutos e das vinte horas e trinta e cinco minutos às vinte horas e quarenta e cinco minutos, na televisão, nos anos em que a renovação do Senado Federal se der por um terço; |
| c) das sete horas e dezoito minutos às sete horas e trinta e cinco minutos e das doze horas e dezoito minutos às doze horas e trinta e cinco minutos, no rádio, nos anos em que a renovação do Senado Federal se der por 2/3 (dois terços); (Alínea acrescida pela Lei nº 12.034, de 29/9/2009) | c) das sete horas e sete minutos às sete horas e dezesseis minutos e das doze horas e sete minutos às doze horas e dezesseis minutos, no rádio, nos anos em que a renovação do Senado Federal se der por dois terços; |
| d) das treze horas e dezoito minutos às treze horas e trinta e cinco minutos e das vinte horas e quarenta e oito minutos às vinte e uma horas e cinco minutos, na televisão, nos anos em que a renovação do Senado Federal se der por 2/3 (dois terços); (Alínea acrescida pela Lei nº 12.034, de 29/9/2009) | d) das treze horas e sete minutos às treze horas e dezesseis minutos e das vinte horas e trinta e sete minutos às vinte horas e quarenta e seis minutos, na televisão, nos anos em que a renovação do Senado Federal se der por dois terços; |
| V - na eleição para Senador, às segundas, quartas e sextas-feiras: | V - na eleição para Governador de Estado e do Distrito Federal, às segundas, quartas e sextas-feiras: |
| a) das sete horas e quarenta minutos às sete horas e cinquenta minutos e das doze horas e quarenta minutos às doze horas e cinquenta minutos, no rádio, nos anos em que a renovação do Senado Federal se der por 1/3 (um terço); | a) das sete horas e quinze minutos às sete horas e vinte e cinco minutos e das doze horas e quinze minutos às doze horas e vinte e cinco minutos, no rádio, nos anos em que a renovação do Senado Federal se der por um terço; |
| b) das treze horas e quarenta minutos às treze horas e cinquenta minutos e das vinte e uma horas e dez minutos às vinte e uma horas e vinte minutos, na televisão, nos anos em que a renovação do Senado Federal se der por 1/3 (um terço); | b) das treze horas e quinze minutos às treze horas e vinte e cinco minutos e das vinte horas e quarenta e cinco minutos às vinte horas e cinquenta e cinco minutos, na televisão, nos anos em que a renovação do Senado Federal se der por um terço; |
| c) das sete horas e trinta e cinco minutos às sete horas e cinquenta minutos e das doze horas e trinta e cinco minutos às doze horas e cinquenta minutos, no rádio, nos anos em que a renovação do Senado Federal se der por 2/3 (dois terços); | c) das sete horas e dezesseis minutos às sete horas e vinte e cinco minutos e das doze horas e dezesseis minutos às doze horas e vinte e cinco minutos, no rádio, nos anos em que a renovação do Senado Federal se der por dois terços; |
| d) das treze horas e trinta e cinco minutos às treze horas e cinquenta minutos e das vinte e uma horas e cinco minutos às vinte e uma horas e vinte minutos, na televisão, nos anos em que a renovação do Senado Federal se der por 2/3 (dois terços); | d) das treze horas e dezesseis minutos às treze horas e vinte e cinco minutos e das vinte horas e quarenta e seis minutos às vinte horas e cinquenta e cinco minutos, na televisão, nos anos em que a renovação do Senado Federal se der por dois terços; |
| VI - nas eleições para Prefeito e Vice-Prefeito, às segundas, quartas e sextas-feiras: | VI - nas eleições para Prefeito, de segunda a sábado: |
| a) das sete horas às sete horas e trinta minutos e das doze horas às doze horas e trinta minutos, no rádio | a) das sete horas às sete horas e dez minutos e das doze horas às doze horas e dez minutos, no rádio; |

| Redação anterior | Redação após a reforma |
|---|---|
| b) das treze horas às treze horas e trinta minutos e das vinte horas e trinta minutos às vinte e uma horas, na televisão | b) das treze horas às treze horas e dez minutos e das vinte horas e trinta minutos às vinte horas e quarenta minutos, na televisão; |
| VII - nas eleições para Vereador, às terças e quintas-feiras e aos sábados, nos mesmos horários previstos no inciso anterior. | VII - ainda nas eleições para Prefeito, e também nas de Vereador, mediante inserções de trinta e sessenta segundos, no rádio e na televisão, totalizando setenta minutos diários, de segunda-feira a domingo, distribuídas ao longo da programação veiculada entre as cinco e as vinte e quatro horas, na proporção de 60% (sessenta por cento) para Prefeito e 40% (quarenta por cento) para Vereador. |
| | § 1º- A Somente serão exibidas as inserções de televisão a que se refere o inciso VII do § 1º nos Municípios em que houver estação geradora de serviços de radiodifusão de sons e imagens. |
| § 2º Os horários reservados à propaganda de cada eleição, nos termos do § 1º, serão distribuídos entre todos os partidos e coligações que tenham candidato, observados os seguintes critérios: | § 2º (...) |
| I - 2/3 (dois terços) distribuídos proporcionalmente ao número de representantes na Câmara dos Deputados, considerado, no caso de coligação, o resultado da soma do número de representantes de todos os partidos que a integram; | I - 90% (noventa por cento) distribuídos proporcionalmente ao número de representantes na Câmara dos Deputados, considerados, no caso de coligação para eleições majoritárias, o resultado da soma do número de representantes dos seis maiores partidos que a integrem e, nos casos de coligações para eleições proporcionais, o resultado da soma do número de representantes de todos os partidos que a integrem; |
| II - do restante, 1/3 (um terço) distribuído igualitariamente e 2/3 (dois terços) proporcionalmente ao número de representantes eleitos no pleito imediatamente anterior para a Câmara dos Deputados, considerado, no caso de coligação, o resultado da soma do número de representantes de todos os partidos que a integram. (Inciso com redação dada pela Lei nº 12.875, de 30/10/2013) | II - 10% (dez por cento) distribuídos igualitariamente. |
| | § 9º As emissoras de rádio sob responsabilidade do Senado Federal e da Câmara dos Deputados instaladas em localidades fora do Distrito Federal são dispensadas da veiculação da propaganda eleitoral gratuita dos pleitos referidos nos incisos II a VI do § 1º. |
| Art. 48. Nas eleições para Prefeitos e Vereadores, nos Municípios em que não haja emissora de rádio e televisão, a Justiça Eleitoral garantirá aos Partidos Políticos participantes do pleito a veiculação de propaganda eleitoral gratuita nas localidades aptas à realização de segundo turno de eleições e nas quais seja operacionalmente viável realizar a retransmissão. | Art. 48. (...) |

| Redação anterior | Redação após a reforma |
|---|---|
| § 1° A Justiça Eleitoral regulamentará o disposto neste artigo, de forma que o número máximo de Municípios a serem atendidos seja igual ao de emissoras geradoras disponíveis. | Revogado. |
| § 2° O disposto neste artigo aplica-se às emissoras de rádio, nas mesmas condições. | |
| Art. 51. Durante os períodos previstos nos arts. 47 e 49, as emissoras de rádio e televisão e os canais por assinatura mencionados no art. 57 reservarão, ainda, trinta minutos diários para a propaganda eleitoral gratuita, a serem usados em inserções de até sessenta segundos, a critério do respectivo partido ou coligação, assinadas obrigatoriamente pelo partido ou coligação, e distribuídas, ao longo da programação veiculada entre as oito e as vinte e quatro horas, nos termos do § 2° do art. 47, obedecido o seguinte: | Art. 51. Durante os períodos previstos nos arts. 47 e 49, as emissoras de rádio e televisão e os canais por assinatura mencionados no art. 57 reservarão, ainda, setenta minutos diários para a propaganda eleitoral gratuita, a serem usados em inserções de trinta e sessenta segundos, a critério do respectivo partido ou coligação, assinadas obrigatoriamente pelo partido ou coligação, e distribuídas, ao longo da programação veiculada entre as cinco e as vinte quatro horas, nos termos do § 2° do art. 47, obedecido o seguinte: |
| I - o tempo será dividido em partes iguais para a utilização nas campanhas dos candidatos às eleições majoritárias e proporcionais, bem como de suas legendas partidárias ou das que componham a coligação, quando for o caso; | I - (...) |
| II - destinação exclusiva do tempo para a campanha dos candidatos a Prefeito e Vice-Prefeito, no caso de eleições municipais; | Revogado. |
| III - a distribuição levará em conta os blocos de audiência entre as oito e as doze horas, as doze e as dezoito horas, as dezoito e as vinte e uma horas, as vinte e uma e as vinte e quatro horas; | III - a distribuição levará em conta os blocos de audiência entre as cinco e as onze horas, as onze e as dezoito horas, e as dezoito e as vinte e quatro horas; |
| Art. 52. A partir do dia 8 de julho do ano da eleição, a Justiça Eleitoral convocará os partidos e a representação das emissoras de televisão para elaborarem plano de mídia, nos termos do artigo anterior, para o uso da parcela do horário eleitoral gratuito a que tenham direito, garantida a todos participação nos horários de maior e menor audiência. | Art. 52. A partir do dia 15 de agosto do ano da eleição, a Justiça Eleitoral convocará os partidos e a representação das emissoras de televisão para elaborarem plano de mídia, nos termos do art. 51, para o uso da parcela do horário eleitoral gratuito a que tenham direito, garantida a todos participação nos horários de maior e menor audiência. |
| Art. 54. Dos programas de rádio e televisão destinados à propaganda eleitoral gratuita de cada partido ou coligação poderá participar, em apoio aos candidatos desta ou daquele, qualquer cidadão não filiado a outra agremiação partidária ou a partido integrante de outra coligação, sendo vedada a participação de qualquer pessoa mediante remuneração. | Art. 54. Nos programas e inserções de rádio e televisão destinados à propaganda eleitoral gratuita de cada partido ou coligação só poderão aparecer, em gravações internas e externas, observado o disposto no § 2°, candidatos, caracteres com propostas, fotos, jingles, clipes com música ou vinhetas, inclusive de passagem, com indicação do número do candidato ou do partido, bem como seus apoiadores, inclusive os candidatos de que trata o § 1° do art. 53-A, que poderão dispor de até 25% (vinte e cinco por cento) do tempo de cada programa ou inserção, sendo vedadas montagens, trucagens, computação gráfica, desenhos animados e efeitos especiais. |

| Redação anterior | Redação após a reforma |
|---|---|
| Parágrafo único. No segundo turno das eleições não será permitida, nos programas de que trata este artigo, a participação de filiados a partidos que tenham formalizado o apoio a outros candidatos. | Renumerado para § 1° |
| | § 2° Será permitida a veiculação de entrevistas com o candidato e de cenas externas nas quais ele, pessoalmente, exponha:<br>I - realizações de governo ou da administração pública;<br>II - falhas administrativas e deficiências verificadas em obras e serviços públicos em geral;<br>III - atos parlamentares e debates legislativos. |
| Art. 57-A. É permitida a propaganda eleitoral na internet, nos termos desta Lei, após o dia 5 de julho do ano da eleição. | Art. 57-A. É permitida a propaganda eleitoral na internet, nos termos desta Lei, após o dia 15 de agosto do ano da eleição. |
| Art. 58. A partir da escolha de candidatos em convenção, é assegurado o direito de resposta a candidato, partido ou coligação atingidos, ainda que de forma indireta, por conceito, imagem ou afirmação caluniosa, difamatória, injuriosa ou sabidamente inverídica, difundidos por qualquer veículo de comunicação social. | Art. 58 (...) |
| § 1° O ofendido, ou seu representante legal, poderá pedir o exercício do direito de resposta à Justiça Eleitoral nos seguintes prazos, contados a partir da veiculação da ofensa: | § 1° (...) |
| | IV - a qualquer tempo, quando se tratar de conteúdo que esteja sendo divulgado na internet, ou em 72 (setenta e duas) horas, após a sua retirada. |
| | Art. 59-A. No processo de votação eletrônica, a urna imprimirá o registro de cada voto, que será depositado, de forma automática e sem contato manual do eleitor, em local previamente lacrado.<br>Parágrafo único. O processo de votação não será concluído até que o eleitor confirme a correspondência entre o teor de seu voto e o registro impresso e exibido pela urna eletrônica. |
| Art. 73. São proibidas aos agentes público, servidores ou não, as seguintes condutas tendentes a afetar a igualdade de oportunidades entre candidatos nos pleitos eleitorais: | Art. 73 (...) |
| VII - realizar, em ano de eleição, antes do prazo fixado no inciso anterior, despesas com publicidade dos órgãos públicos federais, estaduais ou municipais, ou das respectivas entidades da administração indireta, que excedam a média dos gastos nos três últimos anos que antecedem o pleito ou do último ano imediatamente anterior à eleição. | VII - realizar, no primeiro semestre do ano de eleição, despesas com publicidade dos órgãos públicos federais, estaduais ou municipais, ou das respectivas entidades da administração indireta, que excedam a média dos gastos no primeiro semestre dos três últimos anos que antecedem o pleito; |

| Redação anterior | Redação após a reforma |
|---|---|
| Art. 81. As doações e contribuições de pessoas jurídicas para campanhas eleitorais poderão ser feitas a partir do registro dos comitês financeiros dos partidos ou coligações. | Revogado. |
| § 1º As doações e contribuições de que trata este artigo ficam limitadas a dois por cento do faturamento bruto do ano anterior à eleição. | Revogado. |
| § 2º A doação de quantia acima do limite fixado neste artigo sujeita a pessoa jurídica ao pagamento de multa no valor de cinco a dez vezes a quantia em excesso. | Revogado. |
| § 3º Sem prejuízo do disposto no parágrafo anterior, a pessoa jurídica que ultrapassar o limite fixado no § 1º estará sujeita à proibição de participar de licitações públicas e de celebrar contratos com o Poder Público pelo período de cinco anos, por determinação da Justiça Eleitoral, em processo no qual seja assegurada ampla defesa. | Revogado. |
| § 4º As representações propostas objetivando a aplicação das sanções previstas nos §§ 2 e 3 observarão o rito previsto no art. 22 da Lei Complementar nº 64, de 18 de maio de 1990, e o prazo de recurso contra as decisões proferidas com base neste artigo será de 3 (três) dias, a contar da data da publicação do julgamento no Diário Oficial. | Revogado. |
| Art. 93. O Tribunal Superior Eleitoral poderá requisitar, das emissoras de rádio e televisão, no período compreendido entre 31 de julho e o dia do pleito, até dez minutos diários, contínuos ou não, que poderão ser somados e usados em dias espaçados, para a divulgação de seus comunicados, boletins e instruções ao eleitorado. | Art. 93. O Tribunal Superior Eleitoral poderá, nos anos eleitorais, requisitar das emissoras de rádio e televisão, no período de um mês antes do início da propaganda eleitoral a que se refere o art. 36 e nos três dias anteriores à data do pleito, até dez minutos diários, contínuos ou não, que poderão ser somados e usados em dias espaçados, para a divulgação de comunicados, boletins e instruções ao eleitorado. |
| Art. 93-A. O Tribunal Superior Eleitoral (TSE), no período compreendido entre 1º de março e 30 de junho dos anos eleitorais, em tempo igual ao disposto no art. 93 desta Lei, poderá promover propaganda institucional, em rádio e televisão, destinada a incentivar a igualdade de gênero e a participação feminina na política. | Art. 93-A. O Tribunal Superior Eleitoral, no período compreendido entre 1º de abril e 30 de julho dos anos eleitorais, promoverá, em até cinco minutos diários, contínuos ou não, requisitados às emissoras de rádio e televisão, propaganda institucional, em rádio e televisão, destinada a incentivar a participação feminina na política, bem como a esclarecer os cidadãos sobre as regras e o funcionamento do sistema eleitoral brasileiro. |
| Art. 94. Os feitos eleitorais, no período entre o registro das candidaturas até cinco dias após a realização do segundo turno das eleições, terão prioridade para a participação do Ministério Público e dos Juízes de todas as Justiças e instâncias, ressalvados os processos de habeas corpus e mandado de segurança. | Art. 94 (...) |

| Redação anterior | Redação após a reforma |
|---|---|
| | § 5º Nos Tribunais Eleitorais, os advogados dos candidatos ou dos partidos e coligações serão intimados para os feitos que não versem sobre a cassação do registro ou do diploma de que trata esta Lei por meio da publicação de edital eletrônico publicado na página do respectivo Tribunal na internet, iniciando-se a contagem do prazo no dia seguinte ao da divulgação. |
| Art. 96. Salvo disposições específicas em contrário desta Lei, as reclamações ou representações relativas ao seu descumprimento podem ser feitas por qualquer partido político, coligação ou candidato, e devem dirigir-se: | Art. 96 (...) |
| | § 11. As sanções aplicadas a candidato em razão do descumprimento de disposições desta Lei não se estendem ao respectivo partido, mesmo na hipótese de esse ter se beneficiado da conduta, salvo quando comprovada a sua participação. |
| | Art. 96-B. Serão reunidas para julgamento comum as ações eleitorais propostas por partes diversas sobre o mesmo fato, sendo competente para apreciá-las o juiz ou relator que tiver recebido a primeira. |
| | § 1º O ajuizamento de ação eleitoral por candidato ou partido político não impede ação do Ministério Público no mesmo sentido. |
| | § 2º Se proposta ação sobre o mesmo fato apreciado em outra cuja decisão ainda não transitou em julgado, será ela apensada ao processo anterior na instância em que ele se encontrar, figurando a parte como litisconsorte no feito principal. |
| | § 3º Se proposta ação sobre o mesmo fato apreciado em outra cuja decisão já tenha transitado em julgado, não será ela conhecida pelo juiz, ressalvada a apresentação de outras ou novas provas. |
| Art. 100. A contratação de pessoal para prestação de serviços nas campanhas eleitorais não gera vínculo empregatício com o candidato ou partido contratantes. | Art. 100. A contratação de pessoal para prestação de serviços nas campanhas eleitorais não gera vínculo empregatício com o candidato ou partido contratantes, aplicando-se à pessoa física contratada o disposto na alínea h do inciso V do art. 12 da Lei nº 8.212, de 24 de julho de 1991. |
| | Parágrafo único. Não se aplica aos partidos políticos, para fins da contratação de que trata o caput, o disposto no parágrafo único do art. 15 da Lei nº 8.212, de 24 de julho de 1991. |
| Art. 100-A A contratação direta ou terceirizada de pessoal para prestação de serviços referentes a atividades de militância e mobilização de rua nas campanhas eleitorais observará os seguintes limites, impostos a cada candidato: | Art. 100-A (...) |

| Redação anterior | Redação após a reforma |
|---|---|
| § 4° Na prestação de contas a que estão sujeitos na forma desta Lei, os candidatos são obrigados a discriminar nominalmente as pessoas contratadas, com indicação de seus respectivos números de inscrição no Cadastro de Pessoas Físicas (CPF). | Revogado |

# LEI 9.096 – LEI DOS PARTIDOS POLÍTICOS

| Redação anterior | Redação após a reforma |
|---|---|
| Art. 7° O partido político, após adquirir personalidade jurídica na forma da lei civil, registra seu estatuto no Tribunal Superior Eleitoral. | Art. 7° (...) |
| § 1° Só é admitido o registro do estatuto de partido político que tenha caráter nacional, considerando-se como tal aquele que comprove o apoiamento de eleitores não filiados a partido político, correspondente a, pelo menos, 0,5% (cinco décimos por cento) dos votos dados na última eleição geral para a Câmara dos Deputados, não computados os votos em branco e os nulos, distribuídos por 1/3 (um terço), ou mais, dos Estados, com um mínimo de 0,1% (um décimo por cento) do eleitorado que haja votado em cada um deles. | § 1° Só é admitido o registro do estatuto de partido político que tenha caráter nacional, considerando-se como tal aquele que comprove, no período de dois anos, o apoiamento de eleitores não filiados a partido político, correspondente a, pelo menos, 0,5% (cinco décimos por cento) dos votos dados na última eleição geral para a Câmara dos Deputados, não computados os votos em branco e os nulos, distribuídos por um terço, ou mais, dos Estados, com um mínimo de 0,1% (um décimo por cento) do eleitorado que haja votado em cada um deles. |
| Art. 18. Para concorrer a cargo eletivo, o eleitor deverá estar filiado ao respectivo partido pelo menos um ano antes da data fixada para as eleições, majoritárias ou proporcionais. | Revogado |
| | Art. 22-A. Perderá o mandato o detentor de cargo eletivo que se desfiliar, sem justa causa, do partido pelo qual foi eleito.<br>Parágrafo único. Consideram-se justa causa para a desfiliação partidária somente as seguintes hipóteses:<br>I - mudança substancial ou desvio reiterado do programa partidário;<br>II - grave discriminação política pessoal; e<br>III - mudança de partido efetuada durante o período de trinta dias que antecede o prazo de filiação exigido em lei para concorrer à eleição, majoritária ou proporcional, ao término do mandato vigente. |
| Art. 32. O partido está obrigado a enviar, anualmente, à Justiça Eleitoral, o balanço contábil do exercício findo, até o dia 30 de abril do ano seguinte. | Art. 32 (...) |
| § 3° No ano em que ocorrem eleições, o partido deve enviar balancetes mensais à Justiça Eleitoral, durante os quatro meses anteriores e os dois meses posteriores ao pleito. | Revogado |

| Redação anterior | Redação após a reforma |
|---|---|
| | § 4º Os órgãos partidários municipais que não hajam movimentado recursos financeiros ou arrecadado bens estimáveis em dinheiro ficam desobrigados de prestar contas à Justiça Eleitoral, exigindo-se do responsável partidário, no prazo estipulado no caput, a apresentação de declaração da ausência de movimentação de recursos nesse período. |
| | § 5º A desaprovação da prestação de contas do partido não ensejará sanção alguma que o impeça de participar do pleito eleitoral. |
| Art. 34. A Justiça Eleitoral exerce a fiscalização sobre a escrituração contábil e a prestação de contas do partido e das despesas de campanha eleitoral, devendo atestar se elas refletem adequadamente a real movimentação financeira, os dispêndios e recursos aplicados nas campanhas eleitorais, exigindo a observação das seguintes normas: | Art. 34 A Justiça Eleitoral exerce a fiscalização sobre a prestação de contas do partido e das despesas de campanha eleitoral, devendo atestar se elas refletem adequadamente a real movimentação financeira, os dispêndios e os recursos aplicados nas campanhas eleitorais, exigindo a observação das seguintes normas: |
| I - obrigatoriedade de constituição de comitês e designação de dirigentes partidários específicos, para movimentar recursos financeiros nas campanhas eleitorais; | I - obrigatoriedade de designação de dirigentes partidários específicos para movimentar recursos financeiros nas campanhas eleitorais; |
| II - caracterização da responsabilidade dos dirigentes do partido e comitês, inclusive do Tesoureiro, que responderão, civil e criminalmente, por quaisquer irregularidades; | II - (revogado); |
| III - escrituração contábil, com documentação que comprove a entrada e saída de dinheiro ou de bens recebidos e aplicados; | III - relatório financeiro, com documentação que comprove a entrada e saída de dinheiro ou de bens recebidos e aplicados |
| IV - obrigatoriedade de ser conservada pelo partido a documentação comprobatória de suas prestações de contas, por prazo não inferior a cinco anos; | IV - obrigatoriedade de ser conservada pelo partido, por prazo não inferior a cinco anos, a documentação comprobatória de suas prestações de contas. |
| V- obrigatoriedade de prestação de contas, pelo partido político, seus comitês e candidatos, no encerramento da campanha eleitoral, com o recolhimento imediato à tesouraria do partido dos saldos financeiros eventualmente apurados. | V - obrigatoriedade de prestação de contas pelo partido político e por seus candidatos no encerramento da campanha eleitoral, com o recolhimento imediato à tesouraria do partido dos saldos financeiros eventualmente apurados. |
| § 1º A fiscalização de que trata o caput tem por escopo identificar a origem das receitas e a destinação das despesas com as atividades partidárias e eleitorais, mediante o exame formal dos documentos contábeis e fiscais apresentados pelos partidos políticos, comitês e candidatos, sendo vedada a análise das atividades político-partidárias ou qualquer interferência em sua autonomia. | § 1º A fiscalização de que trata o caput tem por escopo identificar a origem das receitas e a destinação das despesas com as atividades partidárias e eleitorais, mediante o exame formal dos documentos fiscais apresentados pelos partidos políticos e candidatos, sendo vedada a análise das atividades político-partidárias ou qualquer interferência em sua autonomia. |
| Art. 37. A falta de prestação de contas ou sua desaprovação total ou parcial implica a suspensão de novas cotas do Fundo Partidário e sujeita os responsáveis às penas da lei. | Art. 37. A desaprovação das contas do partido implicará exclusivamente a sanção de devolução da importância apontada como irregular, acrescida de multa de até 20% (vinte por cento). |

| Redação anterior | Redação após a reforma |
|---|---|
| § 2º A sanção a que se refere o caput será aplicada exclusivamente à esfera partidária responsável pela irregularidade. | § 2º A sanção a que se refere o caput será aplicada exclusivamente à esfera partidária responsável pela irregularidade, não suspendendo o registro ou a anotação de seus órgãos de direção partidária nem tornando devedores ou inadimplentes os respectivos responsáveis partidários. |
| § 3º A sanção de suspensão do repasse de novas quotas do Fundo Partidário, por desaprovação total ou parcial da prestação de contas de partido, deverá ser aplicada de forma proporcional e razoável, pelo período de 1 (um) mês a 12 (doze) meses, ou por meio do desconto, do valor a ser repassado, da importância apontada como irregular, não podendo ser aplicada a sanção de suspensão, caso a prestação de contas não seja julgada, pelo juízo ou tribunal competente, após 5 (cinco) anos de sua apresentação. | § 3º A sanção a que se refere o caput deverá ser aplicada de forma proporcional e razoável, pelo período de um a doze meses, e o pagamento deverá ser feito por meio de desconto nos futuros repasses de cotas do Fundo Partidário, desde que a prestação de contas seja julgada, pelo juízo ou tribunal competente, em até cinco anos de sua apresentação. |
| | § 9º O desconto no repasse de cotas resultante da aplicação da sanção a que se refere o caput será suspenso durante o segundo semestre do ano em que se realizarem as eleições. |
| | § 10. Os gastos com passagens aéreas serão comprovados mediante apresentação de fatura ou duplicata emitida por agência de viagem, quando for o caso, desde que informados os beneficiários, as datas e os itinerários, vedada a exigência de apresentação de qualquer outro documento para esse fim. |
| | § 11. Os órgãos partidários poderão apresentar documentos hábeis para esclarecer questionamentos da Justiça Eleitoral ou para sanear irregularidades a qualquer tempo, enquanto não transitada em julgado a decisão que julgar a prestação de contas. |
| | § 12. Erros formais ou materiais que no conjunto da prestação de contas não comprometam o conhecimento da origem das receitas e a destinação das despesas não acarretarão a desaprovação das contas. |
| | § 13. A responsabilização pessoal civil e criminal dos dirigentes partidários decorrente da desaprovação das contas partidárias e de atos ilícitos atribuídos ao partido político somente ocorrerá se verificada irregularidade grave e insanável resultante de conduta dolosa que importe enriquecimento ilícito e lesão ao patrimônio do partido. |
| | § 14. O instituto ou fundação de pesquisa e de doutrinação e educação política não será atingido pela sanção aplicada ao partido político em caso de desaprovação de suas contas, exceto se tiver diretamente dado causa à reprovação. |

| Redação anterior | Redação após a reforma |
|---|---|
| | Art. 37-A. A falta de prestação de contas implicará a suspensão de novas cotas do Fundo Partidário enquanto perdurar a inadimplência e sujeitará os responsáveis às penas da lei. |
| Art. 39. Ressalvado o disposto no art. 31, o partido político pode receber doações de pessoas físicas e jurídicas para constituição de seus fundos. | Art. 39.(...) |
| § 3º As doações em recursos financeiros devem ser, obrigatoriamente, efetuadas por cheque cruzado em nome do partido político ou por depósito bancário diretamente na conta do partido político. | § 3º As doações de recursos financeiros somente poderão ser efetuadas na conta do partido político por meio de:<br>I- cheques cruzados e nominais ou t-ansferência eletrônica de depósitos;<br>II- depósitos em espécie devidamente identificados;<br>III- mecanismo disponível em sítio do partido na internet que permita inclusive o uso de cartão de crédito ou de débito e que atenda aos seguintes requisitos:<br>b) identificação do doador;<br>b) emissão obrigatória de recibo eleitoral para cada doação realizada. |
| Art. 41-A. Do total do Fundo Partidário:<br>I - 5% (cinco por cento) serão destacados para entrega, em partes iguais, a todos os partidos que tenham seus estatutos registrados no Tribunal Superior Eleitoral; e | Art. 41-A. Do total do Fundo Partidário:<br>I - 5% (cinco por cento) serão destacados para entrega, em partes iguais, a todos os partidos que atendam aos requisitos constitucionais de acesso aos recursos do Fundo Partidário; e |
| Art. 44. Os recursos oriundos do Fundo Partidário serão aplicados:<br>I – na manutenção das sedes e serviços do partido, permitido o pagamento de pessoal, a qualquer título, observado neste último caso o limite máximo de 50% (cinquenta por cento) do total recebido; | Art. 44. Os recursos oriundos do Fundo Partidário serão aplicados:<br>I - na manutenção das sedes e serviços do partido, permitido o pagamento de pessoal, a qualquer título, observado, do total recebido, os seguintes limites:<br>a) 50% (cinquenta por cento) para o órgão nacional;<br>b) 60% (sessenta por cento) para cada órgão estadual e municipal |
| V – na criação e manutenção de programas de promoção e difusão da participação política das mulheres conforme percentual que será fixado pelo órgão nacional de direção partidária, observado o mínimo de 5% (cinco por cento) do total. | V - na criação e manutenção de programas de promoção e difusão da participação política das mulheres, criados e mantidos pela secretaria da mulher do respectivo partido político ou, inexistindo a secretaria, pelo instituto ou fundação de pesquisa e de doutrinação e educação política de que trata o inciso IV, conforme percentual que será fixado pelo órgão nacional de direção partidária, observado o mínimo de 5% (cinco por cento) do total; |
| | VI - no pagamento de mensalidades, anuidades e congêneres devidos a organismos partidários internacionais que se destinem ao apoio à pesquisa, ao estudo e à doutrinação política, aos quais seja o partido político regularmente filiado; |

| Redação anterior | Redação após a reforma |
|---|---|
| | VII - no pagamento de despesas com alimentação, incluindo restaurantes e lanchonetes. |
| § 5º O partido que não cumprir o disposto no inciso V do caput deste artigo deverá, no ano subsequente, acrescer o percentual de 2,5% (dois inteiros e cinco décimos por cento) do Fundo Partidário para essa destinação, ficando impedido de utilizá-lo para finalidade diversa. | § 5º O partido político que não cumprir o disposto no inciso V do caput deverá transferir o saldo para conta específica, sendo vedada sua aplicação para finalidade diversa, de modo que o saldo remanescente deverá ser aplicado dentro do exercício financeiro subsequente, sob pena de acréscimo de 12,5% (doze inteiros e cinco décimos por cento) do valor previsto no inciso V do caput, a ser aplicado na mesma finalidade. |
| | § 5º-A. A critério das agremiações partidárias, os recursos a que se refere o inciso V poderão ser acumulados em diferentes exercícios financeiros, mantidos em contas bancárias específicas, para utilização futura em campanhas eleitorais de candidatas do partido. |
| | § 7º A critério da secretaria da mulher ou, inexistindo a secretaria, a critério da fundação de pesquisa e de doutrinação e educação política, os recursos a que se refere o inciso V do caput poderão ser acumulados em diferentes exercícios financeiros, mantidos em contas bancárias específicas, para utilização futura em campanhas eleitorais de candidatas do partido, não se aplicando, neste caso, o disposto no § 5º. |
| Art. 45. A propaganda partidária gratuita, gravada ou ao vivo, efetuada mediante transmissão por rádio e televisão será realizada entre as dezenove horas e trinta minutos e as vinte e duas horas para, com exclusividade: | Art. 45. (...) |
| IV – promover e difundir a participação política feminina, dedicando às mulheres o tempo que será fixado pelo órgão nacional de direção partidária, observado o mínimo de 10% (dez por cento). | IV - promover e difundir a participação política feminina, dedicando às mulheres o tempo que será fixado pelo órgão nacional de direção partidária, observado o mínimo de 10% (dez por cento) do programa e das inserções a que se refere o art. 49. |
| Art. 49. O partido que atenda ao disposto no art. 13 tem assegurado: | Art. 49. Os partidos com pelo menos um representante em qualquer das Casas do Congresso Nacional têm assegurados os seguintes direitos relacionados à propaganda partidária: |
| I – a realização de um programa, em cadeia nacional e de um programa, em cadeia estadual em cada semestre, com a duração de vinte minutos cada; | I - a realização de um programa a cada semestre, em cadeia nacional, com duração de:<br>a) cinco minutos cada, para os partidos que tenham eleito até quatro Deputados Federais;<br>b) dez minutos cada, para os partidos que tenham eleito cinco ou mais Deputados Federais; |

| Redação anterior | Redação após a reforma |
|---|---|
| II – a utilização do tempo total de quarenta minutos, por semestre, para inserções de trinta segundos ou um minuto, nas redes nacionais, e de igual tempo nas emissoras estaduais. | II - a utilização, por semestre, para inserções de trinta segundos ou um minuto, nas redes nacionais, e de igual tempo nas emissoras estaduais, do tempo total de:<br><br>a) dez minutos, para os partidos que tenham eleito até nove Deputados Federais;<br><br>b) vinte minutos, para os partidos que tenham eleito dez ou mais deputados federais. |
| | Parágrafo único. A critério do órgão partidário nacional, as inserções em redes nacionais referidas no inciso II do caput deste artigo poderão veicular conteúdo regionalizado, comunicando-se previamente o Tribunal Superior Eleitoral. |
| Art. 56. No período entre a data da publicação desta Lei e o início da próxima legislatura, será observado o seguinte:<br><br>I – fica assegurado o direito ao funcionamento parlamentar na Câmara dos Deputados ao partido que tenha elegido e mantenha filiados, no mínimo, três representantes de diferentes Estados;<br><br>II – a Mesa Diretora da Câmara dos Deputados disporá sobre o funcionamento da representação partidária conferida, nesse período, ao partido que possua representação eleita ou filiada em número inferior ao disposto no inciso anterior;<br><br>III – ao partido que preencher as condições do inciso I é assegurada a realização anual de um programa, em cadeia nacional, com a duração de dez minutos;<br><br>IV – ao partido com representante na Câmara dos Deputados desde o início da Sessão Legislativa de 1995, fica assegurada a realização de um programa em cadeia nacional em cada semestre, com a duração de cinco minutos, não cumulativos com o tempo previsto no inciso III;<br><br>V – (Revogado pelo art. 2º da Lei nº 11.459/2007.) | Revogado |

| Redação anterior | Redação após a reforma |
|---|---|
| Art. 57. No período entre o início da próxima Legislatura e a proclamação dos resultados da segunda eleição geral subsequente para a Câmara dos Deputados, será observado o seguinte:<br>I – direito a funcionamento parlamentar ao partido com registro definitivo de seus estatutos no Tribunal Superior Eleitoral até a data da publicação desta Lei que, a partir de sua fundação tenha concorrido ou venha a concorrer às eleições gerais para a Câmara dos Deputados, elegendo representantes em duas eleições consecutivas:<br>a) na Câmara dos Deputados, toda vez que eleger representante em, no mínimo, cinco Estados e obtiver um por cento dos votos apurados no País, não computados os brancos e os nulos;<br>b) nas Assembléias Legislativas e nas Câmaras de Vereadores, toda vez que, atendida a exigência do inciso anterior, eleger representante para a respectiva Casa e obtiver um total de um por cento dos votos apurados na circunscrição, não computados os brancos e os nulos;<br>II – (Revogado pelo art. 2º da Lei nº 11.459/2007.)<br>III – é assegurada, aos partidos a que se refere o inciso I, observadas, no que couber, as disposições do Título IV:<br>a) a realização de um programa, em cadeia nacional, com duração de dez minutos por semestre;<br>b) a utilização do tempo total de vinte minutos por semestre em inserções de trinta segundos ou um minuto, nas redes nacionais e de igual tempo nas emissoras dos Estados onde hajam atendido ao disposto no inciso I, b. | Revogado |

# LEI 4.737 – CÓDIGO ELEITORAL

| Redação anterior | Redação após a reforma |
|---|---|
| Art. 7º O eleitor que deixar de votar e não se justificar perante o Juiz Eleitoral até trinta dias após a realização da eleição incorrerá na multa de três a dez por cento sobre o salário mínimo da região, imposta pelo Juiz Eleitoral e cobrada na forma prevista no art. 367.<br>§ 1º Sem a prova de que votou na última eleição, pagou a respectiva multa ou de que se justificou devidamente, não poderá o eleitor:<br>V – obter passaporte ou carteira de identidade; | Art. 7º (...)<br>§ 1º (...)<br>V – obter passaporte ou carteira de identidade; |
| | § 4º O disposto no inciso V do § 1º não se aplica ao eleitor no exterior que requeira novo passaporte para identificação e retorno ao Brasil. |

| Redação anterior | Redação após a reforma |
|---|---|
| Art. 14. Os Juízes dos Tribunais Eleitorais, salvo motivo justificado, servirão obrigatoriamente por dois anos, e nunca por mais de dois biênios consecutivos. | Art. 14 (...) |
| § 3º Da homologação da respectiva Convenção partidária, até a apuração final da eleição, não poderão servir como Juízes nos Tribunais Eleitorais, ou como Juiz Eleitoral, o cônjuge, parente consangüíneo legítimo ou ilegítimo, ou afim, até o segundo grau, de candidato a cargo eletivo registrado na circunscrição. | § 3º Da homologação da respectiva convenção partidária até a diplomação e nos feitos decorrentes do processo eleitoral, não poderão servir como juízes nos Tribunais Eleitorais, ou como juiz eleitoral, o cônjuge ou o parente consanguíneo ou afim, até o segundo grau, de candidato a cargo eletivo registrado na circunscrição. |
| Art. 28. Os Tribunais Regionais deliberam por maioria de votos, em sessão pública, com a presença da maioria de seus membros. | Art. 28 (...) |
|  | § 4º As decisões dos Tribunais Regionais sobre quaisquer ações que importem cassação de registro, anulação geral de eleições ou perda de diplomas somente poderão ser tomadas com a presença de todos os seus membros.<br>§ 5º No caso do § 4º, se ocorrer impedimento de algum juiz, será convocado o suplente da mesma classe. |
| Art. 93. O prazo da entrada em Cartório ou na Secretaria do Tribunal, conforme o caso, de requerimento de registro de candidato a cargo eletivo terminará, improrrogavelmente, às dezoito horas do nonagésimo dia anterior à data marcada para a eleição. | Art. 93. O prazo de entrada em cartório ou na Secretaria do Tribunal, conforme o caso, de requerimento de registro de candidato a cargo eletivo terminará, improrrogavelmente, às dezenove horas do dia 15 de agosto do ano em que se realizarem as eleições. |
| § 1º Até o septuagésimo dia anterior à data marcada para a eleição, todos os requerimentos devem estar julgados, inclusive os que tiverem sido impugnados. | § 1º Até vinte dias antes da data das eleições, todos os requerimentos, inclusive os que tiverem sido impugnados, devem estar julgados pelas instâncias ordinárias, e publicadas as decisões a eles relativas. |
| § 2º As Convenções partidárias para a escolha dos candidatos serão realizadas, no máximo, até dez dias antes do término do prazo do pedido de registro no Cartório Eleitoral ou na Secretaria do Tribunal. | § 2º As convenções partidárias para a escolha dos candidatos serão realizadas, no máximo, até 5 de agosto do ano em que se realizarem as eleições. |
| Art. 108. Estarão eleitos tantos candidatos registrados por um partido ou coligação quantos o respectivo quociente partidário indicar, na ordem da votação nominal que cada um tenha recebido. | Art. 108. Estarão eleitos, entre os candidatos registrados por um partido ou coligação que tenham obtido votos em número igual ou superior a 10% (dez por cento) do quociente eleitoral, tantos quantos o respectivo quociente partidário indicar, na ordem da votação nominal que cada um tenha recebido. |
|  | Parágrafo único. Os lugares não preenchidos em razão da exigência de votação nominal mínima a que se refere o caput serão distribuídos de acordo com as regras do art. 109. |

| Redação anterior | Redação após a reforma |
|---|---|
| Art. 109. Os lugares não preenchidos com a aplicação dos quocientes partidários serão distribuídos mediante observância das seguintes regras: | Art. 109. Os lugares não preenchidos com a aplicação dos quocientes partidários e em razão da exigência de votação nominal mínima a que se refere o art. 108 serão distribuídos de acordo com as seguintes regras: |
| I – dividir-se-á o número de votos válidos atribuídos a cada partido ou coligação de partido pelo número de lugares por ele obtido, mais um, cabendo ao partido ou coligação que apresentar a maior média um dos lugares a preencher; | I - dividir-se-á o número de votos válidos atribuídos a cada partido ou coligação pelo número de lugares definido para o partido pelo cálculo do quociente partidário do art. 107,(*) mais um, cabendo ao partido ou coligação que apresentar a maior média um dos lugares a preencher, desde que tenha candidato que atenda à exigência de votação nominal mínima;<br>(*) vide ADI 5420 |
| II – repetir-se-á a operação para a distribuição de cada um dos lugares. | II - repetir-se-á a operação para cada um dos lugares a preencher; |
| | III - quando não houver mais partidos ou coligações com candidatos que atendam às duas exigências do inciso I, as cadeiras serão distribuídas aos partidos que apresentem as maiores médias. |
| § 1º O preenchimento dos lugares com que cada Partido ou coligação for contemplado far-se-á segundo a ordem de votação recebida pelos seus candidatos. | § 1º O preenchimento dos lugares com que cada partido ou coligação for contemplado far-se-á segundo a ordem de votação recebida por seus candidatos. |
| § 2º Só poderão concorrer à distribuição dos lugares os Partidos e coligações que tiverem obtido quociente eleitoral. | § 2º Somente poderão concorrer à distribuição dos lugares os partidos ou as coligações que tiverem obtido quociente eleitoral. |
| Art. 112 Considerar-se-ão suplentes da representação partidária:<br>I – os mais votados sob a mesma legenda e não eleitos efetivos das listas dos respectivos partidos;<br>II – em caso de empate na votação, na ordem decrescente da idade. | Art. 112. (...) |
| | Parágrafo único. Na definição dos suplentes da representação partidária, não há exigência de votação nominal mínima prevista pelo art. 108 |
| Art. 224 Se a nulidade atingir a mais de metade dos votos do País nas eleições presidenciais, do Estado nas eleições federais e estaduais ou do Município nas eleições municipais, julgar-se-ão prejudicadas as demais votações e o Tribunal marcará dia para nova eleição dentro do prazo de 20 (vinte) a 40 (quarenta) dias. | Art. 224 (...) |
| | § 3º A decisão da Justiça Eleitoral que importe o indeferimento do registro, a cassação do diploma ou a perda do mandato de candidato eleito em pleito majoritário acarreta, após o trânsito em julgado, a realização de novas eleições, independentemente do número de votos anulados. |

| Redação anterior | Redação após a reforma |
|---|---|
| | § 4º A eleição a que se refere o § 3º correrá a expensas da Justiça Eleitoral e será:<br>I - indireta, se a vacância do cargo ocorrer a menos de seis meses do final do mandato;<br>II - direta, nos demais casos. |
| Art. 233-A Aos eleitores em trânsito no território nacional é igualmente assegurado o direito de voto nas eleições para Presidente e Vice-Presidente da República, em urnas especialmente instaladas nas capitais dos Estados e na forma regulamentada pelo Tribunal Superior Eleitoral. | Art. 233-A. Aos eleitores em trânsito no território nacional é assegurado o direito de votar para Presidente da República, Governador, Senador, Deputado Federal, Deputado Estadual e Deputado Distrital em urnas especialmente instaladas nas capitais e nos Municípios com mais de cem mil eleitores. |
| | § 1º O exercício do direito previsto neste artigo sujeita-se à observância das regras seguintes:<br>I – para votar em trânsito, o eleitor deverá habilitar-se perante a Justiça Eleitoral no período de até quarenta e cinco dias da data marcada para a eleição, indicando o local em que pretende votar;<br>II – aos eleitores que se encontrarem fora da unidade da Federação de seu domicílio eleitoral somente é assegurado o direito à habilitação para votar em trânsito nas eleições para Presidente da República;<br>III – os eleitores que se encontrarem em trânsito dentro da unidade da Federação de seu domicílio eleitoral poderão votar nas eleições para Presidente da República, Governador, Senador, Deputado Federal, Deputado Estadual e Deputado Distrital. |
| | § 2º Os membros das Forças Armadas, os integrantes dos órgãos de segurança pública a que se refere o art. 144 da Constituição Federal, bem como os integrantes das guardas municipais mencionados no § 8º do mesmo art. 144, poderão votar em trânsito se estiverem em serviço por ocasião das eleições. |
| | § 3º As chefias ou comandos dos órgãos a que estiverem subordinados os eleitores mencionados no § 2º enviarão obrigatoriamente à Justiça Eleitoral, em até quarenta e cinco dias da data das eleições, a listagem dos que estarão em serviço no dia da eleição com indicação das seções eleitorais de origem e destino. |
| | § 4º Os eleitores mencionados no § 2º, uma vez habilitados na forma do § 3º, serão cadastrados e votarão nas seções eleitorais indicadas nas listagens mencionadas no § 3º independentemente do número de eleitores do Município. |
| Art. 240. A propaganda de candidatos a cargos eletivos somente é permitida após a respectiva escolha pela Convenção. | Art. 240. A propaganda de candidatos a cargos eletivos somente é permitida após o dia 15 de agosto do ano da eleição. |

| Redação anterior | Redação após a reforma |
|---|---|
| Art. 257. Os recursos eleitorais não terão efeito suspensivo. | Art. 257 (...) |
| Parágrafo único. A execução de qualquer acórdão será feita imediatamente, através de comunicação por ofício, telegrama, ou, em casos especiais, a critério do Presidente do Tribunal, através de cópia do acórdão. | § 1° (...) (renumerado) |
| | § 2° O recurso ordinário interposto contra decisão proferida por juiz eleitoral ou por Tribunal Regional Eleitoral que resulte em cassação de registro, afastamento do titular ou perda de mandato eletivo será recebido pelo Tribunal competente com efeito suspensivo. |
| | § 3° O Tribunal dará preferência ao recurso sobre quaisquer outros processos, ressalvados os de habeas corpus e de mandado de segurança. |
| | Art. 368-A. A prova testemunhal singular, quando exclusiva, não será aceita nos processos que possam levar à perda do mandato. |

## LEI 13.165 – REFORMA ELEITORAL

| Lei 13.165 | O que mudou |
|---|---|
| Art. 5° O limite de gastos nas campanhas eleitorais dos candidatos às eleições para Presidente da República, Governador e Prefeito será definido com base nos gastos declarados, na respectiva circunscrição, na eleição para os mesmos cargos imediatamente anterior à promulgação desta Lei, observado o seguinte:<br>I - para o primeiro turno das eleições, o limite será de:<br>a) 70% (setenta por cento) do maior gasto declarado para o cargo, na circunscrição eleitoral em que houve apenas um turno;<br>b) 50% (cinquenta por cento) do maior gasto declarado para o cargo, na circunscrição eleitoral em que houve dois turnos;<br>II - para o segundo turno das eleições, onde houver, o limite de gastos será de 30% (trinta por cento) do valor previsto no inciso I. | Define o limite de gastos de campanha para os cargos de Presidente, Governador e Prefeito. |
| Parágrafo único. Nos Municípios de até dez mil eleitores, o limite de gastos será de R$ 100.000,00 (cem mil reais) para Prefeito e de R$ 10.000,00 (dez mil reais) para Vereador, ou o estabelecido no caput se for maior. | Define o limite de gastos de campanha para os cargos de Prefeito e Vereador para os municípios de até 10.000 eleitores. |

| Lei 13.165 | O que mudou |
|---|---|
| Art. 6º O limite de gastos nas campanhas eleitorais dos candidatos às eleições para Senador, Deputado Federal, Deputado Estadual, Deputado Distrital e Vereador será de 70% (setenta por cento) do maior gasto contratado na circunscrição para o respectivo cargo na eleição imediatamente anterior à publicação desta Lei. | Define o limite de gastos de campanha para os cargos de Senador, Deputado Federal, Estadual, Distrital e Vereador. |
| Art. 7º Na definição dos limites mencionados nos arts. 5º e 6º, serão considerados os gastos realizados pelos candidatos e por partidos e comitês financeiros nas campanhas de cada um deles. | Estabelece parâmetros para a definição dos limites de gasto em campanhas. |
| Art. 8º Caberá à Justiça Eleitoral, a partir das regras definidas nos arts. 5º e 6º:<br>I - dar publicidade aos limites de gastos para cada cargo eletivo até 20 de julho do ano da eleição;<br>II - na primeira eleição subsequente à publicação desta Lei, atualizar monetariamente, pelo Índice Nacional de Preços ao Consumidor - INPC da Fundação Instituto Brasileiro de Geografia e Estatística - IBGE ou por índice que o substituir, os valores sobre os quais incidirão os percentuais de limites de gastos previstos nos arts. 5º e 6º;<br>III - atualizar monetariamente, pelo INPC do IBGE ou por índice que o substituir, os limites de gastos nas eleições subsequentes. | Estabelece prazo para que a Justiça Eleitoral divulgue o limite de gastos estabelecido e a forma de atualização. |
| Art. 9º Nas três eleições que se seguirem à publicação desta Lei, os partidos reservarão, em contas bancárias específicas para este fim, no mínimo 5% (cinco por cento) e no máximo 15% (quinze por cento) do montante do Fundo Partidário destinado ao financiamento das campanhas eleitorais para aplicação nas campanhas de suas candidatas, incluídos nesse valor os recursos a que se refere o inciso V do art. 44 da Lei no 9.096, de 19 de setembro de 1995. | Estabelece o porcentual de reserva do Fundo Partidário destinado ao financiamento das campanhas eleitorais das candidatas. |
| Art.10 Nas duas eleições que se seguirem à publicação desta Lei, o tempo mínimo referido no inciso IV do art. 45 da Lei no 9.096, de 19 de setembro de 1995, será de 20% (vinte por cento) do programa e das inserções. | - Estabelece o tempo mínimo de 20% na propaganda partidária para promoção, difusão e participação feminina nas eleições de 2016 e 2018 |
| Art.11 Nas duas eleições que se seguirem à última das mencionadas no art. 10, o tempo mínimo referido no inciso IV do art. 45 da Lei nº 9.096, de 19 de setembro de 1995, será de 15% (quinze por cento) do programa e das inserções. | - Estabelece o tempo mínimo de 15% na propaganda partidária para promoção, difusão e participação feminina nas eleições de 2020 e 2022 |
| Art. 13 O disposto no § 1o do art. 7º da Lei no 9.096, de 19 de setembro de 1995, no tocante ao prazo de dois anos para comprovação do apoiamento de eleitores, não se aplica aos pedidos protocolizados até a data de publicação desta Lei. | - Estabelece o início da aplicação do artigo que determina a comprovação de 2 anos para o apoiamento de eleitores. |

Como percebemos, a Lei nº 13.165/2015 compõe-se, portanto, de quinze artigos, sendo que sua essência exclusiva está nos últimos artigos: do 5º ao art.15.

Esta obra desenvolveu-se, principalmente, sobre temas da Lei das Eleições, da Lei das Inelegibilidades, da Lei dos Partidos Políticos e do Código Eleitoral. Para enfocar as mudanças trazidas pela própria lei e no Código Eleitoral, passa-se a fazer breves comentários.

Na essência da Lei da Reforma Eleitoral 2015, encontram-se previsões atinentes aos gastos de campanhas eleitorais nas eleições, em todos os âmbitos, tanto as majoritárias como as proporcionais.

O ponto relevante quanto aos gastos de campanha foi a fixação dos seus limites. A base da definição desses limites para as eleições de presidente da República, governador e prefeito será os gastos declarados na eleição anterior, para os mesmos cargos, à publicação da Lei nº 13.165/2015.

O legislador preocupou-se em especificar os limites dos gastos para o primeiro e segundo turnos, nesta ordem:

1. Para o primeiro turno das eleições, o limite será de:

a) setenta por cento do maior gasto declarado para o cargo, na circunscrição eleitoral em que houve apenas um turno;

b) cinquenta por cento do maior gasto declarado para o cargo, na circunscrição eleitoral em que houve dois turnos.

2. Para o segundo turno, onde houver, o limite dos gastos será de trinta por cento do valor previsto no número anterior.

Nas eleições para senador, deputado federal, deputado estadual, distrital e vereadores, o limite de gastos nas campanhas será de setenta por cento do maior gasto contratado na circuscrição para o respectivo cargo na eleição imediatamente anterior à publicação da Lei 13.165/2015.

O TSE publicou os limites de gastos para cada município, visando às eleições de 2016.

A análise de tais valores desperta surpresa quanto aos números baixos fixados para uma campanha municipal, por menor que seja o município. Até que ponto tais limites serão efetivamente cumpridos? Como deverá comportar-se a Justiça Eleitoral diante das evidências de gastos além desses limites, fora dos cálculos trazidos nas respectivas prestações de contas?

Outra determinação importante diz respeito à obrigatoridade de a Justiça Eleitoral dar publicidade aos limites de gastos para cada cargo, até o dia 20 de julho do ano das eleições.

As demais previsões dos últimos artigos têm a natureza de disposições transitórias.

Quanto às alterações do Código Eleitoral, estas limitaram-se a poucos artigos, porém de considerável repercussão prática.

O § 4º do art. 28 passou a exigir a completude dos Tribunais Regionais para o julgamento de ações que importem em cassação de registro, anulação de eleições ou perda de diploma. A presença de todos os membros, inclusive com a convocação dos respectivos suplentes, torna-se indispensável para tais julgamentos.

O prazo final de entrada, em cartório ou na secretaria do Tribunal, de requerimento de registro de candidato será às dezenove horas do dia 15 de agosto do ano das eleições. Considere-se, nesse contexto, que o prazo máximo para realização das convenções será no dia 5 de agosto do ano eleitoral.

O art. 108 teve uma alteração que vai provocar um efeito prático positivo: evitar a ocorrência do chamado "efeito Tiririca". A nova redação desse artigo estabelece uma percentagem mínima de 10% do quociente eleitoral, tantos quantos o respectivo quociente partidário indicar, na ordem da votação nominal que cada um tenha recebido.

Talvez uma das alterações mais sérias dessa Reforma Eleitoral 2015 esteja no parágrafo terceiro do art. 224, do Código Eleitoral, ao estabelecer a realização de novas eleições, em caso de a decisão da Justiça Eleitoral importar no indeferimento do registro, a cassação do diploma ou a perda do mandato do candidato eleito em pleito majoritário, após o trânsito em julgado. Para esse efeito, não se considera sequer o número de votos anulados.

Outra alteração, esta com efeito negativo, foi romper com a regra do art. 257, *caput*, do Código Eleitoral, ao determinar que, em caso de recurso ordinário interposto contra decisão proferida por juiz eleitoral ou Tribunal Regional Eleitoral em que resulte na cassação de registro, afastamento do titular ou perda de mandato eletivo, o efeito será o suspensivo.

Por fim, a redação do novo art. 368-A desconsidera a validade da prova testemunhal singular para efeito de decretar-se a perda de mandato. Sem um contexto idôneo, corroborado pela oitiva de mais de uma testemunha, não é razoável decretar-se a perda de mandatos eletivos, principalmente quando houver outras pessoas que não foram ouvidas e que presenciaram o fato. O apotegma latino já traduzia esse preceito de forma lapidar: *testis unus testis nulus* (uma testemunha é igual a nenhuma testemunha; uma testemunha, nenhuma testemunha). Entretanto, é provável que esse artigo venha a gerar muita polêmica, pois esse ensinamento já foi há muito superado diante do princípio do livre convencimento do juiz, que forma sua convicção com todo o arco das provas. Nessa perspectiva, seria possível aproveitar um único depoimento se o conjunto das outras provas apontasse para um resultado capaz de formar a livre convicção do juiz.

# XVI
# O NOVO CÓDIGO DE PROCESSO CIVIL E SUA REPERCUSSÃO NO DIREITO ELEITORAL

Logo no início da Lei nº 13.105, de 16 de março de 2015, no capítulo sobre a aplicação das normas processuais, dispõe o seu art. 15: *Na ausência de normas que regulem processos eleitorais, trabalhistas ou administrativos, as disposições deste Código lhes serão aplicadas supletiva e subsidiariamente.*

A aparente singeleza desse artigo não desperta para as sérias consequências que trouxe para o âmbito do direito processual eleitoral, tudo por causa da expressão "supletiva".

Ao comentar referido artigo, uma plêiade de doutrinadores, em obra coletiva, assim se expressa:

> E ainda que não exista disposição expressa a respeito da aplicação supletiva das leis processuais cíveis ao processo eleitoral, doutrina e jurisprudências são uníssonas ao defender a incidência subsidiária do primeiro sobre o segundo (TSE, AgRg no AgIn 6809, rel. Min. Caputo Bastos, j. 11.04.2006). O TSE também tem regulado, através de resoluções, a aplicação subsidiária do Código de Processo Civil ante a ausência de normas específicas eleitorais, como no caso das ações cautelares (Res. 22676/2008).
>
> Tanto quanto a CLT, o Código Eleitoral (Lei 4.737) também está desatualizado, sendo certo também que apenas algumas regras tratam a respeito do direito processual eleitoral; as poucas que sobressaem, dispõem sobre os recursos e seus respectivos processamentos (*vide* art. 277 e ss. do CE). Justamente, por isso, a importância da aplicação supletiva do novo Código de Processo Civil nos casos omissos, como ocorre, por exemplo, quanto ao cabimento de embargos de declaração em qualquer instância decisória (art. 535 do CPC vigente, regulado no artigo 1.022 do novo CPC), e em outras situações.
>
> Por estas razões, e agora por expressa disposição do novo CPC, o processo eleitoral deve observar nos seus procedimentos, desde que compatíveis com a sua finalidade, as disposições do novo Código de Processo Civil, como por exemplo, as regras de distribuição do ônus da prova (art. 373, § 1º), as normatizações a respeito da tutela da evidência (art. 311), a disposição que impõe a concentração da contestação (art. 336), o *amicus curiae* (art. 138), e assim por diante. Ademais, não ficará afastada a aplicação subsidiária do sistema processual coletivo, quando for o caso.[174]

---

174 WAMBIER, Teresa Arruda Alvim; DIDIER JR., Fredie; TALAMINI, Eduardo; DANTAS, Bruno. *Breves comentários ao novo Código de Processo Civil.* São Paulo: RT, 2015, p. 96-97.

No Livro Complementar, que trata das Disposições Finais e Transitórias, o art. 1.067 cuidou especificamente dos embargos de declaração, nestes termos:

> Art. 1.067. O art. 275 da Lei nº 4.737, de 15 de julho de 1965 (Código Eleitoral), passa a vigorar com a seguinte redação:
> "Art. 275. São admissíveis embargos de declaração nas hipóteses previstas no Código de Processo Civil.
> § 1º Os embargos de declaração serão opostos no prazo de 3 (três) dias, contado da data de publicação da decisão embargada, em petição dirigida ao juiz ou relator, com a indicação do ponto que lhes deu causa.
> § 2º Os embargos de declaração não estão sujeitos a preparo.
> § 3º O juiz julgará os embargos em 5 (cinco) dias.
> § 4º Nos tribunais:
> I – o relator apresentará os embargos em mesa na sessão subsequente, proferindo voto;
> II – não havendo julgamento na sessão referida no inciso I, será o recurso incluído em pauta;
> III – vencido o relator, outro será designado para lavrar o acórdão.
> § 5º Os embargos de declaração interrompem o prazo para a interposição de recurso.
> § 6º Quando manifestamente protelatórios os embargos de declaração, o juiz ou o tribunal, em decisão fundamentada, condenará o embargante a pagar ao embargado multa não excedente a 2 (dois) salários mínimos.
> § 7º Na reiteração de embargos de declaração manifestamente protelatórios, a multa será elevada a até 10 (dez) salários mínimos."

Nesse novo texto, duas alterações ressaltam-se como importantes: a) os embargos agora *interrompem* o prazo para a interposição do recurso, retirando, assim, a anomalia que determinava a *suspensão* do prazo; b) a aplicação de multa para coibir os embargos protelatórios, de uso muito comum nos julgamentos de recursos eleitorais.

A invocação da Constituição, logo no art. 1º, adapta-se muito bem à vocação constitucional do Direito Eleitoral, principalmente com a atenção maior aos direitos fundamentais e à efetivação do processo. O prazo razoável de duração do processo, embora conste do art. 97-A da Lei nº 9.504/1997, requer, agora, com essa interdisciplinariedade explícita, uma atenção mais responsável. Não é possível continuar a prática de julgar-se processos de cassação de diplomas e de mandatos, com mais frequência, só no último ano dos mandatos, quando não são julgados prejudicados pelo término do período.

Entretanto, há o outro lado que precisa ser considerado. Com certeza, muitos doutrinadores que se dedicarem a abordar o alcance da supletividade se desdobrarão em levá-la ao extremo de acatar todas as aplicações da lei processual comum, inclusive com o uso de medidas provisórias (tutela de urgência e tutela de evidência). Cabe ao TSE traçar os limites dessa incursão das novas regras processuais no processo judicial eleitoral, sob pena de torná-lo distoante de todo o sistema eleitoral.

Ajusta-se, com precisão, as advertências da ministra Fátima Nancy Andrighi, ao demonstrar a incompatibilidade do Código de Processo Civil com a lei dos juizados especiais. Embora admissível, segundo a Lei nº 9.099/1995, a subsidiariedade em alguns pontos, adverte a ministra:

> No entanto, essa liça que busca construir uma prevalência institucional do Código de Processo Civil sobre o sistema fixado para os Juizados Especiais, na verdade é uma batalha sem confrontos diretos.
>
> [...]
>
> Nessa linha de raciocínio, a subsidiariedade subverte o novo caminho, impondo-lhe as fórmulas antigas, e gera, na verdade, uma excrescência, sem as virtudes do novo e com os problemas do velho.
>
> [...]
>
> Os sistemas, como dito anteriormente, têm lógicas próprias, caminhos distintos e exige uma operacionalização também diversa. E é aqui, que começam a nascer, não sem razão, a ideia de aplicação subsidiária do Código de Processo Civil.[175]

Para entender a pertinência da citação, basta substituir a palavra *subsidiariedade* por *supletividade.*

A preocupação da Justiça Eleitoral deve ser, nesse diálogo com o novo Código de Processo Civil, preservar a especificidade de suas regras processuais, como a contagem de prazos e a celeridade dos seus procedimentos. Se o processo judicial eleitoral receber todos os institutos do processo civil, não haverá mais cassação de mandatos, nem chegará ao fim qualquer ação eleitoral, pois seus trâmites serão envolvidos pelo cipoal de artifícios processuais. A só admissão de agravo de instrumento já causará, por si só, o retardamento de todo procedimento eleitoral de natureza jurisdicional.

Não há dúvida de que foi infeliz o legislador ao impor a supletividade do novo Código de Processo Civil ao processo judicial eleitoral. Daí a precaução que deve tomar o aplicador das leis para não se empolgar com a doutrina que festeja essa novidade. Pertinente se faz lembrar a primeira parte do § 2º do art. 1.046 do novo CPC, ao enfatizar que "permanecem em vigor as disposições especiais dos procedimentos regulados em outras leis".

175 LINHARES, Erick (Org.) *Juizados especiais cíveis e o novo CPC.* Curitiba: Juruá, 2015, p. 9-20.

# REFERÊNCIAS


FRANCISCO, Caramuru Afonso. *Dos abusos nas eleições*. São Paulo: Juarez de Oliveira, 2002.

ALMEIDA, José Antônio. *Comentários à lei 9.504/97*. Brasília: Brasília Jurídica, 2000.

ANDRADA, Bonifácio de. *A crise dos partidos, do sistema eleitoral e a militância política*. 2.ed. Barbacena: Unicap, 2007.

ATALIBA, Geraldo. *República e constituição*. 2.ed. São Paulo: Malheiros, 2004.

VALE, Teresa Cristina de Souza. Justiça eleitoral. In: AVRITZER, Leonardo [et al...]. *Dimensões políticas da justiça*. Rio de Janeiro: Civilização Brasileira, 2013.

BARACHO, José Alfredo de Oliveira. *Teoria geral dos partidos políticos*. RF 270/37-56.

BARRETO, Lauro. Reeleição & continuísmo. Rio de Janeiro: Lumen Juris, 1998.

__________. *Comentários à lei das eleições:* Lei 9.504/97 e suas alterações. Bauru: Edipro, 2000.

BARROSO, Luís Roberto. *Interpretação e aplicação da constituição*. São Paulo: Saraiva, 1996.

BASTOS, Celso Ribeiro; BRITO, Carlos Ayres. *Interpretação e aplicabilidade das normas constitucionais*. São Paulo: Saraiva, 1982.

BASTOS, Celso Ribeiro; MARTINS, Ives Gandra. *Comentários à Constituição do Brasil*. São Paulo: Saraiva: 1989, v. 2.

BOBBIO, Norberto. *O futuro da democracia*. Rio de Janeiro: Paz e Terra, 1986.

BOVERO, Michelangelo. *Contra o governo dos piores:* uma gramática da democracia. Rio de Janeiro: Campus, 2002.

BRASIL. Tribunal Superior Eleitoral. *Manual*: cadastramento biométrico do eleitor brasileiro. Brasília: TSE, 2009.

BRASIL. Revista Trimestral de Jurisprudência. Brasília: STF, n. 176, abr./jun. 2001.

BRASIL. Revista Trimestral de Jurisprudência. Brasília: STF, n. 207, jan./marc. 2009.

BRASIL. Revista Trimestral de Jurisprudência. Brasília: STF, n. 208, abr./jun. 2009.

BRASIL. Revista Trimestral de Jurisprudência. Brasília: STF, n. 209, jul./set. 2009.

BRASIL. Revista Trimestral de Jurisprudência. Brasília. STF, n. 220, abr./jun. 2012.

BRASIL. Revista Trimestral de Jurisprudência. Brasília. STF, n. 221, jul./set. 2012.

BRASIL. Jurisprudência do Tribunal Superior Eleitoral. Brasília: TSE. Abr./jun. 1996, nº 2.

BRASIL. Jurisprudência do Tribunal Superior Eleitoral. Brasília: TSE. Jul./set. 1991, nº 3.

BRASIL. Jurisprudência do Tribunal Superior Eleitoral. Brasília: TSE. Jan./mar. 2006, nº 1.

BRASIL. Jurisprudência do Tribunal Superior Eleitoral. Brasília: TSE. Jan./mar. 2004, nº 1.

BUENO, Cassio Scarpinella. *A nova lei do mandado de segurança*. São Paulo: Saraiva, 2009.

CAETANO, Marcelo. *Direito constitucional*. Rio de Janeiro: Forense, 1977, v. 1.

CÂNDIDO, Joel José. *Direito eleitoral brasileiro*. 10. ed. São Paulo: Edipro, 2003.

CANARIS, Claus Wilhelm. *Pensamento sistemático e conceito de sistema na ciência do Direito*. Lisboa: Fundação Calouste Gulbenkian, 1989.

CANELA JUNIOR, Osvaldo. O controle jurisdicional do processo político no Brasil. In: *Paraná Eleitoral*: revista brasileira de direito eleitoral e ciência política. Curitiba: TRE, v. 1, n. 2, 2012.

CANOTILHO, J. Joaquim Gomes. *Direito constitucional e teoria da constituição*. Coimbra, Portugal: Almedina, 1998.

__________. *Fundamentos da constituição*. Portugal: Coimbra Editora, 1991.

CASTRO, Edson de Resende. *Curso de direito eleitoral*. Belo Horizonte: Del Rey, 2014.

CERQUEIRA, Thales Tácito Pontes Luz de Pádua. *Direito eleitoral brasileiro*. Belo Horizonte: Del Rey, 2004.

CÓDIGO CIVIL SUÍÇO. Tradução de Souza Diniz. Rio de Janeiro: Distribuidora Record, 1961.

CÓDIGO NAPOLEÃO ou CÓDIGO CIVIL DOS FRANCESES. Tradução de Souza Diniz. Rio de Janeiro: Distribuidora Record, 1962.

COELHO, Inocência Mártires. *Interpretação constitucional*. Porto Alegre: Fabris, 1997.

COSTA, Adriano Soares da. *Teoria da inelegibilidade e o direito processual eleitoral*. Belo Horizonte: Del Rey, 1998.

__________. *Instituições de direito eleitoral*. 6. ed. Belo Horizonte: Del Rey, 2006.

COSTA, José Rubens. *Ação de impugnação de mandato eletivo*. Belo Horizonte: Del Rey, 2004.

COSTA, Elcias Ferreira da. *Direito eleitoral*. Rio de Janeiro: Forense, 1992.

COSTA, Tito. *Recursos em matéria eleitoral*. 8. ed. São Paulo: ERT, 2004.

__________. *Crimes eleitorais e processo penal eleitoral*. São Paulo: Ed. Juarez de Oliveria, 2002.

CUNHA JÚNIOR, Dirley. *Curso de direito constitucional*. 4. ed. Salvador: Podivm, 2010.

DANTAS, Sivanildo de Araújo. *Direito eleitoral*: teoria e prática do procedimento das eleições brasileiras. Curitiba: Juruá, 2004.

DECOMAIN, Pedro Roberto. *Elegibilidade e inelegibilidade*. 2. ed. São Paulo: Dialética, 2004.

DECOMAIN, Pedro Roberto; Prade, Péricles. *Comentários ao Código Eleitoral*. São Paulo: Dialética, 2004.

DIAS, Maurício. *A mentira das urnas*. Rio de Janeiro: Record, 2004.

DIAS JÚNIOR, José Armando Ponte. *Elegibilidade e moralidade*: o direito fundamental à moralidade das candidaturas. Curitiba: Juruá, 2010.

DINAMARCO, Cândido Rangel. *Capítulos da sentença*. São Paulo: Malheiros, 2002.

DUARTE, Eduardo Damian. *Noções de direito eleitoral*. Rio de Janeiro: Ferreira, 2005.

DUVERGER, Maurice. *Os partidos políticos.* 2.ed. Rio de Janeiro: Zahar; Brasília: Universidade de Brasília, 1980.

FARIAS, Rodrigo Nóbrega. *Ação de impugnação de mandato eletivo.* Curitiba: Juruá, 2006.

FALCÃO, Joaquim (Org.). *Reforma eleitoral no Brasil.* Rio de Janeiro: Civilização Brasileira, 2015.

FAORO, Raimundo. *A República inacabada.* São Paulo: Globo, 2007.

FERREIRA FILHO, Manoel Gonçalves. *Curso de direito constitucional.* 8. ed São Paulo: Saraiva, 1990.

FERREIRA, Marcelo Ramos Peregrino. *O controle de convencionalidade da Lei da Ficha Limpa:* direitos políticos e inelegibilidades. Rio de Janeiro: Lumen Juris, 2015, p. 193.

FIÚZA, César. *Direito civil. Curso completo.* 2. ed. Belo Horizonte: Del Rey, 1999.

FILHO, José Leite; JÚNIOR, Juraci Guimarães. *Reforma eleitoral.* Leme, Imperium, 2011.

FRANCO, Afonso Arinos de Melo. *História e teoria dos partidos políticos no Brasil.* 3. ed. São Paulo: Alfa-Omega, 1974.

GARCIA, Emerson. *Abuso de poder nas eleições*: meios de coibição. 2. ed. Rio de Janeiro: Lumen Juris, 2004.

GOMES, Suzana de Camargo. *Crimes eleitorais.* São Paulo: ERT, 2000.

__________. *A justiça eleitoral e sua competência.* São Paulo: ERT, 1998.

GOMES, José Jairo. *Direito eleitoral.* 10. ed. São Paulo: Atlas, 2014.

GRECO, Rogério. *Curso de direito penal:* parte geral. 4.ed. Rio de Janeiro: Impetus, 2004.

HESSE, Conrad. *A força normativa da constituição.* Porto Alegre: Fabris, 1991.

JARDIM, Torquato. *Direito eleitoral positivo.* Brasília: Brasília Jurídica, 1996.

JOBIM, Nelson; PORTO, WALTER (Orgs.) *Legislação eleitoral do Brasil do século XVI a nossos dias.* Brasília: Senado Federal, 1996, v. 1.

JOBIM, Nelson. Origem e atuação da Justiça Eleitoral. In: PASSARELLI, Eliana (Coord.). *Justiça Eleitoral.* São Paulo: Imprensa Oficial, 2005.

Justiça Eleitoral. São Paulo: Imprensa Oficial do Estado de São Paulo: 2005.

LACERDA, Paulo José M.; CARNEIRO, Renato César; SILVA, Valter Félix da Silva. *O poder normativo da Justiça Eleitoral.* João Pessoa: Sal da Terra, 2004.

LAVAREDA, Antônio. *A democracia nas urnas:* o processo partidário eleitoral brasileiro. Rio de Janeiro: IUPERJ, 1991.

LEAL, Victor Nunes Leal. *Coronelismo, enxada e voto*: o município e o regime representativo no Brasil. São Paulo: Alfa-Omega, 1975.

LULA, Carlos Eduardo de Oliveira. *Direito eleitoral.* 4. ed. São Paulo: Imperium, 2014.

LUIZ JORGE, José Alfredo. *Direito eleitoral.* São Paulo: Millennium, 2004.

MEZZAROBA, Orides. *Direito partidário brasileiro.* Rio de Janeiro: Lumen Juris, 2003.

__________. Partidos políticos. Curitiba: Juruá, 2005.

MENDES, Antônio Carlos. *Introdução à teoria das inelegibilidades.* São Paulo: Malheiros, 1994.

MICHELS, Vera Maria Nunes. *Direito eleitoral.* 3. ed. Porto Alegre: Livraria do Advogado, 2004.

MIRANDA, Jorge. *Estudos de direito eleitoral.* Lisboa: Lex Edições Jurídicas, 1995.

MORAES, Alexandre de. *Direito constitucional.* 17. ed. São Paulo: Atlas, 2005.

__________. *Constituição do Brasil interpretada e legislação constitucional.* 3. ed. São Paulo: Atlas, 2003.

MOREIRA, José Carlos Barbosa. *Comentários ao código de processo civil.* 10. ed. Rio de Janeiro: Forense, 2002, v. 5.

NASCIMENTO, Tupinambá Miguel Castro do. *Lineamentos de direito eleitoral.* Porto Alegre: Síntese, 1996.

NIESS, Pedro Henrique Távora. *Ação de impugnação de mandato eletivo.* Bauru: Edipro, 1996.

__________. *Direitos políticos* – elegibilidade, inelegibilidade e ações eleitorais. 2. ed. Bauru: Edipro, 2000.

NIETO, Santiago. *Interpretación y argumentación jurídica en materia electoral*: una propuesta garantista. México: Universidade Nacional Autónoma de México, 2005.

OLIVEIRA, Marco Aurélio Bellizze. *Abuso de poder nas eleições*: a inefetividade da ação de investigação judicial eleitoral. Rio de Janeiro: Lumen Juris, 2005.

ORTEGA Y GASSET, José. *A rebelião das massas.* Rio de Janeiro: Ibero-Americano, 1959.

PASSOS, J.J. Calmon de. *Comentários ao código de processo civil.* Rio de Janeiro: Forense, 1988, v. 3.

PENNA, Lincoln de Abreu. *República brasileira.* Rio de Janeiro: Nova Fronteira, 1999.

PEREIRA, Erick Wilson. *Direito eleitoral:* interpretação e aplicação das normas constitucionais-eleitorais. São Paulo: Saraiva, 2010.

PIMENTA, José Carlos. *Processo eleitoral e controle jurisdicional.* Belo Horizonte: Mandamentos, 2002.

Partidos e Políticos. Rio de Janeiro: Ed. JB, 1982.

PEDICONE DE VALLS, María G. *Derecho electoral.* Buenos Aires: La Rocca, 2001.

PEREIRA, Erick Wilson. *Direito eleitoral*: interpretação e aplicação das normas constitucionais-eleitorais. São Paulo: Saraiva, 2010.

PINTO, Djalma. *Direito Eleitoral*: improbidade administrativa e responsabilidade fiscal – noções gerais. São Paulo: Atlas, 2003.

__________. *Elegibilidade no direito brasileiro.* São Paulo: Atlas, 2008.

PINTO, Djalma; PETERSEN, Elke Braid. *Comentários à lei da ficha limpa.* São Paulo: Atlas, 2014.

PONTES DE MIRANDA, Francisco. *Democracia, liberdade, igualdade, os três caminhos.* São Paulo: Saraiva, 1979.

PORTO, Walter Costa. *A mentirosa urna.* São Paulo: Martins Fontes, 2004.

__________. *Dicionário do voto.* São Paulo: Editora Giordano, 1995.

QUEIROZ, Ari Ferreira de. *Direito eleitoral.* 8. ed. Goiânia: IEPC, 2004.

RAMAYANA, Marcos. *Direito eleitoral.* 10. ed. Rio de Janeiro: Impetus, 2010.

RIBEIRO, Fávila. *Direito eleitoral.* Rio de Janeiro: Forense, 1991.

ROBLES, Gregorio. *Os direitos fundamentais e a ética na sociedade atual.* Barueri: Manole, 2005.

ROCHA, Carmem Lúcia Antunes; Velloso, Carlos Mário da Silva (Coords.). *Direito eleitoral.* Belo Horizonte: Del Rey, 1996.

ROLLO, Alberto et al. *Elegibilidade e inelegebilidade:* visão doutrinária e jurisprudencial atualizada. Caxias do Sul: Plenum, 2008.

SANTOS, Moacyr Amaral dos. *Primeiras linhas de direito processual civil.* São Paulo: Saraiva, 1977.

SANTANA, Jair Eduardo & Guimarães, Fábio Luís. *Direito eleitoral:* para compreender a dinâmica do poder político. Belo Horizonte: Fórum, 2004.

SILVA, José Afonso da. *Comentário contextual à Constituição.* 9. ed. São Paulo: Malheiros, 2014.

SILVA, Virgílio Afonso (Org.). *Interpretação constitucional.* São Paulo: Malheiros, 2005.

SILVEIRA, José Néri da. *Aspectos do processo eleitoral.* Porto Alegre: Livraria do Advogado, 1998.

SOBREIRO NETO, Armando Antônio. *Direito eleitoral – teoria e prática.* 2. ed. Curitiba: Juruá, 2002.

TAVARES, José Antônio Giusti. *Sistemas eleitorais nas democracias contemporâneas.* Rio de Janeiro: Relume Dumará, 1994.

VELOSO, Zeno. O domicílio. In: *Revista de direito civil, imobiliário, agrário, empresarial.* São Paulo: ERT, v. 20, nº 75, jan./mar. 1996.

TEIXEIRA, Sálvio de Figueiredo (Coord.). *Direito eleitoral contemporâneo.* Belo Horizonte: Del Rey, 2003.

TODOROV, Tzvetan. *Os inimigos íntimos da democracia.* São Paulo: Cia. das Letras, 2012.

ZILIO, Rodrigo López. *Direito eleitoral.* Porto Alegre: Verbo Jurídico, 2012.

## BIBLIOGRAFIA CONSULTADA

ACCIOLI, Wilson. *Instituições de direito constitucional.* Rio de Janeiro: Forense, 1978.

AGUILAR, Juan Fernando López. *Lo constitucional en el Derecho*: sobre la idea e ideas de Constitución y orden jurídico. Madrid: CEPC, 1998.

ALMEIDA, Antonio Luiz Mendes de. *O Diabo vota em mim.* Rio de Janeiro: Relume Dumará , 1994.

AMADO, Gilberto. *Eleição e representação.* Brasília: Senado Federal, 1999.

ARAGÃO, Murillo de. *Reforma política*: o debate inadiável. Rio de Janeiro: José Olympio, 2014.

ARENDT, Hannah. *A condição humana.* Rio de Janeiro: FU/Salamandra; São Paulo: Universidade, 1981.

ARINOS, Afonso. *Direito constitucional.* Rio de Janeiro: Forense, 1976.

AVRITZER, Leonardo; ANASTASIA, Fátima (Orgs.). *Reforma política no Brasil.* Belo Horizonte: Editora da UFMG, 2006.

BACHOF, Otto. *Normas constitucionais inconstitucionais?* Coimbra:Almedina, 1994.

_______. *Jueces y constitución.* Madrid: Civitas, 1987.

BAGGIO, Antonio Maria (Org.). *O princípio esquecido.* Vargem Grande Paulista: Cidade Nova, 2008.

BANDEIRA DE MELO, Celso Antonio. *Conteúdo jurídico do princípio da igualdade.* São Paulo: Malheiros, 1995.

BARACHO, José Alfredo de Oliveira. *Teoria geral da cidadania:* a plenitude da cidadania e as garantias constitucionais e processuais. São Paulo: Saraiva, 1995.

BARBOSA, Maria Lúcia Victor. *O voto da pobreza e a pobreza do voto:*a ética da malandragem. Rio de Janeiro: Zahar, 1988.

BARRETO, Lauro. *Comentários à Lei orgânica dos partidos políticos.* Bauru: EDIPRO, 1997.

_______. *Escrúpulo & Poder: o abuso de poder nas eleições brasileiras.* Bauru: EDIPRO, 1995.

_______. *Reeleição & Continuismo: aspectos históricos, doutrinários, políticos e jurídicos da Emenda Constitucional nº 16.* Rio de Janeiro: Lúmen Juris, 1998.

BARROSO, Luís Roberto. *Interpretação e aplicação da constituição.* São Paulo: Saraiva, 1996.

_______. *O direito constitucional e a efetividade de suas normas:* limites e possibilidades da Constituição brasileira. Rio de Janeiro: Renovar, 1993.

BASTOS, Celso Ribeiro. *Curso de direito constitucional.* São Paulo: Saraiva, 1978.

_______. *Hermenêutica e interpretação constitucional.* 3. ed. São Paulo: Celso Bastos Editor, 2002.

BRITO, Carlos Ayres de. *Interpretação e aplicabilidade das normas constitucionais.* São Paulo: Saraiva, 1982.

BOBBIO, Norberto. *A era dos direitos.* . Rio de Janeiro: Campus, 1992.

_______. *Direita e esquerda:* razões e significados de uma distinção política. São Paulo: UNESP, 1995.

_______. *Thomas Hobbes.* Rio de Janeiro: Campus, 1991.

BONAVIDES, Paulo. *Ciência política.* 6. ed. Rio de Janeiro: Forense, 1986.

_______. *Direito constitucional.* Rio de Janeiro: Forense, 1980.

_______. *Do estado liberal ao estado social.* São Paulo: Saraiva, 1961.

_______. *Estudos em homenagem ao Professor Afonso Arinos.* Rio de Janeiro: Forense: 1976.

BRAGA, Hilda Soares. *Sistemas eleitorais do Brasil:*1821-1988. Brasília: Senado Federal, 1990.

BRYCE, James. *A comunidade americana.* . Rio de Janeiro: O Cruzeiro, 1967.v.1.

CANOTILHO, José J. Gomes. *Estado de direito.* Coimbra: Cadernos Democráticos, 1999.

CARDOSO, Fernando Henrique. *A arte da política*: a história que vivi. Rio de Janeiro: Civilização Brasileira, 2006.

________. *O modelo político brasileiro.* São Paulo: Difusão Européia do Livro, 1972.

CHACON, Vamirech. *O novo parlamentarismo* . Brasília: Senado Federal, 1978.

CHOMSKY, Noam. *Mídia:* propaganda política e manipulação. São Paulo:WMF Martins Fontes, 2013.

CITADINI, Antonio Roque. *Código eleitoral anotado e comentado.* São Paulo: Maxlimonad, 1985.

CONEGLIAN, Olivar. *Propaganda eleitoral:* aspectos legais. Curitiba: Juruá, 1992.

DELGADO, Lucrecio Rebollo. *El derecho fundamental a la intimidad.* Madrid: Dykinson, 2000.

ENGELS, F. *A origem da família, da propriedade privada e do Estado.* 7.ed. Rio de Janeiro: Civilização Brasileira, 1981.

ESPÍNDOLA, Ruy Samuel. *Conceito de princípios constitucionais:* elementos técnicos para uma formulação constitucionalmente adequada. São Paulo: ERT, 1998.

FERRAJOLI, Luigi. *Derechos y garantías:* la lei del más débil. Madrid: Editorial Trotta, 1999.

FLORÉZ-VALDÉS, Joaquín. *Los princípios generales del Derecho y su formulación Constitucional.* Madrid: Civitas, 1990.

FOUCAULT, Michel. *Microfísica do poder.* Rio de Janeiro: Edições Gral, 1979.

FRANCIÈRE, Jacques. *O ódio à democracia.* São Paulo: Boitempo, 2004.

FRANCISCO, Caramuru Afonso. *Dos abusos nas eleições:* a tutela jurídica da legitimidade e normalidade do processo eleitoral. São Paulo: Juarez Freitas, 2002.

FRANCO, Afonso A. de Melo. *História e teoria dos partidos políticos no Brasil.* 3.ed. São Paulo: Alta-Ômega, 1980.

FURTADO, Celso. *Teoria e política do desenvolvimento econômico.* 2. ed. São Paulo: Editora Nacional, 1968.

_______. *Subdesenvolvimento e estagnação da América Latina.* 3. ed. Rio: Civilização Brasileira, 1968.

GALBRAITH, John Kenneth. *A sociedade justa:* uma perspectiva humana. Rio de Janeiro: Campus, 1996.

GARGARELLA, Roberto. *La justicia frente al gobierno.* Barcelona: Ariel, 1976.

GASSET, José Ortega y. *A rebelião das massas.* Rio de Janeiro: Libro Ibero-Americano, 1959.

GAUDÊNCIO, Samuel Carvalho. *Direito eleitoral*: análise jurídica do art.41-A da Lei das eleições. São Paulo: Rideel, 2005.

GOMES, Laurentino.*1889*. São Paulo: Globo, 2013.

GRAEFF, Antonio. *Eleições 2.0*: a internet e as mídias sociais no processo eleitoral. São Paulo: Publifolha, 2009.

GRAU, Eros Roberto. *A Constituinte e a constituição que teremos.* São Paulo: ERT, 1985.

GUERRA FILHO, Willis Santiago. *Teoria processual da constituição.* São Paulo: Celso Bastos & IBDC, 2000.

HABERLE, Peter. *Hermenêutica constitucional.* Alegre: Fabris, 1997.

HALE, J. R. *Maquiavel e Itália da renascença.* Rio de Janeiro: Zahar, 1963.

HAMILTON, Alexander; Hadison; JAY, John; HADISON, James. *O federalista.* Textos selecionados. Os Pensadores. São Paulo: Abril Cultural.1973.

HESSE, Konrad. *A força normativa da constituição.* Porto Alegre: Fabris, 1991.

JACQUES, Paulino. *Curso de direito constitucional.* Rio de Janeiro: Forense, 1977.

JEFFERSON, Thomas. *Escritos políticos.* Os Pensadores. São Paulo: Abril Cultural, 1973.

LAMOUNIER, Bolivar (Org.). *Adoção parlamentarista.* São Paulo: Edesp, Sumaré, 1991.

LASSALE, Ferdinand. *A essência da constituição.* Rio de Janeiro: Liber Juris, 1985.

LIMA JÚNIOR, Olavo Brasil de. *Sistema eleitoral brasileiro. Teoria Política.* Rio de Janeiro: IUPERJ/Rio Fundo, 1991.

LÔBO, Edilene. *A inclusão do cidadão no processo eleitoral.* Belo Horizonte: Del Rey, 2010.

LOCKE, John. *Segundo tratado sobre o governo.* Os Pensadores. São Paulo: Abril Cultural, 1973.

LUÑO, Antonio E. Perez. *Los derechos fundamentales.* 5. ed. Madrid: Tecnos, 1993.

MacIVER, R. M. *As malhas do poder.* Rio de Janeiro: Civilização Brasileira, 1960.

MALUF, Said. *Direito constitucional.* 7. ed. São Paulo: Sugestões Literárias, 1972, 2v.

MAQUIAVEL. *O príncipe.* Rio de Janeiro: Civilização Brasileira, 1969.

MARITAIN, Jacques. *Princípios de uma política humanista.* Rio de Janeiro: Editora Agir, 1960.

MARTINEZ, Wladimir Novaes. *Direito dos idosos.* São Paulo: LTR, 1997.

MARTINS, Ives Gandra; BASTOS, Celso Ribeiro. *Comentários à Constituição do Brasil.* São Paulo: Saraiva, 1988.

MARX & ENGELS. *Manifesto do partido comunista.* São Paulo: Novos Rumos, 1986.

MARX, Karl. *Manuscritos econômico –filosóficos.* São Paulo: Abril Cultural, "Os Pensadores", 1974.

DIAS, Maurício. *A mentira das urnas.* São Paulo/Rio de Janeiro: Record, 2004.

MELO, Carlos. *Collor*: o ator de suas circunstâncias. São Paulo: Novo Conceito, 2007.

MIRANDA, Pontes de. *Comentários à Constituição de 1967, com a emenda nº 1 de 1969.* 2. ed. São Paulo: ERT, 1974, v.6.

MONTESQUIEU. *Do espírito das leis*. Os Pensadores. São Paulo: Abril Cultural, 1973.

PAULA, Jônatas Luiz Moreira de. *A jurisdição como elemento de inclusão social*: revitalizando as regras do jogo democrático. Barueri: Manole, 2002.

MULLER, Friedrich. *Direito – Linguagem – Violência. Elementos de uma teoria constitucional.* Porto Alegre: Fabris, 1995.

NICOLAU, Jairo Marconi. *Sistema eleitoral e reforma política.* Rio de Janeiro: Foglio, 1993.

OLIVEIRA, Marco Aurélio Bellizze. *Abuso de poder nas eleições*: a inefetividade da ação de investigação judicial eleitoral. Rio de Janeiro: Lúmen Juris, 2005.

OLIVEIRA, Romão Cícero [et. al.]. *As raízes da justiça eleitoral no Distrito Federal.* Brasília: TRE-DF, 2015.

PAIVA, Maria Anair Pinto. *Direito político do sufrágio no Brasil:1822-1982.* Brasília: Thesaurus Editora, 1985.

PALU, Oswaldo Luiz. *Controle de constitucionalidade:* conceito, sistemas e efeitos. São Paulo: ERT, 1999.

PAULA FILHO, Afrânio Faustino de. *Sistemas de controle do processo eleitoral.* Rio de Janeiro: Lúmen Juris, 1998.

PERLINGIERI, Pietro. *Perfis do direito civil:* introdução ao direito civil constitucional. 3. ed. Rio de Janeiro: Renovar, 1997.

PLATÃO. *A República.* São Paulo: Martin Claret, 2004.

PLEKHANOV, G. *Questões fundamentais do Marxismo.* Rio de Janeiro: Vitória, 1956.

QUEIROZ, Cristina. *Interpretação constitucional e poder judicial*: sobre a epistemologia da construção constitucional. Lisboa: Editora Coimbra, 2000.

RABINOVICH, Salomão. *Comportamento eleitoral do brasileiro.* São Paulo: S. Rabinovich, 1990.

RAWLS, John. *Uma teoria da justiça.* Brasília: UNB, 1981.

REIS, Márlon. *Direito eleitoral brasileiro.* Brasília: Alumnus, 2012.

RIBEIRO, Fávila. *Pressupostos constitucionais do direito eleitoral.* Porto Alegre: Fabris, 1990.

RICARDO, David. *Princípios de economia política e tributação.* Os Pensadores. São Paulo: Abril Cultural, 1974. 1974.

ROMANO, Santi. *Princípios de direito constitucional Geral.* São Paulo: ERT, 1979.

ROTHENBURG, Walter Claudius. *Princípios constitucionais.* Porto Alegre: Fabris, 1998.

ROUSSEAU, J. J. *O contrato social.* Os Pensadores. São Paulo: Abril Cultural,1973.

RUFFIA, P. Biscaretti di. *Direito constitucional. (Instituições de Direito Público)* São Paulo: ERT, 1984.

SABINE, George H. *História das teorias políticas.* 3. ed. Fundo de Cultura, Brasil/ Portugal, 1964. 2vs.

SARASATE, Paulo. *A Constituição ao alcance de todos.* Rio de Janeiro/São Paulo: Freitas Bastos, 1967.

SARMENTO, Daniel. *A ponderação de interesses na Constituição Federal.* Rio de Janeiro: Lúmen Juris, 2000.

SARTORI, Giovanni. *Engenharia constitucional.* Brasília: UNB, 1996.

SEN, Amartya. *A Idéia da Justiça.* São Paulo: CIA das Letras, 2011.

SHEEN, Fulton J. *O problema da liberdade.* 7. ed. Rio de Janeiro: Agir, 1962.

SILVA, José Afonso da. *Aplicabilidade das normas constitucionais.* 2.ed. São Paulo: ERT, 1982.

__________. *Curso de direito constitucional positivo.* 6. ed. São Paulo: Malheiros, 1990.

SOBRINHO, José Bispo. *Comentários à lei orgânica dos partidos políticos.* Brasília: Brasília Jurídica, 1976.

SPENGLER, Fabiana Marion. *Tempo, direito e constituição:* reflexos na prestação jurisdicional do Estado. Porto Alegre: Livraria do Advogado, 2008.

SROUR, Robert Henry. *Classes, regimes, ideologias.* São Paulo: Ática, 1987.

STUMM, Raquel Denize. *Princípio da proporcionalidade no direito constitucional brasileiro.* Porto Alegre: Livraria do Advogado, 1995.

TAVARES, André Ramos. *Fronteiras da hermenêutica constitucional.* São Paulo: Método, 2006.

TAVARES, André Ramos. *Paradigmas do judicialismo constitucional.* São Paulo: Saraiva, 2013.

TEMER, Michel. *Elementos de direito constitucional.* São Paulo: ERT, 1992.

TODOROV, Tzvetan. *Os inimigos íntimos da democracia.* São Paulo: Cia. das Letras, 2012.

TRIBUNAL REGIONAL ELEITORAL DO RIO GRANDE DO SUL. *1º Seminário Brasileiro de Direito Eleitoral.* Anais. Porto Alegre, 1990.

TRIGUEIRO, Oswaldo. *Direito Constitucional Estadual.* Rio de Janeiro, Forense, 1980.

TUPIASSÚ, Amarilis. *Breviarium para refletir com o Pe. Antônio Vieira.* Belém: UFPA, 2007.

VERDÙ. Pablo Lucas. *El sentimiento constitucional.* Madrid: Reus, 1985.

VIEIRA, Antonio. *Sermões.* São Paulo: Hedra, 2001. Tomo 1.

________. ________. São Paulo: Hedra, 2001. Tomo II.

VIEIRA, Sônia Aguiar do Amaral. *Inviolabilidade da vida privada e da intimidade pelos meios eletrônicos.* São Paulo: Juarez de Oliveira, 2002.

VIGO, Rodolfo Luís. *Interpretación constitucional.* Buenos Aires: Abeledo Perrot, 1993.

VILLA, Marco Antonio. *A história das constituições brasileiras.* São Paulo: Leya, 2011.

VIVEIROS DE CASTRO, Flávia de Almeida. *Interpretação constitucional e prestação jurisdicional.* Rio de Janeiro: Lúmen Juris, 2000.

ZAGREBELSKY, Gustavo. *El derecho dúctil.* Madrid: Trotta, 2007.

__________. *Historia y constitución.* Madrid: Trotta, 2005.

# ANEXO

## LEI Nº 13.165, DE 29 DE SETEMBRO DE 2015

*Altera as Leis nºs 9.504, de 30 de setembro de 1997, 9.096, de 19 de setembro de 1995, e 4.737, de 15 de julho de 1965 - Código Eleitoral, para reduzir os custos das campanhas eleitorais, simplificar a administração dos Partidos Políticos e incentivar a participação feminina.*

A PRESIDENTA DA REPÚBLICA
Faço saber que o Congresso Nacional decreta e eu sanciono a seguinte Lei:

Art. 1º Esta Lei modifica as Leis nºs 9.504, de 30 de setembro de 1997, 9.096, de 19 de setembro de 1995, e 4.737, de 15 de julho de 1965 - Código Eleitoral, alterando a legislação infraconstitucional e complementando a reforma das instituições político-eleitorais do País.

Art. 2º A Lei nº 9.504, de 30 de setembro de 1997, passa a vigorar com as seguintes alterações:

Art. 8º A escolha dos candidatos pelos partidos e a deliberação sobre coligações deverão ser feitas no período de 20 de julho a 5 de agosto do ano em que se realizarem as eleições, lavrando-se a respectiva ata em livro aberto, rubricado pela Justiça Eleitoral, publicada em vinte e quatro horas em qualquer meio de comunicação.

Art. 9º Para concorrer às eleições, o candidato deverá possuir domicílio eleitoral na respectiva circunscrição pelo prazo de, pelo menos, um ano antes do pleito, e estar com a filiação deferida pelo partido no mínimo seis meses antes da data da eleição.

Art. 10 Cada partido ou coligação poderá registrar candidatos para a Câmara dos Deputados, a Câmara Legislativa, as Assembleias Legislativas e as Câmaras

Municipais no total de até 150% (cento e cinquenta por cento) do número de lugares a preencher, salvo:

I - nas unidades da Federação em que o número de lugares a preencher para a Câmara dos Deputados não exceder a doze, nas quais cada partido ou coligação poderá registrar candidatos a Deputado Federal e a Deputado Estadual ou Distrital no total de até 200% (duzentos por cento) das respectivas vagas;

II - nos Municípios de até cem mil eleitores, nos quais cada coligação poderá registrar candidatos no total de até 200% (duzentos por cento) do número de lugares a preencher.

§ 1º (Revogado).

§ 2º (Revogado).

[...]

§ 5º No caso de as convenções para a escolha de candidatos não indicarem o número máximo de candidatos previsto no caput, os órgãos de direção dos partidos respectivos poderão preencher as vagas remanescentes até trinta dias antes do pleito.

Art. 11 Os partidos e coligações solicitarão à Justiça Eleitoral o registro de seus candidatos até as dezenove horas do dia 15 de agosto do ano em que se realizarem as eleições.

[...]

§ 2º A idade mínima constitucionalmente estabelecida como condição de elegibilidade é verificada tendo por referência a data da posse, salvo quando fixada em dezoito anos, hipótese em que será aferida na data-limite para o pedido de registro.

[...]

Art. 16 Até vinte dias antes da data das eleições, os Tribunais Regionais Eleitorais enviarão ao Tribunal Superior Eleitoral, para fins de centralização e divulgação de dados, a relação dos candidatos às eleições majoritárias e proporcionais, da qual constará obrigatoriamente a referência ao sexo e ao cargo a que concorrem.

§ 1º Até a data prevista no caput, todos os pedidos de registro de candidatos, inclusive os impugnados e os respectivos recursos, devem estar julgados pelas instâncias ordinárias, e publicadas as decisões a eles relativas.

[...]

Art. 18 Os limites de gastos de campanha, em cada eleição, são os definidos pelo Tribunal Superior Eleitoral com base nos parâmetros definidos em lei.

§ 1º (Revogado).
§ 2º (Revogado).

Art. 18-A Serão contabilizadas nos limites de gastos de cada campanha as despesas efetuadas pelos candidatos e as efetuadas pelos partidos que puderem ser individualizadas.

Art. 18-B O descumprimento dos limites de gastos fixados para cada campanha acarretará o pagamento de multa em valor equivalente a 100% (cem por cento) da quantia que ultrapassar o limite estabelecido, sem prejuízo da apuração da ocorrência de abuso do poder econômico.

Art. 20 O candidato a cargo eletivo fará, diretamente ou por intermédio de pessoa por ele designada, a administração financeira de sua campanha usando recursos repassados pelo partido, inclusive os relativos à cota do Fundo Partidário, recursos próprios ou doações de pessoas físicas, na forma estabelecida nesta Lei.

Art. 22. [...]

§ 1º [...]
I - acatar, em até três dias, o pedido de abertura de conta de qualquer candidato escolhido em convenção, sendo-lhes vedado condicioná-la a depósito mínimo e à cobrança de taxas ou de outras despesas de manutenção;
[...]
III - encerrar a conta bancária no final do ano da eleição, transferindo a totalidade do saldo existente para a conta bancária do órgão de direção indicado pelo partido, na forma prevista no art. 31, e informar o fato à Justiça Eleitoral.
§ 2º O disposto neste artigo não se aplica aos casos de candidatura para Prefeito e Vereador em Municípios onde não haja agência bancária ou posto de atendimento bancário.
[...]

Art. 22-A Os candidatos estão obrigados à inscrição no Cadastro Nacional da Pessoa Jurídica - CNPJ.

[...]
§ 2º Cumprido o disposto no § 1º deste artigo e no § 1º do art. 22, ficam os candidatos autorizados a promover a arrecadação de recursos financeiros e a realizar as despesas necessárias à campanha eleitoral.

Art. 23 [...]

§ 1º As doações e contribuições de que trata este artigo ficam limitadas a 10% (dez por cento) dos rendimentos brutos auferidos pelo doador no ano anterior à eleição.

I - (revogado);
II - (revogado).

§ 1º-A O candidato poderá usar recursos próprios em sua campanha até o limite de gastos estabelecido nesta Lei para o cargo ao qual concorre.

[...]

§ 7º O limite previsto no § 1º não se aplica a doações estimáveis em dinheiro relativas à utilização de bens móveis ou imóveis de propriedade do doador, desde que o valor estimado não ultrapasse R$ 80.000,00 (oitenta mil reais).

Art. 24. [...]

[...]
XII - (vetado).
§ 1º [...]
§ 2º (vetado).
§ 3º (vetado).

§ 4º O partido ou candidato que receber recursos provenientes de fontes vedadas ou de origem não identificada deverá proceder à devolução dos valores recebidos ou, não sendo possível a identificação da fonte, transferi-los para a conta única do Tesouro Nacional.

Art. 24-A (vetado).

Art. 24-B (vetado).

Art. 24-C O limite de doação previsto no § 1º do art. 23 será apurado anualmente pelo Tribunal Superior Eleitoral e pela Secretaria da Receita Federal do Brasil.

§ 1º O Tribunal Superior Eleitoral deverá consolidar as informações sobre as doações registradas até 31 de dezembro do exercício financeiro a ser apurado, considerando:

I - as prestações de contas anuais dos partidos políticos, entregues à Justiça Eleitoral até 30 de abril do ano subsequente ao da apuração, nos termos do art. 32 da Lei nº 9.096, de 19 de setembro de 1995;

II - as prestações de contas dos candidatos às eleições ordinárias ou suplementares que tenham ocorrido no exercício financeiro a ser apurado.

§ 2º O Tribunal Superior Eleitoral, após a consolidação das informações sobre os valores doados e apurados, encaminhá-las-á à Secretaria da Receita Federal do Brasil até 30 de maio do ano seguinte ao da apuração.

§ 3º A Secretaria da Receita Federal do Brasil fará o cruzamento dos valores doados com os rendimentos da pessoa física e, apurando indício de excesso, comunicará o fato, até 30 de julho do ano seguinte ao da apuração, ao Ministério Público Eleitoral, que poderá, até o final do exercício financeiro, apresentar representação com vistas à aplicação da penalidade prevista no art. 23 e de outras sanções que julgar cabíveis."

Art. 28 [...]

§ 1º As prestações de contas dos candidatos às eleições majoritárias serão feitas pelo próprio candidato, devendo ser acompanhadas dos extratos das contas bancárias referentes à movimentação dos recursos financeiros usados na campanha e da relação dos cheques recebidos, com a indicação dos respectivos números, valores e emitentes.

§ 2º As prestações de contas dos candidatos às eleições proporcionais serão feitas pelo próprio candidato.

[...]

§ 4º Os partidos políticos, as coligações e os candidatos são obrigados, durante as campanhas eleitorais, a divulgar em sítio criado pela Justiça Eleitoral para esse fim na rede mundial de computadores (internet):

I - os recursos em dinheiro recebidos para financiamento de sua campanha eleitoral, em até 72 (setenta e duas) horas de seu recebimento;

II - no dia 15 de setembro, relatório discriminando as transferências do Fundo Partidário, os recursos em dinheiro e os estimáveis em dinheiro recebidos, bem como os gastos realizados.

[...]

§ 6º [...]

[...]

II - doações estimáveis em dinheiro entre candidatos ou partidos, decorrentes do uso comum tanto de sedes quanto de materiais de propaganda eleitoral, cujo gasto deverá ser registrado na prestação de contas do responsável pelo pagamento da despesa.

§ 7º As informações sobre os recursos recebidos a que se refere o § 4º deverão ser divulgadas com a indicação dos nomes, do CPF ou CNPJ dos doadores e dos respectivos valores doados.

§ 8º Os gastos com passagens aéreas efetuados nas campanhas eleitorais serão comprovados mediante a apresentação de fatura ou duplicata emitida por agência de viagem, quando for o caso, desde que informados os beneficiários, as datas e os itinerários, vedada a exigência de apresentação de qualquer outro documento para esse fim.

§ 9º A Justiça Eleitoral adotará sistema simplificado de prestação de contas para candidatos que apresentarem movimentação financeira correspondente a, no máximo, R$ 20.000,00 (vinte mil reais), atualizados monetariamente, a cada eleição, pelo Índice Nacional de Preços ao Consumidor - INPC da Fundação Instituto Brasileiro de Geografia e Estatística - IBGE ou por índice que o substituir.

§ 10. O sistema simplificado referido no § 9º deverá conter, pelo menos:

I - identificação das doações recebidas, com os nomes, o CPF ou CNPJ dos doadores e os respectivos valores recebidos;

II - identificação das despesas realizadas, com os nomes e o CPF ou CNPJ dos fornecedores de material e dos prestadores dos serviços realizados;

III - registro das eventuais sobras ou dívidas de campanha.

§ 11. Nas eleições para Prefeito e Vereador de Municípios com menos de cinquenta mil eleitores, a prestação de contas será feita sempre pelo sistema simplificado a que se referem os §§ 9º e 10.

§ 12 Os valores transferidos pelos partidos políticos oriundos de doações serão registrados na prestação de contas dos candidatos como transferência dos partidos e, na prestação de contas dos partidos, como transferência aos candidatos, sem individualização dos doadores.

Art. 29 [...]

I - (revogado);

II - resumir as informações contidas na prestação de contas, de forma a apresentar demonstrativo consolidado das campanhas;

[...]

IV - havendo segundo turno, encaminhar a prestação de contas, referente aos 2 (dois) turnos, até o vigésimo dia posterior à sua realização.

§ 1º (Revogado).

[...]

Art. 30 [...]

§ 1º A decisão que julgar as contas dos candidatos eleitos será publicada em sessão até três dias antes da diplomação.

[...]

§ 4º Havendo indício de irregularidade na prestação de contas, a Justiça Eleitoral poderá requisitar do candidato as informações adicionais necessárias, bem como determinar diligências para a complementação dos dados ou o saneamento das falhas.

§ 5º Da decisão que julgar as contas prestadas pelos candidatos caberá recurso ao órgão superior da Justiça Eleitoral, no prazo de 3 (três) dias, a contar da publicação no Diário Oficial.

[...]

Art. 36 A propaganda eleitoral somente é permitida após o dia 15 de agosto do ano da eleição.

[...]

§ 4º Na propaganda dos candidatos a cargo majoritário deverão constar, também, os nomes dos candidatos a vice ou a suplentes de senador, de modo claro e legível, em tamanho não inferior a 30% (trinta por cento) do nome do titular.

[...]

Art. 36-A Não configuram propaganda eleitoral antecipada, desde que não envolvam pedido explícito de voto, a menção à pretensa candidatura, a exaltação das qualidades pessoais dos pré-candidatos e os seguintes atos, que poderão ter cobertura dos meios de comunicação social, inclusive via internet:

[...]

III - a realização de prévias partidárias e a respectiva distribuição de material informativo, a divulgação dos nomes dos filiados que participarão da disputa e a realização de debates entre os pré-candidatos;

[...]

V - a divulgação de posicionamento pessoal sobre questões políticas, inclusive nas redes sociais;

VI - a realização, a expensas de partido político, de reuniões de iniciativa da sociedade civil, de veículo ou meio de comunicação ou do próprio partido, em qualquer localidade, para divulgar ideias, objetivos e propostas partidárias.

§ 1º É vedada a transmissão ao vivo por emissoras de rádio e de televisão das prévias partidárias, sem prejuízo da cobertura dos meios de comunicação social.

§ 2º Nas hipóteses dos incisos I a VI do caput, são permitidos o pedido de apoio político e a divulgação da pré-candidatura, das ações políticas desenvolvidas e das que se pretende desenvolver.

§ 3º O disposto no § 2º não se aplica aos profissionais de comunicação social no exercício da profissão.

Art. 37 Nos bens cujo uso dependa de cessão ou permissão do poder público, ou que a ele pertençam, e nos bens de uso comum, inclusive postes de iluminação pública, sinalização de tráfego, viadutos, passarelas, pontes, paradas de ônibus e outros equipamentos urbanos, é vedada a veiculação de propaganda de qualquer natureza, inclusive pichação, inscrição a tinta e exposição de placas, estandartes, faixas, cavaletes, bonecos e assemelhados.

[...]

§ 2º Em bens particulares, independe de obtenção de licença municipal e de autorização da Justiça Eleitoral a veiculação de propaganda eleitoral, desde que seja feita em adesivo ou papel, não exceda a 0,5 m² (meio metro quadrado) e não contrarie a legislação eleitoral, sujeitando-se o infrator às penalidades previstas no § 1º.

[...]

Art. 39 [...]

[...]

§ 9º- A Considera-se carro de som, além do previsto no § 12, qualquer veículo, motorizado ou não, ou ainda tracionado por animais, que transite divulgando jingles ou mensagens de candidatos.

[...]

Art. 45 Encerrado o prazo para a realização das convenções no ano das eleições, é vedado às emissoras de rádio e televisão, em sua programação normal e em seu noticiário:

[...]

§ 1º A partir de 30 de junho do ano da eleição, é vedado, ainda, às emissoras transmitir programa apresentado ou comentado por pré-candidato, sob pena, no caso de sua escolha na convenção partidária, de imposição da multa prevista no § 2º e de cancelamento do registro da candidatura do beneficiário.

[...]

Art. 46 Independentemente da veiculação de propaganda eleitoral gratuita no horário definido nesta Lei, é facultada a transmissão por emissora de rádio ou televisão de debates sobre as eleições majoritária ou proporcional, sendo assegurada a participação de candidatos dos partidos com representação superior a nove Deputados, e facultada a dos demais, observado o seguinte:

[...]

§ 5º Para os debates que se realizarem no primeiro turno das eleições, serão consideradas aprovadas as regras, inclusive as que definam o número de participantes, que obtiverem a concordância de pelo menos 2/3 (dois terços) dos candidatos aptos, no caso de eleição majoritária, e de pelo menos 2/3 (dois terços) dos partidos ou coligações com candidatos aptos, no caso de eleição proporcional.

Art. 47 As emissoras de rádio e de televisão e os canais de televisão por assinatura mencionados no art. 57 reservarão, nos trinta e cinco dias anteriores à antevéspera das eleições, horário destinado à divulgação, em rede, da propaganda eleitoral gratuita, na forma estabelecida neste artigo.

§ 1º [...]

I - [...]

a) das sete horas às sete horas e doze minutos e trinta segundos e das doze horas às doze horas e doze minutos e trinta segundos, no rádio;

b) das treze horas às treze horas e doze minutos e trinta segundos e das vinte horas e trinta minutos às vinte horas e quarenta e dois minutos e trinta segundos, na televisão;

II - [...]

a) das sete horas e doze minutos e trinta segundos às sete horas e vinte e cinco minutos e das doze horas e doze minutos e trinta segundos às doze horas e vinte e cinco minutos, no rádio;

b) das treze horas e doze minutos e trinta segundos às treze horas e vinte e cinco minutos e das vinte horas e quarenta e dois minutos e trinta segundos às vinte horas e cinquenta e cinco minutos, na televisão;

III - nas eleições para Senador, às segundas, quartas e sextas-feiras:

a) das sete horas às sete horas e cinco minutos e das doze horas às doze horas e cinco minutos, no rádio, nos anos em que a renovação do Senado Federal se der por um terço;

b) das treze horas às treze horas e cinco minutos e das vinte horas e trinta minutos às vinte horas e trinta e cinco minutos, na televisão, nos anos em que a renovação do Senado Federal se der por um terço;

c) das sete horas às sete horas e sete minutos e das doze horas às doze horas e sete minutos, no rádio, nos anos em que a renovação do Senado Federal se der por dois terços;

d) das treze horas às treze horas e sete minutos e das vinte horas e trinta minutos às vinte horas e trinta e sete minutos, na televisão, nos anos em que a renovação do Senado Federal se der por dois terços;

IV - [...]

a) das sete horas e cinco minutos às sete horas e quinze minutos e das doze horas e cinco minutos às doze horas e quinze minutos, no rádio, nos anos em que a renovação do Senado Federal se der por um terço;

b) das treze horas e cinco minutos às treze horas e quinze minutos e das vinte horas e trinta e cinco minutos às vinte horas e quarenta e cinco minutos, na televisão, nos anos em que a renovação do Senado Federal se der por um terço;

c) das sete horas e sete minutos às sete horas e dezesseis minutos e das doze horas e sete minutos às doze horas e dezesseis minutos, no rádio, nos anos em que a renovação do Senado Federal se der por dois terços;

d) das treze horas e sete minutos às treze horas e dezesseis minutos e das vinte horas e trinta e sete minutos às vinte horas e quarenta e seis minutos, na televisão, nos anos em que a renovação do Senado Federal se der por dois terços;

V - na eleição para Governador de Estado e do Distrito Federal, às segundas, quartas e sextas-feiras:

a) das sete horas e quinze minutos às sete horas e vinte e cinco minutos e das doze horas e quinze minutos às doze horas e vinte e cinco minutos, no rádio, nos anos em que a renovação do Senado Federal se der por um terço;

b) das treze horas e quinze minutos às treze horas e vinte e cinco minutos e das vinte horas e quarenta e cinco minutos às vinte horas e cinquenta e cinco minutos, na televisão, nos anos em que a renovação do Senado Federal se der por um terço;

c) das sete horas e dezesseis minutos às sete horas e vinte e cinco minutos e das doze horas e dezesseis minutos às doze horas e vinte e cinco minutos, no rádio, nos anos em que a renovação do Senado Federal se der por dois terços;

d) das treze horas e dezesseis minutos às treze horas e vinte e cinco minutos e das vinte horas e quarenta e seis minutos às vinte horas e cinquenta e cinco minutos, na televisão, nos anos em que a renovação do Senado Federal se der por dois terços;

VI - nas eleições para Prefeito, de segunda a sábado:

a) das sete horas às sete horas e dez minutos e das doze horas às doze horas e dez minutos, no rádio;

b) das treze horas às treze horas e dez minutos e das vinte horas e trinta minutos às vinte horas e quarenta minutos, na televisão;

VII - ainda nas eleições para Prefeito, e também nas de Vereador, mediante inserções de trinta e sessenta segundos, no rádio e na televisão, totalizando setenta minutos diários, de segunda-feira a domingo, distribuídas ao longo da programação veiculada entre as cinco e as vinte e quatro horas, na proporção de 60% (sessenta por cento) para Prefeito e 40% (quarenta por cento) para Vereador.

§ 1º-A Somente serão exibidas as inserções de televisão a que se refere o inciso VII do § 1º nos Municípios em que houver estação geradora de serviços de radiodifusão de sons e imagens.

§ 2º [...]

I - 90% (noventa por cento) distribuídos proporcionalmente ao número de representantes na Câmara dos Deputados, considerados, no caso de coligação para eleições majoritárias, o resultado da soma do número de representantes dos seis maiores partidos que a integrem e, nos casos de coligações para eleições proporcionais, o resultado da soma do número de representantes de todos os partidos que a integrem;

II - 10% (dez por cento) distribuídos igualitariamente.

[...]

§ 9º As emissoras de rádio sob responsabilidade do Senado Federal e da Câmara dos Deputados instaladas em localidades fora do Distrito Federal são dispensadas da veiculação da propaganda eleitoral gratuita dos pleitos referidos nos incisos II a VI do § 1º.

Art. 51 Durante os períodos previstos nos arts. 47 e 49, as emissoras de rádio e televisão e os canais por assinatura mencionados no art. 57 reservarão, ainda, setenta minutos diários para a propaganda eleitoral gratuita, a serem usados em inserções de trinta e sessenta segundos, a critério do respectivo partido ou coligação, assinadas obrigatoriamente pelo partido ou coligação, e distribuídas, ao longo da programação veiculada entre as cinco e as vinte quatro horas, nos termos do § 2º do art. 47, obedecido o seguinte:

[...]

II - (revogado);

III - a distribuição levará em conta os blocos de audiência entre as cinco e as onze horas, as onze e as dezoito horas, e as dezoito e as vinte e quatro horas;

[...]

Art. 52 A partir do dia 15 de agosto do ano da eleição, a Justiça Eleitoral convocará os partidos e a representação das emissoras de televisão para elaborarem plano de mídia, nos termos do art. 51, para o uso da parcela do horário eleitoral gratuito a que tenham direito, garantida a todos participação nos horários de maior e menor audiência." (NR)

Art. 54. Nos programas e inserções de rádio e televisão destinados à propaganda eleitoral gratuita de cada partido ou coligação só poderão aparecer, em gravações internas e externas, observado o disposto no § 2º, candidatos, caracteres com propostas, fotos, jingles, clipes com música ou vinhetas, inclusive de passagem, com indicação do número do candidato ou do partido, bem como seus apoiadores, inclusive os candidatos de que trata o § 1º do art. 53-A, que poderão dispor de até 25% (vinte e cinco por cento) do tempo de cada programa ou inserção, sendo vedadas montagens, trucagens, computação gráfica, desenhos animados e efeitos especiais.

§ 1º [...]

§ 2º Será permitida a veiculação de entrevistas com o candidato e de cenas externas nas quais ele, pessoalmente, exponha:

I - realizações de governo ou da administração pública;

II - falhas administrativas e deficiências verificadas em obras e serviços públicos em geral;

III - atos parlamentares e debates legislativos.

Art. 57-A. É permitida a propaganda eleitoral na internet, nos termos desta Lei, após o dia 15 de agosto do ano da eleição.

Art. 58. [...]

§ 1º [...]

[...]

IV - a qualquer tempo, quando se tratar de conteúdo que esteja sendo divulgado na internet, ou em 72 (setenta e duas) horas, após a sua retirada.

[...]

Art. 59-A. (vetado).

Art. 73. [...]

[...]

VII - realizar, no primeiro semestre do ano de eleição, despesas com publicidade dos órgãos públicos federais, estaduais ou municipais, ou das respectivas entidades da administração indireta, que excedam a média dos gastos no primeiro semestre dos três últimos anos que antecedem o pleito;

[...]

Art. 93. O Tribunal Superior Eleitoral poderá, nos anos eleitorais, requisitar das emissoras de rádio e televisão, no período de um mês antes do início da propaganda eleitoral a que se refere o art. 36 e nos três dias anteriores à data do pleito, até dez minutos diários, contínuos ou não, que poderão ser somados e usados em dias espaçados, para a divulgação de comunicados, boletins e instruções ao eleitorado.

Art. 93-A. O Tribunal Superior Eleitoral, no período compreendido entre 1º de abril e 30 de julho dos anos eleitorais, promoverá, em até cinco minutos diários, contínuos ou não, requisitados às emissoras de rádio e televisão, propaganda institucional, em rádio e televisão, destinada a incentivar a participação feminina na política, bem como a esclarecer os cidadãos sobre as regras e o funcionamento do sistema eleitoral brasileiro.

Art. 94. [...]

[...]

§ 5º Nos Tribunais Eleitorais, os advogados dos candidatos ou dos partidos e coligações serão intimados para os feitos que não versem sobre a cassação do registro ou do diploma de que trata esta Lei por meio da publicação de edital eletrônico publicado na página do respectivo Tribunal na internet, iniciando-se a contagem do prazo no dia seguinte ao da divulgação.

Art. 96. [...]

[...]

§ 11. As sanções aplicadas a candidato em razão do descumprimento de disposições desta Lei não se estendem ao respectivo partido, mesmo na hipótese de esse ter se beneficiado da conduta, salvo quando comprovada a sua participação." (NR)

Art. 96-B Serão reunidas para julgamento comum as ações eleitorais propostas por partes diversas sobre o mesmo fato, sendo competente para apreciá-las o juiz ou relator que tiver recebido a primeira.

§ 1º O ajuizamento de ação eleitoral por candidato ou partido político não impede ação do Ministério Público no mesmo sentido.

§ 2º Se proposta ação sobre o mesmo fato apreciado em outra cuja decisão ainda não transitou em julgado, será ela apensada ao processo anterior na instância em que ele se encontrar, figurando a parte como litisconsorte no feito principal.

§ 3º Se proposta ação sobre o mesmo fato apreciado em outra cuja decisão já tenha transitado em julgado, não será ela conhecida pelo juiz, ressalvada a apresentação de outras ou novas provas.

Art. 100 A contratação de pessoal para prestação de serviços nas campanhas eleitorais não gera vínculo empregatício com o candidato ou partido contratantes, aplicando-se à pessoa física contratada o disposto na alínea h do inciso V do art. 12 da Lei nº 8.212, de 24 de julho de 1991.

Parágrafo único. Não se aplica aos partidos políticos, para fins da contratação de que trata o caput, o disposto no parágrafo único do art. 15 da Lei nº 8.212, de 24 de julho de 1991.

Art. 3º A Lei nº 9.096, de 19 de setembro de 1995, passa a vigorar com as seguintes alterações:

Art. 7º [...]

§ 1º Só é admitido o registro do estatuto de partido político que tenha caráter nacional, considerando-se como tal aquele que comprove, no período de dois anos, o apoiamento de eleitores não filiados a partido político, correspondente a, pelo menos, 0,5% (cinco décimos por cento) dos votos dados na última eleição geral para a Câmara dos Deputados, não computados os votos em branco e os nulos, distribuídos por um terço, ou mais, dos Estados, com um mínimo de 0,1% (um décimo por cento) do eleitorado que haja votado em cada um deles.

[...]

Art. 22-A Perderá o mandato o detentor de cargo eletivo que se desfiliar, sem justa causa, do partido pelo qual foi eleito.

Parágrafo único. Consideram-se justa causa para a desfiliação partidária somente as seguintes hipóteses:

I - mudança substancial ou desvio reiterado do programa partidário;

II - grave discriminação política pessoal; e

III - mudança de partido efetuada durante o período de trinta dias que antecede o prazo de filiação exigido em lei para concorrer à eleição, majoritária ou proporcional, ao término do mandato vigente.

Art. 32. [...]

[...]

§ 3º (Revogado).

§ 4º Os órgãos partidários municipais que não hajam movimentado recursos financeiros ou arrecadado bens estimáveis em dinheiro ficam desobrigados de prestar contas à Justiça Eleitoral, exigindo-se do responsável partidário, no prazo estipulado no caput, a apresentação de declaração da ausência de movimentação de recursos nesse período.

§ 5º A desaprovação da prestação de contas do partido não ensejará sanção alguma que o impeça de participar do pleito eleitoral.

Art. 34. A Justiça Eleitoral exerce a fiscalização sobre a prestação de contas do partido e das despesas de campanha eleitoral, devendo atestar se elas refletem adequadamente a real movimentação financeira, os dispêndios e os recursos aplicados nas campanhas eleitorais, exigindo a observação das seguintes normas:

I - obrigatoriedade de designação de dirigentes partidários específicos para movimentar recursos financeiros nas campanhas eleitorais;

II - (revogado);

III - relatório financeiro, com documentação que comprove a entrada e saída de dinheiro ou de bens recebidos e aplicados;

IV - obrigatoriedade de ser conservada pelo partido, por prazo não inferior a cinco anos, a documentação comprobatória de suas prestações de contas;

V - obrigatoriedade de prestação de contas pelo partido político e por seus candidatos no encerramento da campanha eleitoral, com o recolhimento imediato à tesouraria do partido dos saldos financeiros eventualmente apurados.

§ 1º A fiscalização de que trata o caput tem por escopo identificar a origem das receitas e a destinação das despesas com as atividades partidárias e eleitorais, mediante o exame formal dos documentos fiscais apresentados pelos partidos políticos e candidatos, sendo vedada a análise das atividades político-partidárias ou qualquer interferência em sua autonomia.

[...]

Art. 37. A desaprovação das contas do partido implicará exclusivamente a sanção de devolução da importância apontada como irregular, acrescida de multa de até 20% (vinte por cento).

[...]

§ 2º A sanção a que se refere o caput será aplicada exclusivamente à esfera partidária responsável pela irregularidade, não suspendendo o registro ou a anotação de seus órgãos de direção partidária nem tornando devedores ou inadimplentes os respectivos responsáveis partidários.

§ 3º A sanção a que se refere o caput deverá ser aplicada de forma proporcional e razoável, pelo período de um a doze meses, e o pagamento deverá ser feito por meio de desconto nos futuros repasses de cotas do Fundo Partidário, desde que a prestação de contas seja julgada, pelo juízo ou tribunal competente, em até cinco anos de sua apresentação.

[...]

§ 9º O desconto no repasse de cotas resultante da aplicação da sanção a que se refere o caput será suspenso durante o segundo semestre do ano em que se realizarem as eleições.

§ 10. Os gastos com passagens aéreas serão comprovados mediante apresentação de fatura ou duplicata emitida por agência de viagem, quando for o caso, desde que informados os beneficiários, as datas e os itinerários, vedada a exigência de apresentação de qualquer outro documento para esse fim.

§ 11. Os órgãos partidários poderão apresentar documentos hábeis para esclarecer questionamentos da Justiça Eleitoral ou para sanear irregularidades a qualquer tempo, enquanto não transitada em julgado a decisão que julgar a prestação de contas.

§ 12. Erros formais ou materiais que no conjunto da prestação de contas não comprometam o conhecimento da origem das receitas e a destinação das despesas não acarretarão a desaprovação das contas.

§ 13. A responsabilização pessoal civil e criminal dos dirigentes partidários decorrente da desaprovação das contas partidárias e de atos ilícitos atribuídos ao partido político somente ocorrerá se verificada irregularidade grave e insanável resultante de conduta dolosa que importe enriquecimento ilícito e lesão ao patrimônio do partido.

§ 14. O instituto ou fundação de pesquisa e de doutrinação e educação política não será atingido pela sanção aplicada ao partido político em caso de desaprovação de suas contas, exceto se tiver diretamente dado causa à reprovação.

Art. 37-A. A falta de prestação de contas implicará a suspensão de novas cotas do Fundo Partidário enquanto perdurar a inadimplência e sujeitará os responsáveis às penas da lei.

Art.39[...]

§ 3º As doações de recursos financeiros somente poderão ser efetuadas na conta do partido político por meio de:

I - cheques cruzados e nominais ou transferência eletrônica de depósitos;

II - depósitos em espécie devidamente identificados;

III - mecanismo disponível em sítio do partido na internet que permita inclusive o uso de cartão de crédito ou de débito e que atenda aos seguintes requisitos:

a) identificação do doador;

b) emissão obrigatória de recibo eleitoral para cada doação realizada.

[...]

Art. 41-A. [...]

I - 5% (cinco por cento) serão destacados para entrega, em partes iguais, a todos os partidos que atendam aos requisitos constitucionais de acesso aos recursos do Fundo Partidário; e

[...]

Art. 44. [...]

I - na manutenção das sedes e serviços do partido, permitido o pagamento de pessoal, a qualquer título, observado, do total recebido, os seguintes limites:

a) 50% (cinquenta por cento) para o órgão nacional;

b) 60% (sessenta por cento) para cada órgão estadual e municipal;

[...]

V - na criação e manutenção de programas de promoção e difusão da participação política das mulheres, criados e mantidos pela secretaria da mulher do respectivo partido político ou, inexistindo a secretaria, pelo instituto ou fundação de pesquisa e de doutrinação e educação política de que trata o inciso IV, conforme percentual que será fixado pelo órgão nacional de direção partidária, observado o mínimo de 5% (cinco por cento) do total;

VI - no pagamento de mensalidades, anuidades e congêneres devidos a organismos partidários internacionais que se destinem ao apoio à pesquisa, ao estudo e à doutrinação política, aos quais seja o partido político regularmente filiado;

VII - no pagamento de despesas com alimentação, incluindo restaurantes e lanchonetes.

[...]

§ 5º O partido político que não cumprir o disposto no inciso V do caput deverá transferir o saldo para conta específica, sendo vedada sua aplicação para finalidade diversa, de modo que o saldo remanescente deverá ser aplicado dentro do exercício financeiro subsequente, sob pena de acréscimo de 12,5% (doze inteiros e cinco décimos por cento) do valor previsto no inciso V do caput, a ser aplicado na mesma finalidade.

§ 5º-A. A critério das agremiações partidárias, os recursos a que se refere o inciso V poderão ser acumulados em diferentes exercícios financeiros, mantidos em contas bancárias específicas, para utilização futura em campanhas eleitorais de candidatas do partido.

[...]

§ 7º A critério da secretaria da mulher ou, inexistindo a secretaria, a critério da fundação de pesquisa e de doutrinação e educação política, os recursos a que se refere o inciso V do caput poderão ser acumulados em diferentes exercícios financeiros, mantidos em contas bancárias específicas, para utilização futura em campanhas eleitorais de candidatas do partido, não se aplicando, neste caso, o disposto no § 5º.

Art. 45. [...]

[...]

IV - promover e difundir a participação política feminina, dedicando às mulheres o tempo que será fixado pelo órgão nacional de direção partidária, observado o mínimo de 10% (dez por cento) do programa e das inserções a que se refere o art. 49.

[...]

Art. 49. Os partidos com pelo menos um representante em qualquer das Casas do Congresso Nacional têm assegurados os seguintes direitos relacionados à propaganda partidária:

I - a realização de um programa a cada semestre, em cadeia nacional, com duração de:

a) cinco minutos cada, para os partidos que tenham eleito até quatro Deputados Federais;

b) dez minutos cada, para os partidos que tenham eleito cinco ou mais Deputados Federais;

II - a utilização, por semestre, para inserções de trinta segundos ou um minuto, nas redes nacionais, e de igual tempo nas emissoras estaduais, do tempo total de:

a) dez minutos, para os partidos que tenham eleito até nove Deputados Federais;

b) vinte minutos, para os partidos que tenham eleito dez ou mais deputados federais.

Parágrafo único. A critério do órgão partidário nacional, as inserções em redes nacionais referidas no inciso II do caput deste artigo poderão veicular conteúdo regionalizado, comunicando-se previamente o Tribunal Superior Eleitoral.

Art. 4º A Lei nº 4.737, de 15 de julho de 1965 - Código Eleitoral, passa a vigorar com as seguintes alterações:

Art. 7º [...]

[...]

§ 4º O disposto no inciso V do § 1º não se aplica ao eleitor no exterior que requeira novo passaporte para identificação e retorno ao Brasil.

Art. 14. [...]

[...]

§ 3º Da homologação da respectiva convenção partidária até a diplomação e nos feitos decorrentes do processo eleitoral, não poderão servir como juízes nos Tribunais Eleitorais, ou como juiz eleitoral, o cônjuge ou o parente consanguíneo ou afim, até o segundo grau, de candidato a cargo eletivo registrado na circunscrição.

[...]

Art. 28. [...]

[...]

§ 4º As decisões dos Tribunais Regionais sobre quaisquer ações que importem cassação de registro, anulação geral de eleições ou perda de diplomas somente poderão ser tomadas com a presença de todos os seus membros.

§ 5º No caso do § 4º, se ocorrer impedimento de algum juiz, será convocado o suplente da mesma classe.

Art. 93. O prazo de entrada em cartório ou na Secretaria do Tribunal, conforme o caso, de requerimento de registro de candidato a cargo eletivo terminará, improrrogavelmente, às dezenove horas do dia 15 de agosto do ano em que se realizarem as eleições.

§ 1º Até vinte dias antes da data das eleições, todos os requerimentos, inclusive os que tiverem sido impugnados, devem estar julgados pelas instâncias ordinárias, e publicadas as decisões a eles relativas.

§ 2º As convenções partidárias para a escolha dos candidatos serão realizadas, no máximo, até 5 de agosto do ano em que se realizarem as eleições.

[...]

Art. 108. Estarão eleitos, entre os candidatos registrados por um partido ou coligação que tenham obtido votos em número igual ou superior a 10% (dez por cento) do quociente eleitoral, tantos quantos o respectivo quociente partidário indicar, na ordem da votação nominal que cada um tenha recebido.

Parágrafo único. Os lugares não preenchidos em razão da exigência de votação nominal mínima a que se refere o caput serão distribuídos de acordo com as regras do art. 109.

Art. 109. Os lugares não preenchidos com a aplicação dos quocientes partidários e em razão da exigência de votação nominal mínima a que se refere o art. 108 serão distribuídos de acordo com as seguintes regras:

I - dividir-se-á o número de votos válidos atribuídos a cada partido ou coligação pelo número de lugares definido para o partido pelo cálculo do quociente partidário do art. 107, mais um, cabendo ao partido ou coligação que apresentar a maior média um dos lugares a preencher, desde que tenha candidato que atenda à exigência de votação nominal mínima;

II - repetir-se-á a operação para cada um dos lugares a preencher;

III - quando não houver mais partidos ou coligações com candidatos que atendam às duas exigências do inciso I, as cadeiras serão distribuídas aos partidos que apresentem as maiores médias.

§ 1º O preenchimento dos lugares com que cada partido ou coligação for contemplado far-se-á segundo a ordem de votação recebida por seus candidatos.

§ 2º Somente poderão concorrer à distribuição dos lugares os partidos ou as coligações que tiverem obtido quociente eleitoral.

Art. 112. [...]

Parágrafo único. Na definição dos suplentes da representação partidária, não há exigência de votação nominal mínima prevista pelo art. 108." (NR)

"Art. 224. [...]

[...]

§ 3º A decisão da Justiça Eleitoral que importe o indeferimento do registro, a cassação do diploma ou a perda do mandato de candidato eleito em pleito majoritário acarreta, após o trânsito em julgado, a realização de novas eleições, independentemente do número de votos anulados.

§ 4º A eleição a que se refere o § 3º correrá a expensas da Justiça Eleitoral e será:

I - indireta, se a vacância do cargo ocorrer a menos de seis meses do final do mandato;

II - direta, nos demais casos.

Art. 233-A. Aos eleitores em trânsito no território nacional é assegurado o direito de votar para Presidente da República, Governador, Senador, Deputado Federal, Deputado Estadual e Deputado Distrital em urnas especialmente instaladas nas capitais e nos Municípios com mais de cem mil eleitores.

§ 1º O exercício do direito previsto neste artigo sujeita-se à observância das regras seguintes:

I - para votar em trânsito, o eleitor deverá habilitar-se perante a Justiça Eleitoral no período de até quarenta e cinco dias da data marcada para a eleição, indicando o local em que pretende votar;

II - aos eleitores que se encontrarem fora da unidade da Federação de seu domicílio eleitoral somente é assegurado o direito à habilitação para votar em trânsito nas eleições para Presidente da República;

III - os eleitores que se encontrarem em trânsito dentro da unidade da Federação de seu domicílio eleitoral poderão votar nas eleições para Presidente da República, Governador, Senador, Deputado Federal, Deputado Estadual e Deputado Distrital.

§ 2º Os membros das Forças Armadas, os integrantes dos órgãos de segurança pública a que se refere o art. 144 da Constituição Federal, bem como os integrantes das guardas municipais mencionados no § 8º do mesmo art. 144, poderão votar em trânsito se estiverem em serviço por ocasião das eleições.

§ 3º As chefias ou comandos dos órgãos a que estiverem subordinados os eleitores mencionados no § 2º enviarão obrigatoriamente à Justiça Eleitoral, em até quarenta e cinco dias da data das eleições, a listagem dos que estarão em serviço no dia da eleição com indicação das seções eleitorais de origem e destino.

§ 4º Os eleitores mencionados no § 2º, uma vez habilitados na forma do § 3º, serão cadastrados e votarão nas seções eleitorais indicadas nas listagens mencionadas no § 3º independentemente do número de eleitores do Município.

Art. 240. A propaganda de candidatos a cargos eletivos somente é permitida após o dia 15 de agosto do ano da eleição.

[...]

Art. 257. [...]

§ 1º [...]

§ 2º O recurso ordinário interposto contra decisão proferida por juiz eleitoral ou por Tribunal Regional Eleitoral que resulte em cassação de registro, afastamento do titular ou perda de mandato eletivo será recebido pelo Tribunal competente com efeito suspensivo.

§ 3º O Tribunal dará preferência ao recurso sobre quaisquer outros processos, ressalvados os de habeas corpus e de mandado de segurança.

"Art. 368-A. A prova testemunhal singular, quando exclusiva, não será aceita nos processos que possam levar à perda do mandato.

Art. 5º O limite de gastos nas campanhas eleitorais dos candidatos às eleições para Presidente da República, Governador e Prefeito será definido com base nos gastos declarados, na respectiva circunscrição, na eleição para os mesmos cargos imediatamente anterior à promulgação desta Lei, observado o seguinte:

I - para o primeiro turno das eleições, o limite será de:
a) 70% (setenta por cento) do maior gasto declarado para o cargo, na circunscrição eleitoral em que houve apenas um turno;
b) 50% (cinquenta por cento) do maior gasto declarado para o cargo, na circunscrição eleitoral em que houve dois turnos;
II - para o segundo turno das eleições, onde houver, o limite de gastos será de 30% (trinta por cento) do valor previsto no inciso I.
Parágrafo único. Nos Municípios de até dez mil eleitores, o limite de gastos será de R$ 100.000,00 (cem mil reais) para Prefeito e de R$ 10.000,00 (dez mil reais) para Vereador, ou o estabelecido no caput se for maior.

Art. 6º O limite de gastos nas campanhas eleitorais dos candidatos às eleições para Senador, Deputado Federal, Deputado Estadual, Deputado Distrital e Vereador será de 70% (setenta por cento) do maior gasto contratado na circunscrição para o respectivo cargo na eleição imediatamente anterior à publicação desta Lei.

Art. 7º Na definição dos limites mencionados nos arts. 5º e 6º, serão considerados os gastos realizados pelos candidatos e por partidos e comitês financeiros nas campanhas de cada um deles.

Art. 8º Caberá à Justiça Eleitoral, a partir das regras definidas nos arts. 5º e 6º:

I - dar publicidade aos limites de gastos para cada cargo eletivo até 20 de julho do ano da eleição;
II - na primeira eleição subsequente à publicação desta Lei, atualizar monetariamente, pelo Índice Nacional de Preços ao Consumidor - INPC da Fundação Instituto Brasileiro de Geografia e Estatística - IBGE ou por índice que o substituir, os valores sobre os quais incidirão os percentuais de limites de gastos previstos nos arts. 5º e 6º;
III - atualizar monetariamente, pelo INPC do IBGE ou por índice que o substituir, os limites de gastos nas eleições subsequentes.

Art. 9º Nas três eleições que se seguirem à publicação desta Lei, os partidos reservarão, em contas bancárias específicas para este fim, no mínimo 5% (cinco por cento) e no máximo 15% (quinze por cento) do montante do Fundo Partidário destinado ao financiamento das campanhas eleitorais para aplicação nas campanhas de suas candidatas, incluídos nesse valor os recursos a que se refere o inciso V do art. 44 da Lei nº 9.096, de 19 de setembro de 1995.

Art. 10. Nas duas eleições que se seguirem à publicação desta Lei, o tempo mínimo referido no inciso IV do art. 45 da Lei nº 9.096, de 19 de setembro de 1995, será de 20% (vinte por cento) do programa e das inserções.

Art. 11. Nas duas eleições que se seguirem à última das mencionadas no art. 10, o tempo mínimo referido no inciso IV do art. 45 da Lei nº 9.096, de 19 de setembro de 1995, será de 15% (quinze por cento) do programa e das inserções.

Art. 12. (vetado).

Art. 13. O disposto no § 1º do art. 7º da Lei nº 9.096, de 19 de setembro de 1995, no tocante ao prazo de dois anos para comprovação do apoiamento de eleitores, não se aplica aos pedidos protocolizados até a data de publicação desta Lei.

Art. 14. Esta Lei entra em vigor na data de sua publicação.

Art. 15. Revogam-se os §§ 1º e 2º do art. 10, o art. 17-A, os §§ 1º e 2º do art. 18, o art. 19, os incisos I e II do § 1º do art. 23, o inciso I do caput e o § 1º do art. 29, os §§ 1º e 2º do art. 48, o inciso II do art. 51, o art. 81 e o § 4º do art. 100-A da Lei nº 9.504, de 30 de setembro de 1997; o art. 18, o § 3º do art. 32 e os arts. 56 e 57 da Lei nº 9.096, de 19 de setembro de 1995; e o § 11 do art. 32 da Lei nº 9.430, de 27 de dezembro de 1996.

Brasília, 29 de setembro de 2015; 194º da Independência e 127º da República.

DILMA ROUSSEFF
José Eduardo Cardozo
Nelson Barbosa
Luís Inácio Lucena Adams

Publicação:
Diário Oficial da União - Seção 1 - Edição Extra - 29/9/2015, Página 1 (Publicação Original)